가격분석

입지분석

바람 빠진 한 바퀴로

(5가지 중 일부만 갖춘 입지분석)

달릴 수 있을까요?

상가·꼬마빌딩투자 성공으로 가려면

입지(L5)와 가격(V2) 두 바퀴로 달려야 합니다

서문

2021년 5월 'How 상가·꼬마빌딩 재테크'를 발간하던 날 설렘과 아쉬움이 교차했다. 필자의 오랜 경험과 통찰로 탄생한 LOVE(L5V2: 상가입지가치분석법)를 세간에 알리게 된 기쁨이 있었지만 지면이라는 공간의 한계로 욕심만큼 담을 수 없었던 안타까운 마음도 들었기 때문이다. 그런 이유로 한 달 뒤 2쇄가 들어갈 즈음 서재에 쌓여 있는 기록을 다시 다듬었다. 하지만 의욕과 달리 모든 것을 활자화는 건 역부족이었다. 불가피하게 핵심 부분은 설명하되 이후의 질문은 공란으로 남기는 차선책을 택했다. 강의를 염두에 둔 터라 강의로 그 공백을 채우자는 판단과 상가·꼬마빌딩 투자의 초고수가 되려면 반드시 '스스로 정답을 찾아가는 과정'이 필요하다는 소신을 위안으로 삼았다.(그럼에도 정말 어려운 부분이 있다면 강의 중 소통했으면 한다.)

이번에 펴내는 '실전 상가투자, 실전 꼬마빌딩투자'는 첫 저서에서 상세하게 다룰 수 없었던 각론을 실전 사례 중심으로 분석한 실전편이다. "L5V2이론이 현실과는 괴리가 있지 않을까?"라는 독자들의 의구심이 말끔하게 해소될 수 있도록 가급적 최근의 사례에 접목하여 설명하였다.

본 저서의 특징을 간략히 정리하면 아래와 같다.
① 상가·꼬마빌딩 투자에 대한 **기존 분석법의 한계를 적시하고 그 대안을 명쾌하게 제시**한다.
② 기존 저서와 달리 **'입지'라는 한 축만이 아니라 또 다른 축인 '가치'에 대해 기초부터 심화까지 단계별로 상세하게 설명**하고 그 분석 Tool을 제공한다.
③ 누구나 쉽게 이해하고 실전감각까지 높일 수 있도록 **철저히 사례 중심으로 분석**하고 설명한다.

이번 후속 편을 쓰면서 저자 또한 한 번 더 성장할 수 있었다. 글로 정리하다 보니 완성도가 높아진 건 당연한 일이었고 무엇보다 큰 수확은 LOVE(L5V2)에 대한 확신이 더 강해졌다는 사실이다. 현실에 적용하면 할수록 그 확신의 크기가 커졌다. 기존에 다루었던 사례가 아니라 경매 사이트나 기사를 통해 새로이 접하게 된 사례에 적용했을 때에도 저자의 LOVE 이론은 예외 없이 정확한 결과를 도출했다. **특히 다수의 신도시 또는 신설된 전철역 상권을 분석하면서 저자의 신개념인 '거시동선'을 배제한 채 입지를 분석하거나 도시를 설계할 경우 얼마나 큰 오류에 빠지는지 다시 한번 절감할 수 있었다.**

최근의 사회·경제적 상황을 감안하면 지금 상가·꼬마빌딩에 투자한다는 건 그리 녹록하지 않은 게 사실이다. 온라인시장의 급속한 성장, 부동산 버블에 대한 경고, 팬더믹의 등장, 저출산·고령화 등 부정적 요소들이 지속적으로 출현하여 투자자들의 마음을 얼어붙게 한다. 저자 역시 이러한 흐름을 잘 인식하고 있다. 하지만 상가·꼬마빌딩은 레드오션이 아니란 점을 직시할 필요가 있다. 옥석을 가릴 줄 아는 제대로 된 안목을 가지고 상가·꼬마빌딩에 투자한다면 **'지속적으로 경쟁이 없는 블루오션'**에 안착할 수 있다. 다만 그러한 안목을 갖기 위해 제대로 된 학습이 필요할 뿐이다.

독자 여러분 모두 그 전제 조건이 되는 '제대로 된 학습'을 이 책 속에서 이루어 나가길 진심으로 바란다.
(간혹 일부 설명과 사진이 반복되는 경우가 있는데, 이는 해당 사례가 여러 목차에 적용되는 내용이어서 발생하는 것이니 이해해 주시기 바랍니다.)

차 례

상가·꼬마빌딩 투자 성공을 위해 반드시 공부해야 할 분야

아래 내용(=이 책의 목차임)은 상가·꼬마빌딩 투자 성공을 위해 **반드시 공부해야 할 분야**로,

빠진 부분이 많을수록 상가·꼬마빌딩 투자가 어렵다고 느끼게 되며, 투자 실패 가능성이 높아집니다.

비교해 보시고, **압도적 차이**를 느껴 보십시오.

(참고 : ★는 "멘토 손오공이 실전 상가·꼬마빌딩 투자 경험을 바탕으로 **독창적으로 만들어 낸 것**"을 뜻하며,

☆는 상당부분 또는 부분적으로 새롭게 만든 것을 뜻함.)

Ⅲ 상가·꼬마빌딩의 수요 측면 분석

Ⅶ 상가·꼬마빌딩의 세금 측면 분석

Ⅷ 상권 측면 분석★

I

상가·꼬마빌딩 투자는
멘토 손오공의
'LOVE'가 정답이다

(LOVE = L5V2)

01
TEST

1. Q1

힘들게 조금씩 모은 돈으로 상가·꼬마빌딩 투자를 하려고 한다.

반드시 성공하기 위해 상가(꼬마빌딩) 공부를 하려고 하는데, 꼭 배워야 할 것은 무엇일까?

이미 상가 강의를 들어보았거나 상가 책을 읽은 적이 있다면 필요한 분야를 구체적으로 열거해 보라.

2. Q2

고령자가 늘면서 노후 대비 안정적 수입원으로서 또는 직장인의 제2의 월급으로서 상가·꼬마빌딩 투자수요가 이전보다 더 증가할 것이라는 시각도 있지만 한편으로는 저출산으로 인한 인구 감소, 온라인 매출의 증대, 예기치 못한 팬데믹 상황 등으로 상가·꼬마빌딩 투자는 점점 어려워질 것이라는 시각도 만만하지 않다.

그렇다면 인구와 오프라인의 감소 추세, 팬데믹, 초고령화에도 살아남을 상가입지는 어디일까?

좀 더 구체적으로 질문한다면,

고정인구 대상의 상가 투자시 어디가 안정적이고 유망할까?

유동인구 대상의 상가 투자(가령 핫플레이스 상권 대상)시 어디가 보다 안정적이면서도 대박 가능성을 높일 수 있을까?

3. Q3

최근 10년간 아파트의 가격은 대세 상승기였다. 그렇다면 10년 전에 아파트 대신 상가·꼬마빌딩 투자를 했을 경우 어떻게 되었을까? 아파트 투자 수익률에 비해 한참 떨어질까?

최근 10년간 아파트 투자 수익과 상가·꼬마빌딩 투자 수익을 비교해 보라.

(1주택 투자 시, 2주택 투자 시, 3주택 투자 시와 상가·꼬마빌딩 투자시 수익성 비교)

4. Q4 : 상가·꼬마빌딩 투자, 제대로 공부한 적은 있나?

"상가(꼬마빌딩) 투자는 위험하다, 절대 하면 안 된다. 바보나 하는 짓이다."라고 말하는 주변 사람들이 많은데, 진짜 부자들은 핵심요지의 큰 건물을 소유하면서 팔기는커녕 오히려 계속 사 모은다는 이야기가 심심찮게 들린다. 결국 뭔가 좋으니까 안 팔고 계속 사 모을 텐데, 그 이유는 무엇일까? 그래서 이 질문을 던진다.

"상가·꼬마빌딩 투자하면 망한다."고 얘기하는 분들, 제대로 공부한 적은 있는가?

"상가·꼬마빌딩 투자, 절대 하면 안 된다"고 얘기하는 분들, 아래 물음에 대해 제대로 된 답을 아는가? 알고 얘기한다면 필자도 당신의 견해에 전적으로 동의할 의향이 있다.

아파트든, 토지든, 혹은 상가(꼬마빌딩)든 모든 부동산 투자에는 안정적 성공을 위해 반드시 지켜야 하는 절대 원칙이 있다.

그것은 '좋은 입지'의 물건을, '좋은 가격'에 사야 한다는 가장 기초적인 상식이다.

1) 상가(꼬마빌딩) 투자에 성공하려면 '좋은 입지'의 물건을 고를 줄 알아야 할 텐데,

'좋은 입지'의 상가(꼬마빌딩)는 어떤 기준으로 고를 것인가?

즉 '좋은 입지' 여부를 판단할 기준 또는 필수 구비 요건 5가지를 기술하라.

(용인동백역 주변 상가, 청계산입구역 주변 상가, 잘 될지, 안될지 개통 전 판단할 능력이 있는가?)

2) '좋은 가격'인지, 아닌지 어떻게 판단할 것인가?

매매가격을 듣고 바로 적정 임대가를 알아낼 수 있는가? 거꾸로 임대료를 듣고 바로 적정 매매가를 추정할 수 있는가? 알려진 층의 임대료를 근거로 다른 층의 임대료를 산출할 수 있는가?

3) 5천만원을 들여 리모델링을 한 후 임대료가 1백만원 상승하면 예상 매매차익이 얼마나 날지 분석할 능력이 있는가? 현재는 좋은 가격이 아니지만, 조금만 손을 보면 크게 상가가치를 증가시킬 수도 있는데, 이런 상가가치 증대법 5가지를 알고 있는가?

   (리모델링 비용 5,000만원을 들여 임대료가 100만원 상승하면 예상 매매차익이 얼마나 날지 분석할 능력이 있는가?, 꼬마빌딩 매매가격을 듣고 각 층 임대료를 추정할 수 있는가?)"

5. Answer

제대로 알지 못하면 가장 위험하고 어려운 게 상가·꼬마빌딩 투자이다.

반대로 제대로 알고 하면 가장 쉽고 안전한 게 상가·꼬마빌딩 투자이다.

그동안 상가·꼬마빌딩 투자가 어렵고 위험하다고 생각했던 게 너무 당연하다.

반드시 배워야 할 분야를 제대로 공부한 적이 없기 때문이다.

● **상가·꼬마빌딩 투자 성공의 핵심 Key**

= 좋은 입지를 판별할 수 있는 능력+좋은 가격 여부를 판별할 수 있는 능력

● **최고의 상가·꼬마빌딩 투자 강사(멘토)란?**

매스컴에 많이 나오는 강사?, 유명 강사?, 유튜브에서 조회 수 많은 강사?,

책 많이 낸 강사(멘토)?, 재밌는 강사?, 말 발 센 강사?, 장밋빛 환상만 주는 강사?

상가 중개 능력을 배양시켜 주는 강사?

상가 창업 능력을 배양시켜 주는 강사?

핵심은 다루지 못하고 별로 중요치 않은 분야 능력을 키워주는 강사?

좋은 입지 여부를 판별할 수 있게 하는 강사(멘토)

좋은 가격 여부를 판별할 능력을 키워줄 강사(멘토)

상가·꼬마빌딩 투자에 진정한 멘토가 되어줄 강사(실력+양심)

02

상가·꼬마빌딩 투자 성공을 위해 반드시 알아야 할 분야 개관 (新)

아래 내용 중 특히 1~7은 투자 성공 여부의 key를 좌우하는 핵심 분야이다. 그동안 본인이 진행해 왔던 학습 내용에 해당 분야가 있는지, 그리고 얼마나 잘 설명되어 있는지 체크 (O, X)해 보라.

1. 수요측면 분석

- 동선에 대한 이해 (O, X)
- 대규모인구유출입유발원(시설물) (O, X)
- 구매수요의 범위 확정과 그 크기 측정
- 거시동선 측면 (O, X)
- 대규모인구유출입시설 측면 (O, X)
- 구매수요의 이동
- 거시동선(거시적 이동) (O, X)
- 주동선, 보조동선(미시적 이동) (O, X)
- 흐르는 입지(주동선 상에 입지해도 별 의미 없는 입지) (O, X)

2. 공급측면 분석

- 상가공급면적 산출(O, X)
- 건축비 추계(O, X)

3. 수요와 공급의 연결점 분석

- 상가공급과 구매수요의 단절현상 (O, X)
- 접근성과 가시성 (O, X)
- 출입구와 횡단보도의 역할 (O, X)

4. 가격 측면 분석

- 상가·꼬마빌딩 가격결정방법
- 매매가·임대가 분석 : 초고수되기 8단계 (O, X)
- 수익률의 허와 실, 그 정확한 이해 (O, X)
- 급매상가(꼬마빌딩)의 매입 여부 판단법 (O, X)
- 층별 분양가와 임대가 (O, X)
- 가치증대방법
- 가치증가와 매매가 변동의 관계 (O, X)
- 가치증대법 5가지(리모델링, 용도변경, 접근성과 가시성 개선, 자투리 땅 활용, 건축설계)
  (O, X)

5. 상권 측면 분석

- 입지와 상권에 대한 이해 (O, X)
- 상권별 특징과 투자법, 핵심마디 투자하기 (O, X)
- 대박상권·알짜상권·쪽박상권 구별하기 (O, X)
- 1기 신도시 상권 분석, 2기 신도시 상권 분석, 3기 신도시 상권 예측 (O, X)

6. 세금 측면 분석 : 재산세, 종부세, 양도세 등 (O, X)

7. 상가·꼬마빌딩 공실 문제 : 수요·공급·연결점·가격·상권 측면에서의 문제 발생

- 공실의 원인 14가지 사례 분석과 그 대책 (O, X)

8. 기타

단지내상가·근린상가·구도심상가·꼬마빌딩·상가주택, 상가경매·상가임대차 중요사항, 집합건물, 임대차 관련 참고사항, 상가업종제한, 투자시 도움을 주는 사이트, 지도가 금맥이다. (O, X)

9. 상가·꼬마빌딩 투자 필승법칙 LOVE (= L5V2)

10. 상가·꼬마빌딩 투자시 반드시 고려해야 할 원칙

• 1%투자법, 환산금액 10만원 미만 손절

기존 분석법의 한계와 그 대안

솔직히 '기존 분석법의 한계'라는 말을 넣어야 할지 고민을 많이 했다. 필자가 제시하는 대부분의 분석기법은 지금까지 어느 서적이나 강의에서도 논의된 적이 없는 새로운 분야에 속한 것이기 때문이다. 하지만 기존에도 일부 분야는 몇 가지 이론이 존재하므로 이는 간단히 소개하되 관련 이론이 없거나, 있어도 명확하지 않은 경우 혹은 저자가 알지 못하는 경우는 물음표(?)로 표시하는 방식을 선택하였다.

1. 상가의 수요측면 분석

- 기존의 분석 : 대부분 없거나 일부의 이론으로만 상가의 수요측면을 분석함
- 멘토 손오공의 분석 : 입지분석 순서도 수립, 거시동선이라는 핵심개념 도입,
  구매수요의 구체적 범위 확정 및 객관화(거시동선, GP측면),
  주동선 생성원리 객관화, 주동선과 거시동선의 관계,
  흐르는 입지 새 논리 개발, 대규모인구유출입시설 도입

2. 상가의 공급측면 분석

- 기존의 분석 : ?
- 멘토 손오공의 분석 : 공급면적 분석, 건축비 분석

3. 수요와 공급의 연결점 분석

- 기존의 분석 : ?
- 멘토 손오공의 분석 : 구매수요와 상가공급의 단절현상 분석
  접근성과 가시성 분석, 출입구와 횡단보도 분석

4. 가격 측면 분석

- 기존의 분석 : 없거나 수익환산법 공식 소개하는 정도
- 멘토 손오공의 분석 : 매매가·임대가 8단계 상세분석, 수익률의 허와 실 분석,
  급매상가의 매입여부 판단법 분석, 층별 매매가와 임대가 분석,
  가치증대법 등 분석, 상가가치 증대와 매매가의 관계 분석

5. 세금 측면 분석

6. 현장 상권 분석

- 기존의 분석 : 각자의 방식으로 설명
- 멘토 손오공의 분석 : L5V2를 현장 상권에 적용, 거시동선 이론으로 살펴 본 상권·입지,
  상권별 안정적 투자법, 대박역·쪽박역 구별법, 3기 신도시 상권 분석

7. 상가(꼬마빌딩) 공실 문제

- 기존의 분석 : 상가공급과다, 고분양가, 주동선, 구매수요, 흐르는 입지로 분석.
- 멘토 손오공의 분석 : 14가지 유형별 분석.(특히 위례신도시와 헬리오시티 공실 분석편 참고)

8. 기타

실전 투자에 반드시 필요한 이론이나 법 규정 설명, 가령 상가경매의 경우 말소기준 권리,
소액임차인 관련사항, 최우선변제액, 배분 기준, 집합건물 관련 중요사항 등

9. 상가·꼬마빌딩 투자 필승법칙(멘토 손오공의 분석)

- LOVE(= L5V2), (L5 : 입지분석법, V2 : 가치분석법·가치증대법)

10. 상가·꼬마빌딩 투자시 반드시 고려해야 할 원칙

- '좋은 입지'의 상가·꼬마빌딩을 '좋은 가격'에 매입하면 성공한다.
- 1% 투자법 : 알짜 물건에 투자한다.
- 1층 기준 전용평당 환산임대료 10만원 미만의 상가·꼬마빌딩 입지는 손절한다.
- 앞으로 뜰 지역을 주목하되, 현실에 기반을 둔다.

04

멘토 손오공 - "왜, 상가(꼬마빌딩) 책(강의)을 내게(하게) 되었나?"

1. 멘토 손오공이 상가·꼬마빌딩 책을 쓰고 강의를 할 수밖에 없는 이유

일반적으로 상가·꼬마빌딩 투자를 매우 어려워한다. 평범한 사람들이 어려워하는 것은 어쩌면 당연하고 충분히 이해가 가는데 자타가 공인하는 우리나라의 최고 해당 분야 전문가들까지 상가·꼬마빌딩 투자가 다른 어떤 투자보다 어렵다고 아무 망설임 없이 당연한 듯 얘기하고 서로 공감한다.

문뜩 이런 의문이 들었다. "그렇게 어려운데 왜 상가·꼬마빌딩 투자를 하지?, 괜찮은 상가·꼬마빌딩은 매물 잠김에 의해 찾기도 힘든데, 물건이 10배, 100배나 더 많고 훨씬 더 쉽다는 아파트나 토지 투자를 다루면 되지, 왜 제일 어렵고 위험하다면서 상가·꼬마빌딩 투자 강의를 하고 투자를 권유할까? 핵심만 정확히 알면 다른 부동산에 비해 훨씬 쉽고 훨씬 예측하기 편한 게 상가·꼬마빌딩인데 왜 어려워할까? 일반인은 그렇다 치더라도 우리나라의 내로라하는 최고의 상가·꼬마빌딩 전문가들이 왜 하나같이 어렵다고 얘기할까? 제대로 알고 하는 말이 맞을까?"

수많은 상가·꼬마빌딩 책의 목차를 다 살펴보고 나니 그 의문이 풀렸다. 당연히 다뤄야 할 핵심 부분이 거의 없다. 상가·꼬마빌딩 투자 성공을 위해 반드시 알아야 할 중요 분야가 10가지라면 2가지 정도만 다룬 책이 대부분이고 해당 분야에서 최고라는 평을 듣는 책조차 약 3가지 정도를 다룰 뿐이다. 성공에 필요한 10가지 중 일곱 가지 이상이 빠져 있다는 의미다. 반면에 실전투자에는 별로 중요치 않은 변두리 내용이 책의 대부분을 차지하고 있다. 이 정도의 지식으로 접근한다면 아무리 난다 긴다 하는 전문가라도 어려워하는 게 당연하다. 상가·꼬마빌딩 투자의 본질을 정확히 이해하지 못하기 때문이다.

그래서 완전히 새로운 책을 써야 한다는 의무감이 들었다. 반드시 알아야 할 열 가지를 빠짐없이 제대로 분석하고 설명한 책을 출간할 필요가 있다고 생각했다. 배워야 할 것을 배우지 못하면 당연히 어렵고 종국에는 실패한다. 제대로 배워야 실패 없이 성공한다. 필자가 실전투자 시 항상 염두에 두는 투자 대원칙 '좋은 입지'의 물건을 '좋은 가격'에 사라'를 기본 골격으로 반드시 알아야 할 내용을 차례대로 써 내려갔다.

그렇게 나온 책이 L5V2로 대표되는 'HOW상가·꼬마빌딩 재테크'이다. (L5 – 상가·꼬마빌딩 입지분석법 5가지, V2 – 상가·꼬마빌딩 가치분석법·가치증대법)

36년간 부모님 밑에서 간접적으로 체험해왔던 상가·꼬마빌딩 경험과 13년간의 상가·꼬마빌딩 직접 투자 경험, 합쳐 총 49년간의 직·간접 경험이 상가·꼬마빌딩 투자의 본질을 이해하고, 책을 밀도 있게 완성하는데 밑바탕이 되었음은 물론이다. 필자의 실전 투자 경험상 '좋은 입지'의 물건을, '좋은 가격'에 사면 부동산 투자는 성공한다. 상가든, 꼬마빌딩이든, 아파트든, 빌라든, 토지든, 종목 여하를 불문하고…

'HOW상가·꼬마빌딩 재테크'는 실전적 투자서이지만 기존의 책과는 완전히 다른 독창적인 내용을 담고 있어, 이론적 근거가 책의 상당 부분을 차지할 수밖에 없었다. 따라서 지면의 한계로 인해 실전투자 사례 분석문제를 마음껏 다루지 못하는 아쉬움이 남아 있었고, 이 아쉬움을 채우기 위해 'HOW상가·꼬마빌딩 재테크'의 문제집 내지 사례분석서라 할 수 있는 '실전 상가투자, 실전 꼬마빌딩투자'를 강의교재 겸용으로 출간하게 되었다.

한 마디로, 'HOW상가·꼬마빌딩 재테크'가 상가·꼬마빌딩 투자에 관한 이론서라면, '실전 상가투자, 실전 꼬마빌딩투자'는 개별 사례에 접목한 사례분석 문제집이다. 두 책 모두 필자의 실전투자 경험을 바탕으로 완전히 독창적으로 만들어낸 것으로, 기존의 책에서는 전혀 만날 수 없는 내용이 책의 대부분을 차지하고 있고, 상가·꼬마빌딩 실전투자에 반드시 필요한 내용만을 수록하였다.

두 책은 상가·꼬마빌딩 실전투자의 세계를 넘어 실전 상가학 내지 실전 상권학을 다루고 있으며, 실전 도시개발론(가령 이 책 Ⅲ.4절에 있는 거시동선, Ⅲ.2절.4 도시설계의 순서, Ⅲ.4절.10 3기 신도시 중심상가, 어디에 입지해야 장사가 잘 될까?, Ⅷ.3~6절)도 다루고 있다. 관계 당국(국토교통부·LH·SH 등)에서 신도시나 택지를 개발할 때, 반드시 참고하였으면 한다.

계획 수립 단계에서 거시동선에 대한 고려가 있었다면, 경전철 이용 저조(가령 용인·의정부·우이경전철)로 (국가 전체적으로) 수 조원의 혈세를 낭비하는 일도 사전에 막을 수 있었을 것이고, 지옥철로 대표되는 주민 불편(가령 김포경전철)도 충분히 예방할 수 있었을 것이다. 많이 늦었지만 이젠 이를 고려하여야 한다.(참고 : 'HOW상가·꼬마빌딩 재테크' 104~139P, '실전 상가투자 실전 꼬마빌딩 투자' Ⅲ.4절, Ⅷ)

이 책도 당연히 '좋은 입지'와 '좋은 가격' 여부를 중점적으로 다루고 있음은 물론이나, 'HOW상가·꼬마빌딩 재테크'와는 접근법을 달리한다.

즉 'HOW상가·꼬마빌딩 재테크'가 '좋은 입지'와 '좋은 가격'을 기본 골격으로 하여, 이를 세부적으로 정밀 분석하였다면, 이번 책에서는 경제학적인 접근법을 택해 상가·꼬마빌딩의 수요와 공급이라는 두 축을 기본 골격으로, 여기서 파생되는 문제(가령 가격, 연결점, 공실, 세금, 상권 등)를 실전 투자물건 사례에 적용하여 자기주도식으로 분석할 수 있도록 하였다.

이 책은 대표적인 샘플 사례에 대한 해설 이외 기타 사례는 독자들 스스로 풀도록 구성되어 있다. 자기주도식 문제 풀이 방식을 도입하여, 독자들이 스스로 실질적인 문제해결능력을 키울 수 있도록 구성하였다. 처음에는 많이 어려울 수 있다. 하지만 고민하는 과정 속에 상가입지와 상권을 보는 실력이 향상될 것이다. 이 책을 읽고 깊이 고민하면 누구나 '좋은 입지'의 물건을 '좋은 가격'에 살 수 있는 안목을 갖게 될 것이라 확신한다.

'HOW상가·꼬마빌딩 재테크', '실전 상가투자, 실전 꼬마빌딩투자' 두 책 모두 우리나라 실전 상가·꼬마빌딩 투자, 실전 상가·상권학, 실전 도시계획 분야에 새로운 패러다임을 제시했다고 자부한다.(책의 목차와 내용을 다른 책과 꼭 비교해 보라.)

2. 상가(투자)를 보는 시각

1) 기존의 시각
가) 중개사 관점 : 부동산 중개 위주로 상가를 보는 시각
나) 프랜차이즈나 창업전문가 관점 : 임차인 혹은 창업자 입장에서 상가를 보는 시각

2) 새로운 시각의 필요성
- 중개사, 프랜차이즈 영업자, 창업자의 입장이 아니라 진정한 투자자 혹은 임대인, 건물주, 가치개발자 입장에서 상가·꼬마빌딩을 보는 새 시각이 필요하다. 이것이 멘토 손오공의 관점이다.

3. 기존 분석의 한계와 그 대안 – 멘토 손오공의 LOVE분석법

1) 기존 분석
- 중개 위주, 법규 위주
- 최근의 진전과 아쉬움 : 주동선과 수요(유효 또는 구매수요)분석, 흐르는 입지분석 등에 국한됨.

2) 한계 극복 : 멘토 손오공이 반드시 분석해서 소개해야 할 분야
- 구매수요 측면 : 구매수요의 구체적인 범위 확정 및 크기분석(거시동선 측면, 대규모인구 유출입시설측면), 구매수요의 결집과 분산현상 분석 등
- 거시동선(거시동선 분석이 안 되어, 수조원 혈세를 낭비하고 주민불편을 야기한 사례분석, 거시 동선과 주동선의 관계분석, 거시동선과 도시계획·상가입지의 관계 – 뜰 상권, 질 상권 찾아내기 등)
- 주동선의 심층분석(거시동선과의 관계, 대규모인구유출입시설과의 관계, 출입구·횡단보도와 의 관계, 단지내상가동의 최적입지 분석, 해당 지구의 최고의 상가입지 분석)
- 공급분석(상가공급면적, 건축비)
- 수요와 공급의 연결점 분석(구매수요와 상가공급의 단절현상 분석), 출입구와 횡단보도의 역할 분석, 접근성과 가시성 분석(상가가치와의 관계),
- 상가가치 분석(매매가로 임대가 분석, 임대가로 매매가 분석 등 상세연구, 수익률의 허와 실 분 석, 급매상가의 가치판단법 실무, 층별 분양가와 임대가 분석)
- 상가가치 증대방안 분석(상가가치 증대와 매매가의 관계, 가치증대방법 5가지 분석)
- 공실문제 : 공실의 원인 14가지 분석
- 기타 분야 : 동선, 세금, 상권, 임대차법과 상가경매 중 중요사항, 기타

> 멘토 손오공의 LOVE분석법(L5V2)
> 제대로 된 상가입지분석, 상가가치분석, 상권분석

3) 멘토 손오공 상가·꼬마빌딩 투자 책과 정규강의의 특징
- "압도적 차이", "유일무이"
- 상가·꼬마빌딩 투자 성공의 모든 길은 LOVE(= L5V2)로 통한다.
- LOVE에 빠지면 여러분도 상가·꼬마빌딩 투자에 성공할 수 있다.
- 상가·꼬마빌딩 투자의 바른 멘토 손오공이 상가·꼬마빌딩 투자 성공의 길로 인도한다.

멘토 손오공의 LOVE분석법(L5V2)
으로 실전 사례 물건 분석 - 맛보기

2020-1383(서울시 은평구 진관동 70, 메트로프라자 106호) (新)

1. 분석물건 현황

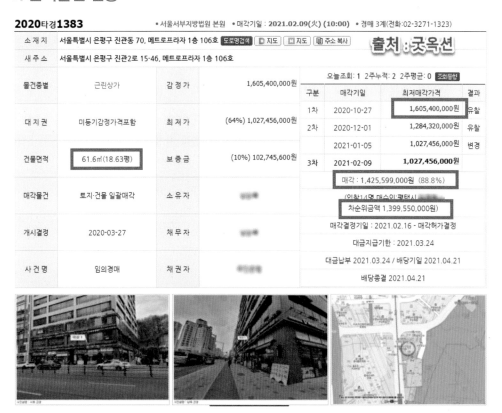

• 매각물건현황 (감정원 : 율평감정평가 / 가격시점 : 2020.04.13 / 보존등기일 : 2015.09.04)

목록	구분	사용승인	면적	이용상태	감정가격	기타
건물	9층중 1층	15.08.28	61.6㎡ (18.63평)	근린생활시설(상호: ▨▨▨ ▨▨▨)	1,226,610,000원	
토지	대지권		* 대지권미등기이나 감정가격에 포함 평가됨		366,390,000원	

현황 위치	* 구파발역(전철 3호선) 북측 인근에 소재하며, 주위는 대규모 아파트 단지, 롯데몰(쇼핑센터), 근린생활시설, 학교, 공원 등이 혼재하는 지역임. * 대상물건이 속한 건물까지 차량의 진출입이 가능하며, 인근에 시내버스정류장 및 전철역(구파발역)이 소재하는 등 제반교통상황은 양호함. * 대상물건이 속한 토지는 지적도가 미정리된 상태로서 건축물현황도 등을 기준으로 사다리형 토지로서 연접도로대비 등고평탄하며, 근린생활시설 및 업무시설 건부지로 이용중임. * 서측으로 노폭 약 24M, 동측으로 노폭 약 12M에 접하고, 남측으로 약 6M의 막다른 도로와 접함.

	제시외건물	면적	구조/주용도/비고	감정가격:12,400,000원		매각여부
				단가(㎡당)	금액	
1	진관동 70 중층	49.6㎡(15평)	목구조 등/창고 등		12,400,000원	포함 * 2층(복층)
	비고					

참고사항	* 대상물건은 관할 은평구청 및 SH서울주택도시공사 등에 문의결과 지적정리가 완료되지아니하여 대지권이 미정리된 상태로서, 기준시점 현재 대상 물건의 대지권이 미등기 상태이나 분양계약서상 대지지분이 포함되어 있어 지적정리후 적정 대지지분이 등재될 것이 예상되는 점,「집합건물의 소유 및 관리에 관한 법률」제20조(전유부분과 대지사용권의일체성)규정, 일반적인 거래관행상 건물 및 대지권이 일체로 거래되는 점 등에 따라 대상물건에 대 한 토지의 대지권이 적정하게 이전정리될 것을 전제로 건물 및 적정대지권을 일괄로 정상평가하였으니 경매 진행 및 참가시 참고하시기 바람. * 대지권 미등기이나 최저매각가격은 건물과 적정대지권을 일체하여 평가함

• 임차인현황 (말소기준권리 : 2015.09.11 / 배당요구종기일 : 2020.06.10)

임차인	점유부분	전입/확정/배당	보증금/차임	대항력	배당예상금액	기타
김형석	점포 106호 전부	사업등록: 2020.03.04 확정일자: 미상 배당요구: 2020.06.10	보증금5,000,000원 월500,000원 환산5,500만원	없음	소액임차인	
기타사항	☞임차인 김형석이 본건 목적물 전부를 점유하고 있다고 함 ☞임차인의 설명과 상가건물임대차 현황서를 참고로 하여 조사함					

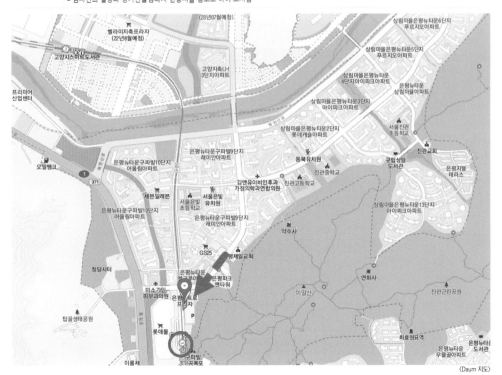

〈Daum 지도〉

2. 분석 틀 개관 : 멘토 손오공의 LOVE(= L5V2) 분석

1) 상기 물건의 입지 분석(L5)

가) 그 지역 인구의 거시적 이동방향 분석(거시동선)

나) 주동선 분석

다) 대상지 주변 대규모인구유출입유발원의 존재 여부, 수, 위치, 성격, 크기 등 확인, 출입구와 횡단보도 위치 확인

라) 구매수요의 범위 확정 및 크기 분석 : 나), 다), 라) 분석은 대부분 거의 동시에 이루어지나, 개별적 여건의 상황에 따라 순서를 바꿔 분석하는 게 편할 수도 있다.

마) 상가의 접근성과 가시성 분석

바) 상가의 공급 측면 분석

2) 상기 물건의 가치 분석(V2) : 현재의 가격 및 향후 가치 분석

3. 상기 물건의 입지분석

1) 거시동선 : 그 지역 인구의 거시적 이동방향 분석

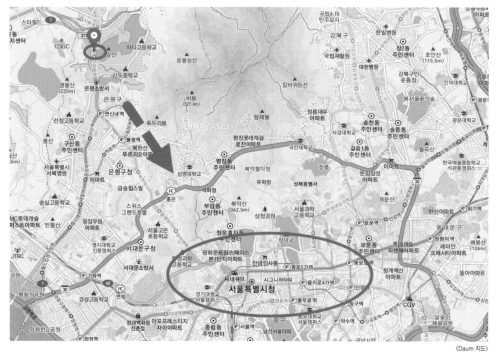

〈Daum 지도〉

가) 지역 인구의 거시적 이동방향은 대체로 서울 시내로 향하는 우하향이 될 것이다.

전철역의 위치가 대체로 서울 시내 방향의 거시동선에 순응하고 있다. 게다가 전철보다 빠른 다른 대체수단(버스 등)이 없어 보여서 많은 사람들(구매수요)이 전철을 이용할 듯 하다. 따라서 아래 해당 지역(A~H 지역 주민)에 사는 사람들은 출근시 구파발역으로 이동할 확률이 높다. 그렇다면 이 때 주요한 미시적 이동이라고 할 수 있는 구파발역으로의 주동선은 어떻게 형성될까?

〈Daum 지도〉

'HOW상가·꼬마빌딩 재테크'의 파주 운정신도시 운정역 이용 저조 현상 편(p105) 및 하남 미사역 최적 위치 선정 문제(p112)에서 살펴본 방식처럼 A~H 각각의 구파발역을 이용할 때의 동선을 살펴보자.

나) A, B, C, D 지역 주민들(구매수요)의 이동 동선(주동선)

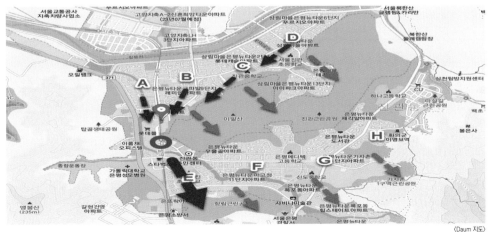

〈Daum 지도〉

위의 그림에서 보듯이, 구파발역의 위치는 A지역 주민의 거시동선(출퇴근 방향)과 거의 일치하며, B, C, D의 경우도 약간 우회(D지역으로 갈수록 더 우회하므로 시간 낭비가 더 심해진다)하지만 다른 대체 수단인 버스를 이용한다고 해도 산을 바로 넘는 지름길이 없어 시간이 더 지체되므로 버스보다는 전철을 이용할 가능성이 높다. 따라서 A, B, C, D 지역의 대다수 주민들은 구파발역을 이용할 것으로 보인다. 이는 상가학적인 측면에서 구파발역 주변 특히 A, B, C, D 지역 방향에 있는 상가들이 장사하기 좋은 입지조건을 가지고 있다는 의미이다.

다) E, F, G, H 지역 주민들의 이동 동선(주동선)

〈Daum 지도〉

이제 E, F, G, H 지역 주민의 거시동선(우하향)을 생각하면서, 구파발역 이용시의 동선(주동선)을 생각해보자.

위의 그림에서 보듯이 E지역 주민은 서울 중심부 쪽으로 가야 하는데(거시동선), 구파발역을 이용하려면 오히려 약간 반대 방향으로 거슬러 갔다가 다시 되돌아올 수(주동선)밖에 없다. 즉, 다른 대체수단이 적절히 배치되면 전철역을 이용할 가능성이 줄어든다는 의미이다.

그런데 E, F 앞쪽에 향림 근린공원이 가로막고 있어 버스를 이용한다고 해도 서울 중심으로 바로 가지 못하고 우회할 수밖에 없어 소요시간은 전철 이용시와 비슷하거나 오히려 더 증가될 수 있다. 즉 지형지세와 버스 노선 배치 등의 사정으로 인해 E, F 지역의 사람들은 울며 겨자 먹기로 구파발역을 이용할 수밖에 없는 게 현실이다. 다만 G와 H 지역의 사람들의 상당수는 거시동선 방향에 위치한 연신내역 쪽으로 가는 도로가 있어 구파발역을 이용하기 보다는 버스를 이용하여 서울 쪽 방향으로 가로질러 갈 가능성이 많다.

종합하면 구파발역은 A, B, C, D 지구의 거시동선과 대체로 순응하는 입지이고, E, F, G, H 지구의 거시동선과는 상당히 거스르는 역방향이나 주변 지형지세 때문에 G, H지역을 제외한 대다수의 주민들이 이용하는 전철역이 된다. 따라서 역 주변 상가는 장사하기 좋은 거시동선 환경을 가지고 있다고 볼 수 있다.

'HOW상가·꼬마빌딩 재테크'에서 살펴본 파주 운정역 이용 회피 현상이 구파발역에서는 발생할 가능성이 별로 없다는 결과이다. 이것이 구파발역과 파주 운정역의 차이점이다.

그런데 이런 거시동선에 대한 고려 없이 기존의 주동선 이론만 가지고 A~H 각 지역 주민의 구파발역 이용 가능성을 이렇게 구체적으로 분석할 수가 있을까?

라) 거시동선을 알았다면 – 용인·우이·의정부 경전철, 파주 운정역사 등 수 조원의 예산 낭비, 사전에 막을 수 있었고, 시민들의 불편 최소화할 수 있었다.

상기 구파발역 주변 상가의 입지를 분석할 때처럼 사회기반시설 설치시에도 거시동선은 매우 중요하게 작용한다. 아마도 용인·우이·의정부 경전철 노선 설계시 또는 파주 운정역사 입지 선정시 필자가 제시한 거시동선을 고려했다면 현재와 같은 천문학적인 혈세 낭비는 충분히 막을 수 있었을 것이다.

애초부터 경전철은 적자를 감수하더라도 설치해야만 하는 공익적 차원의 사회기반시설이라고 주장하고 싶다면 김포경전철을 보라. 좁고 불편해도 서로 타겠다고 난리가 나 콩나물시루의 지옥철 모습을 한 김포경전철은 어떻게 설명할 것인가? 이러한 결과가 단지 김포시 시설을 애용하려는 김포 시민의 과잉된 시민의식 때문인가? 그렇다면 용인시나 의정부시 등의 주민들은 시민 정신이 부족해서 경전철을 이용하지 않는 것인가?

해답은 지역주민의 거시동선에 대한 고려여부에 있다. 경전철 설계시 지역주민의 큰 흐름을 제대로 파악하고 노선을 설계했다면 용인·우이·의정부의 예산 낭비 방지는 물론 주민의 불편(먼 길을 애써 돌아가야만 하는) 또한 줄일 수 있었다. 우연히 거시동선과 정확히 일치하여 당초 예상과 달리 이용률이 너무 높아서 난리가 난 김포경전철의 불편도 적정 소요차량 계산을 통해 사전에 막을 수 있었다.

이처럼 필자가 고안한 거시동선 이론은 상가입지와 상권분석은 물론 국가와 지방자치단체의 사회기반시설(전철역, 중심상업지구)의 입지 결정에도 정확히 필요한 이론, 오히려 제일 필요한 분석 도구가 된다. (이는 'HOW상가·꼬마빌딩 재테크'의 파주 운정역 이용 저조현상의 원인 편, 하남 미사역 최적 입지 선정 편에서도 이론적으로 자세히 입증하였다)

단순히 이론에만 그치는 것이 아니라, 현실에 100% 완벽히 적용할 수 있는 거시동선은

국가 전체적으로는 한 해 수 조원의 예산 낭비를 막을 수 있고

주민 불편을 최소화할 수 있는 만큼

전철역과 같은 사회기반시설의 입지 결정시 반드시 고려되어야 한다.

2) 주동선, 보조동선의 결정

앞에서 살펴본 바와 같이 구파발 역 부근 사람들은 서울 시내 중심부 쪽으로 향하는 이동의 큰 흐름(거시동선)을 보일 것이다. 우하향의 큰 흐름 하에 서울 시내로 이동할 수 있는 가장 빠른 교통수단을 선택할 것이므로 구파발역 위쪽에 거주하는 사람들은 거시동선과 대체로 순방향에 위치한 구파발역을 주로 이용할 가능성이 높다. (주동선, 보조동선의 결정은 아주 미세한 흐름이라 지도상에 표기하기가 곤란하여, 대충 그렸음을 이해해주기 바란다.)

구파발역 위쪽의 E~K 지역 사람들은 구파발역을 이용하기 위해 아래 그림처럼 파란색 화살표 방향의 큰 흐름을 보이나 세부적으로 보면 빨간색 화살표와 같은 미세한 흐름도 나타나고 구파발역에 가까워질수록 동선이 모여져 점점 강한 흐름을 보일 것이다. 그림에서 빨간색 화살표의 두께로 이를 나타냈다.

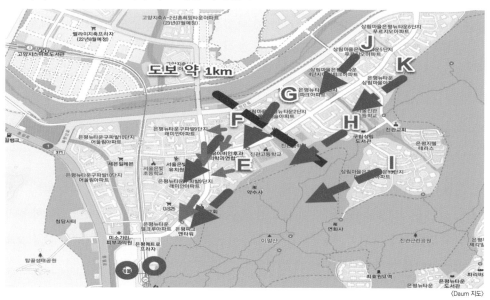

(Daum 지도)

아래 그림은 G, H, I, J, K 지역 사람들의 이동흐름을 표시한 것으로 도보보다는 버스를 타고 이동할 것이므로 주로 버스정거장을 향해 동선이 형성됨을 표시하고 있다.

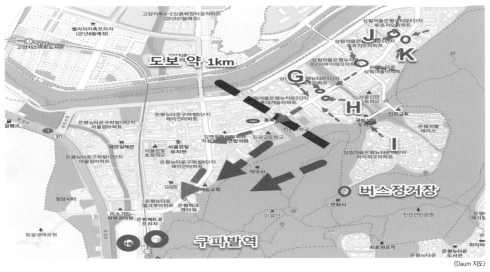

〈Daum 지도〉

전철역에서 약 1km 이내에 거주하는 E와 F 지역의 사람들은 도보 또는 버스를 이용해 구파발역으로 이동할 것이며, G, H, I, J, K 지역의 사람들은 앞의 그림처럼 도보보다는 버스를 이용해 환승하려 할 것이다. 즉 지하철역에서 멀어질수록 버스정거장으로 향하는 동선이 주요한 역할을 하는 동선, 즉 주동선으로 기능할 가능성이 높다. 이 지역 사람들의 동선은 구파발역 주변에 모여 있다가 버스운행거리를 지나 G, H, I, J, K 지역 인근의 버스정거장에서 다시 동선을 만들기 시작할 것이다.

이제 좀 더 구체적으로 주동선과 보조동선은 어떻게 결정되는지 살펴보자.

〈Daum 지도〉

J, K 지역에 거주하는 사람들은 구파발역으로의 이동을 위해 버스정거장으로 향한다. 만약 J와 K에서 등거리인 가)와 나) 두 곳에 버스정거장이 있다면 사람들은 어느 정거장을 많이 이용할까?

정거장을 이용할 때 어느 것이 주동선이 되고, 보조동선이 될지 판단하는 문제이다. 다른 시설을 이용할 때도 똑같다. 이런 논리와 상식 하에 문제에 접근하면 어느 동선이 주동선이 되고, 어느 동선이 보조동선이 될지 쉽게 판단할 수 있다.

J와 K 지역의 사람들은 가)와 나)의 버스정거장을 이용할 때 자신의 진행방향을 염두에 두므로 거리가 같더라도 진행방향에 있는 가) 정거장을 훨씬 더 많이 이용할 것이다.

따라서 가) 방향의 동선이 주동선이 되고, 나) 방향의 동선은 보조동선이 된다.

J와 K 지역 이외의 A~H 지역도 이런 식으로 전철역이나 버스정거장 이용시 주동선과 보조동선이 결정된다.

전철역이나 버스정거장을 이용할 때 말고도 근린상가를 이용할 때, 주민자치센터를 이용할 때 등 다양하게 생성되는 동선이 많이 겹칠수록 중요한 기능을 하는 주동선이 되는 것이고, 이 주동선에 있는 상가가 그렇지 않은 상가보다 장사가 잘될 가능성이 높다.

3) 구매수요의 범위 확정 및 크기 분석

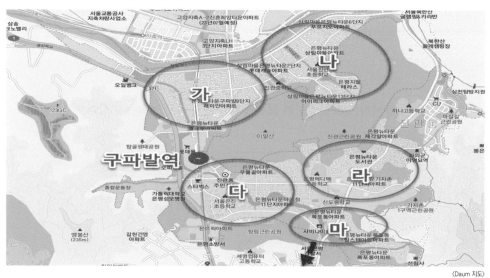

〈Daum 지도〉

앞의 1) 거시동선에서 설명한 대로 구파발역 위쪽 지역의 사람들 대부분은 거시동선에 순응하는 구파발역을 이용할 가능성이 매우 높다. 가)지역처럼 구파발역에서 가까울수록 도보로,

나)지역처럼 멀수록 버스를 통해 이용할 것이다. 즉 구파발역 위쪽 지역의 사람들 거의 모두 구파발역 상권의 구매수요가 된다.

반면 구파발역 아래쪽은 차이가 크다. 앞에서 살펴보았듯이 가까운 다)지역은 불가피하게 구파발역을 이용할 수밖에 없는 상황이나, 라)와 마)처럼 구파발역에서 먼 지역일수록 일부를 제외한 상당수는 연신내역으로 바로 가는 버스를 탈 수 있다.

특히 마)지역은 아래 그림에서 보듯이 구파발역이 라)지역보다 더 반대 방향에 위치하고 있어 많은 사람들이 버스를 이용해 연신내역 방향을 선택할 가능성이 매우 높다.

〈Daum 지도〉

이런 거시동선과의 관계를 염두에 두고, 구파발역 구매수요의 범위 또는 상권의 범위를 대략적으로 살펴보면 위 그림의 가), 나)는 전체가 포함될 듯하고, 다)지역도 별다른 누수 없이 포함될 듯하다. 라)지역의 일부 사람들은 구파발역을 이용해 출퇴근 할 수 있으나 상당수의 많은 사람들은 버스를 이용해 연신내 방향으로 이동할 것으로 보인다. 특히 마)지역 사람들의 대부분은 구파발역을 이용하기 보다는 버스를 이용해 연신내 방향이나 서울 시내로 가는 방법을 선택할 것이다.

따라서 구파발역 위쪽은 지도상에 보이는 전체가 포함되고, 아래쪽은 다)와 라)의 중간 정도 지점까지는 완전히 포함되는 것으로 볼 수 있고, 라)는 일부(굳이 수치로 나타낸다면 1/3 이나 그 이하), 마)는 거의 포함되지 않는다고 봄이 타당하다. (혹여 포함돼도 1/4이하)

따라서 이를 아래 그림에 표시하면 대체로 구파발역 아래쪽은 은평메디텍고등학교 부근 정도가 구파발역 상권의 구매수요 범위라고 보면 타당할 것으로 보인다.

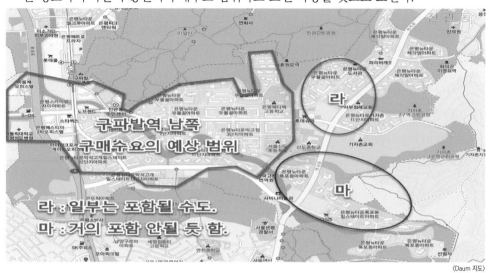

〈Daum 지도〉

이제 구파발역 구매수요의 범위 혹은 구파발역 상권의 범위(=상권력의 범위)를 전체적으로 나타내 보면 아래 그림과 같다.

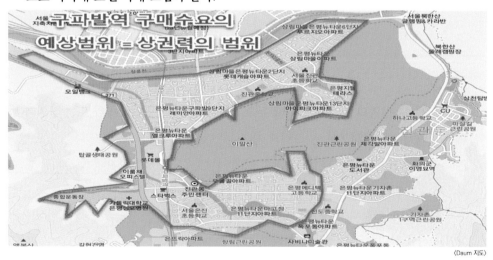

〈Daum 지도〉

향림 근린공원이라는 산이 연신내 방향으로의 수요 누수를 막는 역할을 하여 구파발역 상권 유지에 큰 도움을 주고 있다. 파주 운정역 부근의 거시동선과 비슷한 모양을 보이고 있지만, 향림공원이라는 방파제로 인해 완전히 다른 결과(구파발역 상권이 보호되는 효과)를 가져오고 있다.

위의 그림에서 지축역 부근의 일부 사람들은 구파발역을 이용할 가능성이 있으나 글이 너무 길어져 논의의 대상에서 제외하였다.

이 빨간 선 안의 구매수요는 거의 대부분 아파트이므로 단독주택 지역이나 혼재지역에 비해 세대수 계산이 쉽고, 구매수요의 구매력이나 구매빈도 등도 강한 경향이 있다.

이제 구매수요의 범위가 정해졌다. 물론 100% 맞는 것은 아니지만 대략 이 정도 수준이 구매수요의 범위라고 보면 크게 틀리지 않을 듯하다. **이 범위의 구매수요의 크기, 즉 인구 수 내지 세대수는 어떻게 될까?**

세대수를 일일이 세어 볼 수도 있겠으나, 빠른 계산을 위해 소상공인 상권분석시스템의 도움을 받기로 하자. 물론 이 수치도 정확하지 않을 수 있으므로 다만 "이 정도 되겠구나." 라고 생각하는 게 좋다.

상권분석시스템(sg.sbiz.or.kr) 화면을 열고, 검색하고 싶은 업종을 선택 후 위치를 선택(이 때 다각형을 선택해 지도상에 우리가 확정해 놓은 구매수요의 범위를 지정)하고 분석을 클릭하면 여러 결과물을 얻을 수 있다. 업종분석/매출분석/인구분석/소득,소비/지역분석/상권평가 등의 메뉴로 구성되는데, 분석결과를 모두 다 신뢰하여 이것으로 투자여부를 판단해서는 안 되고, 참고하는 수준이 좋다. 특히 인구분석 자료가 참고할 만하므로 이를 살펴보자.(물론 100% 맞는 것은 아닐 수 있음.)

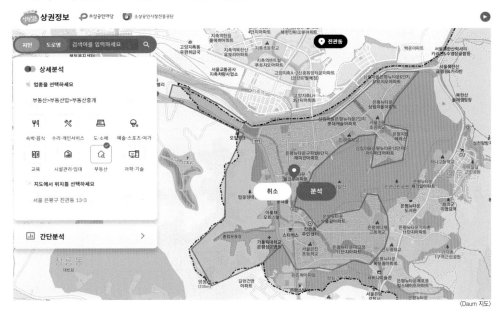

〈Daum 지도〉

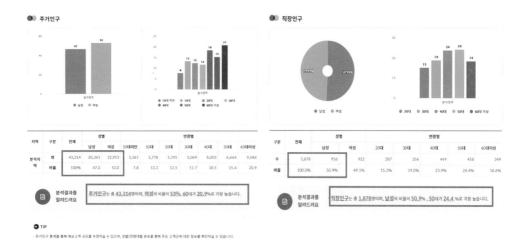

● 주거인구　　　　　　　　　　　　　　　● 직장인구

지역	구분	전체	성별		연령별						
			남성	여성	10대미만	10대	20대	30대	40대	50대	60대이상
분석지역	명	43,314	20,361	22,953	3,361	5,778	5,395	5,069	8,003	6,664	9,044
	비율	100%	47.0	53.0	7.8	13.3	12.5	11.7	18.5	15.4	20.9

구분	전체	성별		연령별				
		남성	여성	20대	30대	40대	50대	60대이상
수	1,878	956	922	287	356	449	458	349
비율	100.0%	50.9%	49.1%	15.3%	19.0%	23.9%	24.4%	18.6%

📄 분석결과를 알려드려요 주거인구는 총 43,314명이며, 여성의 비율이 53%, 60대가 20.9%로 가장 높습니다.

📄 분석결과를 알려드려요 직장인구는 총 1,878명이며, 남성의 비율이 50.9%, 50대가 24.4%로 가장 높습니다.

❗ TIP
- 주거인구 통계를 통해 예상고객 규모를 추정하실 수 있으며, 성별/연령대별 분포를 통해 주요 고객군에 대한 정보를 확인하실 수 있습니다.

주거인구는 대략 4.3만명, 직장인구는 약 1,900명 정도로 주거인구가 절대적 비중을 차지한다.

● 유동인구
〉월별 일 평균 유동인구　　　　　　　　　　　　　　단위: 명

지역	'20.08	'20.09	'20.10	'20.11	'20.12	'21.01	'21.02	'21.03	'21.04	'21.05	'21.06	'21.07	'21.08
분석영역	72,704	77,372	86,763	84,573	73,873	72,461	69,847	73,580	76,195	75,235	83,429	83,092	81,486
증감률		▲6.4%	▲12.1%	▼2.5%	▼12.7%	▼1.9%	▼3.6%	▲5.3%	▲3.6%	▼1.3%	▲10.9%	▼0.4%	▼1.9%

〉성별/연령별 일 평균 유동인구

지역	구분	일일	성별		연령별					
			남성	여성	10대	20대	30대	40대	50대	60대이상
분석영역	명	81,486	42,160	39,326	6,215	9,929	12,295	17,352	15,842	19,854
	비율		51.7%	48.3%	7.6%	15.1%	21.3%	19.4%	24.4%

〉주중/주말, 요일별 일 평균 유동인구

지역	구분	주중/주말		요일별						
		주중	주말	일	화	수	목	금	토	일
분석영역	명	84,618	74,761	83,103	83,403	84,646	85,282	86,661	80,373	69,151
	비율	53.1%	46.9%	14.5%	14.6%	14.8%	14.9%	15.1%	14%	12.1%

〉시간대별 일 평균 유동인구

지역	구분	00-06시	06-11시	11-14시	14-17시	17-21시	21-24시
분석영역	명	3,887	20,313	13,376	14,476	21,640	7,794
	비율	4.8%	24.9%	16.4%	17.8%	26.6%	9.6%

📄 분석결과를 알려드려요
· 유동인구는 총 81,485.8명이며, 남성의 비율이 51.7%, 60대가 24.4%로 가장 높습니다.
· 시간대별로는 17-21 시간대에 26.6%로 가장 많았으며, 00-06 시간대에 4.8%로 가장 적은 유동인구가 나타납니다.
· 요일별은 금요일에 15.1%로 유동인구가 가장 많았으며, 일요일에 12.1%로 가장 적게 나타납니다.

해당 분석대상 섹터의 하루 평균 유동인구는 8만명 초반대이고 오후 5시~7시에 가장 많으며, 금요일에 유동인구가 가장 많고 일요일에 가장 적다.

주거형태

구분	가구수	주거형태	
		아파트	이외
수	14231	14208	23
비율	100%	99.8%	0.2%

> 단지규모 및 면적별 현황

구분	~300세대	300~500세대	500~1,000세대	1,000~1,500세대	1,500~2,000세대	2,000세대 이상
단지규모 개	15	13	6	1		0
비율	42.9%	37.1%	17.1%	2.9%	0.0%	0.0%

구분	66㎡미만	66㎡대	99㎡대	132㎡대	165㎡이상
면적 개	4,179	5,708	1,515	1,261	655
비율	31.4%	42.9%	11.4%	9.5%	4.9%

구분	1억미만	1억대	2억대	3억대	4억대	5억대	6억이상
기준시가 개	0	1,239	1,481	3,502	3,586	2,890	620
비율	0.0%	9.3%	11.1%	26.3%	26.9%	21.7%	4.7%

> 아파트 동/세대수 추이

2018년		2019년		2020년	
동	세대	동	세대	동	세대
280	12,732	285	13,318	285	13,318

● TIP

- 아파트, 비아파트 등 주거형태 등 분포는 입지를 선택하는 데 중요한 요인입니다. 아파트 밀집지역의 경우 거의 일정한 유동인구의 통로가 있으나, 비 아파트의 경우 유동인구 분석되는 경향이 있습니다. 또한 아파트의 규모와 면적, 가격 통은 소득 수준을 예측하는 자료로서 업종의 선정이나 점포의 규모, 수준을 계획하는 것에 도움이 됩니다. 아파트 면적별 세대 수는 소득 및 가구구성 형태를 추정할 수 있는 자료입니다. 작은 면적에 비해 큰 면적의 세대가 상대적으로 세대 구성원의 수가 많고 소득이 큰 경우가 많습니다. 기준시가별 세대수는 소득을 추정할 수 있는 자료입니다. 소득수준은 평균가와 관계가 있으니 배후 세대의 소득수준에 따른 세부 마이템 선정에 활용될 수 있습니다.

1.42만 가구, 주거 형태는 거의 **모두 아파트, 주로 20평대** 아파트로 구성되어 있다. 아파트 단지는 거의 1,000세대 미만, **특히 500세대 이하가 대부분**이다.

4) 대규모인구유출입시설이나 유발원의 위치, 수, 성격 등 분석

〈Daum 지도〉

(주의 : 그림은 설명의 편의를 위해 대략 만든 것이기에 정확하지 않을 수 있으며, 지도가 워낙 작아 표기해야 할 것을 제대로 못한 면이 많이 있다는 점 참고. 어디에 구매수요가 강하게 있고, 어디에 상

가공급이 많은지, 동선은 어떻게 형성될지 등을 생각해보라. 지도는 이런 흐름을 빠르고 쉽게 이해할 수 있게 도와준다.)

구매수요의 동선을 만드는데 중요한 기능을 하는 대규모인구유출입시설은 그 특성에 따라 크게 3가지로 분류할 수 있다.

첫째, 상가수요적 측면을 가진, 즉 구매수요를 공급하는 대규모인구유출입시설. 가령 전철역이나 아파트 단지로 위 그림의 파란색이 이에 해당한다.

둘째, 상가수요적 측면과 상가공급적 측면을 동시에 갖고 있는 대규모인구유출입시설로서 빨간색이 이에 해당한다. 상업용 건물로서, 역 주변 상가와, 근린상가, 단지내상가가 이에 해당하며, 빨간색의 굵기와 크기에 따라 규모와 크기 등에 따른 영향력의 정도를 나타낸다.

셋째, 상가의 공급기능만 주로 담당하며 주로 다른 상가에 구매수요를 공급하는 기능은 별로 하지 않아 상권 형성적 측면보다는 상권 파괴적 측면이 강한 대규모인구유출입시설로서, 하남 스타필드 같은 대규모쇼핑몰이 이에 해당한다. 그림의 보라색이 이와 비슷한 성격의 대규모인구유출입시설이다.

그림에서 보듯이 색깔의 굵기와 크기를 통해 주변 상권에의 영향력을 대략 알 수 있으며, 어디에 구매수요가 많고 어디에 적은지, 어디에 상가가 많고 어디에 적은지, 동선은 어떻게 형성될지 대략 알 수 있다. 그림을 살펴보면 구파발역 주변은 구매수요의 공급이 강한데 반해 상가공급은 강하지 않아 보인다. 반면 아파트 단지 쪽은 상가공급이 상대적으로 많아 보인다.

동선은 대규모인구유출입시설(파란색, 빨간색, 보라색)**간 이동을 통해 주로 만들어진다. 그 크기가 굵고 강할수록 동선이 강하게 형성되어 그 동선이 주동선 역할을 하는 것이며, 다른 여타의 동선은 보조동선 역할**을 하게 된다.

이 때 출입구와 횡단보도의 역할이 중요하다. 동선은 최단거리를 원하는 경향을 띄는데 출입구와 횡단보도가 이에 부응하지 못하고, 오히려 역행하는 방향에 위치한다면 동선은 끊기고 왜곡되어 상권이 형성되기 힘들게 된다. (그림이 작아 아파트 출입구와 횡단보도를 표시하지 못했으니, 독자분들이 출입구와 횡단보도가 어디에 있는지 확인하고 표기하여 동선이 어떻게 흐르는지 확인해보라. 출입구와 횡단보도가 최단거리 동선에서 멀어질수록 다른 대안을 선택하게 되며, 주동선에서 멀어지게 된다. 출입구와 횡단보도에 관한 구체적인 사항은 이 책의 V.5절 참고)

5) 상가의 접근성과 가시성 분석

1)~4)를 검토했다면, 이제 해당 물건이 접근성에 문제가 없는지, 가시성은 좋은지를 살펴봐야 한다.(상가의 접근성과 가시성 문제는 상가 자체의 요인과 상가 외부적 요인으로 구분해 볼 수 있는데 구체적인 사항은 이 책의 V. 4절 참고)

대부분의 경우는 큰 문제가 없으므로 여기서는 개별입지는 상당히 좋은 입지이나 상가의 가시성에 큰 문제가 있는 한 곳을 살펴보기로 한다.

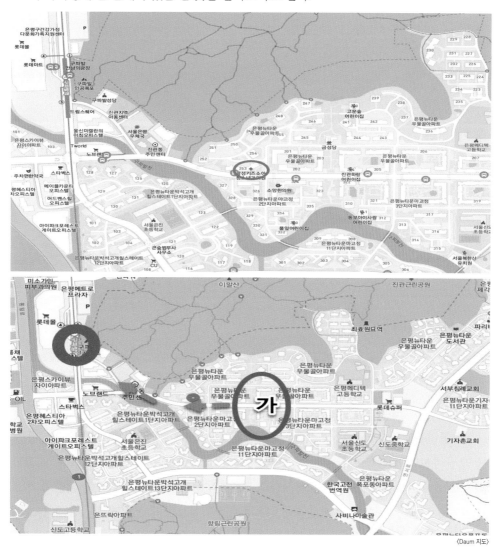

〈Daum 지도〉

위 그림상의 빨간 점 위치에 해당하는 단지내상가(진관동 81번지)이다. 가)의 구매수요가 구파발역으로 이동하는 주동선 상에 정확히 놓여있는 입지로서 입지 자체는 꽤 괜찮다. 그런데 상가의 가시성을 살펴보자.

좋은 입지에 비해 가시성이 너무 좋지 않다. 이곳은 주로 고정고객을 대상으로 해서 그나마 다행인데, 이를 위안으로 삼아야 할까?

유동인구를 대상으로 한 상권에서 입지가 괜찮아도 저런 모습이라면 상가가치가 반 토막 날 수도 있는 상황이다. 상가의 접근성에도 문제가 있지만 특히 가시성이 나무와 화단으로 인해 아주 안 좋다. 상가는 가시성과 접근성이 생명이기에 애초에 택지개발 초기 토지이용계획을 수립할 때부터 완충녹지나 공개공지 설정시 나무 식재나 화단 설치 등에 조심할 필요가 있다. 택지개발수립지침에서 상가·상가주택 조성시 주의사항 등을 마련해 규정할 필요가 있다.

6) 상가공급 분석

앞의 4) 대규모인구유출입시설 편에서 살펴보았듯이, 그림을 보면 상가가 주로 어디에 분포되어 있는지 대략적으로 알 수 있다.

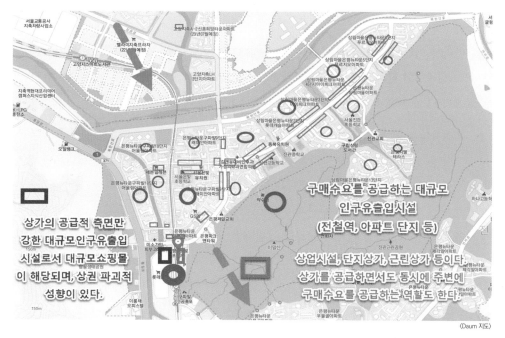

상가의 공급적 측면만 강한 대규모인구유출입시설로서 대규모쇼핑몰이 해당되며, 상권 파괴적 성향이 있다.

구매수요를 공급하는 대규모 인구유출입시설 (전철역, 아파트 단지 등)

상업시설, 단지상가, 근린상가 등이다. 상가를 공급하면서도 동시에 주변에 구매수요를 공급하는 역할도 한다.

〈Daum 지도〉

문제는 은평뉴타운 상가공급이 위례신도시처럼 스트리트형 상가로 조성되었다는 점이다. 게다가 1, 2층으로 구성되어 있는 위례신도시와 달리 은평뉴타운의 대다수 상가는 1층에 자리하여 그 심각성이 더 크다.

1층 위주의 스트리트형 상가는 가시성과 접근성은 좋지만, 임대료가 높을 뿐만 아니라 고분양가의 1층 상가를 대량 공급함으로써 상가공급의 위계질서(일반적인 박스형 상가는 1층 공급면적이 다른 층에 비해 가장 적다)를 깨뜨리고 종국에는 상권까지 파괴한다. 결과적으로 수분양자가 엄청난 손해를 입는 경우가 비일비재하다.

따라서 이런 지역의 상가는 큰 수익을 기대하기가 곤란한 게 현실이므로 투자자는 특히 조심하여야 한다.(스트리트형 상가의 본질적 문제점을 다룬 글이 없어 필자가 'HOW상가·꼬마빌딩 재테크'(p56~68)에서 심도 있게 다루었으니 참고 요망)

우리나라는 대체적으로 상가공급이 많은 경우가 다반사이나, 특히 1층 상가가 많은 스트리트형 상가는 후유증이 심각할 수 있으므로 특별한 경우 이외에는 스트리트형 상가 조성을 자제해야 한다. 개인이 상가의 공급규모를 파악하는 것은 사실상 거의 불가능하므로 신도시 개발을 책임지는 관계기관(국토교통부나 LH·SH 등)에서 필자가 고안한 신상지도를 사용해 상가공급 위치와 규모를 그림처럼 표기해 준다면 어디에 상가가 많은지, 부족한지 등을 쉽게 알 수 있을 것이다.

4. 본 물건의 가치분석

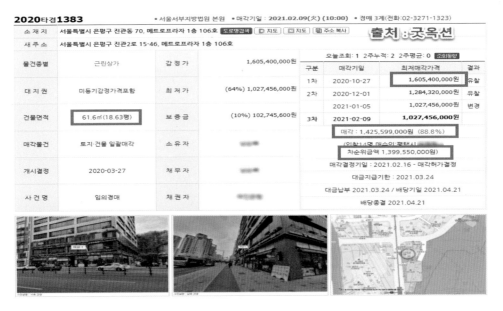

본 물건(메트로프라자 1층 106호)**의 적정 매매가격 혹은 적정 임대가격은 어느 정도일까?**

수익형 부동산 특히 상가의 매매가격은 수익률에 기반을 두므로 임대료를 얼마나 받을 수 있는가 하는 점이 핵심이다. 즉 적정 임대가를 파악해야 한다. 그런데 적정 임대가는 현장 조사와 주변 상업용부동산의 과거 매매가격 등을 조사(디스코, 밸류맵, 네이버부동산의 매물 등에서)하여 알아내야 하는데, 그것은 여러분 스스로 해 보길 바라고, **여기서는 낙찰가를 통해 임대료를 역산하는 방식을 사용해 보자.** 즉 낙찰자가 바보나 시세를 모르는 사람이 아니라면 시가 이상으로 낙찰 받을 가능성은 별로 없으므로 낙찰가를 근거로 이 상가의 임대료를 유추해 보자는 것이다.

위 그림에서 보듯이 14명이 참가한 본 경매의 낙찰가가 14.26억원, 차순위 약 14억원이라는 점을 감안하면 이 상가의 매매가는 최소 14억 이상이 될 가능성이 높다. 혹여 단독입찰이라면 낙찰가의 객관성을 의심할 수도 있으나 차순위(2위)와도 큰 차이가 없다는 점에서 시세에 비해 터무니없이 비싸게 산 물건은 아닐 거라는 의미다.

그렇다면 이 낙찰자는 대략 얼마의 임대료를 예상했을까?

혹은 이 낙찰가를 기준하면 어느 정도의 임대료 이상은 받아야 할까?

좀 더 나아가 매입 후에 리모델링 공사 등을 하여 임대료를 좀 더 받을 수 있다면 그 비용을 지불할 만큼 좋은 투자일까? 즉 대략 평당 100만원 정도 들어가는 리모델링을 진행해서 평당 임대료를 좀 더 받을 수 있다면 얼마나 매매가가 상승할지 그래서 비용을 제외한 매매차익은 얼마가 될지 미리 알 수 없을까?

우선 낙찰자는 어느 정도의 임대료 이상을 예상하고 낙찰가를 정한 것인지 추정해보자.

주소						리모델링비 (전용 1평당)	0
매입가	142600		실평수 (전용평수)	18.63	상가가치 증가(리모델링) 후 받을 수 있는 월세(전용 1평당) = 혹은 리모델링 없이도 평당 실제 가능 월세(전용 1평당)		0

매입가에 따른 적정 임대료 분석및 상가가치 증대에 따른 매매차익 자동분석 프로그램
(= 실제 가능 임대료에 따른 매도가 분석 Program)(단위 : 만원)

수익률	2%	3%	4%	5%	6%	8%	10%	12%	10%	16%	?
연간 월세총액	2852	4278	5704	7130	8556	11408	14260	17112	14260	22816	#VALUE!
예상월세 (월세만) (보증금없음)	238	357	475	594	713	951	1188	1426	1188	1901	#VALUE!
전용평당 예상월세	12.8	19.1	25.5	31.9	38.3	51.0	63.8	76.5	63.8	102.1	#VALUE!
가치증가후 받을 수 있는 월세	0	0	0	0	0	0	0	0	0	0	0
적정 매도가	0	0	0	0	0	0	0	0	0	0	#VALUE!
단순매매 차익	-142600	-142600	-142600	-142600	-142600	-142600	-142600	-142600	-142600	-142600	#VALUE!
총리모델 링비용	0	0	0	0	0	0	0	0	0	0	0
비용계산한 매매차익	-142600	-142600	-142600	-142600	-142600	-142600	-142600	-142600	-142600	-142600	#VALUE!

만든 사람	(상가·꼬마빌딩 투자의)멘토 손오공 (저서 참고 : HOW상가·꼬마빌딩재테크, 실전 상가투자·실전 꼬마빌딩투자)(유튜브 : 멘토손오공tv) Copyright 2021.mentorson50(Son,Y.S.). All rights reserved.
사용방법	1. 노란색 칸을 채워 넣으시면 원하는 결과가 자동 계산됩니다. 2. 상가가치 증가(가령 리모델링) 후에 받을 수 있는 전용 1평당 월세를 알아내어, 해당 칸에 입력하면 자동으로 적정매도가를 알 수 있습니다. 단순매매차익 = (리모델링 후 적정매도가) - 매입가 총리모델링비 = 전용 1평당 리모델링비 * 전용평수 비용계산한 매매차익 = (리모델링 후) 적정매가 - 매입가 - 총리모델링비용

보라색 박스(필자가 고안한 간편 연산 프로그램)의 해당 부분에 낙찰가와 전용평수를 입력하면 나머지 금액은 자동 계산된다.

매입가격(낙찰가) 14.26억원의 적정 임대가를 알고 싶다면 주변 수익률이 어느 정도 되는지 조사해야 한다. 알아 본 바 이 정도 입지의 1층 코너복 상가 매매수익률이 3% 정도라면 빨간 박스에서 보듯이 적정 임대료는 연간 4,278만원이다. 즉 14.26억원 투입(대출 제외)해서 매월 357만원의 임대료 수입을 얻는 게 적정하다고 보인다. 전용 평수로 환산한 예상 임대료는 19만원 정도이다. 만약 매매수익률이 4%라면, 위 표에서 보듯이 매월 475만원 정도의 임대료 수입이 예상되며, 전용 평수로 환산한 예상 임대료는 25만원 정도가 된다.

이제 이런 가정을 해 보자.

이 물건의 현재 임대료가 월 357만원이다. 주변에선 현재의 월세를 기준하면 매매수익률이 3% 정도이므로 본 물건의 매매가격은 14.26억원이라고 한다. 하지만 들리는 소문에 의하면 **이 물건 주인이 외국에 장기 체류 중이라 임대 시세를 잘 몰라서 실제 받을 수 있는 월세보다 아주 저렴하게 임대를 놓고 있다고 한다.**

소문처럼 이 물건보다 안 좋은 바로 옆 상가가 전용 1평당 25만원의 임대료를 받고 있다면 매입 후 천천히 주변 시세에 맞춰 전용평당 25만원의 임대료는 충분히 받을 수 있을 것 같다. 그렇다면 **이 물건의 원래 가치, 즉 나중에 실제 받을 수 있는 월세 평당 25만원을 근거로 한 적정 매매가는 얼마 정도일까?**

주소				리모델링비	0
매입가	142600	실평수(전용평수)	18.63	상가가치 증가(리모델링) 후 받을 수 있는 월세(전용 1평당) = 혹은 리모델 없이 평당 실제 가능 월세(전용 1평당)	25

매입가에 따른 적정 임대료 분석및 상가가치 증대에 따른 매매차익 자동분석 프로그램
(= 실제 가능 임대료에 따른 매도가 분석 Program)(단위 : 만원)

수익율	2%	3%	4%	5%	6%	8%	10%	12%	10%	16%	?
연간 월세총액	2852	4278	5704	7130	8556	11408	14260	17112	14260	22816	#VALUE!
예상월세(월세만)(보증금없음)	238	357	475	594	713	951	1188	1426	1188	1901	#VALUE!
전용평당 예상월세	12.8	19.1	25.5	31.9	38.3	51.0	63.8	76.5	63.8	102.1	#VALUE!
가치증가로 받을 수 있는 월세	466	466	466	466	466	466	466	466	466	466	466
적정 매도가	279450	186300	139725	111780	93150	69863	55890	46575	55890	34931	#VALUE!
단순매매차익	136850	43700	-2875	-30820	-49450	-72738	-86710	-96025	-86710	-107669	#VALUE!
총리모델링비용	0	0	0	0	0	0	0	0	0	0	0
비용계산한 매매차익	136850	43700	-2875	-30820	-49450	-72738	-86710	-96025	-86710	-107669	#VALUE!

만든 사람	(상가·꼬마빌딩 투자의)멘토 손오공 (저서 참고 : HOW상가·꼬마빌딩재테크, 실전 상가투자·실전 꼬마빌딩투자)(유튜브 : 멘토손오공tv) Copyright 2021.mentorson50(Son,Y.S). All rights reserved.
사용방법	1. 노란색 칸을 채워 넣으시면 원하는 결과가 자동 계산됩니다. 2. 상가가치 증가(가령 리모델링) 후에 받을 수 있는 전용 1평당 월세를 알아내어, 해당 칸에 입력하면 자동으로 적정매도가를 알 수 있습니다. 3. 단순매매차익 = (리모델링 후 적정매도가) - 매입가 총리모델링비용 = 전용 1평당 리모델링비 * 전용평수 비용계산한 매매차익 = (리모델링 후) 적정매매가 - 매입가 - 총리모델링비용

위 계산프로그램은 앞의 프로그램과 동일하다. 자주색 박스 해당란에 실제 받을 수 있는 월세(전용 1평당)를 입력하면 적정 매매가가 자동 산출되고, 현재 매매가인 14.26억원과의 매매 차익 4.37억원(= 18.63억원 – 14.26억원)까지 자동 계산된다.

실제 가치에 비해 약 4억원 정도 저렴한 매물이다.

그렇다면 이젠 리모델링하여 상가가치를 개선시키는 경우의 매매가 상승 내지 리모델링 비용을 차감한 매매차익은 어떻게 될까?

가령 평당(전용) 100만원을 들여 상가를 예쁘게 꾸미면 임대료를 평당 몇 만원 더 받을 수 있다고 가정했을 때, 리모델링 비용을 제하고도 매매가 상승에 의해 더 큰 매매 차익을 실현할 수 있을까? 아니면 오히려 손해가 날까? 손익을 미리 알 수 없을까?

주소										리모델링비 (전용 1평당)	**100**
매입가	142600		실평수 (전용평수)	18.63	상가가치 증가(리모델링) 후 받을 수 있는 월세(전용 1평당) = 혹은 리모델링 없이도 평당 실제 가능 월세(전용 1평당)						**25**

매입가에 따른 적정 임대료 분석및 상가가치 증대에 따른 매매차익 자동분석 프로그램 (= 실제 가능 임대료에 따른 매도가 분석 Program)(단위 : 만원)											
수익율	2%	3%	4%	5%	6%	8%	10%	12%	10%	16%	?
연간 월세총액	2852	4278	5704	7130	8556	11408	14260	17112	14260	22816	#VALUE!
예상월세 (월세만) (보증금없음)	238	357	475	594	713	951	1188	1426	1188	1901	#VALUE!
전용평당 예상월세	12.8	19.1	25.5	31.9	38.3	51.0	63.8	76.5	63.8	102.1	#VALUE!
가치증가후 받을 수 있는 월세	466	466	466	466	466	466	466	466	466	466	466
적정 매도가	279450	186300	139725	111780	93150	69863	55890	46575	55890	34931	#VALUE!
단순매매 차익	136850	43700	-2875	-30820	-49450	-72738	-86710	-96025	-86710	-107669	#VALUE!
총리모델 링비용	1863	1863	1863	1863	1863	1863	1863	1863	1863	1863	1863
비용계산한 매매차익	134987	41837	-4738	-32683	-51313	-74601	-88573	-97888	-88573	-109532	#VALUE!
만든 사람	(상가·꼬마빌딩 투자의)멘토 손오공 (저서 참고 : HOW상가·꼬마빌딩재테크, 실전 상가투자·실전 꼬마빌딩투자) (유튜브 : 멘토손오공tv) Copyright 2021.mentorson50(Son,Y.S.). All rights reserved.										
사용방법	1. 노란색 칸을 채워 넣으시면 원하는 결과가 자동 계산됩니다. 2. 상가가치 증가(가령 리모델링) 후에 받을 수 있는 전용 1평당 월세를 알아내어, 해당 칸에 입력하면 자동으로 적정매도가를 알 수 있습니다. 3. 단순매매차익 = (리모델링 후 적정매도가) - 매입가 　총리모델링비 = 전용 1평당 리모델링비 * 전용평수 　비용계산한 매매차익 = (리모델링 후) 적정매매가 - 매입가 - 총리모델링비용										

이 프로그램도 앞의 자동 프로그래밍을 응용한 것이다. 평당 리모델링 비용을 알아보고 해당란에 입력한다. 리모델링 후에 받을 수 있는 월세(전용 1평당)를 알아보고 입력한다. 가령 리모델링하기 전에는 평당 19만원 수준 정도인데, 예쁘게 리모델링하여 커피숍에 임대를 주고 전용 평당 25만원을 받을 수 있다고 하면 이를 해당란(보라색)에 입력한다. 리모델링 후의 적정 매매가와 리모델링 비용 그리고 매매 차익까지 자동 계산된다. 이런 식으로 동 물건을 매입하기 전 상가가치 증감액을 미리 판단할 수 있다.

지금 현재는 비싸지도 싸지도 않은 적정 임대가 수준이고 이를 근거로 적정 매매가 수준에서 나온 매물이지만 매입 후 예쁘게 리모델링하여 임대료를 좀 더 높게 받을 자신이 있다면 위의 자동 계산 프로그램을 이용하여 미리 수익과 손실을 예상할 수 있다. 매입여부를 결정하기 전에 활용하면 큰 도움이 될 것이다. 본 건은 신축 건물이라 리모델링이 적합하지 않지만 오래된 건물, 허름한 상가, 꼬마빌딩이라면 이 프로그램을 아주 유용하게 사용할 수 있다.

5. 유사 사례 분석 물건 : 자기 주도 학습문제

앞의 사례에서 필자가 설명한 방식처럼 아래 물건을 분석해보자.

1) 2015-52642 (1) (서현동 245-2 보람코아 101호)

   (14.85평, 감정가 131,500만원, 낙찰가 145,050만원, 보 1,550만원/월 550만원)

2) 2018-106521(마곡동 760, 마곡나루역보타닉푸르지오시티 122호)

   (9.35평, 감 92,800, 낙 94,100, 월 3,000/300)

3) 2020-29(삼전동 1-3, 아카데미빌딩 105호외)(50.5평, 감 382,000만원, 낙 265,000만원)

4) 2020-100889 (2) (비산동 1108 금강벤처텔 112호)(12.39평, 감 103,000만원, 낙 106,300만원)

6) 2019-1702(비산동 1107-1, 안양벤처텔 108호)(30.25평, 감 296,000만원, 낙 305,200만원)

7) 2015-8767(비산동 1107-1 안양벤처텔 111호)(26.3평, 감 116,000, 낙 126,100만원)

8) 2010-2405(산본동 1136-2, 삼일빌딩 1층 7호)(10.97평, 감 120,000 낙 116,700)

9) 2010-52958(반송동 221-2, 106호)(11평, 감 58,000 낙 44,120, 월 5,000/275)

10) 2013-19690 (2) (풍동 1261, 숲속마을 상가동 103호)(감 39,000, 낙 47,800만원)

11) 2016-52083(삼평동 647, 호반메트로큐브103호)(12.31평, 감 148,000, 낙 16,1900)

12) 2018-11164(상동 544-5, 그랜드프라자 107호)

   (11.7평, 감 98,000, 낙 110,760, 차 98,200, 월 5,000/330)

II
상가·꼬마빌딩 투자

제대로 알고 하면 단연 최고다
찐 부자들은 다 안다

01

당신의 재테크, 행복하십니까? (新)

1. 워렌 버핏의 명언

"잠자는 동안에도 돈이 들어오는 방법을 찾아내지 못한다면 죽을 때까지 일해야만 할 것이다."

'잠자는 동안'의 의미 : 무노동+숙면

2. 대표적 재테크 수단

대표적 재테크 수단인 주식, 주택, 토지 등의 주요 장단점을 비교해 보면 아래와 같다.

구분	장 점	단 점
주식	높은 수익률 실현 가능	원금 손실 가능, 불면
주택	안정성, 최근 10년간 대세 상승으로 수익 실현	보유비 부담, 월 고정수입 제로 또는 미미하여 100억 거지
토지	대박 실현 가능	보유비 부담, 월 고정수입 제로 또는 미미하여 200억 거지
기타 (비트코인 등)	초대박 실현 가능	롤러코스터 시세로 생명 단축 미검증

3. '숙면'을 취하면서도 돈을 벌 수 있는 방법

- 은행 이자 : 60억 예치하면 한달 이자로 서울 한달 부부 적정생계비 320만원 해결 가능
- 상가·꼬마빌딩 투자(월세 수입) : 상가 8억원으로 한달 부부 적정생계비 해결 가능
  꼬마빌딩 12억원으로 한달 부부 적정생계비 해결 가능

4. '무노동+숙면'이 이뤄지기 위한 조건 비교 : 원금 보전+매월 안정적인 수입+(시세 차익)

1) **주식, 주택, 토지, 기타**(비트코인) : 매달 안정적 수입 불가능
2) **예금** : 원금보전은 가능하나, 매월 안정적 수입이 너무 적고, 시세 차익 불가능
3) **상가·꼬마빌딩 투자** : 특히 상가는 위험성이 많으나, 제대로 공부하고 진행하면 '투자 성공'
   * 투자 성공 절대 조건 - '좋은 입지'를, '좋은 가격'에
   * '조물주 위에 건물주'가 되기 위한 조건 - '좋은 입지'를 '좋은 가격'에

5. 서초동 사건과 상가·꼬마빌딩 투자 공부

- 주식투자로 큰 손실 발생, 그 종점(2015년 1월)
- 10억의 순재산(아파트 포함)이 있었음에도 매달 수입이 절실
- 미리 상가(꼬마빌딩) 투자, 제대로 알았다면 매달 안정적 수입이 가능했을 텐데

02

100세 시대, 어떤 재테크를 선택해야 하나? (新)

1. 초고령화시대

- **65세 이상** 노인인구 2025년 20%, 2040년 33%(인구 3명당 1명)

  2020년 11월 기준 65세 이상 고령인구 16.4%(총 인구 5,013만명 중 820만명)

- **평균 수명 83.3세**(2019년 현재, 통계청)

  (1970년 62.3세, 1980년 66.1세, 1990년 71.7세, 2000년 76세, 2010년 80.2세)

- **약 10년마다 약 4~5년 수명 연장**

  100세 시대를 넘어 120세 시대의 도래

2. 직장인 체감 은퇴연령 (남자 52세, 여자 48세, 잡코리아)

- 희망 은퇴연령 : 남자 63세, 여자 58세

3. 100세 시대 : 약 40~50년 정도 월급을 대신할 매월 생계비가 필요

- 안정적인 자금원 필요

4. 2020년 서울 기준 50대 부부 적정생계비

- **매월 319만원**(전국 296만원)

  최소생계비 : 매월 215만원(전국 215만원)

5. 저축성수신금리

- '20년 9월 0.81%(56억원 예금시 월 378만원, 이자과세 15.4% 58만원 공제시 320만원)
- '21년 3월 현재 신규취급액 기준 연 0.86%

6. 상가·꼬마빌딩 투자 : 수익형 투자 – 수익환산법

1) 상가 수익률 6%시

8억원 투입시 매월 400만원, 세금 20%라고 한다면 매월 320만원 해결

2) 꼬마빌딩 3%시

16억원 투입시 매월 400만원, 세금 20%라고 한다면 매월 320만원 해결

3) 꼬마빌딩 4%시

12억원 투입시 매월 400만원, 세금 20%라면 매월 320만원 해결

03

당신의 상가·꼬마빌딩 투자가
실패할 수밖에 없는 이유 (新)

(= 필승법칙을 따라야 성공한다.)

1. 상가·꼬마빌딩 투자 성공에 필수적인 분야

* 상가·꼬마빌딩 투자 성공을 위해 **반드시 공부해야 할 분야, 얼마나 제대로 알고 있나?**

- **입지 분석** : 어떤 상가가 좋은 입지인가? 구체적으로 설명하라.

- **가치 분석** : 상가가치를 어떻게 제대로 평가할 것인가?

　　　　　　　어떻게 상가가치를 증대시킬 것인가?

- **기타 분석** : 상권분석, 세금문제, 투자시·임대시 알아야 할 법규 등

2. 상가·꼬마빌딩 투자 성공의 절대법칙 : LOVE(=L5V2)

- LOVE(L5V2)에 빠지면 상가 투자 성공한다.

- **L5란** : 거시동선, 주동선, 접근성과 가시성, 구매수요, 상가공급

- **V2란** : 상가가치분석법, 상가가치 증대법

- 미래의 상권·상가입지의 변화 가능성 고려

- 매도 타임 여유 있게

3. 상가·꼬마빌딩 투자 성공을 위해 반드시 지켜야 할 원칙

1) 좋은 상가(꼬마빌딩)에만 투자한다.

- **좋은 상가는 화수분**이다. 좋은 상가 투자 한 건, 인생을 풍요롭게 한다.

 나쁜 상가는 喪家(상갓집)를 초래한다.

- **좋은 상가 투자란 무엇인가?**

 좋은 입지의 상가를, 좋은 가격에 매입하는 것

- 좋은 입지 보는 법(LO=L5)

 좋은 가격 판별하는 법(VE=V2)

- 상가·꼬마빌딩 투자는 LOVE가 정답이다.

2) 1% 투자법

- 좋은 상가는 화수분이라 매물 기근 현상이 심하다.
- 감정가보다 조금 싸다고 대박이라고 생각하면 큰일 난다.
- 100개 보고, 한 개 투자한다고 생각하라. 그렇게 하면 대박은 몰라도 실패는 없다.

3) 전용평당 10만원 미만의 상가는 손절하고, 가급적 15만원 이상

 (특히 강남은 15만원 미만 손절, 가급적 20만원 이상)

- 환산임대료가 1층 기준 전용평당 10만원 미만의 상가는 상가라고 보지 않는다. 공실 때문에 짐을 안고 사는 것이고 항상 '을'의 입장에 서게 된다.
- 전용평당 10만원 미만의 입지를 개발하고 싶다면 상가보다는 주택이 더 낫다.
- 가급적 전용평당 15만원 이상의 상가입지에 투자하라.

 ※ 환산임대료=월세×100+보증금, 전용평당 환산임대료=환산임대료/전용평수

4) 3층 이상 상가 건축은 전용평당 최소 15만원, 가능하면 20만원 이상의 입지이어야, 업무전용 오피스빌딩은 개별입지 주변 환산임대료가 1층 기준 30만원 정도는 되어야

- 1층 이외 지상층 상가 건축시, 특히 3층 이상의 상가 건축은 환산임대료가 1층 기준 전용평당 20만원 미만의 입지는 공실을 걱정할 가능성이 높다. 20만원 이상, 임대료가 높아질수록 공실걱정을 안 한다.

- 3층 이상의 상가 건축입지는 사실 많지 않으니, 그다지 좋지 않은 입지에 상가를 건축하고 싶다면 1층은 상가, 2층 이상은 주택, 혹은 1층과 2층 상가, 3층 이상 주택을 권한다.

- 이론적으로는 환산임대료가 1층 기준 전용평당 10~15만원 이상만 되면 건축비를 뽑을 수 있으나, 상가 공실 걱정 없이 마음 편한 건물주가 되려면 최소 15만원, 가급적 20만원 이상이어야

5) 여유

- 좋은 입지의 물건을, 좋은 가격에 샀다면 여유 있게 기다릴 줄 아는지 여부가 상가·꼬마빌딩 투자 성공의 마지막 퍼즐을 맞추는 1%이다.
- 시간적 여유 : 익을 때까지 느긋하게 기다릴 줄 아는 여유 + 매도 적기를 기다릴 줄 아는 여유
- 재정적 여유

4. 당신이 이런 분이라면 상가 투자에 실패할 수밖에 없다!!

- **상가**(꼬마빌딩) **투자 성공을 위해 꼭 배워할 할 분야는 공부하지 않고**, 실전 투자와는 크게 관련 없는 변두리 지식 습득에 시간을 낭비한 사람
- 제대로 된 분석법? 체계적인 상가 투자분석법? 그런 게 필요한지도 모르는 사람

"구멍이 숭숭 난 그물로 월척을 잡겠다면 그건 헛된 망상이다. 촘촘하면서도 강한 그물망을 사용해야 월척을 낚을 수 있다."

"반드시 공부해야 할 분야를, 제대로 된 분석법으로 준비하면 상가·꼬마빌딩 투자, 반드시 성공한다."

04

팬데믹, 초고령화, 인구감소 시대에 최후까지 살아남는 상가입지는? (新)

1. 코로나시대, 동선의 변화와 이에 따른 상가입지의 변화

1) 코로나 시대의 동선

〈코로나 시대의 동선〉

2) 코로나 시대의 상가입지

"코로나 희비, 대형상권 지고 근린상권 선방"
코로나19의 여파로 명동이나 강남역 상권과 같은 대형상권이 직격탄을 맞은 반면 주거단지 인근의 근린상권은 상대적으로 타격이 덜하고 오히려 매출이 느는 경우도 상당히 있다. 〈2020 년12월28일 조선비즈〉

"코로나19가 바꾼 소비패턴 – 대형상권보다 집 가까운 동네상권 선호도 급격히 높아져"
코로나19이후 소비패턴이 변화하면서 주거단지 내의 상업시설이 재조명되고 있다. 롯데카드가 신용카드 결제데이터를 분석(2020년 3월말부터 4월 중순까지)한 바, 전체 오프라인 결제건수가 전년 대비 6.9% 감소한 가운데 집 주위 반경 500미터 이내에 있는 가맹점에서의 결제는 오히려 8.0% 증가했으며, 대형 및 유명 상권에서의 소비는 급격히 줄어들었다. 〈2020년9월15일 이데일리〉

2. 초고령화 사회의 동선 변화

〈노인의 동선〉

3. 초고령화 시대에도 살아남는 상가입지 안전투자법

1) 초고령화 시대, 팬데믹 시대 – 최후까지 살아남는 상가입지는?

: 동선 연구 결과, 수요가 매우 안정적인 대규모 아파트 단지 주변 근린상가, 단지내 상가

2) 유동인구 대상 상권(유흥상권)에서 보다 안정적으로 투자를 하는 법(대박상가 안전투자법)

- 거시동선에 순응하면서 인구의 대규모 유출입이 가능한 지역, 즉 교통이 편한 곳

- 대규모인구유출입유발원이 많은 곳 : 클럽문화, 길거리 축제 조성한다는 뉴스 등

- 문화와 여가, 휴식을 누리기 위해 모일 수 있는 곳, 특히 젊은 층 대상

- 스토리가 있는 곳, 역사와 전통이 깃든 곳이면 더 좋다.

- 사람이 모일 수 있는 곳 : 보행자 전용도로 조성한다는 뉴스

- 가급적 평탄한 곳

- 이미 올랐다면 바로 주변 지역의 목에 주목한다.

- 장기적인 안목으로 시냇물이 모이는 장소, 최소한 도랑물이 모이는 장소의 땅이 넓은 곳에 주목

05

상가 투자와 꼬마빌딩 투자의
공통점과 차이점 ^(新)

1. 상품의 종류

상가, 상가건물 내지 꼬마빌딩, 업무전용빌딩, 고급아파트, 일반아파트, 빌라, 단독주택

2. 공통점

1) 기본적으로 수익형 부동산
2) 모두 다 LOVE(L5V2)가 중요 - 가치분석, 입지분석이 중요
3) 주택에 비해 접근성과 가시성이 매우 중요

3. 차이점 : 꼬마빌딩은 상가에 비해

1) 개별입지의 중요성이 상대적으로 덜하다.(상권의 중요성은 더 심하다)
2) 접근성과 가시성의 중요성이 상대적으로 덜하다.
3) 업종 구성상 사무실의 비중이 높다.
4) 매도시 토지가의 비중이 크고 매도차액이 더 클 가능성이 높다.
5) 아주 좋은 입지의 경우 대체로 상가로 구성된다.(특히 저층부)(강남역 지도)

6) 층의 중요성

- 꼬마빌딩은 상가에 비해 층의 중요성이 상대적으로 덜하다.

  (1층의 중요성이 상대적으로 덜하고 심지어 1층이 더 쌀 수도 있다)

- 일반적으로 상가의 1층 대비 3층 이상 지상층의 임대료 차이는 3~5배

- 우리나라 핵심상권 제일 좋은 자리 1층 대비 3층 이상 지상층 차이는? 다음 목차

7) 관리의 어려움

- 꼬마빌딩이나 상가건물이 10년 이상된 경우엔 누수 문제가 많이 발생

- 공실 문제도 한, 두 개는 있을 가능성이 있다.

- 관리는 어려우나, 매도시 매도차익이 더 많이 발생할 가능성이 높다.

4. 우리나라 최고 상권, 최고 입지 : 상가 위주의 건물을 지었을 때와 오피스 전용 빌딩을 지었을 때, 수익성은 어디가 좋을까?

1) 최고 상권, 최고 입지의 상가건물

〈Daum 지도〉

2) 최고 상권, 최고 입지의 오피스 전용건물

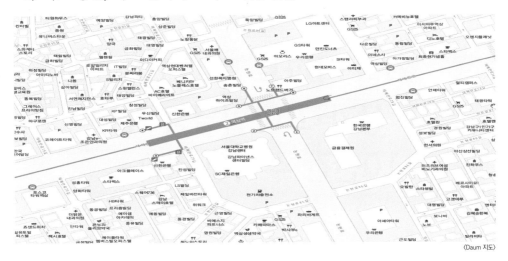

〈Daum 지도〉

3) 멘토 손오공의 조언

가) 우리나라 최고 상권. 최고입지 상가의 1층과 4층 이상 임대료(효용비율) 차이는?

　　최소 5~10배

나) 우리나라 최고상권, 최고입지 오피스 전용건물의 1층 사무실 임대료와 4층 이상 임대료 차이는?　거의 없다. 사무실은 1층이 오히려 싸다.

다) 우리나라 최고 상권 내 최고입지 오피스 전용빌딩과 최고 상권 내 안 좋은 입지의 오피스 전용빌딩 임대료(효용비율) 차이는?　최대 5배

라) 우리나라 최고 상권 내 최고 상가입지와 최고 상권 내 안 좋은 상가입지의 임대료 차이는?　천양지차

마) 멘토 손오공의 조언

　　- 최고 입지는 오피스가 아닌 상가를 지어라.

　　- 상권은 좋은데 개별 입지가 별로라면 상가보다는 오피스빌딩을 지어라.

● 지하 층 건축비와 그 효과 리뷰
● 상가건물의 층별 상가 구성과 관련하여
　　- 스트리트형 상가의 본질적 문제 리뷰

최근 아파트 투자 10년, 상가·꼬마빌딩 투자 10년간 수익성 비교 (新)

1. 문제의 소재 : "10년 전 아파트 대신 상가·꼬마빌딩 투자를 했다면~"

- 최근 10년간 아파트 가격 대세 상승기이다. 그렇다면 10년 전에 아파트 투자 대신 상가·꼬마 빌딩 투자를 했다면 어떻게 되었을까? 망했을까? 아님 아파트 투자 수익률에 비해 한참 떨어질까? 너무 궁금하다.

- **아파트 투자 최근 10년간 수익과 상가·꼬마빌딩 투자 10년간 수익을 비교해 보라.**

  (1주택 투자시, 2주택 투자시, 3주택 투자시와 상가·꼬마빌딩 투자시 수익성 비교)

- 아파트 매매가격의 추이를 보여주는 자료(한국부동산원, 서울 아파트 매매 평균가격)가 있어 이를 기준으로 최근 9년(2021년 서울 아파트 평균가격/2013년 서울 아파트 평균가격)간의 서울 아파트 가격 상승률을 도출했다.(자료가 2013년 1월부터 존재)

- 반면, 수익성부동산에 대한 매매가격 상승률 추이 자료는 없어, 디스코(www.disco.re)에서 일부 지역 몇 곳을 선정해 최근(2020년~2021년 상업용건물)과 약 10년 전 과거(2012년~2013년 상업용건물)의 매매가 평균을 비교해 그 상승률을 도출해보았다.

2. 아파트 투자 : 최근 10년간의 가격 상승률(정확히는 약 9년)

1) 2013년 1월 서울 아파트 평균가격

2013년 1월 한국부동산원

(단위 : 천원)

지역	주택유형	매매가격		전세가격		평균
		평균가격	㎡당 평균가격	평균가격	㎡당 평균가격	전세/매매(%)
전국	종 합	230,467	2,507	129,141	1,493	59.4
	아 파 트	250,134	3,063	151,658	1,897	65.4
	연립주택	142,052	2,471	82,175	1,433	61.3
	단독주택	225,563	1,035	94,870	460	42.6
서울	종 합	449,525	5,126	232,113	2,741	55.5
	아 파 트	496,180	5,846	267,857	3,214	57.8
	연립주택	228,063	4,044	125,331	2,213	57.2
	단독주택	680,242	4,306	281,132	1,838	42.8

2) 2021년 9월 서울 아파트 평균가격

2021년 9월 한국부동산원

서울	종 합	867,269	483,591	150,221	1,059	60.5	27.1
	아파트	1,130,427	624,717	204,128	1,228	57.3	29.7
	연립주택	348,360	244,365	56,919	623	70.7	22.2
	단독주택	1,064,642	481,456	154,721	1,472	45.8	30.4

3) 최근 9년간 서울 아파크 평균 가격 상승률

2021년9월 11억 3,043만원/2013년 1월 4억 9,618만원 = 228% 상승

3. 상업용건물(상가건물, 꼬마빌딩 등) : 최근 10년간의 가격 상승률

1) 샘플 집단 5곳

- 상가건물이나 꼬마빌딩 등 소위 상업용 건물의 실제 평균 가격에 대한 공식적인 조사통계가 없어서 상업용 건물 실거래가 분석 사이트인 디스코(www.disco.re)를 활용하여 서울 지역 4개 구역과 경기도 1곳의 거래사례를 조사하였다. 샘플 집단은 이태원, 양재역, 약수역, 화곡역, 역곡역(경기도) 부근으로 이 지역 상업용 건물의 실거래가 상승률을 분석하였다.

- 아래 상승률은 '2020년 21년 실거래 사례 평균토지가/2012년 13년 실거래가 사례 평균토지가'이며, 샘플 자체가 크지 않아 상업용 건물의 가격 상승의 경향성만 보면 좋을 듯하다.

2) 이태원 부근 상업용 건물의 실제거래가 상승률

(2012~13년 7건, 2020~21년 13건 분석)

가) 2012~13년 상업용 건물의 실제 거래사례(토지평당가)

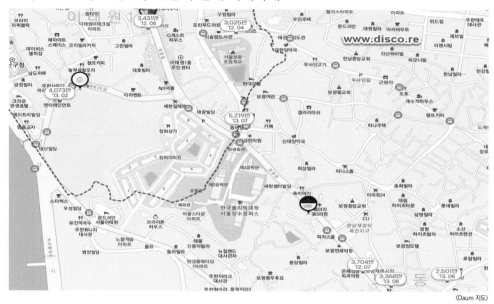

〈Daum 지도〉

나) 2020~21년 상업용 건물의 실제 거래사례(토지평당가)

〈Daum 지도〉

가격 상승률 : 약 225%

3) 양재역 부근 상업용 건물의 실제거래가 상승률

(2012년~13년 5건, 2020~21년 17건 분석)

가) 2012~13년 상업용 건물의 실제 거래사례(토지평당가)

〈Daum 지도〉

나) 2020~21년 상업용 건물의 실제 거래사례(토지평당가)

〈Daum 지도〉

가격상승률 : 약 179%

4) 약수역 부근 상업용 건물의 실제거래가 상승률
(2012~13년 6건, 2020~21년 12건 분석)

가) 2012~13년 상업용 건물의 실제 거래사례(토지평당가)

〈Daum 지도〉

나) 2020~21년 상업용 건물의 실제 거래사례(토지평당가)

〈Daum 지도〉

가격상승률 : 약 270%

5) 화곡역 부근 상업용 건물의 실제거래가 상승률

(2012~13년 10건, 2020~21년 10건 분석)

가) 2012~13년 상업용 건물의 실제 거래사례(토지평당가)

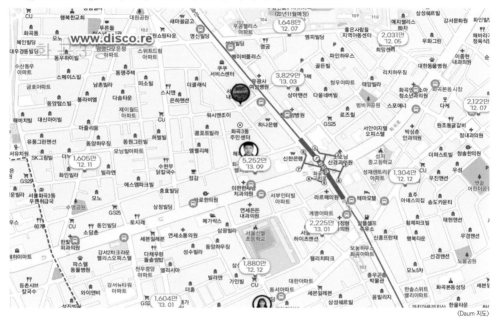

〈Daum 지도〉

나) 2020~21년 상업용 건물의 실제 거래사례(토지평당가)

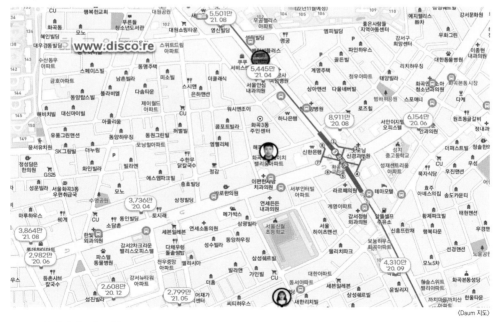

〈Daum 지도〉

가격상승률 : 약 197%

6) 역곡역 부근 상업용 건물의 실제거래가 상승률

(2012~13년 4건, 2020~21년 9건 분석)

가) 2012~13년 상업용 건물의 실제 거래사례(토지평당가)

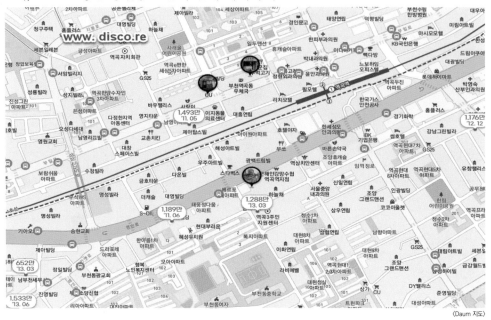

〈Daum 지도〉

나) 2020~21년 상업용 건물의 실제 거래사례(토지평당가)

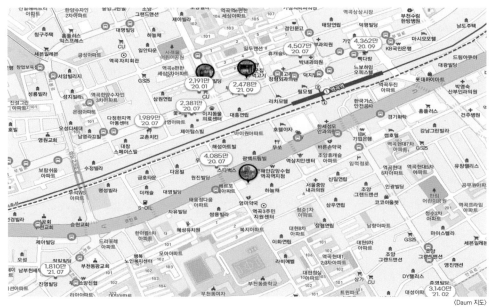

〈Daum 지도〉

가격상승률 약 258%

7) 상기 5곳 상업용 건물 실제 거래가격 평균 상승률

(2020~21년 실거래 토지평당가 평균/2012~13년 실거래 토지평당가 평균)

약 226%

8) 결어 : 거의 동일

– 동 기간의 서울 아파트 가격 상승률 : 228%

– 샘플 5개 지역 상업용 건물의 가격 상승률 : 226%

4. 세금(양도세)과 임대수입 등을 고려한 수익성 비교

(재산세 등 보유세는 제외하고) 양도세만 살펴보기로 한다. 아래의 수치는 대략적인 계산이기에 정확하지 않을 수 있다. 구체적인 것은 전문가(세무사)와 상의하기 바란다.

1) 아파트

매입 : 4억 9,618만원(2013년 1월), **매도 : 11억 3,042만원**(2021년 9월)

가) 1주택인 경우

현재 1가구 1주택 양도세 비과세 기준금액을 9억원에서 12억원으로 개정하는 안의 통과 가능성이 높으므로 이 안으로 적용하면, 매도가가 12억 이하이므로 세금은 한 푼도 안 내도 된다.

순수익=11억 3,042만원 – 4억 9,618만원(매입가) – 2,000만원(취득세+취득 및 매도시 부동산수수료 등의 비용, 약 4%로 추계) = 6억 1,424만원 정도 순수입(자본 투입의 기회비용 미고려)

나) 2주택의 경우(세율은 2주택 중과세율이며 조정지역이기에 가중)

(1) 양도세율

2021년 양도소득세율 (2021. 1. 1)

과세표준	세율	2주택 중과	32주택 중과	누진공제
1,200만 원 이하	6%	26%	36%	
4,600만 원 이하	15%	35%	45%	−108만 원
8,800만 원 이하	24%	44%	54%	−522만 원
1억 5,000만 원 이하	35%	55%	65%	−1,490만 원
3억 원 이하	38%	58%	79%	−1,940만 원
5억 원 이하	40%	60%	70%	−2,540만 원

과세표준	세율	2주택 중과	32주택 중과	누진공제
10억 원 이하	42%	62%	72%	-3,540만 원
10억 원 초과	45%	65%	75%	-6,540만 원

출처 : 아파트스토리

(2) 양도세 계산

과세표준 = 양도차익이 약 6억 1,424만원이므로 세율 62% 적용

양도세액 = (61,424만원×62%) - 3,540만원(누진공제액)=3억 8,083만원-3,540만원

=3억 4,543만원

(3) 양도 순이익

매입 : 4억 9,618만원(2013년 1월), 매도 11억 3,042만원(2021년 9월), 비용 약 2,000만원

순이익 = 6억 1,424만원 - 3억 4,543만원=2억 6,871만원

순이익 : 약 2억 6,871만원(투입금 4억 9,618만원 자본의 기회비용 고려치 않음)

(4) 임대 순이익

서울 아파트 전세가율 평균 61.2%(2012년~2019년 7월 말)와 전월세 환산율 3.6%(2022. 1.6 현재)를 적용하면

연간임대료 총액 = 4억 9,618만원×61.2%(전세가율)×3.6%(전월세환산율) = 1,093만원

연간임대순이익 = 1,093만원 - 109만원(비용 약 10%) = 984만원

8년 9개월간의 총 임대순수익 = 984만원×8년 9개월 = 8,610만원

(5) 총 순이익 : 약 3억 5,481만원(= 양도순이익 2억 6,871만원+임대순이익 8,610만원)

다) 3주택의 경우(세율은 3주택 중과세율이며 조정지역이기에 가중)

(1) 양도세율 : 상기 표와 같다.

(2) 양도세 계산

과세표준 = 약 6억 1424만원이므로 세율 72%

양도세액 = (61,424만원×72%) - 3,540만원(누진공제액)=44,225만원-3,540만원

=40,685만원

(3) 양도 순이익

매입 : 4억 9,618만원(2013년 1월), 매도 11억 3,042만원(2021년 9월), 비용 약 2,000만원

순이익 = 61,424만원 - 40,685만원=20,739만원

순이익은 약 2억 739만원(투입금 4억 9,618만원 자본의 기회비용 고려치 않음)

(4) 임대 순이익

앞의 2주택의 경우와 동일(8년 9개월간의 총 임대순이익은 8,610만원)

(5) 총 순이익 : 약 2억 9,349만원(양도 순이익 2억 739만원+임대 순이익 8,610만원)

2) 상업용건물(상가건물, 꼬마빌딩) : 10억으로 구입시
가) 가정
- 상기 5곳 상업용 건물 실제 거래가격 평균 상승률은 약 226%이다.(2020년 21년 실거래 토지 평당가 평균/2012년 13년 실거래 토지평당가 평균)
- 이 수치를 적용하면 10억원 투입시 약 22.6억 정도가 되며, 상업용 건물의 수익률을 약 4%(현재 3% 정도 되므로 약 10년 전은 4%로 보는 게 타당함)로 가정했을 때, 양도세는 다음과 같다.(10억원으로 가정한 이유 : 현실적으로 상업용건물의 초기 매입비용은 10억 이상임.)

나) 2013년 1월 기준 10억으로 상가건물(혹은 꼬마빌딩) 구입시 임대수입을 계산하면
- 10억원×4%=4,000만원 연간 임대소득, 약 20%를 비용으로 생각한다면, 대략 3,200만원의 임대순수입이 가능
- 그러므로 약 8년 9개월 동안 대략 3억 1,200만원의 임대순수입이 발생함(임대료 상승은 고려치 않음)

다) 양도세 계산 : 약 226% 정도 가격이 상승했으므로,
- 매입가 10억원(2013년 1월), 매도가 22억 6천만원(2021년 9월)이라고 가정하고 계산
- 장기보유특별공제 : 9년 미만 16%
- 양도차익=22억6천만원 - 10억원 - 5,600만원(취득세 4.6%와 매수 및 매도시 부동산수수료 등을 약 1%로 계산하여 대략 총 5.6%)=110,400만원
- 양도소득금액=110,400만원 - 17,664만원(장기보유특별공제 16%)=92,736만원
- 과세표준=92,736만원
- **양도세**=(92,736×42%) - 3,540만원(누진공제액)=**35,409만원**

양도 순이익=110,400만원 - 35,409만원=74,991만원

양도 순이익은 약 7억 4,991만원

라) 동 기간 상업용 건물의 총 순수입 : 양도 순수입 + 임대순수입

7억4,991만원+3억1,200만원=약 10억 6,191만원의 총 순수입이 발생

(10억원 자본 투입금의 기회비용 고려치 않음)

3) 상업용 건물(상가건물, 꼬마빌딩) : 초기 투자금을 아파트 구입비용과 같은 4억 9,618만원이라고 가정시

가) 초기 투자금이 2013년 1월 서울 아파트 평균 매매가격과 같다면

- 매입 : 4억 9,618만원(2013년 1월) 226% 상승해서
- 매도 : 11억 2,137만원(2021년 8월)
- 상업용 건물의 수익률 : 약 4%로 가정

나) 2013년 1월 현재 4,9618만원으로 상가건물(혹은 꼬마빌딩) 구입시 임대수입을 계산하면

- 4.96억원×4%=1,984만원 연간 임댓소득, 약 10%를 비용으로 생각한다면, 대략 1,786만원의 임대순수입이 가능(간이과세이기에 비용을 10%로 계산해도 무방할 듯하다.)
- 그러므로 약 8년 9개월 동안 대략 1억 5628만원의 임대순수입이 발생함(임대료 상승은 고려치 않음)

다) 양도세 계산 : 약 226%이므로,

- 매입가 49,818만원(2013년 1월), 매도가 112,137만원(2021년 9월)이라고 가정하고 계산한다.
- 장기보유특별공제 : 9년 미만 16%
- 양도차익=112,137만원 − 49,818만원 − 2,790만원(취득세 4.6%와 매수 및 매도시 부동산수수료 등을 약 1%로 계산하여 대략 총 5.6%)=59,529만원
- 양도소득금액=59,529만원 − 9,525만원(장기보유특별공제 16%)=50,004만원
- 과세표준=50,004만원
- 양도세=(50,004×42%) - 3,540만원=21,001만원 − 3,540만원=17,461만원
  양도 순이익=59,529만원 − 17,461만원=42,068만원
  양도 순이익은 약 4억 2,068만원(투입금 4억 9,618만원 자본의 기회비용 고려치 않음)

라) 동 기간 상업용 건물의 총 순수입 : 양도 순수입 + 임대순수입

- 42,068만원+15,628만원=약 5억 7,696만원의 총 순수입이 발생

(4억 9,618만원의 기회비용은 고려치 않음)

4) 결어

가) 1주택 비과세 순수입 : 6억 1,424만원

나) 2주택인 경우 순수입 : 약 3억 5,481만원

다) 3주택인 경우 순수입 : 약 2억 9,349만원

라) 같은 금액을 투입해 상가건물, 꼬마빌딩에 투자시 : 약 5억 7,696만원

5. 결론 : 일반인 혹은 평범한 투자자라면 이렇게 투자하는 것이 현명하다.

1) 1주택이라 비과세 혜택을 받을 수 있다면 우선 주택 투자도 좋은 선택이다.

상가고수, 꼬마빌딩 투자 고수는 위 사례의 상업용건물 수익률보다 훨씬 더 높은 수익률을 달성할 가능성이 높기에, 1주택 비과세의 경우보다도 더 높은 수익률을 거둘 가능성이 있다.

2) 2주택 이상의 주택 투자는 상가건물, 꼬마빌딩 투자에 비해 수익성이 훨씬 떨어짐은 물론 행복한 재테크도 아니다. 즉 안정적 생활은 꿈꿀 수도 없고, 보유비 부담만 가중된다.

3) 행복한 재테크(안정적 생활+예측 가능성)가 되기 위해선, 1주택 이외의 주택투자는 아무리 올라도 사실상 무의미하며, 좋은 입지의 수익형 부동산이 최선의 선택이다.

* 100억 부동산 거지

– 가격이 많이 상승해 부자이지만 매달 생활비 걱정을 할 수밖에 없는 자산구조를 가진 경우 로서, 토지부자, 주택부자들이 이에 해당한다.

* 조물주 위에 건물주

– 좋은 입지의 건물주이어야 조물주 위에 건물주가 된다. 좋지 않은 입지는 임차인이 갑이고, 임대인은 항상 을이다. '좋은 입지'를, '좋은 가격'에 사야 한다.

| 손오공 | 상가·빌딩 투자는 손오공의 L5V2가 답이다 | L5V2 |

- '좋은 입지' 분석법 **L5** 거시동선 상의 입지, 주동선 상의 입지,
  좋은 접근성과 가시성, 큰 구매수요, 적은 상가공급
- '좋은 가격' 분석법 **V2** 상가가치 분석법, 상가가치 증대법

III
상가·꼬마빌딩의
수요 측면 분석

01

수요 측면 분석을 위한 기초 지식

(= 상가 입지분석, 상권분석 기초다지기)

1. 기존 분석법의 한계와 그 대안 – 멘토 손오공의 분석법

1) 기존 : 대부분은 동선 선택의 원칙 정도 설명 수준에 그치고 있으며, 그 중 일부가 구매수요(유효수요)의 크기 및 주동선과 흐르는 입지를 다루는 정도

2) 멘토 손오공의 분석법

상권 형성의 근본 원인을 제공하는 동선에 대해 심도 있게 분석, 동선을 만드는데 가장 중요한 요소인 대규모인구유출입시설이란 개념을 만들어 그 특성 연구, 상가입지분석(도시설계)의 순서 제시, 구매수요의 범위 확정 및 그 크기 판단의 객관적 기준 제시(거시동선 측면, 대규모인구유출입시설 측면), 구매수요의 거시적 이동 즉 거시동선 이론 창안, 주동선 생성원리 규명(대규모인구유출입시설, 거시동선), 최고의 상가입지 결정 방법 분석, 흐르는 입지를 새로운 시각에서 봄

2. 동선 : 멘토 손오공의 동선형성 원리(新), 이동시 동선 선택의 원칙(일부 新)

1) 중요성 : 상권 형성의 기초

2) 멘토 손오공의 동선형성의 원칙
가) 점에서 시작해 점으로의 수렴 원칙

- 도식화
- 의미 : 집과 직장이 활동의 기본 플랫폼이며, 소비행위의 근거지가 된다. 특히 집은 소비행위가 이루어지는 가장 기본적이고 안정적인 근거지이다. 집과 직장 주변이 초고령화 시대에도 마지막까지 살아남는 상가·꼬마빌딩 투자입지이다.

나) 가로누운 '-'자 형성원칙과 순환반복의 원칙

- 물리적 최단거리+시간적 최단거리+심리적 최단거리

- 거시동선, 주동선 생성, 흐르는 입지 생성의 근본 원리이다.

- 사례연구 : 용인 동백지구에서 강남역 부근으로 출근할 때의 거시동선

다) 고령화와 동선, 상가입지

- 도식화 : 고령화가 진행될수록 코로나 시대의 동선을 닮아간다.

- 상가입지와 상권에의 영향 ; 코로나 시대 상권의 변화를 보면 유추가 가능하다.

  ※ 코로나 시대 상권 변화의 핵심 : 유동인구 대상의 중심상권 〈고정인구 대상의 근린상권

3) 이동시 동선 선택의 원칙 : 최단거리 원칙에 가장 큰 영향을 받는다.

가) 최단거리 선택의 원칙(상당부분 新)

(1) 개념

① 물리적 최단거리

- 사례 : 야탑동 탑마을 303동 거주자의 야탑역 이용시 동선은? (다음, 네이버 지도로 보세요)

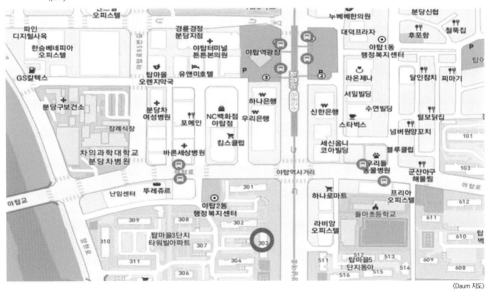

〈Daum 지도〉

② 시간적 최단거리 : 흐르는 입지와 관련

- 용인 동백지구 거주자가 강남역 부근 직장 이용시의 동선은 어떨지 생각해보자.

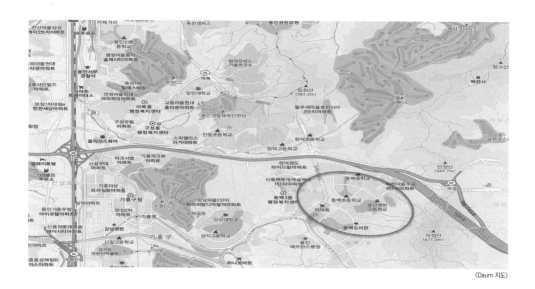

〈Daum 지도〉

③ 심리적 최단거리 : 흐르는 입지와 관련

* 도착지 혹은 출발지 인근에서의 소비행위와 관련 : 중간 단계에서는 소비행위 X

- 도착지 혹은 출발지의 기점인 집이나 직장 주변에서 소비가 주로 이루어지며, 이 주변 상권이 다른 곳보다 안정적이고 탄탄한 구매수요를 갖는다.

* 흐르는 입지 생성의 원인

- 거시동선, 주동선 상에 있어도, 대규모 인구 이동의 출발지나 도착지 부근이 아닌 중간지 부근에 있는 상가는 흐르는 입지가 될 가능성이 높다.

* 사례연구 : 용인 동백지구에서 강남역 부근으로 출퇴근할 때와 아닐 때를 가정하자.

- 현재 동백역(어정역) 최고의 입지인 파란색(자주색) 상가의 현실은 어떨까?

〈Daum 지도〉

- 만약 동백역 주변이 대규모의 오피스 단지였다면 혹은 앞으로 들어선다면 어떻게 바뀔까?

〈Daum 지도〉

(2) 대규모인구유출입시설과 최단거리 원칙

- 대규모인구유출입시설 밖 : 거시동선·주동선과 관련되어 최단거리 원칙이 작용
- 대규모인구유출입시설 내 : 최단거리 원칙이 작용

(3) 상가와 최단거리 원칙

① 단지내상가, 근린상가와 최단거리 원칙

* 아파트 세대수와 최단거리 원칙 (X.2절 단지내상가, 근린상가 편 참고)

- 500세대 : 단지내상가 최소 규모
- 500세대가 안 되는 경우 : 주변과 합쳐 500세대 정도 되는 곳 위주 기능
- 2,000세대(or 1500세대) : 근린상가 기능

* 250m, 5분 이내 : 생활거리 반경, 이 보다 멀수록 소비분산현상 심화

('HOW상가.꼬마빌딩 재테크' p151 참고)

- 위례 근린상가 살펴보기
- 분당 수내동 상가 살펴보기
- 평촌 상가 살펴보기
- 일산 상가 살펴보기

② 상가주택 단지와 최단거리 원칙

- 대규모 주택단지 바로 주변/대규모 주택단지에서 상당히 떨어진 곳(X.5절 참고) : 대규모 주택단지 주변이면 도보 동선이 중요하고, 떨어진 곳은 차 동선이 중요하다.
- 변수 : 출입구와 횡단보도의 위치, 완충녹지와 경관녹지 등의 유무와 높이, 도로의 폭 등
- 사례 1 : 분당 정자동 55-3 일원의 겸용주택단지 사례(최단거리 원칙과 주차편의성)
- 사례 2 : 분당 판교동 602-3 일원(판교도서관 앞) 상가주택단지 사례(주차편의성)
- 사례 3 : 양주 옥정지구 상가주택 단지(옥빛 중학교 바로 위) 사례 (변수에 따른 가변성)

나) 안전거리 선택의 원칙

- 사례 : 돈의동 103-9*(종로3가역 대박이발관 인근)(지도를 보면서 동선을 생각해보세요)
- 범죄, 차 등의 위협으로 부터의 안전
- 보행자 전용 도로의 조성

(홍대입구 걷고 싶은 거리, 신촌 보행자거리, 서현역 보행자거리 등)

다) 활력거리 선택의 원칙 : 야탑동 벽산아파트 거주자가 야탑역 이용시 어떤 동선을 선택할지 생각해 보자.

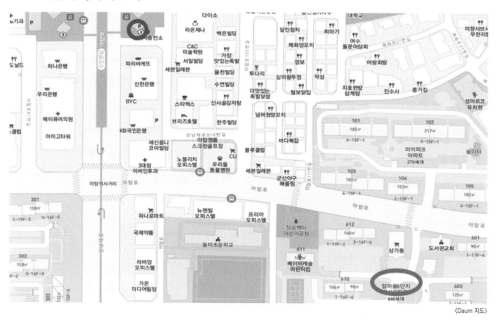

〈Daum 지도〉

라) 평탄거리 선택의 원칙

- 논현동 쌍용아파트에서 논현동 106-4 sk주유소까지 가는 경우
- 1번 동선은 거리상으로는 최단거리이나 심한 고갯길이라, 경사가 좀 완만한 2번 동선을 택할 가능성이 있다.

〈Daum 지도〉

3. 대규모인구유출입시설(BP, GP, VGP) (新)

1) 사례연구

아래에 차례로 소개하는 (초)대규모인구유출입시설들은 "빛 좋은 개살구일까? 핵심 중의 핵심일까?" 거시동선, 대규모인구유출입시설의 위치와 수, 성격, 크기, 등을 근거로 풀어보자. ('HOW상가·꼬마빌딩 재테크', p82~, p206 참고)

가) 사례연구 1(전철역, 버스정거장) : 빛 좋은 개살구/코아 중의 코아

(1) 한성백제역

〈Daum 지도〉

Q1. 한성백제역(9호선 정차역)의 이용률이 예상보다 낮은 이유는 무엇일까? 거시동선을 염두에 두고 주민의 동선을 생각해보라. 어렵다면 거시동선 편을 정독한 후 다시 풀어보라.

Q2. 한성백제역 주변, 무엇을 지어야 하나? 위의 1번 문제를 감안하면, 저 자리에는 어떤 시설(상가, 주거시설, 업무시설)을 짓는 게 현명할까?

(2) 수유역, 쌍문역 이해하기

〈Daum 지도〉

Q1. 이용자가 많은 이유 – 수유역, 쌍문역은 주변에 우이선이 개통되었음에도 불구하고, 별 타격 없이 이용률이 높다. 그 이유는 무엇일까? (hint : 거시동선)

Q2. 다른 거대 역(1위~20위 수송실적 역)과의 차이점 : 수유역, 쌍문역은 다른 거대 역(수송실적 1~20위 이내)과 차이가 있다. 무엇일까?

나) 사례연구 2 : 헬리오시티(대규모 아파트단지)와 강남역, 명동상가(오피스빌딩/대규모 상가)는 어떤 차이가 있을까?

(1) 지도 : 가령 헬리오시티 아파트/강남역 부근 상가 혹은 명동역 상가

(2) 공통점 : 대규모 인구 이동을 유발 – 동선이 만들어짐에 따라 상가 발달, 상권형성

(3) 차이점 : 상가수요적 측면 즉 구매수요의 공급적 측면만 있는 시설/ 상가수요적 측면은 물론 상가공급적 측면도 동시에 갖고 있는 시설

다) 사례연구 3 : 강남역과 명동역 주변 상가와 하남 스타필드의 차이는 무엇일까?

(1) 지도 : 강남역 인근 혹은 명동역 부근의 상가/하남 스타필드

(2) 공통점 : 대규모 인구이동 유발 – 동선이 만들어짐에 따라 상가 발달, 상권형성

(3) 차이점 : 상가수요적 측면은 물론 상가공급적 측면도 동시에 갖고 있는 시설/ 상가수요적 측면 즉 구매수요의 공급 측면은 거의 없고 상가공급적 측면만 보유

라) 사례연구 4(상권 전체) : 홍대입구역 상권 이해하기

홍대입구역 부근을 지도로 보면서 어디로 사람들이 몰릴지, 동선은 어떻게 형성될지 생각해보라. 이곳은 대규모인구유출입시설물뿐만 아니라 대규모인구유출입유발원이 동선 형성에 큰 영향을 미치므로 이를 염두에 두고 풀어보라.

마) 사례연구 5(상권 전체) : 강남역 상권 이해하기

강남역 부근 지도를 보면서 어디로 사람들이 몰릴지, 동선은 어떻게 형성될지 생각해보라. 강남역 부근은 성격이 다른 3종류의 대규모인구유출입시설이 밀집된 공간임을 파악하고 풀어보라.

2) 대규모인구유출입(유발)시설이란 : BP, GP, VGP('HOW상가·꼬마빌딩 재테크' p82 참고)

- BP(Basic Post) : 집과 직장

- GP(Great Post) : 사람이 입출입하는 시설 중 대규모한 곳. 사람들 출입이 많은 시설

- VGP(Very Great Post) : 사람들 출입이 상당히 많아 주변에 큰 영향을 미치는 시설

3) 대규모 인구유출입(유발)시설의 종류

가) 대규모인구유출입(유발)시설물

나) 대규모인구유출입유발원

: 문화, 공연, 거리, 전시물, 상징, 스토리 등 정서적, 문화적인 것도 포함된다.

4) 대규모 인구유출입(유발)시설의 성격

가) 상가를 수요하려는 측면만 있는 GP : 아파트의 세대수와 출입구 횡단보도를 표기하자.

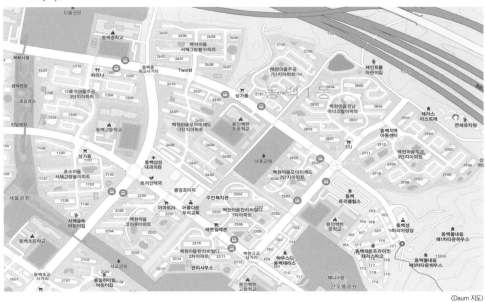

나) 상가공급적 측면만 강한 GP(상권형성적 측면보다는 상권파괴적 성향의 GP)

: 스타필드 인근의 상업시설을 표기해보라

다) 상가공급적 측면, 상가수요적 측면 동시에 가진 GP : 상업시설을 표기해보라.

〈Daum 지도〉

5) 대규모인구유출입시설과 동선(지도 : 용인 동백지구 거주자가 강남으로 출근시)
가) 거시동선 : 출근시 큰 이동방향을 생각해보라.
나) 주동선, 보조동선

　큰 이동방향이 결정되었으면 전철역이나 버스정거장 등의 현실적 입지를 생각하면서 이동 동선을 생각해보라.

6) 대규모인구유출입시설(GP)과 투자포인트 - 최단거리 원칙

　대규모인구유출입시설 간 이동할 때도, 대규모시설 내에서 이동할 때에도 최단거리 원칙이 작용함을 유념하면서 투자포인트를 생각해보라.('HOW상가·꼬마빌딩재테크' p87 참고)

7) GP의 신설·이전·폐지와 상가입지, 상권의 변화
가) 용인 동백지구 : 현재는 많은 거주자가 강남·분당 방면으로 출근하는데, 만일 용인 동백역·어정역 주변에 대규모 업무시설단지가 조성된다면 사람들의 주동선은 어떻게 변화할까?

〈Daum 지도〉

나) 보정역 사례

* 2011년 7월 모습 : 전철역 공사 중

* 2012년 이후 : 공사 완료된 모습

* 공사 완료 후 이 상가, 대박일까? 생각해보라.

* 보정역 이용객 수 변화

(단위 : 명)

2007년	2008년	2009년	2010년	2011년	2012년	2013년
17,210	17,323	15,597	15,295	15,212	5,879	5,623
2014년	2015년	2016년	2017년	2018년	2019년	2020년
5,645	5,330	5,158	5,025	5,066	5,115	3,529

* 문제 : 보정역, 2012년에 무슨 일이 있었을까? 생각해보자.

* 보정역, 2012년에 무슨 일이 있었을까? (나무위키)

표를 보면 알겠지만 분당선 연장 시기인 2012년에 이용객수가 갑자기 큰 폭으로 감소하였으며 지금도 조금씩 이용객 수가 감소하고 있다. 지하역으로 이설되면서 연장구간이 개통되자 이용객이 1/3 수준으로 확 줄었다. 주변이 아파트 단지다 보니 보정고등학교 학생과 인근 아파트 주민들 외에는 이용 수요가 없다. 용인시 관내 분당선 역들 중 이용객 최하위이며 용인시 관내뿐만 아니라 분당선 전체 구간으로만 봐도 매교역과 뒤에서 두 번째를 다툴 정도로 이용객이 정말 없다. 심지어 분당선보다 승객 이용 수가 한참 떨어지는 용인경전철의 운동장·송담대역보다도 이용객 수가 적다.

그도 그럴 것이 옛날엔 보정역 외에 용인시에 철도역이 아무것도 없어서 광역버스를 제외하면 대안이 없었는데, 보정역에서 분당선이 연장되면서 죽전역이 개통되었고, 2011년 12월에 기흥역 이남까지 열차가 다니게 되면서 보정역으로 몰렸던 수요가 전부 분산됐기 때문이다.

또 하나의 큰 이유는 주변 상권의 미발달인데, 주변의 주요 시설은 아파트 단지와 분당 차량기지, 보정고등학교 등 밖에 없으며 상권이 거의 형성되어 있지 않고, 차량기지 때문에 상권 형성도 사실상 불가능한 수준이다. 바로 옆의 역인 죽전역과 대비되는 모습. 게다가 인천 방면으로 인접역인 죽전역 이후부터는 배차 간격이 출근시간대를 제외하고는 시간당 4대(약 1대에 15분)이기 때문에, 만약 보정역부터 그 이후 역 지역으로 이사를 생각하고 있는 사람들이라면 반드시 이 부분을 숙지하고 매매, 전세 계약을 해야 할 필요가 있다. 다만 보정역에서 서울 방면으로 출퇴근을 한다면 배차간격으로 지장받을 일은 사실상 없다.

다만 용인시가 장기적으로 분당차량사업소를 이전할 계획을 세우고 있기 때문에 성사된다면 차량기지 부지 재개발로 이용객 수에 변화가 생길 것으로 보인다. 물론 성사되기까지는 상당히 오랜 시간이 필요할 것이다.

* 시사점

: 현재는 핵심마디 전철역이지만 장래 주변에 신설역이 개통된다면 그로 인해 상권은 어떻게 변할지 예의주시해야 한다. 이때 염두에 두어야 할 가장 중요한 요소는 거시동선임을 명심하라.

다) 가능역(의정부북부역) **사례**
  * 가능역(의정부북부역) **이용객 수 변화**

(단위 : 명)

2001년	2002년	2003년	2004년	2005년	2006년	2007년
30,424	32,326	32,293	32,796	32,299	31,294	18,912

2008년	2009년	2010년	2011년	2012년	2013년	2014년
19,083	18,669	17,839	16,267	14,215	14,042	10,552

  * 문제 : 가능역(의정부북부역)**, 2007년에 무슨 일이 있었을까? 생각해보자.**

  * 가능역(의정부북부역) **2007년에 무슨 일이 있었을까?** (나무위키)

사실 오래 전부터 1호선 경원선 구간을 탔던 사람들에게는 과거 명칭이 친숙한 사람이 더 많을 것이다. 1987년 10월 5일부터 소요산역까지 연장 개통된 2006년 12월 15일까지 수도권 전철 1호선의 시종착역이었던 의정부북부역이 바로 이 역의 전신. 그래서 의정부시나 양주시[3]에 사는 사람들은 줄여서 '북부역'이라고 부르기도 했다. 2006년 12월 15일 소요산역 연장과 함께 현재의 모습으로 완성되었다. 한마디로 선개통 후완공의 끝판을 보여준 셈이다. 동시에 수도권 전철 1호선이 양주역-동두천역-소요산역으로 연장되면서 더 이상 시종착역으로서의 역할은 하지 않게 되었다. 역 이름도 인접한 가능동에서 따와 가능역으로 변경했다.

임시역이자 보조역이었던 의정부북부역 시절보다 정식역인 지금의 이용객이 더 낮다. 북부역일 당시에는 하루 평균 3만 2천여 명의 사람들이 이 역을 이용했으나, 가능역으로 바뀌자마자 종점역 효과를 상실하고 일평균 2만 명이 무너져 1만 명대 후반에 머물더니 2008년 이후 꾸준히 조금씩 감소하여 2014년에 와서는 1만 명대 중반으로 내려왔고, 결국 2017년에는 하루 이용객이 15,000명도 채 되지 않아 이용객이 임시역일 때의 절반에도 못 미친다.

그 이유로는 2006년 12월 15일에 경원선 복선전철화가 소요산역까지 이뤄진 것에 있다. 이 복선전철화로 1호선 열차가 소요산까지 다닐 수 있게 되어, 양주시, 동두천시에서 버스를 타고 의정부북부역에서 1호선으로 갈아탔던 사람들이 더는 이 역을 이용할 필요가 없어졌기 때문이다. 버스 환승객이 줄고 지역 주민으로 이용객이 한정되다 보니 이용객이 극적으로 줄어들 수밖에 없었다. 자체적으로 수요를 만들 역량이 있는 의정부역과는 달리, 가능역 주변은 낮은 집들이 가득한 전형적인 주택가이기 때문이다. 상권도 업무지구도 없으니 외부인을 끌어올 요소는 없고 지역 주민들이 서울 등의 외지로 나가는 용도로만 이용되니 어쩔 수 없는 현상이었다. 그래서 한때 경원선에서 다섯 손가락 안에 들어갈 만큼 중요한 입지를 가진 역이었지만 현재는 평범한 중간역의 역할에 그치고 있다. 가능동이 재개발되면 승객이 다소 늘어날 여지는 있으나, 의정부북부역 때처럼 많은 사람들을 수용할 일은 더는 생기지 않을 가능성이 높다.

＊ 시사점
지금 현재는 핵심마디 전철역이나, 장래 주변 전철역 계획이 있을 때 조심해야 한다.(거시동선 편 참고)

위의 문제와 연관하여 아래 문제를 풀어보자.

라) 응용문제 1 : 전대 에버랜드 역 포곡 연장 계획이 있다면

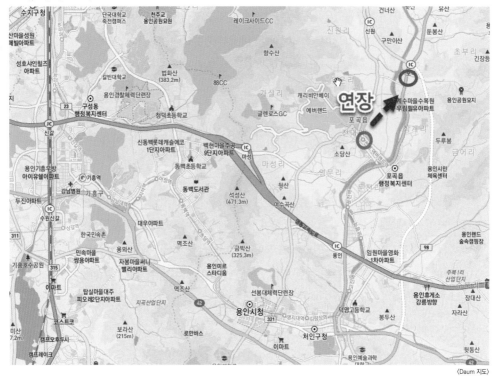

〈Daum 지도〉

마) 응용문제 2 : 3호선 대화역 파주 연장안의 경우

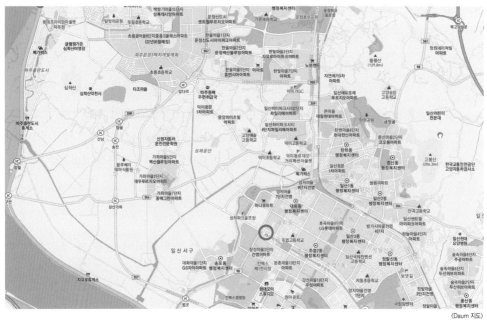

〈Daum 지도〉

* 노선 연장에 따른 영향이 다를 가능성이 높다. 차이가 나는 이유는 무엇일까?

- 멘토 손오공이 만든 거시동선을 고려해야 한다.

바) 응용문제 3 : 전철역, 버스 정거장, 어떤 게, 거점이고 어떤 게, 쭉정이인지 어떻게 판단할까?

(강일역 사례, 거시동선편, 상권분석편, 'HOW상가·꼬마빌딩재테크' P104참고)

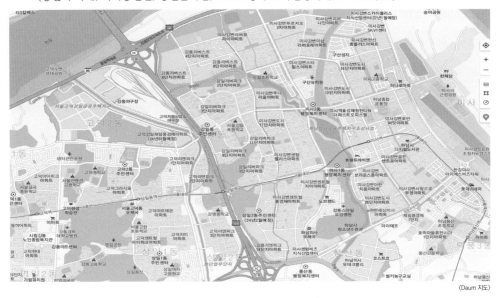

〈Daum 지도〉

사) 응용문제 4 : 서현역 동쪽 상권이 서쪽 상권보다 더 활성화된 이유는?

아래 그림의 B가 A에 비해 상권이 활성화되어 있다. 왜 그럴까?

〈Daum 지도〉

아래 그림은 서현역 주변에 대규모의 인구(= 구매수요)를 공급하는 대규모인구유출입시설을 표시한 것이다. 빨간색은 전철역 서현역이고, 초록색은 버스정거장이다. 이를 감안해 동선이 어떻게 형성될지 생각해보자.

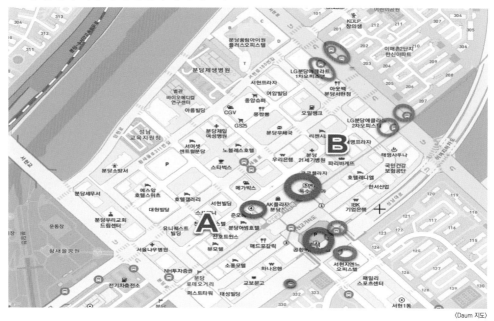

〈Daum 지도〉

아래 그림은 서현역 주변의 도로를 나타낸 것이다. 사람들의 동선은 최단거리 원칙뿐만 아니라 안전거리 선택의 원칙에도 지배당한다. 이런 견지에서 사람들의 동선이 어떻게 형성될지 생각해 보자.(위 문제에 대한 답은 'HOW상가·꼬마빌딩 재테크' p165 참고)

〈Daum 지도〉

아) 응용문제 5 : 2020년 1월 전철역별 수송실적(승하차 순위)(멘토 손오공의 해설)

순위	역 명	일평균	계	순위	역 명	일평균	계
1	강남	145,828	48,852,177	251	신흥	7,996	2,678,491
2	잠실(2)	113,240	37,935,632	252	삼각지(4)	7,974	2,671,479
3	신림	107,817	36,118,581	253	불광(6)	7,948	2,662,775
4	구로디지털단지	99,436	33,311,254	254	충정로(5)	7,414	2,483,686
5	홍대입구	98,050	32,846,561	255	하남풍산	7,409	852,065
6	신도림	84,430	28,283,873	256	삼산체육관	7,384	2,473,650
7	삼성	83,301	27,905,767	257	석촌(9)	7,317	2,451,385
8	선릉	82,738	27,717,173	258	부천종합운동장	7,020	2,351,648
9	서울대입구	80,718	27,040,584	259	모란(8)	6,886	2,306,762
10	역삼	80,111	26,837,324	260	역촌	6,768	2,267,453
11	고속터미널(3)	74,358	24,910,183	261	영등포구청(5)	6,714	2,249,113
12	서울역(1)	70,481	23,611,235	262	무악재	6,553	2,195,293
13	가산디지털단지(7)	68,935	23,093,385	263	청구(6)	6,405	2,145,821
14	사당(2)	67,404	22,580,218	264	삼전	6,387	2,139,426
15	을지로입구	64,338	21,553,346	265	올림픽공원(5)	6,352	2,127,888
16	건대입구(2)	63,921	21,413,664	266	청구(5)	6,326	2,119,059
17	연신내(3)	63,736	21,351,459	267	신길(5)	6,281	2,103,978
18	양재	63,339	21,218,680	268	신설동(2)	5,965	1,998,306
19	신촌	59,443	19,913,357	269	약수(6)	5,959	1,996,034
20	종각	58,640	19,644,452	270	오금(5)	5,948	1,992,623
21	수유	58,477	19,589,852	271	삼성중앙	5,871	1,966,634
22	교대(2)	57,943	19,410,902	272	올림픽공원(9)	5,481	1,836,194
23	강변	57,397	19,228,191	273	석촌고분	5,425	1,817,209
24	성수	53,840	18,036,176	274	동작	5,301	1,776,023
25	합정(2)	53,629	17,965,709	275	창신	5,187	1,737,320
26	혜화	53,377	17,881,394	276	지축	5,184	1,736,834
27	압구정	53,224	17,830,222	277	독바위	4,939	1,654,618
28	신사	51,751	17,336,699	278	동대문역사문화공원	4,678	1,567,224
29	광화문	50,407	16,886,536	279	용답	4,544	1,522,182
30	남부터미널	49,176	16,474,049	280	송파나루	4,486	1,502,887
31	쌍문	48,325	16,188,879	281	용두	3,963	1,327,910
32	까치산(5)	47,885	16,041,378	282	종합운동장(9)	3,893	1,304,002
33	미아사거리	47,467	15,901,181	283	버티고개	3,682	1,233,566
34	창동	46,329	15,520,164	284	학여울	3,278	1,097,823
35	화곡	45,717	15,315,359	285	장암	2,955	989,937
36	낙성대	45,706	15,311,588	286	신답	2,801	938,508
37	신대방	44,500	14,907,294	287	한성백제	2,453	821,950
38	종로3가(1)	44,167	14,796,121	288	도림천	2,126	712,312
39	대림(2)	43,469	14,562,172	289	남태령	1,857	622,331
40	충무로(4)	43,122	14,445,865	290	둔촌오륜	1,037	347,549

* 앞에서 제시한 문제인 수유역, 쌍문역은 다른 대규모 전철역과 약간 성격이 다르다. 어떤 차이가 있을지 생각해보자.

상가·꼬마빌딩 입지분석의 순서

(= 도시설계의 순서) (新)

1. TEST

1) **Q1** : 아래 그림의 강일역 4번 출구 바로 앞 사거리 코너 상가 1층 코너자리가 매물로 나와 있다면 입지의 우수성 여부(=입지 분석), 어떻게 판단할 것인가?

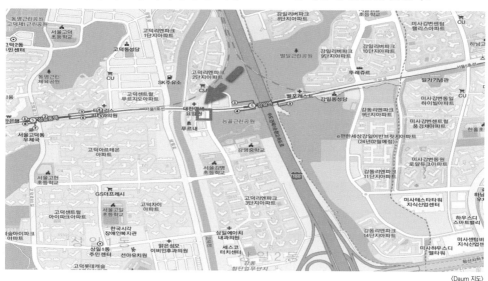

〈Daum 지도〉

2) **Q2** : 아래 그림의 상가(안성시 공도읍 만정초 인근 코너목) 1층 제일 좋은 자리가 매물로 나와 투자할 것인지 여부를 결정해야 한다. 입지의 우수성 여부(=입지 분석), 어떻게 판단할 것인가?

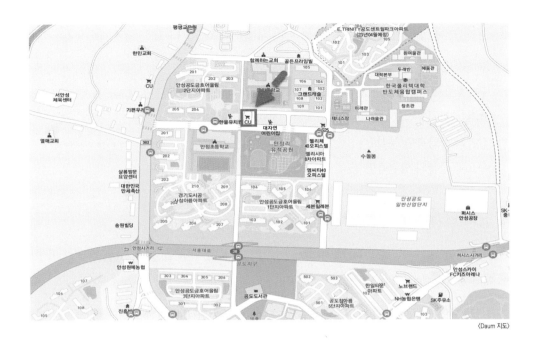

2. 기존 분석법의 한계와 그 대안 - 멘토 손오공의 분석법

1) 기존의 분석법 : 입지분석 절차가 없는 게 보통. 있다면 주로 주동선 분석과 유효수요의 크기 분석하는 정도

2) 멘토 손오공의 분석법

당신이 지금 급매로 나온 상가의 입지를 분석하는 중이라고 상상해보라..

어디서부터 시작해서 어떻게 끝낼지, 머릿속에 그려지는가?

코너목이 좋다, 오른쪽의 법칙을 지켜라, 주변세대와 유동인구를 분석해라...등등 많은 조언들이 떠오를 것이다. 하지만 그러한 단편지식만으로 시간을 투자하고, 발품을 판다고 답을 얻을 수 있는 게 아니다. **정확하고 체계적이며 디테일한 분석기법을 찾고 따라야 한다.**

그것이 멘토 손오공의 분석법이라 자부한다. 아래의 순서가 차원이 다른 손오공 분석법의 기본 틀이다.

- 주동선 이전에 반드시 거시동선을 분석한다.
- 대규모인구유출입시설의 위치와 수, 성격, 크기 등을 주시하면서 주동선을 분석한다.
- 이후 아래의 입지분석 순서를 참고하여 분석한다.

3. 상권분석, 상가·꼬마빌딩 입지분석의 필수조건 : L5 (新)

- 구매수요 분석
- 구매수요의 이동분석 : 거시적 이동(거시동선 분석), 미시적 이동(주동선, 보조동선 – 주동선 분석),
  흐르는 입지분석(주동선상에 있지만 장사가 신통치 않은 입지)
- 상가의 공급측면 분석
- 수요와 공급의 연결측면 분석

4. 상가 입지분석, 상권분석의 순서(= 도시설계의 순서) (新)

책의 'Ⅰ.5절. LOVE분석법으로 실전 사례물건 분석 맛보기 편'을 읽고 입지분석 순서를 이해 해 보라.

1) 그 지역 인구의 거시적 이동방향 분석 : 그 지역 주민의 출퇴근 방향 분석

2) 대상지 주변 대규모인구유출입유발시설 분석
- 주변 대규모인구유출입 유발원의 존재 여부, 수, 위치, 성격, 크기
- 출입구의 수와 위치
- 횡단보도의 위치
- 지형지세 등 분석

3) 구매수요의 범위 확정 및 크기 분석

4) 주동선 분석
: 2), 3), 4)는 거의 동시에 이루어진다.

5) 상가의 접근성과 가시성 분석 : 상가가 접근성이 좋은지, 가시성이 좋은지 분석한다.

6) 상가공급 분석 : 상가공급량 분석이 제일 어려운 분야이다.
* 책의 'Ⅰ.5절. LOVE분석법으로 실전 사례물건 분석 맛보기 편' 참고

5. 상가 입지분석 사례 연구 (新) ('Ⅰ.5절.실전 사례물건 분석 맛보기 편' 참고해서 풀어보자)

1) 사례 연구 1 : 아래 주택(방이동 179-10)이 매물로 나왔다. 매입 후 상가건물로 바꿀까 하는데, 상가입지로서의 우수성 여부를 분석 순서에 입각해 분석하라.

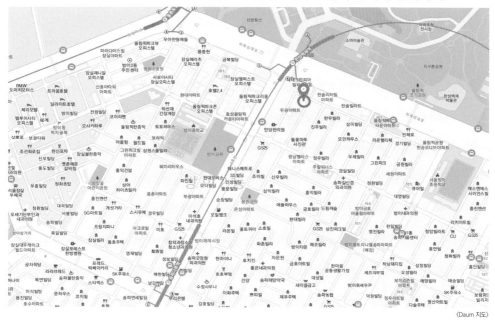

〈Daum 지도〉

2) 사례 연구 2 : 아래 상가의 입지 우수성 여부(=입지분석), 어떻게 판단할 것인가

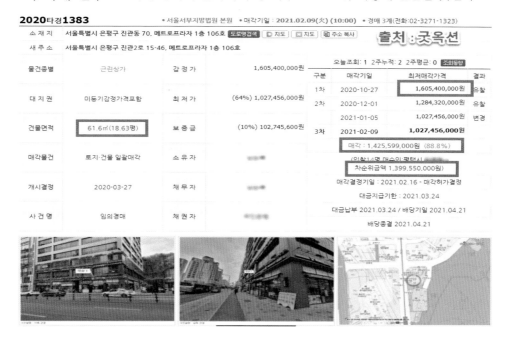

6. 신상지도(= 신생활 상권지도) (新)

1) 기존 지도의 한계

가) 거시 동선의 흐름을 고려하지 않는다.

나) 동선의 생성과 흐름에 막대한 영향을 미치는 대규모인구유출입시설의 존재와 그 영향력을 제대로 분석하지 못한다. 또한 동선의 생성과 흐름에 영향을 미치는 요소는 시설물만 있는 것이 아니고 문화, 상징 등과 같은 정서적 요소도 있는데 이를 반영하지 못한다.

다) 대규모인구유출입유발원은 그 성격에 따라 동선의 형성과 상권에 미치는 영향력이 다르다. 상가수요적 측면만 있는 경우, 상가수요적 측면과 상가공급적 측면이 함께 있는 경우, 상가 공급적 측면만 있는 경우 등 대규모인구유출입유발원의 성격의 차이를 반영하지 못한다.

라) 대규모인구유출입시설물 출입구의 수와 위치도 매우 중요한데, 이에 대한 표시가 없다.

마) 횡단보도의 위치가 불명확하다.

바) 동선 형성을 저해하는 요소와 동선 형성을 촉진하는 요소 등의 특성 차이를 반영하지 못한다.

2) 멘토 손오공의 신생활상권지도(일명 신상지도)의 특징

가) 거시동선의 흐름을 반영

나) 대규모인구유출입유발원의 중요성을 고려하여 크기와 굵기 등으로 달리 표시
   - 대규모인구유출입유발원을 성격별로 구분하여 표기함으로써 어디가 상가수요가 많고 어디가 상가공급이 많은지(즉 구매수요가 많은지) 등을 바로 알 수 있게 함.
   - 물리적인 대규모인구유출입시설물뿐만 아니라 정서적, 문화적, 역사적 거리 또는 상징물 등도 동선 형성에 영향을 미치는 주요 대규모인구유출입원이므로 이를 지도에 명시함. .
   - 대규모인구유출입시설 출입구와 횡단보도의 중요성을 반영하고자 출입구 특히 사실상의 정문 역할을 하는 출입구의 위치와 수 그리고 주변 횡단보도를 명확하게 표기함.(이를 보면 어디로 동선이 형성되는지 쉽게 알 수 있다.)

다) 동선 형성을 저해하는 요소를 지도에 반영하여 한 눈에 알아볼 수 있게 함.

3) 신생활상권지도의 장점

기존의 지도가 평면도라면 멘토 손오공의 신상지도는 현실을 제대로 반영한 입체도이다. 동선 흐름의 방향은 물론 상가입지, 상권을 한 눈에, 제대로 파악할 수 있게 제작되었다.

4) 지도 작성 순서

가) 인구의 거시동선을 파악한다.

나) 대상지 주변 대규모인구유출입유발원(시설물과 유발원)의 위치, 수, 성격, 크기 등을 분석한다.

특성에 따라 색깔을 달리하고, 주변 상권에 미치는 영향이 클수록 크기를 크고 진하게, 작을수록 가늘고 연하게, 때로는 점선으로

- 상가를 수요(이용)하려는 성향만 있는 대규모인구유출입시설의 위치와 크기 표시 :

가령 전철역과 버스정거장, 대규모 아파트 단지, 대규모 업무시설이나 오피스 빌딩 등 특히 전철역이 중요성(2019년도 전철 이용객 수 참고)

- 상가공급적 측면을 가지고 있으나 동시에 상가수요적 측면(즉 인구를 불러 모으는 측면)을 갖는 대규모인구유출입시설의 위치와 크기 표시(가령 상업시설 특히 대형화·집단화한 상업시설이나 상업지역은 사람을 끌어 모으는 기능을 한다.) : 가령 명동, 강남역 부근, 홍대입구역 부근의 상업지역

- 상가공급적 측면만 강한 대규모인구유출입시설 : 가령 스타필드, 대형할인마트 등

다) 주변 대규모인구유출입시설의 출입구 위치 파악, 횡단보도의 위치 파악 특히 전철역 출구, 아파트 출구 및 주변 횡단보도 위치 파악

라) 동선 형성 저해시설의 위치와 크기 표시

- 자연적 시설 ; 공원, 하천, 산,

- 인공시설물 : 도로(넓을수록), 경찰서, 소방서, 교도소, 체육시설, 놀이터, 요양병원

- 지도 그리기가 어느 정도 익숙해지면 동선 형성 저해요인을 거시동선 확인 이후 제일 먼저 표시하는 것도 좋을 수 있다. 저해요인이 크고 진할수록 동선 형성이 어려워 상권형성이 힘들어진다.

마) 동선 형성 요인이면서 동시에 동선 형성 저해요인이기도 한 시설물의 위치와 크기 표시

- 학교 (일반적으로 저학년일수록 저해요인이 된다.)

- 도서관, 주민센터, 문화센터, 복지센터, 교회·성당·절, 대형병원

- 위의 시설의 경우, 차지하는 토지면적은 큰데 이용자 수가 적으면 그만큼 동선형성 저해요인으로 작용한다.

5) 구매수요의 범위 확정 및 크기 분석, 주동선 파악

위의 가)~마)를 고려하여 구매수요의 범위를 확정하고, 주동선·보조동선을 결정한다.

6) 사례 연구 : 다음의 신상지도를 완성하라.

가) 위례신도시내 근린상가

● 작도시 유의사항

(1) 인구의 거시적 이동흐름이 어느 쪽으로 향하고 있는지, 미치는 영향력의 강도는 어느 정도인지 등을 체크한다. 참고로 단지내상가는 거시적 이동흐름의 영향이 별로 없는 경우도 많다.

〈Daum 지도〉

(2) 대상지 주변 대규모인구유출입유발원(시설물과 유발원)의 위치, 수, 성격, 크기 등을 분석한다.

- 특성에 따라 색깔을 달리한다. 가령 상가를 수요하려는 성향만 있는 즉 구매수요를 공급하는 성향만 있는 대규모인구유출입시설은 파란색, 상가의 공급측면만 있는 대규모

인구유출입시설은 녹색, 상가의 수요와 상가의 공급 측면을 동시에 갖는 대규모인구유출입시설 가령 근린상가(지역)나 중심상가(지역) 등은 빨간색 등으로 표시한다.

- 주변 상권에 미치는 영향이 클수록 크기를 크고 진하게, 작을수록 가늘고 연하게, 면적은 많이 차지하나 영향력이 미미한 것은 실선이 아닌 점선으로 표시하는 등의 방식을 사용한다. 이런 식으로 표시하면 구매수요가 주로 어디에 분포하는지, 구매수요를 끌어당기며 동시에 내뿜기도 하면서 서로 경쟁하는 상가들은 어디에 주로 있는지, 영향력의 크기는 어떤지 등 한 눈에 들어와 사람들의 동선의 흐름을 예측할 수 있고, 상가공급이 어디에 많은지도 대략 알 수 있다.

- 다음 페이지의 사례 지도에서는 아파트 출입구와 횡단보도를 표시하지 않았으나(지도가 작아서 표기 곤란), 출입구와 횡단보도의 위치까지 표기하면 구매수요가 주변 상가나 전철역 등을 이용하기 위해 어떤 동선을 선택할지도 어느 정도 파악이 가능하다. (스스로 해 보기 바란다. 지도가 작아서 버스정거장도 표시하지 않았으니, 이 부분도 표기해 보기 바란다.)

(3) 지도상에 있는 동선형성 저해요인을 그 강도에 맞춰 굵기를 달리하여 표시한다.

(아래 예시에서는 동선형성 저해요소를 검은색으로 표시하였으며 굵기로 저해의 정도를 가늠할 수 있게 하였다.)

앞에서도 설명하였듯이, 동선형성 저해요소는 자연적 요소와 인공적 요소로 나뉘고 다양한 형태로 존재하므로 대표 사례를 들어 설명하고자 한다.

가령 뒷산은 강력한 동선형성 저해요인이므로 굵게, 작은 놀이터는 약한 저해요인이므로 가늘게 표시한다. 다만 현실에서는 양면성을 가진 시설들도 많고 동일한 시설이라도 상황에 따라 다르게 작용할 수 있어 간단하지는 않다. 대표적인 게 학교다. 학교에는 큰 운동장과 담장이라는 동선형성 저해요인도 있지만 한편으로는 많은 사람들이 모이는 장소라는 동선형성 촉진요인도 있다. 따라서 학교 출입구는 구매수요가 몰리는 동선형성 촉진요인이나 학교 담장은 동선 형성 저해요인이므로, 학교 출입구는 파란색 선으로, 학교 담장은 검은색 선으로 표시한다.

또한 홍대입구역 부근에 있는 서울 서교초등학교는 주변 상권을 고려하면 상권에 부정적인 요소가 강한데 반해, 시골의 초등학교는 오히려 상권 형성에 긍정적 요소로 작용하기도 한다.

따라서 개별적·구체적 상황을 충분히 고려하고 양면성이 있는 시설은 아래 사례 지도처럼 중복하여 표기하는 게 좋을 듯하다. (즉 위에서 살펴본 학교처럼 동선형성 저해요소의 역할을 하는 검정색으로 표기(학교 담장, 운동장)하면서도 동시에 작은 파란색 원(학교 출입구)으로 표시하여 상가수요적 측면(즉 구매수요의 공급)도 약간 있음을 나타낸다.)

● **위례신도시 사례 신상지도 예시**(출입구와 횡단보도의 위치도 표시해야 동선이 어디로 흘러가는지 알 수 있으나, 지도가 작아 생략하기로 한다. 위례1지하차도 위로 횡단보도가 있어 동선이 연결된다. 그래서 횡단보도와 출입구의 위치가 중요하니 각자 지도상에 표시해보자.)

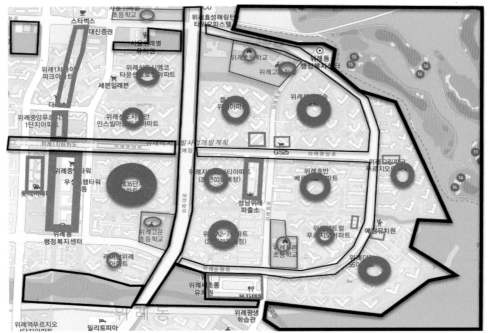

〈Daum 지도〉

● **관계기관**(LH·SH)**에서 택지개발 초기부터 이러한 신생활상권지도를 만들어 자료를 공개하면 상권을 이해하는데 많은 도움이 될 것이고, LH·SH 스스로의 계획 수립에도 큰 도움을 주는 자료가 될 것이다.**

(4) 구매수요의 범위 확정 및 크기 분석, 주동선 파악

지도가 완성되면 앞에서 언급한 여러 요소들을 감안해 구매수요의 범위를 확정하고, 범위 내의 구매수요의 크기를 계산한다.

나) 동탄신도시 동탄나루 마을 근린상가 주변 신생활지도 - 과제

앞 사례인 가)와 거의 비슷한 문제이다.

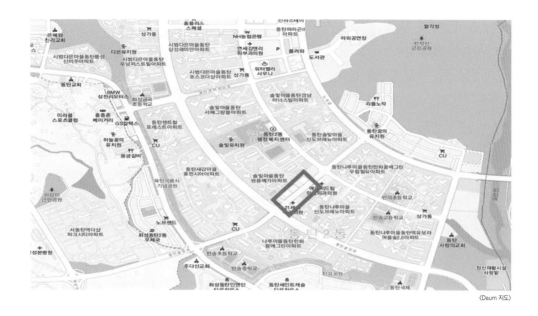

〈Daum 지도〉

다) 우면동 서초네이처힐 부근 - 과제

가), 나)와 거의 유사하나, 주변에 R&D 연구소가 있다는 점이 약간 다르다. 이 시설도 상가수요적 측면만(즉 구매수요의 공급) 갖는 인구유출입시설이라는 점에서 아파트와 크게 다를 것이 없다.(단, 구매시간대, 구매행태, 구매력 등에서는 차이가 난다.) 대규모인구유출입시설의 경우 출입구와 횡단보도의 역할이 중요함은 물론이다. 또한 전철역과 거리가 멀면 버스정거장의 역할이 중요해진다.

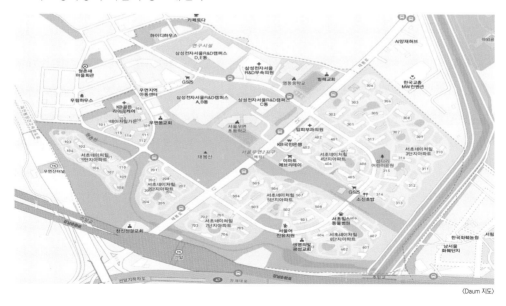

〈Daum 지도〉

라) 홍대입구역 부근 : 유동인구 기반 상권

위와는 달리 유동인구를 기반으로 한 상권을 다룬 문제이다. 유흥상권의 신상지도를 작성할 때는 다음 사항을 유의하여야 한다.

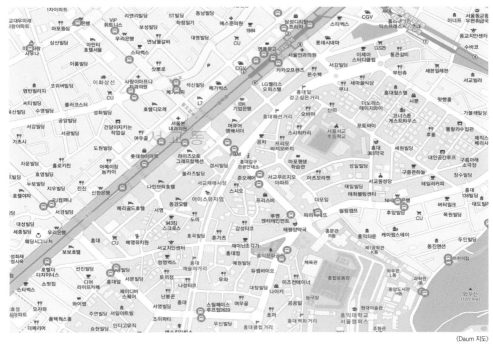

〈Daum 지도〉

- 구매수요를 끌어들여 동선을 형성시키는 유발원에는 인공적인 대규모인구유출입시설물뿐만 아니라 문화, 역사, 상징물 등 정서적인 요인도 존재함을 명심해야 한다. 가령 홍대상권의 길거리 축제와 공연문화장, 예술의 거리, 축제의 거리, 클럽 등은 엄청난 구매수요를 불러들이는 초거대규모인구유출입유발원으로 상가입지나 상권에 미치는 영향이 막대함에도 기존의 지도로는 알 수 없는 한계를 갖고 있다. 따라서 길거리 축제와 공연문화거리 등을 전철역, 대단지아파트처럼 구매수요를 대량으로 공급하는 대규모인구유출입유발원으로 표시하여 현장성을 높여야 한다.(대단지아파트와 동일하게 진하고 굵은 파란색 선으로 표기)
- 홍익대학교처럼 큰 구매수요 배출 기능과 상권형성을 저해하는 요소(가령 넓은 운동장)를 동시에 가진 경우, 홍대 정문이나 출입구 부근은 구매수요의 크기만큼 강하고 굵은 파란색으로 표시하고 대학교 경계선은 상권저해요소인 검은색 가는 선으로 표기한다.

● 유흥상권 작도법 예시 : 홍대입구역 부근

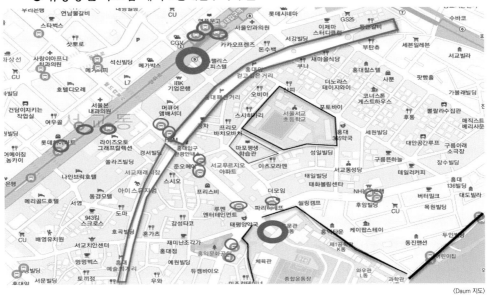

〈Daum 지도〉

● 참고

- 기본적으로는 앞 사례인 가) 위례신도시 사례를 참고하여 작도한다. 파란색은 구매 수요를 주변 상가에 공급하는 대규모인구유출입시설이다.
- 출구별 이용자 수를 최대한 가늠하여 전철역 출구 표시의 크기와 굵기를 달리하며, 버스정거장도 이용자 수에 따라 그 크기와 굵기를 달리 표기한다.
- 초등학교는 주변 상권에 주로 부정적인 영향을 끼치므로 동선 저해요인인 검은선 으로 표시한다. 다만 출입구 부근은 구매수요가 있을 수 있기에 작은 파란색 원으 로 표시할 수도 있다. 반면 대학교는 출입구 부근을 중심으로 주변 상권에 큰 영 향을 미치므로 출입구(정문·후문·쪽문 등) 부근은 강한 파란색 원으로 표시하되 나머 지 면적은 상권 형성 혹은 동선 형성 저해요인일 가능성이 높으므로 검은색 선으 로 표시한다.
- 홍대에 소재한 걷고 싶은 거리, 홍대 패션거리, 홍대 예술의 거리 등은 구매수요를 불러들이는 강력한 대규모인구유출입유발원이다. 따라서 전철역처럼 두꺼운 파란색 으로 표기하며, 그 영향력의 차이에 따라 굵기와 진하기 등을 달리한다.
- 지도가 작아 표기 한계로 다른 것은 표기하지 못하니, 앞의 가)사례를 참고하여 표기 해보며 동선이 어떻게 형성될지 생각해보자.

03

구매수요

1. TEST

1) Q1 : 우이선 가오리역의 역세권(= 구매수요)의 범위 문제

아래 그림의 우이선 가오리역 바로 앞 상가를 분양하고 있다고 가정하자(2014년 현재).
전철역 바로 앞이라 초대박이 된다고 하는데, 그럴 것도 같고...

"가오리역의 역세권의 범위가 큰가, 작은가"에 따라 역 부근 상가, 장사가 잘 될지, 안
될지가 결정날 것 같은데... 가오리역의 역세권의 범위, 즉 구매수요의 크기, 어느 정도나
될까?

(Daum 지도)

* **힌트** : 거시동선에 관한 문제이다. 주민들의 거시동선, 즉 직장으로의 이동을 위한
동선을 지역 주민의 입장에서 생각해보라. ('HOW상가·꼬마빌딩 재테크'의 거시동선 편 참고)을

● **이 문제의 중요성**

이는 우이신설선 이용자 수를 예측하는 문제이기도 하다. 이 문제를 풀 수 있었으면 우이선 수요를 좀 더 정확히 예측할 수 있었을 것이고, 수 천억원의 예산낭비를 미리 막을 수도 있었다. 이제라도 전철역, 중심상업지구의 입지 결정시 필자의 거시동선을 참고하였으면 한다. 전철역 예정지 부근 상가(꼬마빌딩) 투자, 중심상업지구 상가(꼬마빌딩) 투자시 미리 참고하였으면 큰 손실을 미리 예방할 수 있었다.

2) Q2 : 구매수요의 크기 비교

가오리역에 바로 인접한 두 입지가 매물로 나와 있다고 가정하고 두 입지의 구매수요의 크기를 비교하라. 하나는 미아동 745-98(빨간색 원: 2013타경1426)이고, 다른 하나는 미아동 745-97(파란색 원)이다.

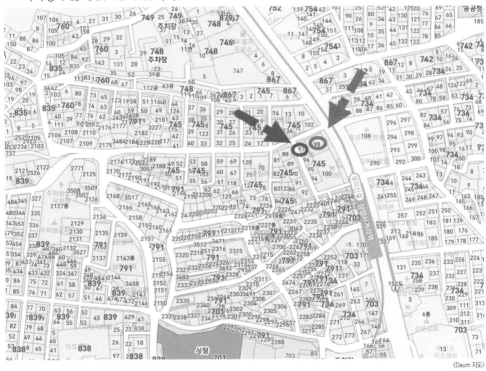

〈Daum 지도〉

＊힌트 : 이 책 Ⅲ.3절.9와 Ⅹ.3절을 참고하자. 시냇물(4차선)과 개울물(2차선)이 만나는 곳인 빨간색 점과 그 옆은 주택으로서는 큰 차이가 없으나 상가 자리로서는 차이가 크다.

3) Q3 : 혼재지역에서의 구매수요의 크기 측정

〈Daum 지도〉

화계역 부근의 약 9만평 단독.다가구 혼재지역이다. 구매수요의 크기(= 세대수)는 어느 정도나 될까?

＊힌트 : 이 책 "구매수요의 크기 측정 – 아파트, 빌라, 단독주택 등 혼재지역에서의 예상 대수 간단추정 프로그램"(X.3절) 참고 후 풀어보자.

4) Q4 : 위례신도시 근린상가(빨강)의 상권력의 범위(=구매수요의 크기)는?

〈Daum 지도〉

＊힌트 : 앞에서 본 신상지도 그리기 문제와 거의 유사한 문제이다. 위 상가의 상권력의 범위는 경쟁하는 상가의 상권력, 도로와 같은 상권 확장 장애요인, 지형지세, 동선 구성의 차이 등에 의해 영향을 받는다. ('HOW상가·꼬마빌딩 재테크' p209 참고)

5) **Q5** : 다음 전철역(상가)의 역세권(=구매수요)의 범위와 크기는?

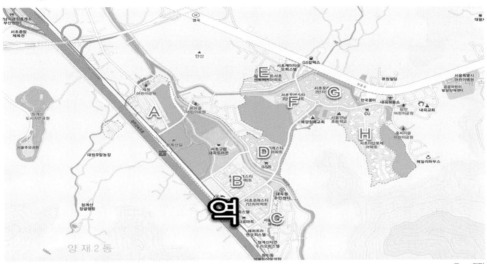

(Daum 지도)

＊힌트 : 거시동선과 관련이 있다. (Ⅲ.6절.3.4) "흐르는 입지-청계산입구역 편 필참, 'HOW상가·꼬마빌딩 재테크' p105 참고),

2. 기존 분석법의 한계와 그 대안 – 멘토 손오공의 분석법

1) **기존 분석법** : 대부분 다루지 않거나, 분석을 하는 경우라도, 유효수요 범위 확정이 주관적이고 기준이 모호하다. 또한 토지면적만으로 상권력의 크기를 유추하는 방식의 한계를 고려하지 않는다.

2) **멘토 손오공의 분석**

가) 구매수요의 범위 확정이 보다 객관적이고 분석적

　(유사문제 : 상가의 상권력이 미치는 범위는 어떻게 확정될까?)

나) 구매수요의 범위 확정(거시동선 측면)과 크기 분석

다) 구매수요의 범위 확정(미시동선 측면)과 크기 분석

　여기서의 범위 확정은 해당 지구 대규모인구유출입시설의 위치, 수, 크기, 성격 등 고려

라) 구매수요의 결집현상, 분산현상 분석

마) 지도 면적으로 구매수요의 크기를 측정하는 방식의 효용과 한계 규명

3. 구매수요의 개념과 유형

- '구매력과 구매의사를 수반하고 해당 상권이나 상가에서 판매하는 상품과 서비스를 구매할 사람들'로서 고정인구와 유동인구로 구성된다.
- 고정인구 측정 : 아파트, 대규모 빌라, 대규모 단독주택, 아파트·빌라·단독주택 혼재지역, 업무시설 유동인구 측정 : 전철역, 버스 정거장, 소상공인상권정보시스템

4. 구매수요의 크기 측정 (일부 新)

1) 고정인구의 크기 측정

가) 아파트

나) 대규모빌라단지 : 성남 상대원동 OCI중앙연구소 앞 빌라단지 사례

- 보통 크기의 빌라 3개 정도를 표본으로 추출하고, 표본을 통해 해당 빌라 한 채당 세대수 파악, 한 채당 세대수를 지역 전체의 빌라 개수를 세어 곱한다.

〈Daum 지도〉

다) 대규모 단독주택단지 : 가천대 부근 사례

- 일정 면적을 샘플 값으로 해당 면적 내 단독주택 건물 수를 구하고, 이 값을 전체 면적으로 환산, 한 주택당 거주하는 세대수를 유추해 이를 곱해준다.

〈Daum 지도〉

라) 아파트, 빌라, 단독주택 등 혼재지역

사례 1) 밀집도 상 지역

- 성남시 태평동 가천대역 부근 단독주택밀집지역 세대당 약 10평
- 관악구 봉천동 관악파크푸르지오 부근 단독주택지(3, 4층 밀집지역) 세대당 약 6평
- 동작구 사당동 남성중 부근 3층 단독주택 밀집지역 세대당 약 12평

사례 2) 밀집도 중 지역

- 은평구 역촌동 55-45 부근 세대당 약 14평
- 강북구 미아동 403-103 부근 1, 2층 단독주택 밀집지역 세대당 약 16평
- 용산구 청파동1가 138 부근 세대당 약 14평

사례 3) 밀집도 하 지역

- 위례신도시 전원주택지(창곡동 583-10) 부근 세대당 약 24평
- 강북구 미아동 745-98(2013-1426) 부근 세대당 약 21평
- 관악구 신림동 샘말공원 부근 단독주택지(주로 3층) 세대당 약 19평

● 단독주택지역, 혼재지역에서의 예상 세대수(구매수요) 간단추정 프로그램

해당지역의 면적(평)	밀집도	해당지역의 예상 세대수(구매수요의 크기)	
12345	15	823(12,345/15)	
	크기	**범위(세대당)**	**평균**
밀집도	상	8~12평	10평
	중	13~17평	15평
	하	18~22평	20평
	잘 모르는 경우	8~22평	15평
만든 사람	상가·꼬마빌딩 투자의 멘토 손오공 (저서 : 'HOW상가·꼬마빌딩 재테크' P197참고)		

● 도랑물 모여 개울물, 개울물(2차선) 모여 시냇물(4차선), 시냇물 모여 한강물

마) 업무시설의 구매수요 크기

(1) 각종의 연구결과, 인당 5~6평 정도 점유

(2) 서초동 삼성타운의 구매수요의 크기는?

　A동 33,474평, B동 24,537평, C동 59,459평 총합계 117,472평

　위키백과에 따르면 총 연면적 11만 7977평, 직원 등 2만명이 상주

　따라서, 117,472 / 5평=23,494명과 거의 일치

(3) 성남시 분당구 정자동 소재 네이버 그린팩토리 구매수요의 크기는?

　연면적 30,752평

(4) 여의도 LG트윈타워 구매수요의 크기는? 연면적 47,745평

2) 유동인구의 크기 측정

가) 전철역 이용자수

(1) 2019년 하루 승하차 인원

　강남역(20.2만), 잠실역(17만), 홍대입구역(16.8만), 신림역(13.9만), 구로디지털단지역(12.6만), 고속터미널역(12.1만), 삼성역(12.1만), 신도림역(11.8만), 서울역(11.2만), 선릉역(10.5만), 을지로입구역(10.1만) 순

나) 강남역 버스 이용자수 추정

(1) 이석주, 장동익의 연구 - 서울중심업무지구(강남역)를 최종목적지로 전철이용한 사람 : 버스 이용자의 비율은 1 : 0.324

(2) 동아일보(20년 2월 13일) 서울시 하루 교통수단별 이용건수

  - 지하철 601만건, 버스 517만건 : 지하철 대 버스 이용비율 1 : 0.86

(3) 결론 : 하루 6.5만명~17.4만명이 버스 이용해 강남역 부근 이용 가능성

다) 소상공인 상권정보시스템 : 업종, 매출, 인구, 소득과 소비, 지역 분석

5. 구매수요의 범위 확정 (新) (=상가의 상권력이 미치는 범위는 어떻게 확정될까?)

   (I.5절. 메트로프라자 사례 참고, 'HOW상가·꼬마빌딩 재테크' p209 참고)

- 남양주 도농지구 부영그린타운 A상가 사례 - 거시동선, 대규모인구유출입시설 등을 고려

  하여 확정 (유사문제 : 상가의 상권력이 미치는 범위는 어떻게 확정될까?)

〈Daum 지도〉

6. 구매수요의 범위 확정 및 그 크기 분석(거시동선 측면) (新)

1) 청계산입구역을 이용하는 구매수(고객)의 크기는?

=청계산입구역의 역세권의 범위는?=청계산입구역 주변 상가의 상권력의 범위

가) 사례 : SH공사 서초 선포레 단지내상가 입찰공고건(2015년 11월 27일) 관련

나) 기존 분석에서의 수요의 범위는? 주동선 분석에 의하므로 청계산입구역 주변을
    전부로 볼 듯.

다) 멘토 손오공의 분석에 의한 수요의 범위는? 거시동선을 고려한 후 주동선을 결정

청계~역의 범위에 따라 역세권 상가의 공급이
적당할 수도, 과다공급일 수도 있다.
대박이냐, 쪽박이냐는
구매수요의 범위에 따라 결정

〈Daum 지도〉

〈Daum 지도〉

* **힌트** ; E~H지역 주민의 거시동선(직장으로의 출퇴근)을 생각하면 답이 나온다.

(Ⅲ.6절.3.4) 흐르는 입지 - 청계산입구역 편 필참)

2) 파주 운정역 수요의 범위는? ('HOW상가·꼬마빌딩 재테크' p105)

= 파주 운정역 역세권의 범위=파주 운정역 중심상가의 상권력의 범위

- 사례 : 파주 운정역 주변 물건(2020-2720, 2017-7558(3-12))

- 기존의 분석에서의 수요의 범위는? 운정역 이용 저조현상은 거시동선을 고려했으면 충분히 예견할 수 있는 문제이다.

- 멘토 손오공의 분석에 의한 수요의 범위는? 각 지역 주민들의 거시동선을 생각

〈Daum 지도〉

3) 강일역 수요의 범위는? =강일역 주변 상가 상권력의 범위는?

= 강일역과 미사역의 역권력의 범위는?

- 사례 : 주변 물건 : 2018-4431(1)~(5), 2018-52218(1)

- 기존의 분석에서의 수요의 범위는? 예측 불가, 모호

- 멘토 손오공의 분석에 의한 수요의 범위는? 거시동선을 고려해보면 유추 가능하다.

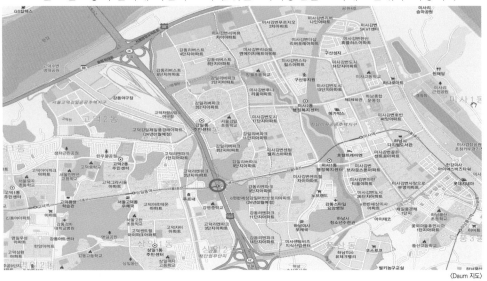

〈Daum 지도〉

4) 우이선 가오리역의 역세권(= 구매수요)의 범위 문제

아래 그림의 우이선 가오리역 바로 앞 상가를 분양하고 있다고 가정하자(2014년 현재).
전철역 바로 앞이라 초대박이 난다고 하는데, 그럴 것도 같고...가오리역의 역세권의 범
위가 큰가, 작은가에 따라 역 부근 상가, 장사가 잘 될지, 안 될지 결정날 것 같은데,,, 가
오리역의 역세권의 범위, 즉 구매수요의 크기, 어느 정도나 될까?

〈Daum 지도〉

- 기존의 분석에서의 수요의 범위는?
- 멘토 손오공의 분석에 의한 수요의 범위의 차이 : 가오리역과 수유역 중간 정도에 사는 지역 주민의 거시동선(출근시 동선)을 생각해보라. (잘 모르겠으면 'HOW상가·꼬마빌딩 재테크'의 거시동선 편을 참고하여 다시 풀어보자.)

● **이 문제의 중요성**

이는 우이신설선 이용자 수를 예측하는 문제이기도 하다. 이 문제를 풀 수 있었으면 우이선 수요를 좀 더 정확히 예측할 수 있었을 것이고, 수 천억원, 수 조원의 예산낭비를 미리 막을 수도 있었을 것이다. 지역 주민들의 출퇴근 동선을 생각하면 조금 멀어도 우이선을 이용하기 보다는 4호선을 이용할 가능성이 훨씬 높다. 전철역 입지, 중심상업지역 입지 등 결정시 거시동선은 매우 중요하다. 잠깐만 거시동선을 생각하면 수 조원의 국가재정, 지방재정 낭비를 사전에 방지할 수 있다. 이제부터라도 전철역과 같은 사회기반시설의 입지를 결정하거나 전철역 예정지 부근상가(꼬마빌딩) 또는 중심상업지구 상가(꼬마빌딩) 투자할 때 후회하지 않으려면 반드시 사전에 이를 고려하였으면 한다.

5) 결어 : 구매수요의 크기를 알려고 할 때 무엇을 제일 먼저 고려해야 하나?

7. 구매수요의 범위 확정 및 그 크기 분석 (대규모인구유출입유발시설 측면) (新)

해당 물건 주변 대규모인구유출입시설의 위치, 크기, 성격 등 고려해 범위를 확정하고 이에 따라 구매수요의 크기를 분석한다.

1) 사례 1 - 동탄 1기 신도시 나루마을 부근 근린상가 상권력의 범위는?
- 상권력의 범위(구매수요의 범위)는?
- 관련사례 : 2016-4792 상가 구매수요의 범위는?
      2014-10452, 2019-3695, 2020-102478

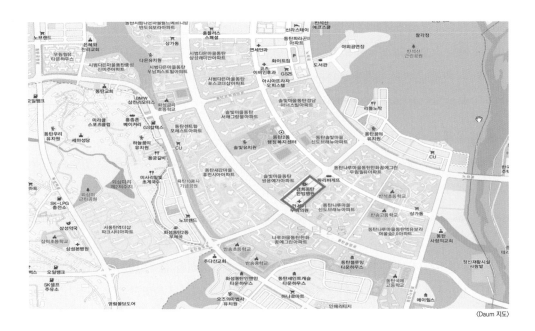

〈Daum 지도〉

2) 사례 2 : 위례신도시 근린상가의 상권력의 범위는?

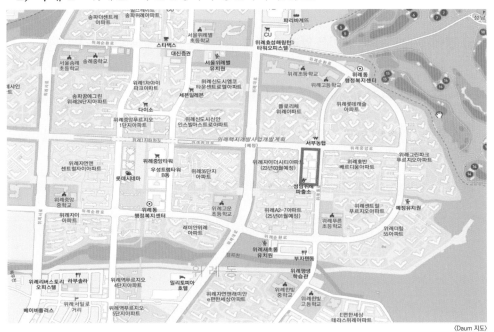

〈Daum 지도〉

* 1), 2) 문제 힌트 : 주변 상가의 세력, 도로와 같은 상권확장 단절요인 등에 의해 결정된다.

(Ⅲ.2절.6.신상지도처럼 상권 단절요인 필참, 'HOW상가·꼬마빌딩 재테크' p209p 참고하여 문제를 풀어보자.)

8. 구매수요의 범위 확정 및 그 크기 분석(대규모 업무시설) (新)

1) 사례 분석 ('HOW상가·꼬마빌딩 재테크' p200 참고)
가) 2017-616(가락동 78) 빌딩의 구매수요 크기는?

나) 2017-3643(서초동 1328-11),

다) 2012-32219(서초동 1553-5),

라) 2018-15426(장항동 826)

 cf : 2012-6418(서초동 1338-21 건물 위층과 아래 면적이 다르다)

2) 연구결과 : 힌트
- 업무시설의 구매수요의 크기 측정 : 연구결과 인당 5~6평 정도 점유

9. 구매수요의 범위 확정 및 그 크기 분석(단독주택지 혹은 혼재지역) (新)

1) TEST : 다음 두 입지의 구매수요의 크기를 비교하라.
바로 인접한 두 입지가 매물로 나와 있다고 가정하고 두 입지의 구매수요의 크기를 비교하라.

하나는 미아동 745-98(빨간색 원, 2013타경 1426)이고, 다른 하나는 미아동 745-97(파란색 원)이다.

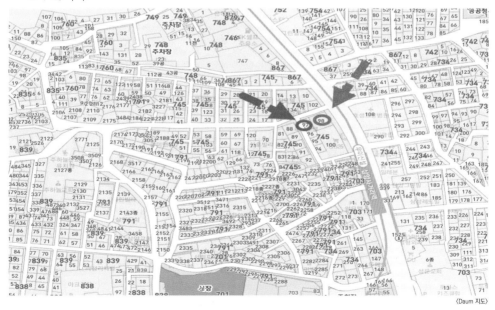

〈Daum 지도〉

＊힌트 : 시냇물(4차선)과 개울물(2차선)이 만나는 곳인 빨간색 점과 그 옆은 주택으로서는 큰 차이가 없으나 상가 자리로서는 차이가 아주 크다. 접근성과 가시성의 차이에 기인한 것으로, 빨간점 입지는 가시성이 워낙 좋아서 파란색 입지보다 구매수요의 범위가 훨씬 넓다. 반면 파란색 입지는 가시성이 좋지 않아, 안쪽 위에서 내려오는 수요만 구매수요의 범위로 볼 수 있고 큰 도로 반대편은 구매수요의 범위가 아닐 가능성이 높다.

2) 단독주택지 혹은 혼재지역에서의 구매수요의 크기 사례 분석 – 앞의 테스트와 유사한 문제

나) 2014-20479(상계동 51-4)

다) 2017-4369(신월동 154-10)

라) 2013-36263(사당동 1006-1)

마) 2019-5813(중곡동 234-51)

바) 2015-1413(장위동 65-192)

3) 단독주택지 혹은 혼재지역에서의 구매수요의 크기(세대수) 추정 프로그램

- 밀집도가 상(세대당 8~12평)인 경우 평균 10평

- 밀집도가 중(세대당 13평~17평)인 경우 평균 15평

- 밀집도가 하(세대당 18~22평)인 경우 평균 20평

- 잘 모르면(세대당 8~22평) 세대당 15평 정도로 계산해서 구매수요 크기 추정

10. 구매수요의 결집과 분산현상 ('HOW상가·꼬마빌딩 재테크' p 222 참고) (新)

1) 상권 형성을 위한 최소한의 구매수요 조건 : 같은 500세대라도

2) 구매수요의 분산현상이 발생하는 경우(구 시가지)

- 성남 태평동 단독주택단지 : 단독주택지는 수요의 분산현상 내지 누수현상이 심각

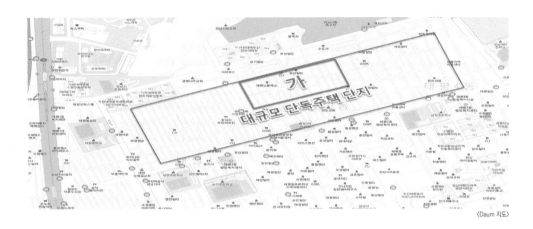

〈Daum 지도〉

3) 구매수요의 결집현상이 발생하는 경우(대규모 아파트단지)

- 송파 헬리오시티 단지내상가 : 가두리 양식장처럼 빠져 나갈 곳이 거의 없다.

〈Daum 지도〉

4) 투자포인트

- 수요가 많으면서 결집할 수밖에 없게 조성된 단지내상가, 출입구 수가 적은 곳, 사실
상의 출입구 역할을 하는 곳 주시

5) 경매 물건

가) 도랑물과 시냇물 모여

2013-1426(미아동 745-98)(도랑물과 시냇물 모여)

2013-33031(1) 온수동 57-1

2013-33031(2) 온수동 22-14

2018-9203 면목동 413-3

2011-16888 이태원동 20-5

나) 도랑물 모여 개울물

2017-4369(신월동 154-10), 2014-13910(은평구 신사동 14-1)

다) 기타

2019-4683 청파동1가 138

2015-1413 장위동 65-192 : 결절점의 괜찮은 입지이나 하나는 모이는 입지 하나는 아니어서 이도 저도 아닌 어중간한 입지

※ 결절점 : 도로망이 잘 갖춰져 대중교통 또는 승용차 등을 이용해 사람들이 많이 모이거나 모일 수 있는 지역.

라) 결어 : "도랑물 모여 개울물, 개울물 모여 시냇물, 시냇물 모여 한강물"

단독주택지역 혹은 혼재지역에서는 시냇물(4차선)과 시냇물(4차선)이 만나는 지점 부근이나 최소한 시냇물(4차선)과 개울물(2차선)이 만나는 지점 부근 이상에만 투자한다.

도랑물(1차선)이 만나는 곳이나 개울물(2차선)이 만나는 곳은 투자를 자제하라.

11. 지도상의 면적만으로 구매수요 크기를 측정하는 방식의 효용과 한계 (新)

1) 다음 지도상의 면적을 비교하라. ('HOW상가·꼬마빌딩 재테크' p217 참고)

가) 낙성대역 상권의 면적은?(다음 지도에서 면적을 재어 보자.)

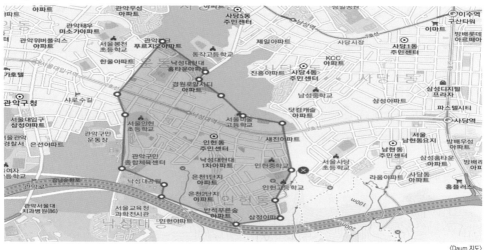

〈Daum 지도〉

나) 명동역 상권의 면적은?

〈Daum 지도〉

2) 지도상의 면적 측정 결과는?

- 낙성대역 상권의 면적 : 약 112만 ㎡, 명동역 상권의 면적 : 약 60만 ㎡

3) 결과

지도상의 면적만으로 구매수요의 크기를 추정하니, 낙성대역 상권이 명동상권보다 약 1.8배 큰 것으로 판단할 수 있는 오류가 있다.

4) 지도상의 면적으로 구매수요의 크기를 측정하는 방식의 효용과 한계

가) 지도상의 면적을 측정하여 구매수요의 크기를 유추하는 방식은 아주 간단하게 수요의 크기를 파악할 수 있다는 아주 큰 장점이 있다. 잘 사용하되 다음 사항을 반드시 유의해야 한다.

나) 위에서 살펴본 것처럼 눈으로 보이는 지도상의 면적만 보고 구매수요를 속단해서는 안 된다. 지도상에 보이는 것은 주로 고정인구이고 유동인구의 크기는 보이지 않는다. 따라서 지도상의 면적으로 구매수요의 크기를 추정하는 방식은 주로 고정고객을 대상으로 하는 단지내상가와 근린상가에 적용하기에 아주 유효하나, 유동인구에 많이 의존하는 상권인 중심상권이나 유흥상권의 분석에는 커다란 한계점이 있다. 필자가 제시한 개념인 대규모인구유출입시설의 위치와 규모에 대한 파악과 고려가 필요하다.

04

구매수요의 이동(거시적 이동)
- 거시동선 (新)

(= 거시동선과 구매수요의 범위)

1. TEST

1) Q1 : 다음 전철역 바로 앞 상가는 장사가 잘 될까? 안 될까? 그 이유는?

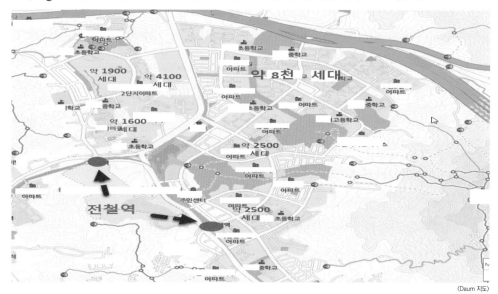

〈Daum 지도〉

2) Q2 : 다음 전철역 바로 앞 상가는 장사가 잘 될까? 안 될까? 그 이유는?

* 힌트 : 거시동선을 생각해 보자.(Ⅲ.6절.3. 흐르는 입지 - 청계산입구역 편 및 'HOW'상가·꼬마빌딩 재테크' p105 참고)

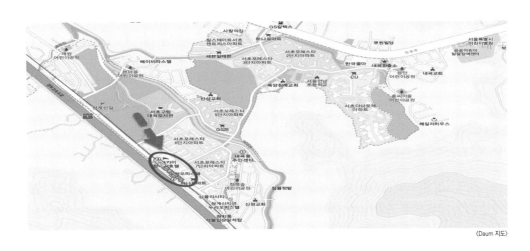

〈Daum 지도〉

3) Q3 : 파주 운정지구 사람들은 얼마나 많이 운정역 중심상업지구가를 이용할까?

('HOW상가·꼬마빌딩 재테크' p105~ 참고)

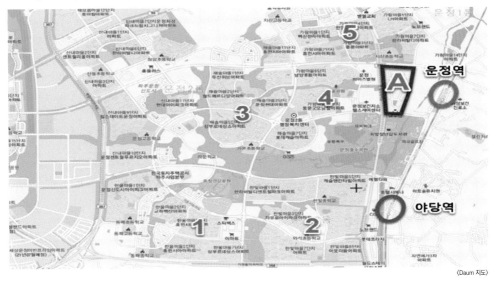

〈Daum 지도〉

2. 기존 분석법의 한계와 그 대안 - 멘토 손오공의 분석법

1) 기존 분석법

- 동선 분석이 없는 경우가 상당수이고, 있어도 주동선 분석에 그친다.

- 인구의 거시적 이동(거시동선, 대개 직장으로의 출근 방향)에 대한 고려가 없다.

- 미시적인 주동선 분석에 그치기에, 용인 경전철, 우이경전철, 의정부경전철 이용률 저조현상을 분석하는데 한계가 있다. 김포경전철 이용률이 기대 이상인 원인 분석도 당연히 할 수 없다.

2) 멘토 손오공의 분석법 – 거시동선

주변 구매수요가 거대하고 전철역으로 가는 주동선 상인데도 불구하고, 상권이 침체된 경우가 있다. 가령 청계산 입구역 상권, 용인경전철 동백역과 어정역 등은 기존의 주동선 이론의 한계를 노정하고 있다. 반면 거시동선 이론은 청계산 입구역 상권 침체, 용인경전철 동백역과 어정역 주변 상권 침체를 명쾌하게 설명해 준다. 의정부 경전철, 우이경전철 수요부족 내지 이용률 저하도 거시동선 이론에 100% 정확하게 들어맞는다.

김포경전철이 당초 예상보다 이용률이 높은 이유도 거시동선 이론에 완벽히 100% 부합한다. 사람들의 직장으로의 이동방향에 맞게 노선이 설계되었기 때문이다.

필자의 거시동선 이론을 미리 배우고 이를 경전철 노선 설계에 적용했다면, 아마 수조원의 예산 낭비 혹은 이용률 저하에 따른 손실을 사전에 방지할 수 있었을 것이다.

거시동선 이론을 적용하여 용인경전철 노선설계, 의정부경전철 노선설계에 반영했더라면 지금보다 이용률이 훨씬 늘어났을 것이고, 전철역 부근 상가도 지금과 같이 파리를 날리는 일이 없었을 것이다.

3. 수천억원 혈세 낭비는 물론 주변 상가 투자가 폭망하고 있는 사례 셋, 아무도 모르는 진짜 이유는? (新)

- 경전철 수요 예측에 관한 기존 분석의 한계

  (= 경전철 주변 상가·꼬마빌딩 투자, 괜찮은지 여부의 문제)

1) 우이 경전철에 관한 기사

서울 1호 경전철 우이신설선, 4년째 적자에 파산 위기

[중앙일보] 2020.09.23

서울 시내 경전철 1호 민자사업인 '우이신설선'이 극심한 경영난 속에 파산위기에 몰린 것으로 확인됐다. 개통 첫해 102억원의 영업수지 적자를 기록한 데 이어 2018년에는 193억원, 지난해는 152억원의 적자를 냈다. 당기순이익도 지난해에만 400억원 넘는 적자였다.

올해는 신종코로나바이러스 감염증(코로나 19)까지 겹쳐 8월 현재 90억원 가까운 적자를 기록 중이다. 우이신설선이 적자에 허덕이는 이유는 우선 수요 부족이다. 당초 하루 13만명가량이 이용할 것으로 예상했으나 실제 수요는 60%가 조금 넘는다. 게다가 올해는 코로나의 영향으로 승객이 30%가량 줄었다는 게 우이신설경전철 측의 얘기다.

2) 의정부 경전철에 관한 기사

의정부 경전철 개통 5년만에 파산 …
엉터리 수요예측에 따른 무리한 사업 추진이 원인

[중앙일보] 2017.05.26

의정부경전철은 2012년 7월 1일 첫 개통 이후 지난해 말까지 4년 10개월여 동안 적자만 3,676억원에 달했다. 파산을 선고한 재판부도 "의정부경전철㈜의 자산 규모(2,200억원)에 비해 부채(4795억원)가 지나치게 많고 계속 운행할 가치가 없다. 또 향후 영업 손실을 막을 해결책 모색도 실패했다"고 이유를 밝혔다. 의정부경전철은 2012년 개통 당시 7만9,049명이 이용할 것으로 예상했다. 하지만 개통 첫해 하루 평균 이용객은 1만여 명에 불과했다. 예상의 20%에도 못 미쳤다.

보완책으로 2014년 5월과 11월에 경로 무임승차제와 수도권 환승할인제도를 도입했다. 그 결과 올 1월 승객 수가 하루 평균 3만5,800여 명으로 증가했다. 하지만 이 또한 5년 차 이용 예상 승객수 11만8,000여 명의 30% 수준에 불과했다.

김동선 대진대 교통공학과 교수는 "경전철 사업을 추진하면 전문가들은 통상 인구대비 10%를 이용객으로 예상한다. 의정부시 인구 44만 명을 고려하면 4만4,000명 정도로 예상했어야 했다"며 "하지만 정부와 의정부시는 하루 평균 이용객을 두배 가까이 잡았다"고 설명했다.

– 이 기사에서의 경전철 이용률 저하 원인 분석이 맞는가?

3) 용인 경전철에 관한 기사

예상의 5% 그친 용인경전철 승객… 수요예측 어땠길래–

[중앙일보] 2020년 7월 30일

'일일 예상 승객 13만명, 실제 수요는 예측치의 5%.'

용인경전철을 둘러싼 논란의 핵심은 예상 수요를 뻥튀기했느냐 여부다. 지난 29일 대법원이 용인시민 8명이 3명의 전직 용인시장 등 총 39명을 상대로 제기한 1조원대 용인경전철 손해배상 소송에서 원고 패소 판결한 원심을 깨고 일부를 파기환송한 것도 이런 맥락이다. 대법원 관계자는 "용인경전철 사업이 명백히 잘못된 수요예측조사로 실시됐다면 주민들은 이로 인해 입은 손해를 청구하는 소송을 할 수 있다"고 밝혔다.

용인경전철 사업에 대한 수요예측은 당시 한국교통연구원이 담당했다. 2002년 교통연구원이 제시한 1일 예상수요는 13만여명이었다. 그러나 우여곡절 끝에 2013년 개통한 용인경전철의 승객은 하루 평균 1만명에도 미치지 못했다. 최근에는 승객이 증가했지만, 여전히 하루 3만명 수준이다. 예상의 23%에 불과하다.

4) 생각해 볼 문제 : 수요 예측 실패의 원인?

가) 경전철은 애초에 수요가 없는가? 그럴리 없다.

나) 경전철 수요예측, 어떻게 하면 제대로 파악할 수 있을까? 거시동선에 맞게 설계해야 한다.

4. 당초 예상보다 수요가 급증하여 불만이 폭증하는 사례, 근본 원인은 바로 이것 (新)

〈연합뉴스〉'지옥철' 출퇴근길 김포도시철도… 이용객 불만 들끓어

"너가 한번 타봐라" 볼멘소리도… 원인은 수요 예측 실패
김포시, 지하철 5호선 연장·GTX D노선 유치 촉구… 실현은 미지수

승객 가득 찬 김포도시철도 못 타 줄지어 선 시민들

김포 도시철도를 관리·운영하는 (주)김포골드라인운영은 개통 후 한 달 간의 운영결과를 이와 같이 내놨다. 한 달간 김포 도시철도의 평일 총 이용인원은 110만명(일평균 5만 8천명)이었으며, 가장 이용객이 많은 역은 김포공항역으로 나타났다.

최고 이용 인원은 7만 5천명으로 개통 전 예측치(평일 일평균 8만 8천 980명)기준 83%수준을 달성했다. 개통 한 달이 지난 현재 평일 평균 이용 인원은 5만 8천명으로 개통 전 예측치의 66% 수준이다.

타 지자체 경전철의 개통 후 실적(용인경전철 5.7% 의정부경전철 18% 우이신설경전철 48%)과 비교하면 매우 성공적인 사례로 볼 수 있다. 김포시의 인구증가율(전국 1~2위)을 감안한다면 김포골드라인은 머지않아 예측 수지에 도달할 수 있을 것으로 보인다.

아울러 개통 한 달 이용객 수치로 향후 흑·적자를 논하기에는 아직 이르며 2016년 36만명에서 2019년 말 50만명(향후 60만명 예상)으로 증가해 전국 인구증가율 상위권에 속하는 김포시 인구 추세를 고려할 때 추후 아파트 분양 등으로 인한 인구유입률이 상승할 것으로 보인다.

이와 같은 이유로 김포 도시철도 이용객은 지속적으로 증가할 것이며 교통사각지대에 놓여 있던 김포시 지역 발전에 더욱 더 이바지할 것으로 보인다.

김포 도시철도 개통으로 역사 인근 부동산 지가가 상승하고, 역사 주변 상가가 활성화되는 등 지역 경제에 긍정적인 영향을 가져오고 있으며, 김포시 또한 취·등록세 및 재산세 증가 등 철도 개통으로 인한 부수적인 혜택을 누리고 있다.

* 다시 생각해 볼 문제

- 경전철은 애초에 수요가 없는가? 그럴리 없다.
- 경전철 수요예측, 어떻게 하면 제대로 파악할 수 있을까?
  cf) 김포 시민 인구 42.8만명(2019년 3월), 경전철 이용예상 인구 10% ?, 20% ?
  어떻게 하면, 수 천억 예산 낭비, 사전에 막을 수 있을까?
  어떻게 하면, 시민 편의, 이용 효율을 증진시킬 수 있을까?
  어떻게 하면, 역세권 상가(중심상가) 투자, 대박인지, 쪽박인지 미리 알 수 있을까?

해답은 멘토 손오공의 거시동선 이론이 명쾌하게 설명해준다.

해당 지역 주민의 거시적 이동방향에 맞게 노선이 설계되어야 한다.
그래야 이용이 많아지고, 주민 편의가 증진된다.
그래야 수천억원, 아니 국가 전체적으로는 수십조원 예산 낭비, 사전에 막을 수 있다.
잘 모르겠으면 필자(멘토 손오공)에게 자문을 구해도 좋다.

5. 주변 구매수요가 거대하고 주동선 상인데도 왜 상권이 침체되어 있을까? (新)

1) 사례 1 : 용인 동백역, 어정역 주변 상가 침체
- 주변에 큰 구매수요가 존재하고, 주동선 상에 놓여 있는데,,,장사가 왜 그저 그럴까?

- 2014-2845 용인시 중동 676-1 라비스타 1층 에이 107호(2019-1212 5층 에이 506호)
  2018-8681(용인시 중동 852-2 동백씨엘뷰오피스텔 2층 205호)
  2018-13980(1)~(25) 중동 850-1 대성빌딩 101호 외
- 2018-19940, 2019-16993, 2018-3099, 2017-31752(1)(2), 2016-508859, 2016-506081 등
- 이런 현실에 대한 기존 분석의 한계점 극복을 위해선 거시동선 이론이 필요

📅 경매개시 77　배당요구종기일 55　최초진행 84　매각 27　납부 37　배당종결(280일 소요)　　← 이전　목록　다음 →

2014타경2845　● 수원지방법원 본원 · 매각기일 : 2014.08.26(火) (10:30) · 경매 12계(전화:031-210-1272)

| 소재지 | 경기도 용인시 기흥구 중동 676-1 외 9필지, 라비스타 1층 에이 107호 | | 도로명검색 | 🅳 지도 | 🅳 지도 | 🅳 주소 복사 |

물건종별	근린상가	감 정 가	563,000,000원
대 지 권	33.02㎡(9.989평)	최 저 가	(49%) 275,870,000원
건물면적	53.32㎡(16.129평)	보 증 금	(10%) 27,587,000원
매각물건	토지·건물 일괄매각	소 유 자	
개시결정	2014-01-22	채 무 자	
사 건 명	임의경매	채 권 자	

오늘조회: 1　2주누적: 1　2주평균: 0　조회동향

구분	매각기일	최저매각가격	결과
1차	2014-06-03	563,000,000원	유찰
2차	2014-07-04	394,100,000원	유찰
3차	2014-08-26	**275,870,000원**	

매각 : 300,777,000원 (53.42%)

(입찰2명,매수인: ///
차순위금액 288,800,000원)

매각결정기일 : 2014.09.02 - 매각허가결정

대금지급기한 : 2014.10.14

대금납부 2014.09.22 / 배당기일 2014.10.29

배당종결 2014.10.29

〈Daum 지도〉

2) 사례 2 : 청계산입구역 상권 공실 관련
= 양재시민의숲역과 청계산입구역의 역권력의 범위

2013-0711-001198 신원동 270-10일원 내곡지구 준주거 2-4, 감정 : 64.52억 낙찰 가 80억원

2013-0611-001607 준주거 2-3, 감정가 : 64.52억　낙찰가 109억 7천만원

2013-0611-001071 업무시설 2-2, 감정가 107억　낙찰가 125.94억원 등

서초 선포레 단지내상가 입찰(2015년 11월 27일(SH공사))

101호(전용 44.69㎡ 예정가 37,180만원), 102호(전용 44.73㎡ 예정가 37,284만원)

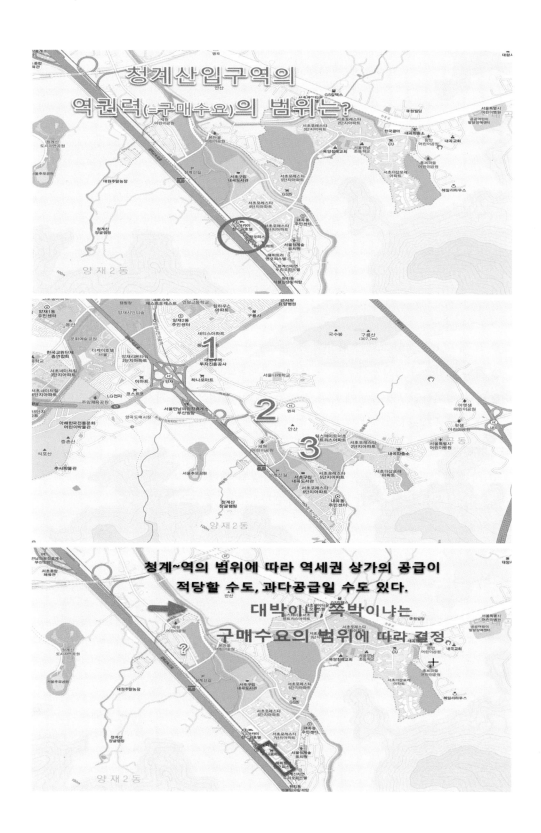

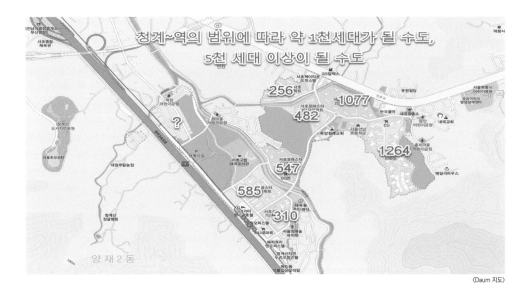

청계~역의 범위에 따라 약 1천세대가 될 수도,
5천 세대 이상이 될 수도

〈Daum 지도〉

● 이 책 Ⅲ.6절.3.4) 흐르는 입지(청계산입구역 편 필참)

● 지역 주민들의 거시동선(출퇴근시 직장으로의 이동의 방향)을 생각해보라.

● 만약 청계산입구역 주변에 대규모 업무시설이 들어온다면 거시동선, 주동선이 어떻게 바뀔까? (유사문제 : 거시동선 분석이 먼저인가?, 주동선 분석이 먼저인가?)

3) 사례 3 : 파주 운정역 중심상가 침체 및 공실 관련
 - 사례 : 파주 운정역 주변 물건 : 2020-2720, 2017-7558(3)(12)

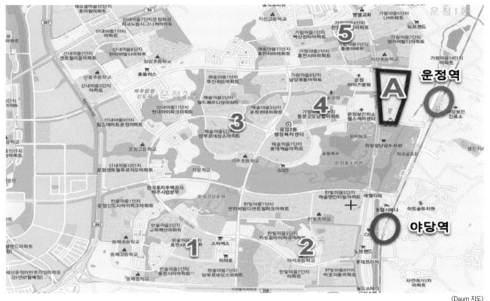

〈Daum 지도〉

132

* 만약 운정역 주변에 대규모 업무시설이 들어온다면 거시동선, 주동선에 어떤 변화가 있을까? (유사문제 : 거시동선 분석이 먼저인가?, 주동선 분석이 먼저인가?)

* 거시동선의 개념 : 거시동선, 어떻게 알 수 있나?

거시동선이란 '그 지역에 사는 사람들(구매수요)의 큰 이동흐름이 어느 쪽으로 향하는가?'를 나타내는 개념으로, 이를 알기 위해서는 그 지역의 성립 배경이나 주민의 특성 특히 주민 대다수의 직장이 어디에 위치하는가를 파악하는 게 핵심이다.

경기도에서 서울로의 목적 통행수가 각 시 인구에서 차지하는 비율

시	과천시	광명시	구리시	성남시	안양시	의정부시	부천시	하남시
비율(%)	48.6	22.0	19.4	18.5	16.4	15.8	15.7	14.7

시	고양시	군포시	동두천시	의왕시	남양주시	용인시	양주시
비율(%)	14.6	11.6	10.2	9.3	9.2	7.1	7.0

경기도에서 서울로의 목적 통행수가 각 시 인구에서 차지하는 비율

시	안성시	연천군	여주시	평택시	이천시	포천시	화성시
비율(%)	0.1	0.8	0.9	0.9	1.0	2.5	2.7

시	오산시	시흥시	안산시	가평군	광주시	양평군	수원시
비율(%)	3.5	3.7	3.7	3.9	4.5	4.8	5.0

6. 어땠을까? 거시동선을 미리 알았더라면 (新)

(아래의 7. 거시동선 그리기 편과 연결하여 같이 설명)

1) 의정부경전철 – 이런 노선이었다면 이용객 수, 훨씬 늘릴 수 있었다.

가) 힌트 : 철새 V자 이동대형을 펼쳐라. (Ⅲ.3절.7.2). 의정부경전철 편 필참)

나) 이유 : 그 지역 사람들의 거시동선, 쉽게 말해 출퇴근 동선의 진행방향 상에 있어야 한다. 그런데 현재의 의정부경전철은 출퇴근 동선의 역방향으로 설계되어 있다.

2) 우이선 – 조금만 달랐다면 역 주변 상가, 잘 될 수 있었는데

(= 우이선 이용객 수, 확 늘릴 수 있었다.)

가) 힌트 : 지역 주민들의 거시동선을 고려해야 한다. (Ⅲ.4절.7.2). 우이선 편 필참)

나) 어느 전철역과 연결할 때 이용률이 올라갈까? 직장이 대규모로 있는 곳과 바로 연결하던지, 빠른 시간에 도달할 수 있는 환승점과 연결되던지

3) 용인 경전철 - 이 역과 연결했으면 적자가 무슨 말, 흑자로 갈 수도 있었다.

가) 힌트 : 현재 노선은 주민들의 거시동선이 전혀 고려되어 있지 않다.(Ⅲ.4절.7.3).용인경전철 필참)

나) 다시 노선을 설정한다면 어느 전철역과 연결해야 이용률이 높아질까?

그 지역 사람들이 이동하려는 최종 목적지를 바로 갈 수 있거나, 아님 빠르게 갈 수 있는 환승 점을 이어주어야

4) 용인 동백역·어정역 : 이 입지였다면 역 주변 상권 - 대박이었을 텐데

* 힌트 : 거시동선상의 진행방향 앞쪽에 놓여야 한다.(Ⅲ.4절.7.3).용인경전철편 필참)

5) 청계산입구역 주변 상가 : 잘 될지 안 될지 전철역 개통 전에 미리 알 수 있었다.

* 힌트 : 지역 주민의 거시동선은 어느 방향일까? 생각해보고, 당신이 그 지역에 거주한다면 출근할 때 어떤 노선(주동선)을 택할까?.(Ⅲ.4절.7.4).청계산입구역 편 필참)

6) 김포경전철 : 미어터져 불만이 가득한 지옥철이 될지 사전에 다 알 수 있었는데

* 힌트 : 지역 주민의 거시동선이 어느 방향일까? 전철 노선이 이 거시동선에 순응하고 있을까? 역행하고 있을까? 답은 아주 간단하다.(Ⅲ.4절.7.5).김포경전철 편 필참)

김포 경전철은 사람들의 직장으로의 출퇴근 동선의 진행방향에 놓여 있을까?

용인 경전철, 의정부 경전철은 주민들의 출퇴근 동선의 진행방향에 있을까?

역의 방향에 있을까? 별로 관련 없는 방향에 있을까? 답은 아주 쉽다.

7. 거시동선 그리기 (新) (유사문제 : 구매수요의 범위 및 크기 확정=역세권의 범위 문제)

(Ⅲ.4절.6."어땠을까? 거시동선을 미리 알았다면,"편과 같이 설명 요)

1) 의정부경전철
가) 노선도

〈Daum 지도〉

나) 각 입지별 거시동선과 이에 따른 이용 가능성(= 거시동선, 주동선 결정문제)

<Daum 지도>

* 힌트 : 거시동선에서 멀어질수록, 거시동선의 역방향일수록 이용확률이 낮아진다.

다) 의정부경전철, 이런 노선이었다면 이용객 수가 훨씬 많았을 텐데

    (= 거시동선을 미리 알았다면, 이런 노선으로 만들었을 텐데)

* 힌트 : 거시동선과 순방향이어야 한다. 서울쪽을 향한 철새 V자 이동대형을 펼쳐야.

라) 거시동선 분석이 먼저인가? 주동선 분석이 먼저인가? 당근 거시동선

2) 우이선

가) 각 입지별 주변 전철역 이용 가능성(= 거시동선, 주동선 결정문제)

<Daum 지도>

* 힌트 : 거시동선에서 멀어질수록, 거시동선의 역방향일수록 이용확률이 낮아진다.

나) 우이선 - 조금만 달랐다면 역 주변 상가, 잘 될 수 있었는데

    (= 우이선 이용객 수 확 늘릴 수 있었다.)

● **기존 우이선을 2호선까지 연장했으면,,,** 당초 설계시 기존 우이선 노선보다는 종각쪽을 향하게

다) 가오리역 부근에 대규모업무단지가 조성된 경우라면~ (즉 거시동선 자체가 변화하는 경우의 주동선의 변화 =거시동선 분석이 먼저인가?, 주동선 분석이 먼저인가?)

3) 용인 경전철 동백역.어정역
가) 각 입지별 전철역 이용 가능성(= 거시동선, 주동선 결정문제)

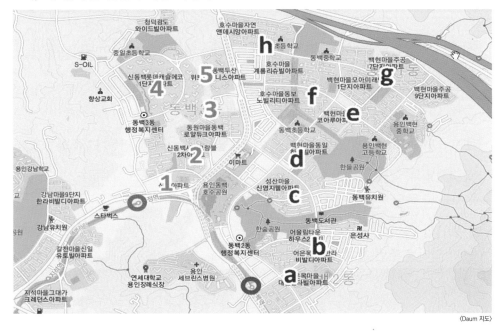

〈Daum 지도〉

* **힌트 : 거시동선의 방향에 역행할수록 이용 가능성이 떨어진다.**

나) 동백역.어정역 부근에 대규모업무단지가 조성된 경우라면~ (즉 거시동선 자체가 변화하는 경우의 주동선의 변화 =거시동선 분석이 먼저인가?, 주동선 분석이 먼저인가?)

다) 용인 경전철 - 이 역과 연결했으면 적자는커녕 흑자로 갈 수도 있었다.

* **힌트 : 지역 인구의 거시적 이동방향인 분당, 서울 강남을 빨리 갈 수 있는 곳과 연결해야**

4) 청계산 입구역

가) 노선도

나) 각 입지별 전철역 이용 가능성(= 거시동선, 주동선 결정문제)

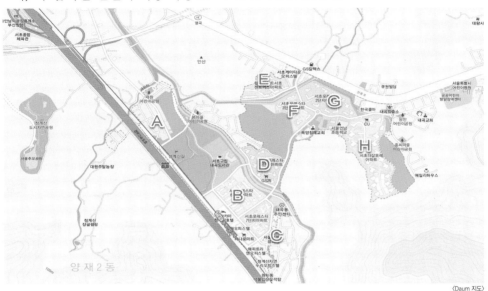

〈Daum 지도〉

* 힌트 : Ⅲ.6절.3.4) 흐르는 입지 - 청계산입구역 편 필참

다) 청계산입구역 부근에 대규모업무단지가 조성된 경우라면~

(즉 거시동선 자체가 변화하는 경우의 주동선의 변화)

- 대규모 업무단지가 청계산입구역 주변에 조성되어 그 지역 사람들의 거시동선(= 직장
  으로의 출퇴근 동선)이 바뀐다면 주동선도 변화가 일어난다.

라) 청계산입구역 주변 상가, 잘 될지 안 될지 전철역 개통 전 미리 알 수 있었다.

- 거시동선을 알면 전철 개통 전 미리 역 주변 상가가 잘될지 안될지 미리 알 수 있는
  경우가 많다. 위의 그림 E~H 지역의 사람들의 출퇴근 동선을 생각해보면 답이 나온
  다. 이들이 과연 시간 낭비를 하면 출퇴근 동선과 상관없는 방향에 놓여있는 청계산
  입구역을 이용할까?
  시간 낭비를 하면서 아래로 내려왔다가 진행방향으로 가는 수고없이 E~H 주변의
  버스를 이용해 원래 가고자 하는 강남으로 바로 가거나, 청계산입구역으로 가로질
  러 갈 것이다.

5) 김포경전철

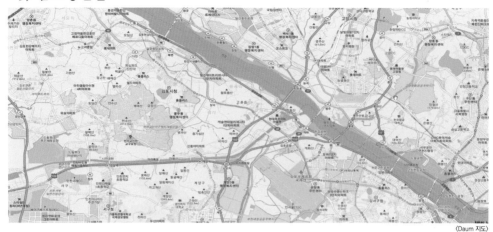

⟨Daum 지도⟩

가) 노선도
나) 각 입지별 전철역 이용 가능성(= 거시동선, 주동선 결정문제)

(=거시동선 분석이 먼저인가?, 주동선 분석이 먼저인가?)

⟨Daum 지도⟩

위의 그림에서 보듯이 김포경전철 주변 주민들의 출근방향은 서울이나 김포시내를 향
하는 우하향 방향이고, 김포경전철도 정확히 우하향이기에 많이 이용할 수밖에 없다.
거시동선을 알았다면 경전철 수요자가 많을 것을 미리 예상하여 더 증차했을 것이므로
현재처럼 2량 열차로 인한 고통은 얼마든지 사전에 예방할 수 있었을 것이다. 다른 경전
철은 다들 적자로 난리인데 김포경전철만 미어터지는 이유는 시민의식의 발로가 아니라,
우연히 노선과 거시동선이 일치했기 때문이다.

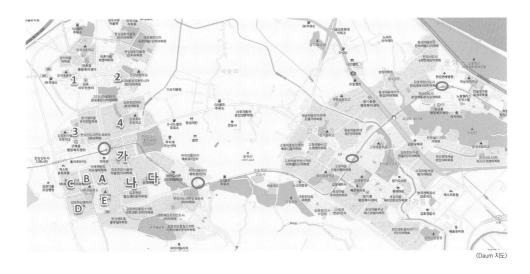

다) 구래역 부근에 대규모업무단지가 조성된 경우라면~

　　(= 거시동선 자체가 변화하는 경우의 주동선의 변화)

　　구래역 인근에 대규모업무단지가 조성되어 지역 주민들의 거시동선이 변화한다면, 이를 따라 주동선도 당연히 변할 수밖에 없다. 주동선 분석 이전에 거시동선 분석이 이루어져야 한다.

라) 김포경전철, 미어터져 불만이 폭증할 줄 미리 알 수 있었다. ( )동선을 사전에 알았다면,,,

승객 가득 찬 김포도시철도 못 타 줄지어 선 시민들
(김포=연합뉴스) 윤태현 기자 = 1일 오전 경기도 김포시 고촌읍 김포도시철도 고촌역 승강장에서 시민들이 이미 이용객으로 가득 찬 전동차에 탑승하지 못해 줄지어 서 있다. 김포도시철도는 출퇴근 시간대 이용객 과밀화 현상이 빚어지고 있다. 2021.2.1
tomatoyoon@yna.co.kr

6) 파주 운정신도시내 운정역 사례('HOW상가·꼬마빌딩 재테크' p105 참고)

파주 운정역 이용 저조현상, 운정역 중심상가 이용 저조현상도 거시동선과 밀접한 관련이 있다. 운정역 중심상가 투자, 대박일지 쪽박일지, 얼마든지 미리 알 수 있었다.

7) 하남 미사역 사('HOW상가·꼬마빌딩 재테크' p112 참고)

하남 미사역 입지를 다시 결정한다면 어디가 최적의 입지일까? 생각해보라.

8) 화곡역

화곡역 상권의 범위는 어느 지역까지 미칠 수 있을까? 생각보다 훨씬 넓을 수 있다.

9) 수유역, 쌍문역

수유역이 우이경전철 개통에도 불구하고 큰 타격이 없는 이유는 무엇일까?

* 힌트 : 거시동선

8. 거시동선 분석이 먼저인가?, 주동선 분석이 먼저인가? (新)

1) 세종시 제일풍경재 아파트 버스 정거장 설치 최적 장소는?

('HOW상가·꼬마빌딩 재테크' p119 참고)

2) 용인경전철
3) 의정부, 우이경전철
4) 김포경전철
5) 기타 : 파주 운정역, 하남 미사역, 청계산입구역
6) 결론

- 상가·꼬마빌딩 투자는 거시 동선 분석이 제일 우선한다. 거시동선을 고려하지 않은 상가·꼬마 빌딩 투자는 쪽박 투자가 될 가능성이 높다. 특히 중심상가의 경우엔 특히 그러하다.
- 쪽박역(버스정거장)인지, 대박역(버스정거장)인지는 주동선 분석으로는 파악하기 힘들다. 거시동선 분석이 먼저 이루어져야 제대로 된 주동선을 알 수 있다.
- 사회기반시설(전철역, 중심상업지역, 도서관 등)의 입지는 지역 주민의 거시동선을 반드시 고려해야 한다. 거시동선을 고려하지 않으면 용인경전철, 의정부경전철, 우이경전철 사례처럼 수천억원의 시민 혈세를 낭비할 수 밖에 없고, 시민 불편은 가중된다.
- 거시동선을 분석하고 주변 대규모인구유출입유발시설의 성격과 위치를 보면 주동선을 파악할 수 있다.

9. 거시동선과 도시계획, 상가입지 (新) (뜰세권, 질세권/뜰입지, 질입지, 미리 알 수 있다.)
: 거시동선 상의 핵심 마디에 주목하라.

1) 기존의 도시계획 사례 1 : 파주 운정역 사례, 파주 도시계획 사례
가) 현황

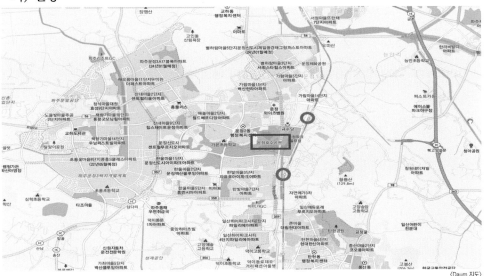

⟨Daum 지도⟩

나) 멘토 손오공이 파주 운정지구 도시계획을 다시 한다면~

(1) 지향점
- 사회 기반시설을 최대한 효율적으로 이용하게 하는 도시계획(자원 낭비 배격)
- 지역 주민의 편의가 증진되고, 이용률이 높은 도시계획
- 중심상가가 잘 되게 하는 도시계획

(2) 전철역, 버스 정거장 위치 조정 : 당연히 주민의 거시동선에 맞게 거시동선의 방향 앞쪽에 입지하게 조정

(3) 도로 배치 조정 : 특히 전철역 주변은 전철역으로 바로 갈 수 있게 하는 도로 배치. 돌아서 가는 게 아니고

(4) 운정 호수 공원 재설계 : 야당역 이용을 방해하는 운정 호수공원 재설계, 그대로 둔다면 야당역으로 가급적 바로 갈 수 있게 도로 설치

(5) 중심상가 입지 조정 : 전철역과 함께 사람들의 거시동선 진행방향 약간 앞 쪽에 위치해야

(6) 동선 단절 원인 제거(+보행자 거리의 확보) : 동선이 끊어지면 상권이 죽는다. 근린상가를 주변 주택가와 단절하는 경우도 많은데, 과연 이게 맞는 일인지,,, 아파트 단지 주변 동선은 근린상가를 중심으로 형성되는 경우가 많은데, 이 얘기는 그만큼 많이 이용한다는 얘기이다. 주택가와 근린상가의 동선을 끊는다는 얘기는 사람들을 불편하게 만든다는 의미

(7) 스트리트형 상가보다는 박스형 상가로(상권을 파괴하는 스트리트형 상가는 아주 제한적으로)

2) 기존의 도시계획 사례 – 청계산입구역 택지개발
가) 현황

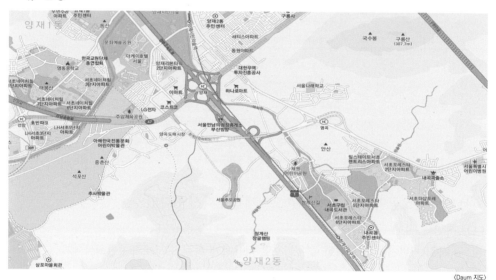

〈Daum 지도〉

나) 멘토 손오공이 서초 청계산입구역 택지 개발을 다시 한다면~
(1) 지향점

- 사회 기반시설을 최대한 효율적으로 이용하게 하는 도시계획(자원 낭비 배격)

- 지역 주민의 편의가 증진되고, 이용률이 높은 도시계획

- 중심상가가 잘 되게 하는 도시계획

위의 파주 운정지구 설명을 참고하여 스스로 풀어보자. 생각을 해야 실력이 향상된다.

(2) 전철역, 버스 정거장 위치 조정

경부고속도로를 따라 놓을 수밖에 없을 것인데, 이런 경우에도 현재의 청계산입구역 위치보다 약간 위쪽(사람들이 가려고 하는 강남 쪽 방향)에 위치시키고 주변에 아파트를 배치하는 것이 사람들의 거시동선에 맞는 배치이다.

(3) 도로 배치 조정

(4) 공원 위치 조정

(5) 중심상가 입지 조정

(6) 동선 단절 원인 제거(+ 보행자 거리의 확보) : 서초포레스타 5단지와 서초포레스타 3단
지 사이는 공원으로 인해 동선이 단절되어 공원 위쪽 거주 주민이 공원 아래쪽에 있는
전철역을 이용하기 힘들게 되어 있다. 도로를 따라 소수라도 단독주택을 배치했으면
동선이 이어지기에, 공원 위쪽 거주민의 일부라도 지금보다는 더 청계산입구역을 이
용할 가능성이 높아진다.

(7) 스트리트형 상가보다는 박스형 상가로(상권을 파괴하는 스트리트형 상가는 아주 제한적으로)

3) 거시동선과 상가입지
가) 문제 1 : 용인 경전철 노선을 다시 설계한다고 가정하고, 어정역(동백역)에서 바로 분당선 1곳, 신분당선 1곳과 연결한다면 어디가 최적일까?(최적 노선이면 그 역 주변 상가는 장사가 잘 될 것이고, 아니면 빛 좋은 개살구와 같은 환승역이 되어 주변은 장사가~)

(1) 현재 노선

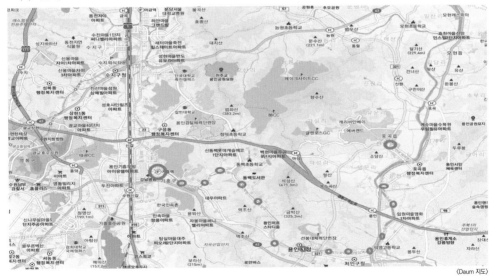

〈Daum 지도〉

(2) 어정역에서 분당선 한 곳 전철역, 신분당선 한 곳 전철역으로 바로 연결한다면, 어
디가 최적?

〈Daum 지도〉

(참고 : 파란색 원은 분당선 전철역, 빨간색 원은 신분당선 전철역)

● 분당선 한 곳만 선택하라면, 어정역, 동백역 주변 지역 주민의 거시동선 방향에 맞으면서 교통의 결절점 역할을 하는 죽전역, 판교역이 제격이다.(판교역은 용인시가 아니기에 죽전역이 현실적으로 최고의 선택), 분당선 한 곳, 신분당선 한 곳을 연결한다면 구성역을 거쳐 상현역을 연결(구성역, 상현역 모두 주변 지역에서 버스가 모일 수 있는 교통의 결절점 기능 가능할 듯)

나) 문제 2 : 만약 **양주 옥정신도시**에 100만명의 인구를 수용할 정도의 **대규모 개발이 이루어진다면, 주변 전철역 중에서 크게 각광받을 역은?**(= 어느 전철역 주변 중심상가가 크게 성장할 가능성이 높을까?)(GTX는 미고려)

〈Daum 지도〉

● 100만명 인구 바로 주변에는 역이 없어 버스를 타고 이동할 수밖에 없는 형편임을 감안하면, 거시동선 진행방향에 놓여 있고, 주변 지역의 교통 결절점 역할을 할 가능성이 높은 양주역세권이 뜰 가능성이 높다.(그런데 현실에서는 GTX가 덕정역에 들어서기에 덕정역 주변이~)

다) 문제 3 : 다음 그림의 빨간 원 지역이 대규모 신도시로 지정되어 개발된다면 인근 역 중에서 주변 어느 전철역이 각광을 받을까?

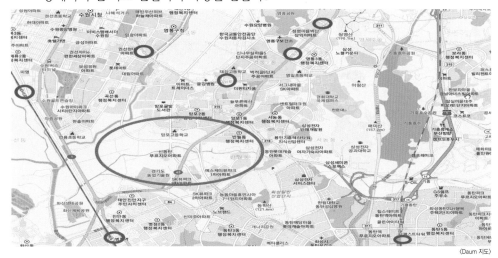

<Daum 지도>

● 빨간 선 지역 거주주민들의 거시동선의 방향이 어디로 향하는지가 가장 중요하다. 거시 동선 방향이면서 교통의 결절점 역할을 할 수 있는 곳이 핵심이나 역 주변의 개발여지가 있어야 상권이 살 수 있다. 개발여지가 없으면 역은 활성화돼도 상권은 확장되기 어렵다.

라) 문제 4 : 수유역 사례 – 수유역의 역세권 범위는 어느 정도일까?

<Daum 지도>

* 상기 가), 나), 다), 라) 문제의 핵심 시사점 : 출퇴근 방향 핵심마디 전철역을 주시하라.

  =거시동선에 순응하는 핵심마디(교통의 결절점)

- 출퇴근 진행방향이어야, 즉 거시동선에 순응해야 한다.
- 출퇴근 방향의 핵심마디 전철역(= 교통의 결절점 역할을 하는 전철역)을 예의 주시해야 한다.
- 핵심 전철역은 거시동선의 기반하에 핵심마디(=교통의 결절점)에 위치시켜라.

- 거시동선에 순응하면서, 핵심마디에 위치한 역 주변 상가가 대박 가능성이 높다.

- 핵심마디(교통의 결절점) 투자법 :

- 거시동선상의 순방향에 위치하면서도 교통의 결절점 역할을 할 가능성이 높은 역 부근의 입지인데, 현재도 나쁘지 않은 입지+장기간 기다릴 수 있는 자리+주변 개발계획 고려(GTX 덕정역 변수)+핵심마디 뒤쪽으로 대규모 개발계획이 있는 입지+가급적 코너목

- 반대로 현재는 주변에 전철역이 별로 없고, 출퇴근 방향에 위치한 핵심마디(교통의 결절점) 인데, 앞으로 주변(특히 배후 주거지)에 전철역 신설이 예정되어 있는 경우라면 죽음일 수 있다. 가령 보정역 사례 참고

* 특히 전철역이 별로 없는데 주변이 대규모로 개발되는 경우, 출퇴근 방향에 위치한 핵심마디(교통의 결절점)가 어디인지 찾아보자.(수유역, 과거의 죽전역, 망포역)

마) 문제 5 : 현재 **의정부 경전철**은 엎어놓은 "ㄷ"자 형태의 노선을 취하고 있다. **만약 새로운 노선을 설계한다면, 회룡역을 중심으로 어떤 형태의 노선을 택해야 이용자 수가 대폭 늘어날까?** (승객이 모이는 노선이라야, 역 주변 상가가 번성할 수 있다.)

* 시사점 – 이순신의 학익진을 펼쳐라.

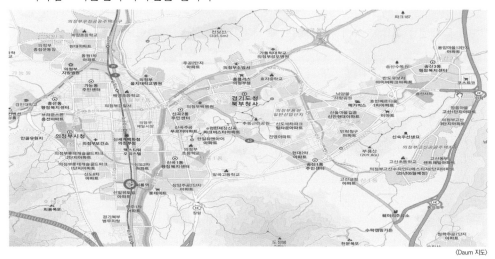

〈Daum 지도〉

바) 문제 6 : 아래 그림 중 동선의 자연스런 흐름을 방해하는 것은?

* 시사점 : 동선 흐름을 물흐르듯 해야 상권이 산다 – 동선 흐름을 방해하는 요소의 배제, 잘 모르겠으면 Ⅲ.2절.6. 신상지도를 참고.

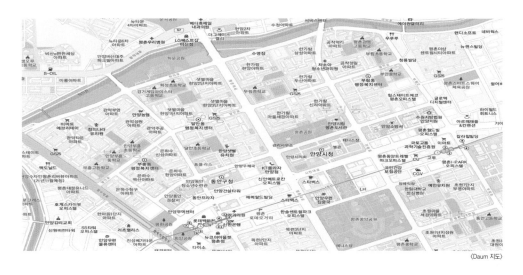

〈Daum 지도〉

4) 거시동선도 모르면서, 중심상가 입지의 흥망을 논하지 말라.

가) 거시동선은 도시설계의 기초

- 도시설계의 순서

나) 거시동선과 중심상업지역의 입지

- 거시동선에 역행하는 중심상가의 경우, 가령 파주 운정역, 용인 동백역 사례

- 거시동선에 순응하는 중심상가의 경우, 가령 서현역, 수유역 사례

다) 문제 : 다음 중 전철역과 중심상가 입지로서 최적의 입지는 어디일까? 왜?

라) 시사점 : 전철역과 중심상가 입지는 출퇴근 동선의 중간나이 아닌 약간 앞 쪽 A 에 위치 시켜라. WHY? ('HOW상가·꼬마빌딩 재테크' p112 참고)

마) 사례 분석 : 미사역

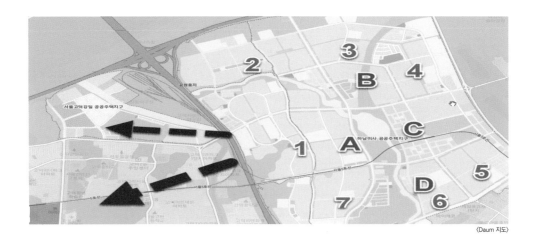

〈Daum 지도〉

- 비교) 현실의 미사역과 강일역 입지

10. 3기 신도시 중심상가(전철역), 어디에 입지해야 장사가 잘 될까? (新)

　(= 전철역 입지, 어디가 최적일까?)

1) 응용문제 1 : 남양주 왕숙신도시 사례

가) 기존의 경춘선이 없다고 가정하는 경우

　남양주 왕숙신도시에 전철역이 하나만 들어간다면, 다음 1, 2, 3 중 어느 입지가 가장 적합 할까? (= 어디에 전철역과 중심상가가 위치해야, 주민 편의가 증진되고, 전철 이용률이 많아, 역 주변 상가 장사가 잘 되 대박이 날까? 즉 대박 중심상가 입지는 어디? 왜?)

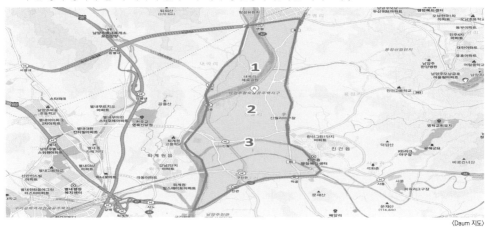

〈Daum 지도〉

* **힌트** : 지역 주민들의 거시동선(출퇴근 동선)을 고려하라.

나) 남양주 왕숙신도시의 중심상업지역(역세권)은 어떤 형태가 좋을까?

1, 2, 3 중 3이 가장 최적의 입지라면, (혹은 현재처럼 기존 경춘선 노선상에 역을 만들어 환승할 수밖에 없는 사정이어서 3번이 역세권입지라면) 전철역과 중심상가는 중심상권 발달을 위해 어떻게 설계하는 것이 좋을까? (즉, 원형, 타원형, 정사각형, 직사각형, 삼각형, 오각형 등의 형태를 선택하고, 선택한 형태 내에서 전철역과 중심상가의 적정 위치를 결정하고 그 이유 설명)

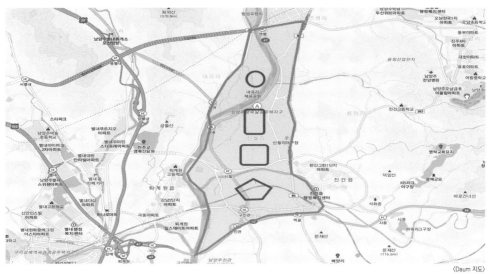

〈Daum 지도〉

다) 중심상업지구 상세 - 전철역과 버스 정거장의 위치, 중심상업지구의 성격 구분

위의 나) 문제에서 긴 직사각형 형태의 중심상업지구가 사람들의 출퇴근 동선의 진행 방향에 가장 부합하는 최적의 설계라면 이 형태 하에서 지역 주민의 이용 효율을 높여 중심상권이 활성화될 수 있는 전철역과 버스정거장의 위치는 어디일까? 이를 배열하라.

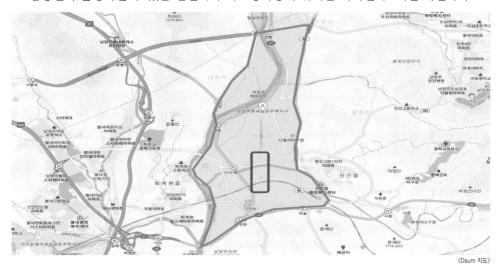

〈Daum 지도〉

● **중심상업지구의 분리** – 성격구분

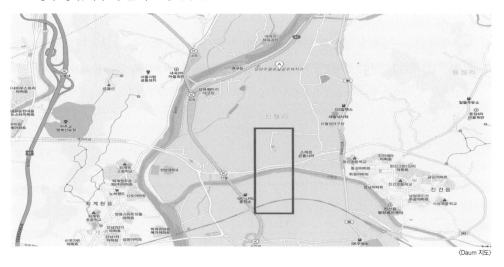

〈Daum 지도〉

● 길게 펼쳐져 있는 상업지구를 사릉천 이남과 이북 쪽으로 분리하여, 전철역으로부터
  사릉천까지는 유흥 가능 상업지구로, 사릉천 이북쪽 상업지구는 유흥업 제한 상업지구
  로 분리하면 어떨까?(주거지구도 보호하고, 상권도 살리고)

* 중심상업지역의 배치, 전철역과 버스 정거장의 배치, 보행자 동선

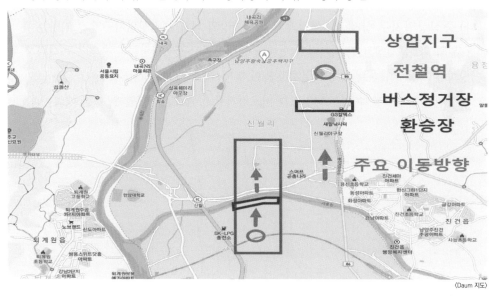

〈Daum 지도〉

* **힌트** : 전철역에서 어느 정도 거리를 두고 버스정거장을 배치해야 상권이 산다. 너무 멀
  면 주민 불편이 가중되고, 너무 가까우면 구매수요가 그대로 빠져 나가 주변 상가는 흐
  르는 입지가 될 가능성이 매우 높아 상권 침체로 이어진다.

라) 2020년 10월 환경영향평가서 상의 토지이용계획안

- 대안1, 대안2

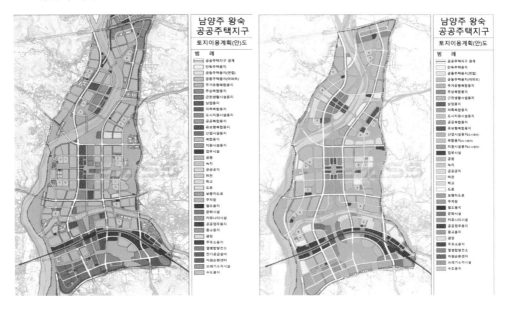

마) 결어

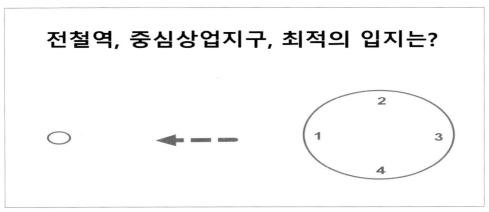

* 시사점 :

  - **중심상가 입지**는 출퇴근 동선의 중간이 아닌 약간 앞 쪽에(진행방향쪽으로 더 치우치게)

  - 전철역은 중심상가보다 진행방향쪽으로 더 앞 쪽에 입지함이 좋다.

  - 그러므로 전철역은 지구의 중간이 아니라 진행방향 앞쪽(약 2/3 지점, 혹은 3/4지점 정도)
    에 위치하면 좋을 듯하다. (지구마다 차이가 있을 수 있음은 물론이다.)

2) 응용문제 2 : 하남 교산 신도시 사례연구
가) 교산지구 현황

〈Daum 지도〉

● 아래 계획지구 사진에서 전철역과 중심상업지구는 A, B, C 중 어디에 위치해야, 주민 불편이 최소화되고, 상가가 활성화될까?

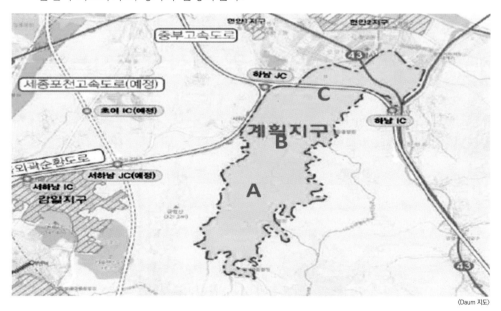

〈Daum 지도〉

* **힌트** : 거시동선(지역 주민의 출퇴근 방향을 고려하라). 만약 전철역과 중심상업지구가 C에 가까워질수록 사람들의 불편이 가중되므로 전철 이용률이 떨어져 주변 상가는 침체될 가능성이 매우 높다.

나) 하남 교산 공공주택지구 전략환경영향평가서(초안) 2019.4

(1) 토지이용계획안

〈Daum 지도〉

(2) 대안1, 대안2

대안 1	대안 2
◦문화재 고려한 역사·문화 특화단지 구상	◦주거용지 위주로 배치

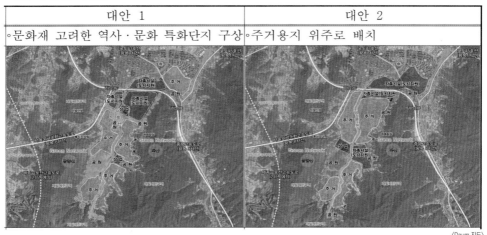

〈Daum 지도〉

(3) 상기 두 안(대안 1, 대안 2) 중 더 좋은 안은?

위의 대안 1, 대안 2 중에서 주민 편의 증진과 중심상권 활성화 측면에서 더 좋은 안은 무엇일까? 그리고 그 이유는?

(4) 2020년 10월 환경영향평가서 상의 변화 - 토지이용계획안 1, 2

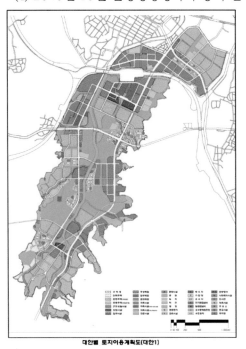

대안별 토지이용계획도(대안1)

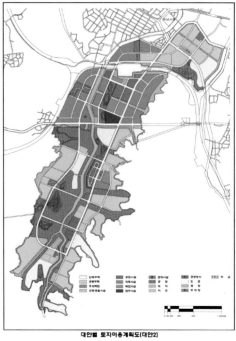

대안별 토지이용계획도(대안2)

다) 전철 연장 계획과 상권 활성화

하남 교산지구에 전철역이 들어오는 경우, 어느 노선이 들어올 때 주민 편의가 증진되고, 중심상업지역이 활성화 될까? 그 이유는?

3호선 vs 5호선 vs 8호선 ?

라) 결어 : 중심상가, 이런 입지면 대박이고, 이와 반대일수록 쪽박이다.

- 중요한 사회기반시설(역과 주변 중심상가, 시청 등) 입지 결정시 거시동선 반드시 고려해야. 거시동선을 생각하지 않고 전철역, 중심상가 입지를 정하면 폭망의 지름길이다.

- 중요한 기반시설 특히 전철노선과 전철역, 중심상업지역은 (직장과 집간) 최단거리 노선 (거리상, 시간상)의 진행방향에 놓이게 하라. 최단거리 노선의 진행방향(시간상, 거리상, 심리상)에 순응할수록 전철역과 중심상가는 흥하며, 역행할수록 이용률이 저조해진다. (사례 : 용인 동백역.어정역 주변 상가, 청계산입구역)

- 집과 직장간에 사정상 바로 연결이 힘들어 다른 전철 노선과 연결해야 한다면, 연결되는 노선 혹은 전철역이 직장에 얼마나 빨리(출근시는 시간, 퇴근시는 거리) 도착할 수 있는가의 문제를 해결해 주는 것이 성패를 좌우한다. 길어질수록 역 이용률은 떨어지고 주변 상가는 주동선상에 있더라도 흐르는 입지로 변해 쪽박 가능성이 높아지니 상가 투자시 꼭 주의하라. (사례 : 청계산입구역, 용인 동백역.어정역 주변 상가)

- 중심상업지구는 지구의 중심보다 출근 목적지 방향(대개 서울방향) 쪽으로 치우치게, 역은 중심상업지구 내에서도 가장 앞 쪽(서울방향)에 배치하고, 보행자 전용 혹은 우선거리를 확보한다. 버스정거장은 중심상업지구의 중간이나 끝 쪽(대개 서울반대방향)에 배치해야 어느 정도 걸을 수 있는 거리가 확보돼서 상권이 산다. 다만 너무 길면 전철역 자체를 이용하지 않고 다른 수단(혹은 다른 전철역)을 이용할 가능성이 있으니 상황에 맞게 판단하여야 한다.

- **중심상가의 형태**는 각 지역마다 다르나, **일반적으로는 긴 직사각형 모양이 가장 통용될 수 있는 형태이다.**

- 보행자 전용 혹은 보행자 우선 거리를 확보하여야 상권 활성화에 도움이 된다.(서현역)

- 스트리트형 상가보다는 박스형 상가로(스트리트형 상가는 제한적으로) : 스트리트형 상가는 상가 공실, 특히 악성 장기 공실을 유발하는 핵심 원인 중 하나이므로, 특별한 경우를 제외하고는 박스형 상가 설치를 우선한다. 현재는 지구단위계획에서 스트리트형 상가 조성을 조장하는 경우가 많으나, 오히려 제한하는 게 상권 활성화와 공실 방지에 도움이 된다.

- **중심상가 투자시 출퇴근 방향에 위치한 전철역**(버스정거장)**인지, 아닌지를 살펴봐야 한다.** 출퇴근 방향과 관련없는 전철역(버스 정거장)은 쪽박 전철역일 가능성이 높고, 진행 방향에 있는 전철역(버스정거장)은 대박 혹은 알짜 전철역일 가능성이 높아진다.

- **특히 주변에 전철역이 별로 없는 경우 출퇴근 방향에 위치한 핵심 마디**(교통의 결절점)**가 어디인지 찾아보자.**(수유역, 망포역, 과거의 죽전역)

  토지가는 저렴한데, 앞으로 뜰 가능성이 높은 알짜상권(역), 대박상권(역)일 가능성이 있다. 반대로 현재는 주변에 전철역이 별로 없고, 출퇴근 방향에 위치한 핵심마디(교통의 결절점)인데, 앞으로 주변에 계속 전철역 신설이 예정되어 있는 경우라면~

● **리뷰**

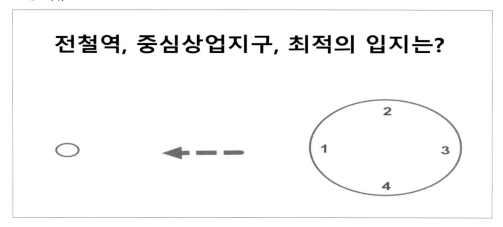

- 중심상가 입지는 출퇴근 동선의 중간이 아닌 약간 앞 쪽에(진행방향 약간 앞쪽)
- 전철역은 중심상가 입지 중에서도 진행 방향 약간 앞 쪽에 입지함이 좋다.
- 그러므로 전철역은 지구의 중간보다는 진행방향 앞쪽(약 1/3 지점 정도)에 위치하면 좋을 듯하다.(지구마다 차이가 있을 수 있음은 물론이다.)

구매수요의 이동(미시적 이동)

- 주동선, 보조동선

1. TEST

1) Q1 : 다음 그림은 A지역에 사는 사람들이 전철역까지의 거리를 표시한 것이다.
A지역 사람들의 주동선은 검정, 보라, 녹색 동선 중 어느 것일까? 그 이유는?

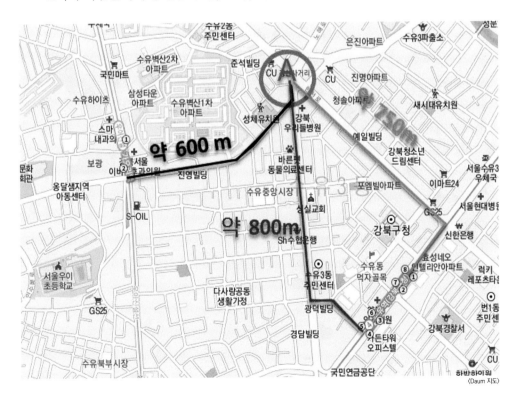

2) Q2 : 아래 그림의 가)지역 주민이 이용하는 여러 개의 동선(A~E) 중 주동선은?

〈Daum 지도〉

3) Q3 : 아래 그림 약 10,500세대의 주동선은 1~6 중 어디일까?

〈Daum 지도〉

2. 기존의 주동선 결정론과 멘토 손오공 주동선 결정론의 차이점

1) 기존의 분석법

분석 자체가 없거나, 있더라도 주동선이 어떻게 생성되는지 그 원리에 대한 분석이 모호하다. 예를 들면 주변에 구매수요가 막대한 전철역임에도 주동선이 형성되지 않는 경우를 설명하지 못한다. 따라서 기존 분석법을 따르면 독자 스스로 주동선, 보조동선을 파악하기 힘들고 파악한다 해도 틀릴 가능성이 높다.

2) 멘토 손오공의 분석법

멘토 손오공은 거시동선과의 관계하에서 주동선을 파악한다. 해당 지역 사람들의 거시적 이동 방향을 파악한 후 해당 지역의 대규모인구유출입시설(인구가 대량으로 유출입하며 동선을 형성 시키는 시설)과의 관계에서 주동선, 보조동선을 결정한다.

3. 주동선, 보조동선은 어떻게 결정되나? (新)

: (상권학적으로 의미있는지 여부를 가리는) 주동선, 보조동선을 결정하는 핵심 결정인자

- 순서
① 거시동선 확인
② 대규모인구유출입시설의 위치와 규모, 성격 확인
③ 횡단보도, 출입구 위치 확인
④ 주동선, 보조동선 결정 과정
⑤ 구매수요의 확정 및 크기 분석 : ④와 ⑤는 거의 동시에 이루어진다.

- **신상지도**(신생활상권지도)

4. 주동선, 보조동선 그리기 1 (新)

: 거시동선의 영향을 받는 주동선/영향이 별로 없는 주동선 (新)

1) 거시동선의 영향을 많이 받는 경우
가) 사례 1 : 용인 어정역, 동백역 주변 상권

매각물건현황 (감정원 : 산영감정평가 / 가격시점 : 2014.02.10 / 보존등기일 : 2007.10.18)

목록	구분	사용승인	면적	이용상태	감정가격	기타
건물	5층중 1층	09.02.20	53.32㎡ (16.13평)	휴대폰 대리점	394,100,000원	
토지	대지권		4647㎡ 중 33.02㎡		168,900,000원	
현황 위치	* 어정초등학교 남서측 인근에 위치, 부근은 아파트단지 .각종 근린생활시설 등이 혼재하는 지역임 * 본건까지 차량출입 용이하고 인근에 용인경전철 어정역 및 버스정류장이 소재하는 등 대중교통사정은 대체로 무난함 * 10필 일단의 부정형 평지로서 상업용 건부지로 이용중임					
참고사항	* 외필지 : 중동 673.673-1.674-1.674-6.675-1.677-4.807-1.807-2.807-5					

임차인현황 (말소기준권리 : 2011.03.11 / 배당요구종기일 : 2014.04.09)

임차인	점유부분	전입/확정/배당	보증금/차임	대항력	배당예상금액	기타
박애란	주거용 전부	전입일자: 미상 확정일자: 미상 배당요구: 없음	보20,000,000원 월1,500,000원		배당금 없음	현황서상 전입:2012.10

굿옥션   ▦ 전체메뉴   ⊙ 법원바로가기   📋 관할법원안내   📋 관심물건등록   📋 상담실   ⌂ 건의/제안   가 < 🖶 >

📅 경매개시 77 배당요구종기일 55 최초진행 84 매각 27 납부 37 배당종결(280일 소요)   ← 이전 목록 다음 →

2014타경2845

• 수원지방법원 본원 • 매각기일 : 2014.08.26(火) (10:30) • 경매 12개(전화:031-210-1272)

소 재 지	경기도 용인시 기흥구 중동 676-1 외 9필지, 라비스타 1층 에이 107호 [도로명검색] [D 지도] [N 지도] [6 주소 복사]					
물건종별	근린상가	감 정 가	563,000,000원			

			오늘조회: 1 2주누적: 1 2주평균: 0 조회동향

대 지 권	33.02㎡(9.989평)	최 저 가	(49%) 275,870,000원
건물면적	53.32㎡(16.129평)	보 증 금	(10%) 27,587,000원
매각물건	토지·건물 일괄매각	소 유 자	◼◼◼
개시결정	2014-01-22	채 무 자	◼◼◼
사 건 명	임의경매	채 권 자	◼◼◼◼◼

구분	매각기일	최저매각가격	결과
1차	2014-06-03	563,000,000원	유찰
2차	2014-07-04	394,100,000원	유찰
3차	2014-08-26	**275,870,000원**	
	매각: 300,777,000원 (53.42%)		
	(입찰2명,매수인:◼◼◼ / 차순위금액 288,800,000원)		
	매각결정기일 : 2014.09.02 - 매각허가결정		
	대금지급기한 : 2014.10.14		
	대금납부 2014.09.22 / 배당기일 2014.10.29		
	배당종결 2014.10.29		

* 용인 동백역.어정역 주변으로 대규모 업무시설이 들어온다면 어떻게 될까?

 : 거시동선이 어떻게 변화하지는, 이에 따라 주동선이 어떻게 변화할지 생각해보자.

나) 사례 2 : 거시동선의 영향을 많이 받는 강일역 상권

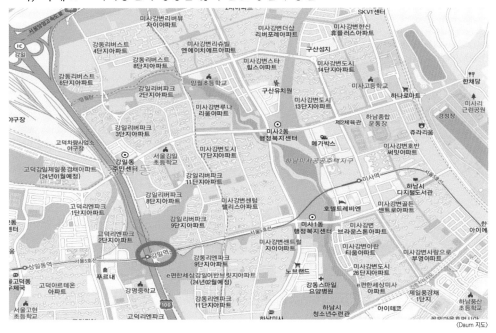

〈Daum 지도〉

2) 거시동선의 영향을 별로 받지 않는 경우

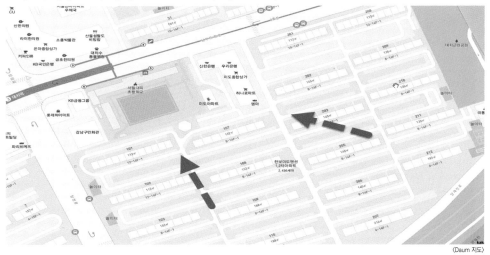

〈Daum 지도〉

* 위의 단지내상가나 아래의 아파트 상가는 거시동선의 영향을 별로 받지 않는다. 왜 그런 지 한번 생각해보자.

〈Daum 지도〉

* 만약 강남역 인근은 논. 밭이라 사무실이 거의 없고 수서역 부근에 대규모 업무시설이 있는 경우라면, 래미안리더스원 주민들의 동선에는 어떤 변화가 일어날지 생각해보라?

5. 주동선, 보조동선 그리기 2 : 대규모인구유출입시설과 주동선 (新)

- 대규모인구유출입시설이 많은 경우(기흥역 주변)/없는 경우(동백지구 근린상가)와 주동선

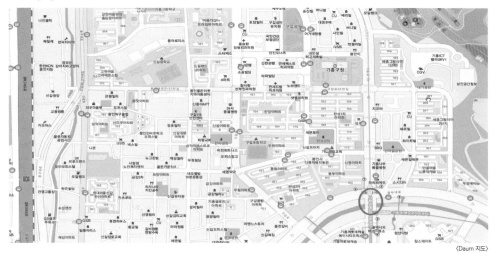

〈Daum 지도〉

* 아래의 경우처럼 주변에 대규모인구유출입시설이 별로 없으면, 동선이 만들어지는 모양도 단순해서 파악하기 쉽다. 반면 위의 경우처럼 대규모인구유출입시설이 많으면 동

선의 수도 많아지고 복잡 다양해진다.(대규모인구유출입시설의 위치와 규모, 특성, 출입구의 위치 등 파악이 중요)

〈Daum 지도〉

6. 주동선, 보조동선 그리기 3
: 아파트 출입구(횡단보도)의 수·위치와 주동선 (일부 新)

1) 출입구의 수가 많은 경우(귀인마을 현대홈타운)/적은 경우(헬리오시티)

〈Daum 지도〉

* 출입구가 많으면 구매수요의 분산현상이, 적으면 결집현상이 발생한다. 분산현상 주변 상가는 잘 되기 쉽지 않고, 결집현상이 발생하면 장사하기 아주 좋은 조건이 된다.('HOW상가·꼬마빌딩 재테크' p 222 참고)

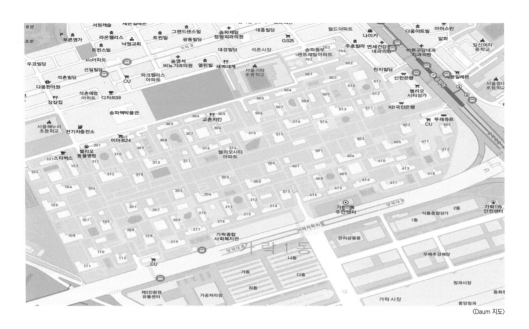

2) 출입구의 위치 : 형식상의 정문/사실상의 정문('HOW상가·꼬마빌딩 재테크' p264 참고) 명칭 여하를 불문하고 사람들이 많이 다니는 사실상의 정문이 중요하다.(b : 사실상의 정문)

* 출입문 위치의 중요성 관련 : 인천 작전현대2차 아파트 출입문 사례- 없던 출입문이 생긴 사례(V.3절, 구매수요와 상가공급의 단절현상)('HOW상가·꼬마빌딩 재테크' p263 참고)

〈Daum 지도〉

7. 주동선 상에 있는 상가, 주동선 상에서 벗어나 있는 상가 (일부 新)

1) 사례 1 : 헬리오시티 단지내상가(파란색 상가 – 주동선상에서 벗어난 상가)

〈Daum 지도〉

2) 사례 2 : 대치동 한보미도아파트(대체로 주동선상에 위치)

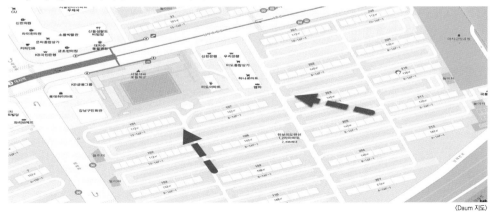

〈Daum 지도〉

3) 사례 3 : 부천 꿈마을 동아아파트 사례('HOW 상가·꼬마빌딩 재테크' p141 참고)

　 일반적인 경우 대규모인구유출입시설로 가장 빠르게 인도하는 동선이 주동선이 된다.

4) 사례 4 : 상가 경매 사례

가) 주동선 상에 있는 경매사례

　 2014-20479(상계동 51-4, 단독주택지 모이는 입지, 시냇물 만나는 곳),

　 2011-16888(이태원동 20-5, 혼재지역 모이는 입지),

나) 주동선 상이나 단독주택지의 수요분산, 공급과다지역

　 2019-4683(청파동1가 138),

　 * 도랑물 모여 개울물, 개울물 모여 시냇물, 시냇물 모여 큰 강물, 큰 강물 모여 바닷물
　 　사례 시냇물(4차선 도로), 개울물(2차선 도로)

다) 주동선상에 있지만 흐르는 입지가 될 가능성이 높은 사례

　 2017-8090(다산동 666-1),

　 2017-505642(병정동 381-1),

　 2014-28337(본동 190-41),

라) 주동선에서 벗어나 있는 사례

　 2019-11421(고양 가좌동 772-1 203호),

　 2017-2266마(영통동 1010-9 401호),

　 2018-519204(영통동 1010-9 208호),

　 2016-7061(자양동 462-11),

8. 단지내상가동, 어디가 최적의 입지인가? (= 구매수요의 흐름이 몰리는 곳은?) (新)

　 (= 잘 될 상가동, 잘 안 될 상가동 미리 아는 방법)

건설업체, 분양업체, 시행사 등의 토지개발업체 및 국토개발관련기관(LH,SH 등)이 반드시 알아야 할 문제

1) 부천 상동 목련마을 상록아파트('HOW상가·꼬마빌딩 재테크' p153 참고)

〈Daum 지도〉

* 멘토 손오공의 거시동선, 주동선 이론에 따르면 목련마을 상록아파트 상가동의 현재 입지
는 상가동 최적입지가 아니다. 따라서 분양 대박을 터트리기도 쉽지 않고 수분양자가 예상
만큼 장사가 잘 되지 않을 수 있다. 상가가 제일 잘 될 상가동 입지는 어디일지 생각해보자?

2) 영통역 신라무실 건영아파트

〈Daum 지도〉

* 현재 건영아파트는 매우 좋은 입지 조건을 가지고 있다. 그런데 단지내상가동은 영통역
반대편 쪽에 위치하고 있다. 과연 이 입지로 다시 분양한다면 분양 대박을 가져올 수 있을
까? 과연 이 상가동은 빼어난 아파트 입지만큼 장사가 잘 될? 분양 대박을 꿈꿀 수 있고 수
분양자도 장사 대박을 터트릴 수 있는 상가동 입지, 어디가 최적 입지일까?

9. 해당 지구에서 최고의 상가입지는 어떻게 결정되나? (新)

(= 장사가 잘 될 상가 입지 찾는 법)

1) 남양주 도농지구 부영그린타운 사례 ('HOW상가·꼬마빌딩 재테크' p158 참고)

〈Daum 지도〉

- 도농역 앞 부영그린타운 상가중 최고의 상가입지는 어디일까?

- 절차

① 거시동선 확인

② 주변 대규모인구유출입 유발원(시설물) 분석 : 위치, 규모, 성격

③ 횡단보도, 출입구 위치 확인

④ 주동선, 보조동선 확인

⑤ 상가의 접근성과 가시성 확인

⑥ 남양주 도농지구 최고의 상가입지 확인

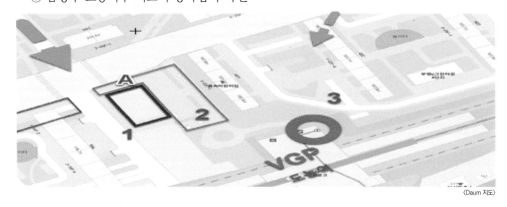

〈Daum 지도〉

2) 용인 수지구청역 주변 상가, 최고의 상가입지는 어떻게 알 수 있나?

- 앞의 "남양주 도농지구 부영그린타운" 사례를 참고해 생각해보자.

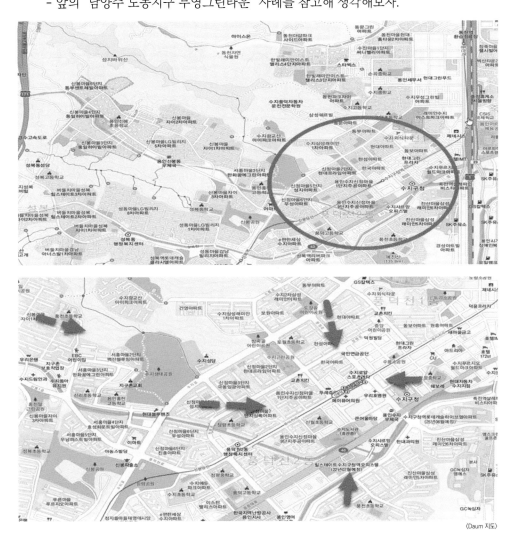

〈Daum 지도〉

3) 나의 상가 투자 첫 사례 : 2008타경 610* 물건번호

06

구매수요의 이동 – 흐르는 입지

(주동선 상에 있더라도 장사가 신통치 않을 입지) (일부 新)

1. TEST : 다음의 상가입지는 좋은 입지인가?

〈Daum 지도〉

2. 흐르는 입지를 보는 시각 : 기존의 분석법과 멘토 손오공 분석법의 차이점

1) 기존의 시각

대부분의 경우 분석이 없으며, 필자가 찾은 기존 분석을 토대로 보면 흐르는 입지를 "1. 입지가 대로변에 위치하고 있으며, 유동인구가 많다. 2. 이면의 유효수요가 대로변보다 월등히 많으며, 독립된 상권이 형성되어 있다. 3. 광역상권에서 해당입지가 1입지가 아니다. 4. 물건의 면적이 작다."라고 정의한다.

2) 멘토 손오공의 시각

- 아래와 같이 여러 요인이 있으나, 주된 요인은 최단거리 원칙과 관련이 있다.
- 인간의 행동을 지배하는 **최단거리 원칙상** 대규모 인구 이동의 출발지나 도착지 부근이 아닌 중간지 부근에 있는 상가는 흐르는 입지가 될 가능성이 높다. 최단거리 원칙은 당연히 거시동선과도 밀접한 관련이 있다.
- 또한 사람들은 도착지 혹은 출발지 인근에서의 소비행위와 관련 : 중간 단계에서는 X, 즉 도착지나 출발지의 근간인 집이나 직장 주변에서 소비가 주로 이루어지므로 이 주변 상권이 다른 곳보다 안정적이고 탄탄한 구매수요를 갖는다. 중간 지점에 입지하는 상가는 흐르는 입지가 될 수 있다.
- 도시계획(토지이용계획이나 도시계획시설 배치 측면)으로 인해, 좋아 보이는 상가입지가 흐르는 입지가 되기도 한다.
- 고저차가 심한 경우에도 흐르는 입지가 될 수 있다.

3. 최단거리 원칙 측면에서 본 흐르는 입지

1) 시간적 최단거리 : 용인 동백지구에서 강남으로 갈 때, 겉보기에는 전철역 방향이 주동선처럼 보여도 시간적 최단거리를 만족시키지 못하므로 흐르는 입지가 될 수 있다.

〈Daum 지도〉

2) 심리적 최단거리 : 흐르는 입지와 관련

소비행위는 주로 출발 전 또는 도착 후 일어나고 그 중간 과정에서는 잘 이루어지지 않는데 그 이유는 사람들의 목적지향적인 심리와 관련이 깊다.

즉, 출발이 시작되면 최대한 빨리 도착하고 싶어 하는 사람의 일반적 심리에 의해 중간과정에서의 소비행위는 특별한 사유가 없다면 발생하기 어렵다는 의미다. 이는 구매수요가 상당 시간을 머무는 집과 직장 주변이 안정적인 상가입지가 되는 원리와 일맥상통한다.

용인 동백역 주변에 대규모 업무시설 단지가 들어온다면 출발지, 도착지 주변이 되기에 달라진다.

〈Daum 지도〉

3) 결어 : 이동 흐름의 중간에 위치할수록 흐르는 입지가 될 가능성이 높다.

- 출발지 혹은 도착지 인근에서 구매행위
- 흐르는 입지는 최단거리 원칙과 관련이 깊다.

4) 거시동선 측면에서 본 흐르는 입지(거시동선의 근간은 최단거리 원칙이 지배하고 있다.)

- 청계산입구역 주변 (= 이는 청계산입구역의 역세권의 범위 내지 청계산입구역 상권의 범위, 청계산입구역의 구매수요의 범위 문제이기도 하다.)

파란색 부근의 주민들의 거시동선, 즉 출근 동선은 빨간색 화살표 방향이므로 그 방향에 위치하지 않은 청계산입구역을 이용하기 보다는 버스를 이용해 양재시민의숲역으로 가로 질러 가거나 아예 전철 이용없이 강남쪽으로 바로 갈 수도 있다. 따라서 청계산입구역은 파란색 안의 주민들이 이용할 가능성이 많지 않은 흐르는 입지가 될 가능성이 높다.

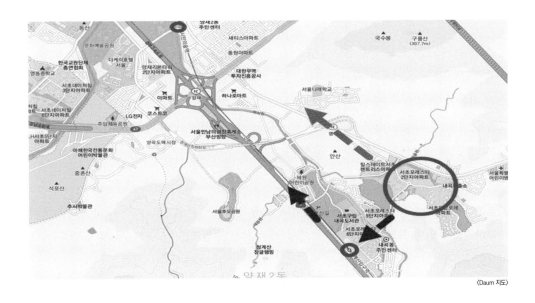

〈Daum 지도〉

- 유사사례 : 2017-78090(다산동 666-1)
- 최단거리 이동의 원칙에 따라 직장 소재 방향에 위치한 양재시민의숲역으로 가로질러 가거나 버스를 이용해서 강남역 방향으로 바로 갈 수 있다. 따라서 청계산입구역은 사실상 흐르는 입지일 가능성이 높다.

4. 도시계획(토지이용계획)의 측면에서 본 흐르는 입지 : 병점역 앞 버스정거장 사례

〈Daum 지도〉

현재 병점역 앞 버스정거장 부근은 흐르는 입지일 가능성이 매우 높다. 인파는 많은데, 즉 많은 사람들이 이용하는 주동선상에 있는데, 장사는 시원치 않은 입지.

이 부근이 흐르는 입지가 되는 이유는 여러 가지가 있겠으나, 필자가 판단하기에, 가장 중요한 이유는 전철역 부근 상업지역이 전혀 상업지역 냄새가 나지 않고 준공업지역과 같은 모습을 하고 있기 때문이다. 즐기고 싶고, 머물고 싶은 지역이 아니라, 빨리 자리를 뜨고 싶은 지역, 오래 머물면 위험할 수도 있겠다고 생각할 수 있는 지역, 이런 느낌이 현재의 병점역 앞 상업지역의 느낌이다.

병점역과 버스정거장 사이 지역을 서현역 동쪽 상업지역처럼 개발하여 구매수요가 오래 머물다 갈 수 있게 하면 흐르는 입지, 예방 가능하다. 병점역은 큰 구매수요를 공급하는 대규모인구유출입시설로서 역 주변을 계획성있게 개발하면 전철역을 이용하는 구매수요와 역 주변의 대규모 구매수요가 모일 수 있는 공간이 될 수 있기에 서현역처럼 될 수도 있다.

그러려면 상업시설이 들어올 수 있는 유인책이 필요하다. 상업시설이 들어오면 용적률을 더 준다던지 하는 특별한 혜택을 부여하여, 상업지역의 느낌이 나도록 만들어야 한다. 그래야 병점역을 이용해 출퇴근하는 사람들이 역 앞 상업지역을 이용하게 되고, 주변의 사람들의 핵심 휴게공간으로 자리잡을 수 있다. 보행자 위주의 거리를 만들어 구매수요가 오래 머물 수 있는 저수지 역할을 할 공간도 만들어야 한다. 그렇게 되어, 구매수요가 병점역 앞 상업지역에 오래 머물다 갈수록, 병점역 앞 버스정거장 부근도 흐르는 입지에서 멀어질 것이다.

서현역 동쪽 상업지역을 벤치마킹하라.('HOW상가·꼬마빌딩 재테크' p165 참고)

5. 도시계획(교통시설의 배치) 측면에서 본 흐르는 입지 : 송내역

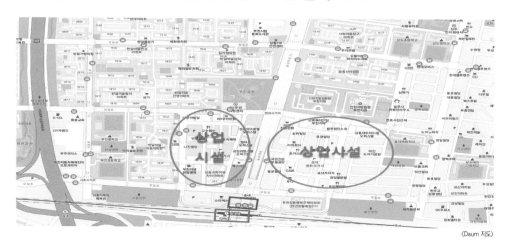

〈Daum 지도〉

* 송내역과 버스 정거장 사이의 거리가 너무 짧아 구매수요가 머무를 공간이나 시간적 여유가 없다. 서현역 중심상가 지역에서 보듯이 구매수요가 일정 시간, 편하게 머물다 갈 공간, 주변 구매수요의 저수지 역할을 할 공간이 필요하다. ('HOW상가·꼬마빌딩 재테크' p165 참고)

* 버스 정거장 이전시 주민 불편 야기.

전철역과 버스 정거장 사이의 거리를 너무 멀리 두면 주민의 불편이 가중될 수 있다는 점도 고려하여 과도하게 멀지 않으면서도, 구매수요가 잠깐이라도 거쳐갈 수 있는 방안을 마련해야 한다. 주민 편의는 물론 역 주변 상업시설 이용이 활성화 될 수 있는 방안을 고민해 봐야 한다.

현재는 흐르는 입지일 수밖에 없다. (Ⅲ.4절.10, Ⅷ.6절.1.7). 남양주 왕숙신도시 편을 참고)

6. 지형지세(심한 고저차, 언덕)와 흐르는 입지 : 봉천동 관악드림타운

〈Daum 지도〉

고갯길은 좋은 상권이 형성되기 힘들다. 이런 사례는 많이 볼 수 있다.

* 유사사례 : 관악구 난향동 주민센터 부근 약 4천 세대,

　　　　　금천구 시흥2동 주민센터 부근 약 7천세대,

7. 흐르는 입지 방지대책

1) **신도시 베드타운 탈피** : 집과 직장간 이동거리가 너무 길면 소비행위를 할 시간
과 행동이 줄어든다. 동선이 아예 없어도 소비행위가 줄어들 수 있음에 유의

2) **거시동선에 순응하여 대규모인구유출입시설, 사회기반시설을 건립할 것**

3) **도시계획 관련**
가) **동선의 흐름을 자연스럽게, 그리고 모이게 형성하라.**
   - 동선 흐름을 방해하는 시설 제거(토지이용계획, 지구단위계획 관련)

나) **핵심 전철역과 주변 버스 정거장의 적정 배치**(토지이용계획, 지구단위계획 관련)
   - 구매수요가 잠시라도 거쳐 갈 수 있는 거리와 공간 구성, 재미있고 편히 쉴 수 있는
     공간구성

다) **중심상업지구 형태의 적정화**
   - 남양주 왕숙신도시 건에서 보듯이 각 지역의 사정에 맞게

라) **상업지구에서 구매수요가 쉴 수 있는 여유 공간 확보**(보행자 거리), **문화·공연 등
   기획**

IV
상가·꼬마빌딩의
공급 측면 분석

01

TEST

다음 토지에 들어설 건축물 연면적은 토지면적 비율만큼 차이가 날까?

(= 다음 두 토지에 들어설 상가공급면적은 어디가 더 많을까? 토지면적으로 혹은 상가건물의 개수만으로 상가공급 규모를 추산해도 될까?)

〈Daum 지도〉

02

기존 분석법의 한계와 그 대안

– 멘토 손오공의 분석법

1. 기존 분석법 : ?

2. 멘토 손오공의 분석법

- 상가공급면적 간단계산법 제시

- 실제 들어가는 건축비 소개

- 비용 소요는 많지만 상가가치 증대에는 미약한 지하층의 건축비와 상가가치 관계 제시

- 상가, 상업용지의 특성에 따른 상가공급량의 변화 연구

- 토지면적만으로 혹은 건물개수만으로 상가공급규모를 추정하는 방식의 효용과 한계 제시

03
상가공급면적 (新)

1. 상가공급면적 간편계산법 (新)

1) 간편계산법 사용법 (순서)('HOW상가·꼬마빌딩 재테크' p236 참고)

가) 다음이나 네이버 지도의 면적재기 기능을 사용해 전체 토지면적 산출하기

나) 전체 토지면적×용도지역별 건폐율(대체로 60%)=전체 건축 바닥면적

다) 로드뷰를 통해 해당 지역 건축물의 평균 층수 확인

라) 평균 층수×전체 건축 바닥면적=전체 건축 연면적

마) 전체 건축 연면적×보정비율(95%~100%)=대략적인 실제 건축 연면적

● 간단히 요약하면,

= 건폐율 60%×로드뷰로 보이는 최고 층 ≒ 용적률 산정용 연면적

2) 사례 연구

가) 사례 1 : 위례 신도시 어느 근린상가 부지의 상가공급면적은?

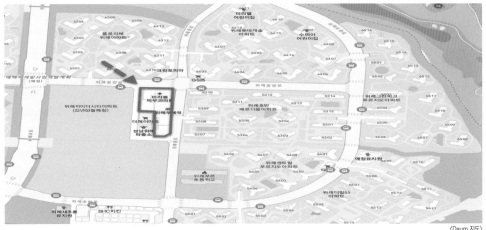

〈Daum 지도〉

나) **사례 2** : 야탑동 목련마을 근린상가공급면적

   야탑동 174, 6필지, 야탑동 175, 5필지 상의 상가공급면적을 간단계산법으로 풀어보자.

다) **사례 3** : 상현역 주변 상업용지의 상가공급면적은? 사용법을 따라 해보자.

〈Daum 지도〉

3) 상가공급면적 간단계산법의 효용과 한계

가) **효용** : 아주 빠르고, 쉽게, 비교적 정확하게 계산 가능

나) **한계** : 토지 이용효율에 따른 상가공급을 반영 못 함, 박스형 건물 이외의 건물에는 오차 발생

2. 상가·상업용지의 특성에 따른 상가공급량 변화 (新) : 공급량 파악의 어려움

1) 상업용지의 성격과 상가공급량의 변화(사당역 4번, 5번/역삼역 3번)

〈Daum 지도〉

같은 상업지역이라도 한 곳은 주로 상가(사당역), 한 곳은 주로 업무용빌딩(역삼역)으로 구성

2) 상가의 성격에 따른 상가공급량의 변화 : 공급량 파악의 어려움

건물 업종 구성에 따라 어떤 건물은 상가공급 만을 담당하고, 어떤 건물은 사무실 위주로 구성되어 상가수요(즉 구매수요의 공급) 기능을 주로 담당하기도 한다.

3. 토지면적만으로 혹은 건물 개수만으로 상가공급규모를 추정하는 방식의 효용과 한계 : 시흥 은계지구, 부천 옥길지구 공급면적 비교 ㈜

1) 시흥 은계지구 상업용지/부천 옥길지구 상업용지 현황('HOW상가·꼬마빌딩 재테크' p228 참고)

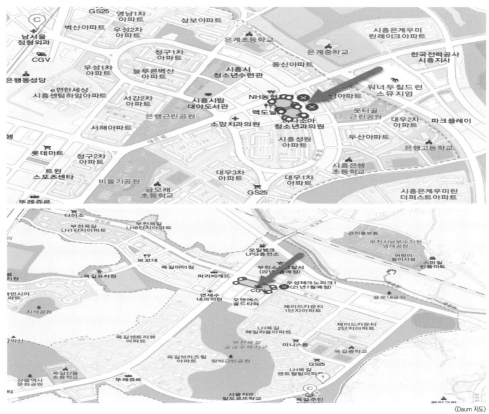

(Daum 지도)

2) 건축물대장 비교(시흥 은계/부천 옥길)

은행동	531-1	531-2	531-3	531-4	531-5	530-1	530-2	530-3	530-4	530-5	530-6	총합계	평균
토지면적	376	373	363	518	523	385	354	392	367	323	366	4340	395
건축면적	249	510		384	361	153	266	286	242	466		2917	324
건폐율	66.4	69.33		74	69	39.79	75.29	73.05	65.98	67.61			67
연면적	1,893	2,465		2,046	2,628	188	955	1,873	896	1,700		14,644	1,627
용적률산정용연면적	1,671	1,968		1,692	2,252	188	955	1,681	896	1,385		12,688	1,410
용적률	444	267		326	429	49.94	269	420	243	200			294
지상,지하층수	7,1	5,1		5,1	7,1	2,0	4,0	6,1	4,0	3,1			
용도등	근생	근생,교육연구	531-건축물의부속토지	근생,주택	근생	근생	근생,노유자시설	근생	근생	근생	530-5건축물의부속토지		

옥길동 (㎡)	토지면적	건축면적	건폐율	연면적	용적률산정용연면적	용적률	지상,지하층수	용도 등
745-5	2,140	2,070	59.47	31,717	19,565	562	10,5	근생,문화 및 집회시설
745-6	1340							745-5 부속토지
745-7	1,317	788	59.85	10,827	7,817	593	10,3	근생
총 합계	4,797	2,858		42,544	27,382			
평균			59.66			577		

말로 풀어 설명하면 토지 필지의 수는 시흥 은계 11건, 부천 옥길 3건이며, 해당 필지에 들어서 있는 건축물의 개수는 시흥 은계 2개, 부천 옥길 9개이다. 토지면적은 시흥 은계 4,340㎡, 부천 옥길 4,797㎡이고, 건폐율은 시흥 은계 67%, 부천 옥길 평균 59.66%, 건축면적은 시흥 은계 2,917㎡, 부천 옥길 2,858㎡이다.

요약해보면 다음과 같다.

① 토지면적 : 부천옥길 10%▲ > 시흥은계

② 건축면적 : 부천옥길 < 시흥은계 2%▲

③ 용적률 산정용 연면적 : 부천옥길 2.19배 ▲ > 시흥은계

④ 지하층 포함 연면적 : 부천옥길 2.9배 ▲ > 시흥은계

3) 시사점

- 토지면적만으로 혹은 건물 개수만으로 상가공급규모를 파악하고 비교하는 것은 한계가 있다. 상가의 공급규모를 파악하려 할 때, 지도상에서 보이는 토지의 면적만으로 혹은 건물의 갯수만 세어서 비교하는 것은 시흥 은계 건과 부천 옥길 건에서 보듯이 큰 오류를 범할 가능성이 있으며, 이는 커다란 투자손실로 이어질 수 있다.

- 같은 건폐율이라도 용적률이 다르면 상가건물 연면적에 차이가 있을 수 있으므로, 로드뷰 등을 통해 몇 층 정도 되나 확인 후 연면적을 계산해야 한다. 신도시나 택지개발지구는 토지 이용효율이 최대화되어 있으므로, 토지면적의 일정 비율(대체로 60%)을 건폐율로 보고 건축면적을 계산해도 무방하나 용적률의 차이가 날 수 있기에 연면적을 계산할 때는 반드시 로드뷰 등을 통해 실제 올라간 건물의 층수를 살펴볼 필요가 있다.

● 참고

서울시 건폐률과 용적률

용도지역	세부지역	서울시 조례(%)		비고
		건폐율	용적률	
주거 지역	제1종 전용주거지역	50	100	
	제2종 전용주거지역	40	120	
	제1종 일반주거지역	60	150	
	제2종 일반주거지역	60	200	
	제3종 일반주거지역	50	250	
	준주거지역	60	400	
상업 지역	중심상업지역	60	1000	역사도심 800
	일반상업지역	60	800	역사도심 600
	근린상업지역	60	600	역사도심 500
	유통상업지역	60	600	
공업 지역	전용공업지역	60	200	
	일반공업지역	60	200	
	준공업지역	60	400	

용도지역	세부지역	서울시 조례(%)		비고
		건폐율	용적률	
녹지 지역	보존녹지지역	20	50	
	생산녹지지역	20	50	
	자연녹지지역	20	50	

4. 상가공급 과다지역 사례 (일부 新) : 상가공급과 구매수요 크기는 대개 상대적 문제

1) 위례, 은평뉴타운 : 1층 상가의 과다공급(스트리트형 상가)

- 2019-47(장지동 894, 상가3동 C209호) - 위례신도시

〈Daum 지도〉

- 2019-4267(전농동 695, 지2층 4호, 단지내상가 1층, 과다공급)

〈Daum 지도〉

- 2020-50435(풍산동 477, 307동 지 1층 102호, 1층 단지내상가, 과다공급)

- 은평뉴타운

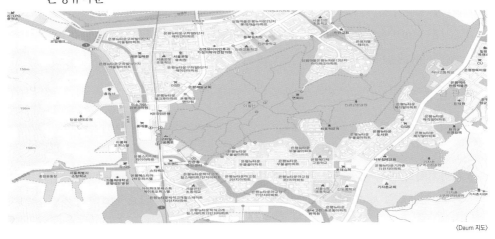

〈Daum 지도〉

● 기타 1층 상가의 과다 공급

2020-8780(고양시 동산동 869, 상가동 1층 86호, 1,2층 스트리트형상가, 과다공급),

2013-64115(송도동 23-1 커널워크디1 101-111호)

2019-50769(1)

2) 운서역 부근

2013-46735(운서동 2791-2, 혜성프라자 101호)

2011-67905(운서동 2801-2 스카이프라자 201호)

3) 청라지구

2020-3699(청라동 161-1 지웰에스테이트 212호)

2019-36129(청라동 157-14 청라중앙프라자 1층 121-비호)

2019-34932(1)(청라동 165-12)

4) 송도신도시 2013-69998(송도동 4-1 송도더샵퍼스트월드 지동 1층 상가 49호)

5) 안산 2016-11212(1)(고잔동 716-2 현대프라자 401호)

6) 시흥 정왕동 2013-14869(정왕동 1737-17 센타프라자 201호)

7) 남양주 가운지구

2019-2578(다산동 679-6 가운프라자 1층 106호)

2017-81331(1)(가운동 680, 비앤드엠주차빌딩 106호)

8) 남양주 별내지구 2018-17030(1)가(별내동 1006-3, 이레타워 1층 111호)

9) 화성 동탄1기

2018-175(반송동 93-10 동탄지웰에스테이트 1층 108호)

2017-28152(반송동 90-9, 121호)

10) 화성 병점 2019-11325(병점동 845-1 태안병점이-타운쓰리 1층 111호)

11) 판교 백현동 2014-7591(백현동 551, 판교자유퍼스트프라자1 203호)

● 상업지역의 경우 상가의 규모나 개수 등이 너무 적으면 상권이 크기 힘들다. 상가를 고를 때 경쟁하는 상가들이 적은 것이 좋은 게 일반적이지만, 너무 적으면 구매수요를 끌어당기는 힘이 부족해 상권 전체의 매력도가 떨어져 구매고객의 수가 줄어든다. 기초데이터 확보와 소요자금 투입이 쉬운 LH, SH 등에서 상권별 상가의 적정 규모와 개수 등에 관한 연구가 필요하다.

04

건축비

1. 공사비에 영향을 주는 요인

- 면적 : 평수

- 건물의 형태 : 외벽의 둘레, 층고, 층수

- 지하층 여부 : 지하층은 지상층의 1.5배에서 2배 정도 공사비가 든다

- 건물의 용도가 상가인가 혹은 주택인가 여부, 실의 개수, 주택의 개수

- 사용하는 자재의 종류 등

2. 상가주택의 실제 건축비(하우빌드 2020년)

- 550만원(부가세 포함)(벽지. 장판. 타일. 도기, 등기구, E/V 포함 시), 제외시 420만원

- 공사면적 : 각층 바닥면적의 합+발코니 100%+필로티와 누다락면적 50% 기준

3. 지하층 건축, 투입 비용과 그 효과 (일부 新)

1) 지하층 공사비, 2배가 더 드는 이유

- 흙막이 시설

- 지상층에 비해 공사기간도 더 길다.

- 민원 발생 요인이 증가

- 지하층의 구조는 지상층의 구조보다 더 강하며 층고가 높다.

- 10m 이상 지하층을 설치하는 경우 지하 안전영향평가와 굴토심의를 받아야하기 때문에 설계비용 등이 증가

2) 지하층 공사비 투입 대비 효용

- 주차장 건축시 장단점 : 지하는 공사비는 배로 소요되나 임대료는 매우 저렴

- 층별 효용비율(임대료) : 지하층은 1층의 1/4.5 정도(지하의 구조 등에 따라 차이가 많다)

- 코로나 사태와 지하층의 위험성 : 환기부족으로 더 기피

- 최고의 임대가, 최고의 매매가/건축비 고려

- 대지면적이 작거나 토지이용이 최대화된 곳에선 지하층 건축 불가피

V

수요와 공급의
연결 측면 분석

TEST : 다음 입지는 좋은 입지일까?
나쁜 입지일까?

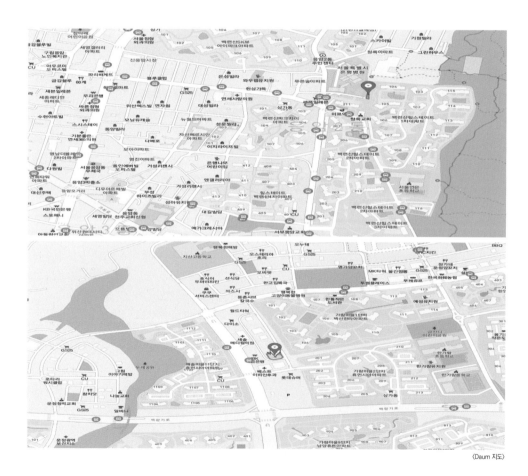

〈Daum 지도〉

● 시사점 : 주변에 큰 구매수요가 있고, 상가공급이 많지 않아도 상가·꼬마빌딩과 구매수
요를 제대로 연결시키지 못하면 장사가 잘 안될 수 있다.

02

기존 분석법의 한계와 그 대안

- 멘토 손오공의 분석법

1. 기존 분석법 : ?

2. 멘토 손오공의 분석법

수요와 공급의 연결점을 중시하여 접근성과 가시성을 분석. 출입구와 횡단보도 역할 분석. 상가공급과 구매수요의 단절 현상 분석.

03

구매수요와 상가공급의 단절현상 ㊟

('HOW상가·꼬마빌딩 재테크' p258 참고) ㊟

　주변은 구매수요가 충분하고 상가가 많지 않아 굉장히 좋은 입지처럼 보이나 단절현상이
발생

1. 사례 1 : 망포역 부근 사례

〈Daum 지도〉

2. 사례 2 : 2014-12153(응암동 241-114)

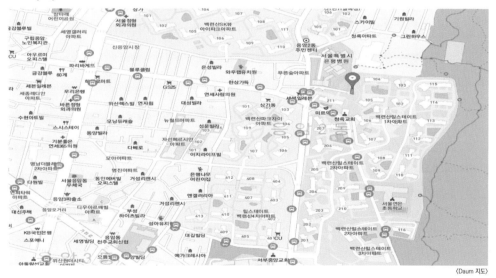

<Daum 지도>

3. 기타 사례 : 2014-16661(전농동 357-5), 봉천동 481 관악드림타운 부근
   2015-102382(신길동 239), 2017-4370(신림동 412-234)
   2012-30454다(와동동 1302-5)(샛길이 있을 때와 없을 때의 동선 변화)

상가의 접근성과 가시성

(상당부분 新)

상가의 접근성 : '주변 구매수요가 내 상가에 얼마나 쉽고 편하게 접근할 수 있는가?'
상가의 가시성 : '주변 구매수요에게 내 상가가 얼마나 잘 보이는가?'

1. 상가 층별 분양가·임대가와 상가가치

1) 1층이 다른 층에 비해 분양가도 훨씬 높고 임대료도 훨씬 높은데 그 이유는 무엇일까?

가) 상가의 접근성, 가시성과 상가가치

나) 1층의 희소성 : 기존의 박스형 건물은 상가건물 면적 중 1층 면적이 제일 적다.

* 스트리트형 상가의 본질적 문제점(기존 분석법과의 차이점)

스트리트형 상가는 주로 1층 위주로 상가를 공급해서, 상가공급 위계질서를 파괴한다.

2) 상가 층별 분양가, 층별 임대료 차이

가) 마곡지구 업무지구 c12블록 상가 - 층별 분양가 비율

: 2층의 분양가는 1층 분양가의 39.4%, 3층은 30.7%

나) 멘토 손오공의 견해

(1) 상가 임대료 비율 : 보통 1층은 2층의 3배, 3층의 4배, 4층 이상의 4~4.5배 정도

(2) 상권의 성격과 임대료 비율 차이

- 상가 혹은 상권이 유동인구를 대상으로 하는가, 고정인구를 대상으로 하는가에 따라

- 강남역 상권 층별 효용비율, 근린상권 층별 효용비율

196

(3) 우리나라 최고 상권, 최고 입지의 상가 층 효용비율, 오피스 전용빌딩 층 효용
비율(임대료)

- 우리나라 최고 상권, 최고입지 상가 1층과 4층 이상 효용비율(임대료)은 최소 5~10
배 정도

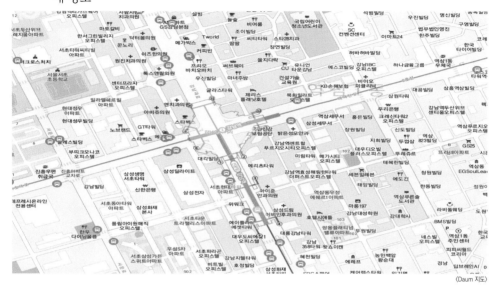

〈Daum 지도〉

- 우리나라 최고 상권, 최고입지 오피스 빌딩 임대료와 최고상권, 최저입지 오피스 전
용빌딩의 임대료 차이는 최대 5배 정도

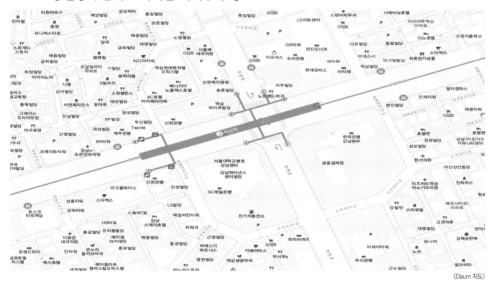

〈Daum 지도〉

(4) 멘토 손오공의 조언

최고상권, 최고 입지는 오피스가 아닌 상가를 지어라.

최고상권, 안 좋은 입지는 상가보다는 오피스빌딩을 지어라.

2. 상가의 접근성·가시성을 저해하는 요인

1) 상가 자체의 요인

- 조경에 의해 접근성 저하

- 건물 안쪽 상가라서 접근성과 가시성저하

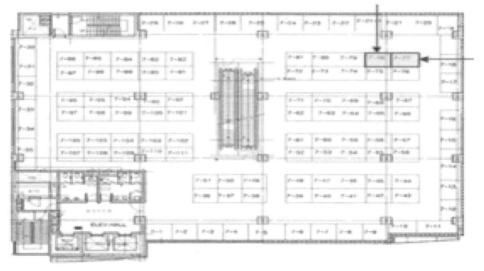

2) 상가 외부적 요인
- 완충녹지나 경관녹지 등에 의해 접근성과 가시성 저하

- 도로 가드레일에 의해 접근성 저하

- 교량 등에 의해 접근성과 가시성 저하(아현동 사례)

3. 경매물건 사례분석 : 접근성, 가시성이 왜 안 좋은지 지도에서 찾아보자.

1) 상가의 접근성, 가시성이 나쁜 사례

가) 입지적 측면 : 2016-11212(1) (고잔동 716-2 401호)

〈Daum 지도〉

* 관련 물건 : 2013-46735(운서동 2791-2), 2018-175(반송동 93-10)

2020-6692(도내동 1079)

나) 건물 자체 측면 : 2014-37845

(남양주시 호평동 640, 호평메인씨네마타워 1층 101, 102호)

* 접근성과 가시성이 안 좋으면 같은 입지라도 공실이 먼저 날 수 있고, 임대료 수준도 원래의 가치보다 못 받을 가능성이 높다. 상가는 접근하기 쉽고, 눈에 띄어야 한다.

2014타경37845

• 의정부지법 본원 • 매각기일 : 2015.02.03(火) (10:30) • 경매 10계(전화:031-828-0359)

소 재 지	경기도 남양주시 호평동 640, 호평메인씨네마타워 1층 101호,102호 도로명검색 ▣지도 ▣지도 ▣주소복사						
새 주 소	경기도 남양주시 늘을2로 26, 호평메인씨네마타워 1층 101호,102호						
물건종별	근린상가	감 정 가	1,290,000,000원	오늘조회: 1 2주누적: 0 2주평균: 0 조회동향		
				구분	매각기일	최저매각가격	결과
대 지 권	17.4㎡(5.264평)	최 저 가	(80%) 1,032,000,000원	1차	2014-12-30	1,290,000,000원	유찰
건물면적	93㎡(28.133평)	보 증 금	(10%) 103,200,000원	2차	2015-02-03	1,032,000,000원	
매각물건	토지·건물 일괄매각	소 유 자		매각 : 1,115,999,999원 (86.51%)		
				(입찰2명,매수인:)		
개시결정	2014-08-12	채 무 자		매각결정기일 : 2015.02.10 - 매각허가결정		
				대금지급기한 : 2015.03.20		
사 건 명	임의경매	채 권 자		대금납부 2015.03.12 / 배당기일 2015.04.22		
				배당종결 2015.04.22		
관련사건	2014타경51988(중복)					

* 관련 물건 : 2019-25242(영통동 971-1, 114호), 2016-20328(영통동 973-3, 상가1동 지층 005호), 2019-34932(1) (청라동 165-12 1층 72호), 2019-36129(청라동 157-14 1층 121-비호), 2019-50769(1) (장지동 881, 2층 218호), 2015-1965(송도동 15-12 102동 111호), 2019-3742(양천구 목동 907, 현대월드타워 131호)

다) 둘 다 안 좋은 사례 : 2019-24703(반송동 92-3 101호),

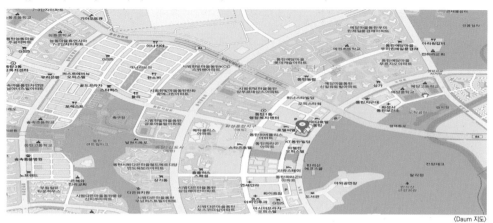

〈Daum 지도〉

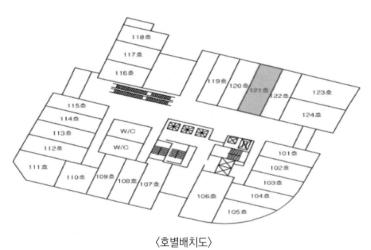

〈호별배치도〉

* 관련 물건 : 2017-28152(반송동 90-9 121호)

2) 입지는 좋은데 가시성이 안 좋은 사례 : 2016-12072(주엽동 18-2, 206호),

〈Daum 지도〉

[서현프라자 2층 호별 배치도]

* 관련 물건 :

2013-25794나(주엽동 18, 자유프라자 208, 209호),

2015-6062(상동 544-4, 가나베스트타운쓰리 313호),

2010-23019(내발산동 714-4 태승휘미리아파트 5차 지 1층 지하상가1호),

2018-1,00084(중구 다동 155, 센터플레이스 지1층 비101호외)

3) 입지는 좋은데 접근성이 안 좋은 사례 : 2017-5885(일원동 731)

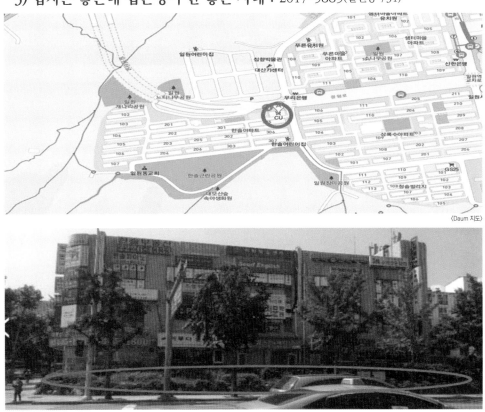

〈Daum 지도〉

4) 상가의 접근성 혹은 가시성이 좋은 사례 : 2017-104416(봉천동 971-3)

<Daum 지도>

* 관련 물건 : 2017-12295(상계동 113-1), 2015-2041(1) (창동 345-3),

　　　　　 2018-5177(신창동 56-35)(주동산상 문제)

　　　　　 2013-14351(신월동 205-44)

5) 기타 참고 물건

가) 2017-10817(미아동 403-103)

　 (필지 하나로 가시성이 안 좋아 구매수요의 크기가 확 줄어든 예)

나) 코이라 : 가시성이 좋아 보이지만 사실은 구도심의 별 볼일 없는 가시성, 접근성

　 2014-13910(은평구 신사동 14-1)(실개천 만나는 곳)

4. 상가의 접근성·가시성 개선과 상가가치 증가

1) 상가의 접근성, 가시성 개선시킨 사례 1 : 야탑역 다이소건 사례

2) 상가의 접근성, 가시성 개선과 상가가치 증대와의 관계 ('HOW상가·꼬마빌딩 재테크' p341 참고) (= 상가의 접근성과 가시성을 개선시킬 때 상가 매매가는 얼마나 변화할까?)

● 상가·꼬마빌딩의 접근성과 가시성을 개선시켜 임대료가 2배 상승하면 상가 매매가가 2배만큼 상승할까? 핵심은 매매수익률의 변화에 있다. 임대료 상승뿐만 아니라 매매수익률이 변화하여, 매매가는 2배가 아니라, 그 보다 많이 상승한다.

3) 다른 사례 : 강남역 기남빌딩 지하건

● 생각할 점 : 상가가치의 증가액

위 그림 중 강남역 10번 출구 바로 앞 지하 층이 나무에 가려있는 경우, 검은 색 인테리어로 된 경우, 다이소의 흰색 혹은 빨간색 인테리어로 된 경우 등 서로를 비교해 보라.

어떤 것이 눈에 띄고, 저 상점에 들어가고 싶다는 생각이 들게 할까?

어떤 것이 나중에 기억 속에 남아 머리 속에 각인되는 장소가 될 수 있을까?

코너 목 상가, 코너 목 꼬마빌딩이 바로 옆 건물보다 비싼 이유는 접근성과 가시성 때문이다.

접근하지 말라는 듯 높은 계단을 쌓거나, 칙칙한 색으로 눈에 보이지 않게 하는 것은 건물의 가치를 떨어뜨리는 것과 같다. 가시성과 접근성을 개선시킴으로써 상가가치가 엄청나게 바뀔 수 있다. 만약 과거의 검은 색 인테리어로 돌아간다면 상가가치, 어떻게 될까?

5. 나의 상가 투자 사례 : 성북구 하월곡동 파출소건

1) 현황 : 마을의 핵심입지 중 하나인데, 현수막게시대로 인해 가시성이 너무 안 좋다.

2) 진행상황

가) 가시성을 극대화하자.

　- 현수막게시대를 철거하자.

　- 유리창을 크게 낸다. 가급적 통유리로

　- 눈에 띄는 색을 사용해 건물이 주변에서 제일 두드러지게 한다.

나) 접근성 개선 : 여러 방면으로 문을 낸다. 건물 1층 턱 부분을 완만하게 한다.

3) 결과(시사점) : 접근성과 가시성이 매우 매우 중요하다. 상가·꼬마빌딩은 눈에 띄고 접근하기 편해야 한다.

6. 상가 접근성·가시성 극대화의 결정체 '스트리트형 상가' – 그 본질적 한계

 - 접근성과 가시성의 극대화 결정체인 스트리트형 상가는 1층 상가의 과다공급이라는 본질적 한계로 인해 상권 전체가 잘 될 가능성이 많지 않다.

05

출입구와 횡단보도의 역할

(일부 新)

1. 결혼중개소 내지 공인중개사 역할을 하는 출입구와 횡단보도

아파트의 출입구와 횡단보도는 구매수요와 상가공급을 이어주는 매개체 역할을 한다. 일종의 결혼중개소 내지 공인중개사 역할을 하는 것이다.

구매수요와 상가공급의 단절사례에서 살펴보듯이 대단지 아파트가 내 상가 바로 앞에 병풍처럼 펼쳐져 있어도 내 상가로 향하는 출입구와 횡단보도가 없으면 그림의 떡이 되는 것이다.

아파트 출입구 특히 사람들이 주로 이용하는 출입구, 특히 사실상의 정문 역할을 하는 출입구를 찾아내고 상가로 이어주는 횡단보도를 찾아봐야 한다.

코로나 이전에 구매수요와 상가공급을 이어주는 출입구와 횡단보도 역할을 코로나가 극심해진 이후에는 배달 관련 매체나 배달종사자(배달원, 배달앱) 등이 대신하는 경향이 늘고 있다.

2. 핫바지 역할의 아파트 정문, 지도에는 없는 사실상의 정문

- a, b 동선 중 어느 것이 주동선이고, 어느 것이 보조동선일까?

아파트 가) 사람들이 주변에 있는 근린상가(A, B)를 이용한다고 할 때

〈Daum 지도〉

명칭 여하를 불문하고 사람들이 실질적으로 많이 이용하는 출입구가 사실상의 정문이다.

내 아파트에서 가장 좋은 입지에 위치한 근린상가는 어디일까?

① 아파트의 주 출입구를 찾는다. 시작점이라 할 수 있는 아파트의 출입구(정문, 후문, 쪽문 등)를 찾는다. 이때 정문이냐 후문이냐가 중요한 게 아니라 사실상의 정문 역할을 하는 곳, 즉 사람들이 많이 이용하는 출입구를 찾는 게 중요하다.

② 아파트의 주출입구와 근린상가 사이에 횡단보도가 여러 개 있다면 그 중 근린상가까지 가장 빠르게 이어주는 횡단보도를 파악한다. 이제 아파트 주출입구에서 그 횡단보도를 경유하여 가장 가까운 근린상가를 선으로 잇는다. 횡단보도가 없다면 아파트 주출입구와 가장 가까운 근린상가를 선으로 잇는다.

③ 상기의 1)과 2)는 내 아파트 주민들이 근린상가를 이용할 때 만들어내는 동선이고, 주변의 다른 거주지를 기준으로 동일한 방식을 적용하면 또 다른 동선들이 다양하게 만들어질 것이다.

④ 이런 식으로 만든 동선이 가장 많이 겹치는 동선 상에 자리한 근린상가가 가장 좋은 입지의 상가일 가능성이 높다.

현실에서는 최단거리 원칙만 적용되는 게 아니어서 상황이 조금 복잡해진다. 근린상가마다 면적과 유치업종 등이 달라서 상권력에서 큰 차이가 있으며, 인구유출입 효과가 큰 대규모 인구유출입시설이 어디에 위치하는가에 따라서도 사람들의 동선 형성이 달라질 수 있다. 따라서 그 지역의 여러 개별적 요소를 종합적으로 감안해야 가장 좋은 자리가 어디인지 파악할 수 있다. 이 책을 통하여 그러한 안목을 기를 수 있기 바란다.

3. 출입구의 개수와 위치

1) 출입구의 수가 많은 경우 : 출입구가 많으면 구매수요가 분산된다.

〈Daum 지도〉

2) 출입구의 수가 적은 경우 : 출입구의 수가 적으면 구매수요가 강하게 결집하여 상가가 잘 될 가능성이 높다.

〈Daum 지도〉

3) 출입구의 위치 관련 : 사실상의 정문

〈Daum 지도〉

4) 출입문 위치의 중요성 관련 : 원래 없는 출입구가 나중에 생긴 사례

('HOW상가·꼬마빌딩 재테크' p263 참고)

〈Daum 지도〉

4. 횡단보도 ('HOW상가·꼬마빌딩 재테크' p147 참고)

〈Daum 지도〉

● A, B, C 상가 바로 앞에 횡단보도가 있는 경우, 없는 경우로 구분해 상가에 미치는 영향을 생각해보자.

VI

상가·꼬마빌딩의 가격 측면 분석

(LOVE = L5V2)

01
TEST

1. Q1 : 매매가 판단 문제

　아래 상가가 매매건 매물로 나온다고 가정하자. kt 대리점의 임대료 현황이 보증금 5,000만원, 월세 300만원이라면 적정 매매가는 어느 정도일까?

2. Q2 : 임대가 판단 문제

　위 그림의 상가 바로 옆 상가(베스킨라빈스 자리인데 주인이 직접 운영해 임대가를 알 수 없다고 가정)가 매매가 12억원에 매물로 나와 있다면 저 상가의 대략적인 임대가는 어느 정도일까?

3. Q3 : 상가가치 증가에 따른 예상되는 매매가 증대액 추정 문제

아래 그림의 지하 층 상가를 구입하여, 그림과 같이 밖에서 지하로 바로 들어갈 수 있는 출입구를 만들어 상가의 접근성과 가시성을 개선했다. 종전보다 임대료를 50% 이상 더 받아도 임대가 훨씬 잘 나간다는데 상가가치(매매가)는 얼마만큼 증가할까?(종전 임대료 1억/월 500만원으로 가정)

4. Q4 : "월세가 같으면 매매가도 같을까?"

건대입구역 상권 핵심자리 월세 1,000만원, 시골 지하 룸싸롱도 월세 1,000만원이라고 가정하자. 그렇다면 매매가격도 거의 동일할까? 혹여 차이가 난다면 얼마나 차이가 날까?

5. Q5 : 다음 그림의 토지가 나대지 상태라면, 상가가치를 극대화하기 위해서 상가건물은 어떻게 입지하는 게 바람직할까? 그리고 건물위치 미세조정시 상가가치(임대료의 증가액, 매매가의 증가액)의 변화는 어느 정도일까(대략적인 스케치 수준)

(참고 : 현재의 건물 상태도 상가가치로서 상당히 좋은 건축임.)

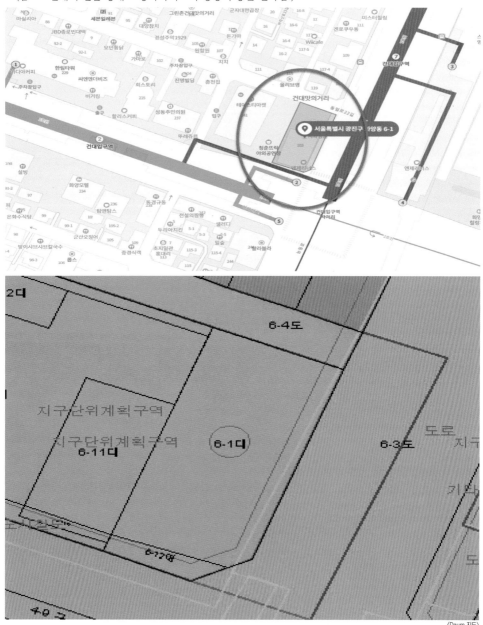

〈Daum 지도〉

02

기존 분석법의 한계와 그 극복

- 멘토 손오공의 분석

1. 기존 분석법의 한계

- 상가·꼬마빌딩 투자에서 가장 중요한 상가가치를 아예 다루지 않은 상가·꼬마빌딩 책이 대부분이고, 혹여 다루어도 수익환산법의 매매가 산정 공식 소개 수준

- 앙꼬 없는 찐빵이 엄청 맛있다고 주장하는 것과 무엇이 다를까?
  (한 개는 우연히 맛있을 수도 있다. 우연히 상가 투자 한번은 성공할 수 있다. 과연 오래 갈까?)

- 상가가치를 모르고 어떻게 상가·꼬마빌딩 투자가 성공할 수 있을까?
  상가가치를 제대로 분석할 줄 모르고 성공했다고 하는 것은 한 두 번의 행운이 아닐까?

- 좋은 입지의 물건만 사면 상가·꼬마빌딩 투자, 성공할까?
  강남역 10번 출구 바로 앞 1층이면 우리나라 최고의 입지 중 하나인데, 아무리 비싸게 주고 사도 좋은 입지만 사면 과연 성공한 투자인가?

- 필자의 경험상 필자가 상가·꼬마빌딩 투자 성공을 위해 반드시 공부해야 할 분야라고 소개하고 있는 목차 내용 중에서도 가장 중요한 것은 단연코 상가가치 분야이다. 필자가 실전에서 투자한 물건 모두 대박 수익을 얻게 된 가장 중요한 이유는 철저한 상가가치 분석 덕분이었다.

2. 멘토 손오공의 분석법

1) 수익환산법의 원리 상세 소개

2) 상가·꼬마빌딩 매매가분석·임대가 분석 초고수되기 8단계(11개 자동분석 프로그램)

3) 수익률의 허와 실 분석 – 수익률의 마술, 수익률의 환상

　: 환상에 빠지지 않으면서 수익률의 마술을 실현시키는 조건

4) 급매상가·꼬마빌딩의 매매가격 산정방법 제시

5) 상가·꼬마빌딩의 층별 가치 분석, 한국감정원 발표 층별 효용가치의
문제점 및 개선책 제시

6) 여의도 지역, 강남지역 오피스 빌딩의 임대료 분석

7) 상가·꼬마빌딩의 가치증대법 5가지 분석

8) 상가·꼬마빌딩의 가치증대에 따른 매매가격 변화 분석

03

상가·꼬마빌딩 매매가격 결정방법

1. 상가가치분석과 상가 투자 (일부 新)

상가 입지를 볼 줄 알아도 상가의 가치를 파악하지 못하면 상가 투자가 어렵다고 느낄 수밖에 없다. 상가 입지는 물론 상가의 가치를 볼 줄 알아야 그 때부터 상가 투자에 자신감이 붙기 시작한다. 상가 입지를 볼 줄 아는 데, 상가 투자가 다른 부동산 투자보다 어렵다고 생각하는 사람들의 대부분은 상가가치 분야를 모르기 때문이다. 가치분석이 상가·꼬마빌딩 투자의 핵심 중 핵심이다.

평범한 일반인들은 물론 우리나라 최고의 상가 전문가들조차 상가 투자가 다른 부동산 투자보다 훨씬 어렵다고 당연한 듯 얘기한다. 충분히 이해가 간다, 기존에 상가가치에 대해 제대로 설명한 책이 없다보니 이 분야를 제대로 모른 채 투자를 진행했을 것이다.

이런 현실이 너무도 안타까워 필자가 'HOW상가·꼬마빌딩 재테크'에서 상가가치에 대해 자세히 설명하였고, 이 책에 수많은 연습문제와 실전 사례문제를 수록하였다. 상가·꼬마빌딩 투자가 제일 쉽다고 생각하는 계기가 될 수 있으리라 확신한다.

이 책과 필자의 'HOW상가·꼬마빌딩 재테크'가 당신을 상가입지 분석 분야는 물론 상가가치 분석, 상가가치 증진 분야까지 마스터할 수 있도록 이끌어, 상가·꼬마빌딩 투자가 어떤 다른 부동산 투자보다 훨씬 안정적이면서도 쉽다고 느끼게 인도해 줄 것이다.

2. 부동산의 가격 결정방법 : 감정평가방법 3가지

1) 원가법 : 토지원가+건물원가
2) 거래사례 비교법 : 주변 거래사례 비교
3) 수익환산법

3. 수익환산법의 원리

1) 매매가={(월임대료×12개월)/수익률}+보증금
2) 수익률=(월임대료×12개월)/(매매가-보증금)
3) 대출을 받는 경우의 수익률
   ={(월임대료×12)-(대출이자)}/(매매가-보증금-대출금)
   * 수익률=기본수익률+α

4. 상가 매매가·임대가 분석 초고수되기 8단계 프로젝트(수익환산법 완전정복) (新)

1) 초고수되기 1단계 : 수익률 마스터하기
가) 연습문제
   수익률 2% : 12/0.02=600

   수익률 3% :   수익률 4% :

   수익률 5% :   수익률 6% :

   수익률 8% :   수익률 10% :

   수익률 12% :   수익률 24% :

나) 간단프로그램

수익률 연습(1단계)

수익률 분석(초고수과정 1단계)					
1%	2%	3%	4%	5%	6%
1200	600	400	300	240	200
8%	10%	12%	16%	24%	?
150	120	100	75	50	#VALUE!
만든 사람	* (상가·꼬마빌딩 투자의)멘토 손오공 * 저서 참고 : HOW상가·꼬마빌딩재테크 　　　　　실전 상가투자·실전 꼬마빌딩투자 * 유튜브 : 멘토손오공tv				

2) 초고수되기 2단계 : 수익률에 따른 매매가격 변화 마스터하기

(보증금, 월세 고정)

가) 연습문제

(1) 보증금 4,000만원, 월세 200만원인 경우, 매도가는?

수익률 2%={(12/0.02)×200}+4,000=124,000만원

수익률 3%	수익률 4%
수익률 5%	수익률 6%
수익률 8%	수익률 10%
수익률 12%	수익률 24%

(2) 보증금 5,000만원, 월세 500만원인 경우, 매도가는?

수익률 2%={(12/0.02)×500}+5,000=305,000만원

수익률 3%	수익률 4%
수익률 5%	수익률 6%
수익률 8%	수익률 10%
수익률 12%	수익률 24%

(3) 보증금 1억, 월세 1,000만원인 경우, 매도가는?

수익률 2%={(12/0.02)×1,000}+10,000=610,000만원

수익률 3%	수익률 4%
수익률 5%	수익률 6%
수익률 8%	수익률 10%
수익률 12%	수익률 24%

나) 실전 사례 연습

위에서 배운 것을 토대로 아래 문제를 풀어 보자. 실전사례의 임대가를 기초로 수익률에 따른 적정 매매가를 계산해 보고, 이를 낙찰가와 비교해보자.

(1) 사례문제

2018-11164(상동 544-5, 그랜드프라자 107호)(11.7평, 감 98,000, 낙 110,760, 차 98,200, 월 5,000/330),

보증금 5,000/월세 330만원이므로

수익률 2%인 경우라면 적정 매매가={(12/0.02)×330}+5,000=203,000만원

수익률 3%   수익률 4%

수익률 5%   수익률 6%

수익률 8%   수익률 10%

수익률 12%   수익률 24%

(2) 연습문제 - 숙제(감 : 감정가액, 낙 : 낙찰가, 차 - 차순위, 월 - 임대료)

2018-106521(마곡동 760, 마곡나루역푸르지오시티 122호(9.35평, 감 92,800, 낙 94,100, 차 78,380, 월 3,000/300),

2015-52642(1)(서현동 245-2, 보람코아 101호)(14.85평, 감 131,500, 낙 145,050, 차 143,000, 월 12,500/550),

2016-3332(역삼동 825-24, 강남역효성해링턴타워더퍼스트 110호)(17.23평, 감 198,600, 낙 135,000, 차 127,900, 월 5,000/400),

2015-11380(3)(하월곡동 77-221, 로만프라자 지층 비 105호)(15.6평, 감 85,300, 낙 80,800, 차 80,200, 월 7,000/280),

2015-11380(2)(로만프라자 지층 비104호)(15.6평, 감 85,300, 낙 80,800, 차 80,200, 월 8,000/270),

2015-11380(1)(로만프라자 지층 비103호)(15.6평, 감 85300, 낙 77,800, 차 76,880, 월 8,000/270),

2015-11380(8)(로만프라자 지하2층 비 205, 206호)(64평, 감 78,200, 낙 42,660, 1명, 월 4,000/260),

2017-5734(신천동 17-4 파크리오상가 에이동 213호)(11.3평, 감 70,500, 낙 62,000 차 52,000),

2017-2479(화곡동 343-52 도앙라비앙타워 901호)(33.4평, 감 56,000, 낙 44200, 차 36,020, 월 2,000/150),

운중동 965 더원스퀘어 401호외(54평, 감 78,500, 낙 71,260, 차 66190, 월 5,000/260),

2018-67182(식사동 1528, 위시티일산자이 상가동 301호)(67평, 감 75,000, 낙 85,260, 차 82,810, 월 1억/330),

2017-106190(신내동 783 성원아파트 상가동 107호)(10.6평, 감 18,000, 낙 36,890, 차 36,000, 월 5,000/140),

2017-7721(2)(성남 정자동 169-1 아데나팰리스 105호외)(81.4평, 감 415,000, 낙 3,00,000,, 월 15,000/1,650),

2018-10090(상계동 649-7 다모아빌딩 112호)(6.51평, 감 30,000, 낙 35,100, 차 33,300, 월 2,000/110)

다) 수익률의 변화에 따른 적정 매매가 산정 프로그램 (新) - 실전 사례에의 적용

수익률에 따른 매매가격 변화 자동분석 프로그램(초고수되기 2단계)(단위 : 만원)											
보증금	4000	수익률	2%	3%	4%	5%	6%	8%	10%	12%	16%	24%	?
월세	200	적정매매가	124000	84000	64000	52000	44000	34000	28000	24000	19000	14000	#VALUE!
보증금	5000	수익률	2%	3%	4%	5%	6%	8%	10%	12%	16%	24%	?
월세	500	적정매매가	305000	205000	155000	125000	105000	80000	65000	55000	42500	30000	#VALUE!
보증금	10000	수익률	2%	3%	4%	5%	6%	8%	10%	12%	16%	24%	?
월세	1000	적정매매가	610000	410000	310000	250000	210000	160000	130000	110000	85000	60000	#VALUE!
만든 사람	(상가·꼬마빌딩 투자의)멘토 손오공 (저서 참고 : HOW상가·꼬마빌딩재테크, 실전 상가투자·실전 꼬마빌딩투자)(유튜브 : 멘토손오공tv) Copyright 2021.mentorson50(Son,Y.S.). All rights reserved.
사용방법	* 노란색 칸(보증금과 월세, 수익률)만 해당 란에 기입하면 수익률에 따른 적정 매매가가 자동으로 산출됩니다.

3) 초고수되기 3단계 : 임대료 변화에 따른 매매가격 변화 마스터하기(수익률 고정)

가) 월세가 변화하는 경우 매매가 변화 마스터 (수익률 : 고정, 보증금 : 고정)

(1) 매매수익률 6%로 고정인데, 보증금 1억원, 월세는 500만원에서 100만원씩 증가하는 경우, 매매가는 어떻게 변화할까?

수익률 6%, 보증금 1억, 월세 500만원=((12/0.06)×500)+1,0000=110,000만원

수익률 6%, 보증금 1억, 월세 600만원

수익률 6%, 보증금 1억, 월세 700만원

수익률 6%, 보증금 1억, 월세 800만원

수익률 6%, 보증금 1억, 월세 900만원

수익률 6%, 보증금 1억, 월세 1,000만원

(2) 매매수익률 4%로 고정인데, 보증금 1억원, 월세는 500만원에서 100만원씩 증가하는 경우, 매매가는 어떻게 변화할까?

수익률 4%, 보증금 1억, 월세 500만원

수익률 4%, 보증금 1억, 월세 600만원

수익률 4%, 보증금 1억, 월세 700만원

수익률 4%, 보증금 1억, 월세 800만원

수익률 4%, 보증금 1억, 월세 900만원

수익률 4%, 보증금 1억, 월세 1,000만원

(3) 매매수익률 2%로 고정인데, 보증금 1억원, 월세는 500만원에서 100만원씩 증가하는 경우, 매매가는 어떻게 변화할까?

수익률 2%, 보증금 1억, 월세 500만원

수익률 2%, 보증금 1억, 월세 600만원

수익률 2%, 보증금 1억, 월세 700만원

수익률 2%, 보증금 1억, 월세 800만원

수익률 2%, 보증금 1억, 월세 900만원

수익률 2%, 보증금 1억, 월세 1,000만원

나) 보증금이 변하는 경우 매매가 변화 마스터(매매수익률 : 고정, 월세 : 고정)

(1) 매매수익률 2% 고정, 월세 1,000만원 고정, 보증금은 10,000만원을 시작으로 10,000만원씩 증가하는 경우, 매매가는 어떻게 변화할까?

수익률 2%, 월세 1,000만원, 보증금 1억원={(12/0.02)×1,000}+10,000 = 610,000만원

수익률 2%, 월세 1,000만원, 보증금 2억원

수익률 2%, 월세 1,000만원, 보증금 3억원

수익률 2%, 월세 1,000만원, 보증금 4억원

수익률 2%, 월세 1,000만원, 보증금 5억원

(2) 매매수익률 4% 고정, 월세 600만원 고정, 보증금은 5,000만원을 시작으로 5,000만원씩

증가하는 경우, 매매가는 어떻게 변화할까?

수익률 4%, 월세 600만원, 보증금 5,000만원

수익률 4%, 월세 600만원, 보증금 10,000만원

수익률 4%, 월세 600만원, 보증금 15,000만원

수익률 4%, 월세 600만원, 보증금 20,000만원

수익률 4%, 월세 600만원, 보증금 25,000만원

(3) 매매수익률 6% 고정, 월세는 400만원 고정, 보증금은 5,000만원을 시작으로 5,000만원씩 증가하는 경우, 매매가는 어떻게 변화할까?

수익률 6%, 월세 400만원, 보증금 5,000만원

수익률 6%, 월세 400만원, 보증금 1억원

수익률 6%, 월세 400만원, 보증금 1.5억원

수익률 6%, 월세 400만원, 보증금 2억원

수익률 6%, 월세 400만원, 보증금 2.5억원

(4) 매매수익률 12% 고정, 월세는 300만원, 보증금은 3,000만원을 시작으로 3,000

만원씩

증가하는 경우, 매매가는 어떻게 변화할까?

수익률 12%, 월세 300만원, 보증금 3,000만원

수익률 12%, 월세 300만원, 보증금 6,000만원

수익률 12%, 월세 300만원, 보증금 9,000만원

수익률 12%, 월세 300만원, 보증금 12,000만원

수익률 12%, 월세 300만원, 보증금 15,000만원

다) 월세의 변화에 따른 적정 매매가 산정 프로그램 (新) - 실전 사례에의 적용

월세의 변동에 따른 적정 매매가 분석 프로그램 (아래 수치는 수익률임)(단위 : 만원)															
보증금	월세	1.0	2.0	3.0	4.0	5.0	6.0	7.0	8.0	9.0	10.0	12.0	15.0	24.0	?
5000	200	245000	125000	85000	365000	325000	205000	165000	445000	405000	285000	245000	525000	485000	#VALUE!
5000	210	257000	131000	89000	68000	55400	215000	173000	152000	139400	299000	257000	236000	223400	#VALUE!
5000	220	269000	137000	93000	71000	57800	49000	37934	38000	34333	31400	27000	22600	16000	#VALUE!
5000	230	281000	143000	97000	74000	60200	51000	39659	39500	35667	32600	28000	23400	16500	#VALUE!
5000	240	293000	149000	101000	77000	62600	53000	41383	41000	37000	33800	29000	24200	17000	#VALUE!
5000	250	305000	155000	105000	80000	65000	55000	43107	42500	38333	35000	30000	25000	17500	#VALUE!
5000	260	317000	161000	109000	83000	67400	57000	44831	44000	39667	36200	31000	25800	18000	#VALUE!
5000	270	329000	167000	113000	86000	69800	59000	46556	45500	41000	37400	32000	26600	18500	#VALUE!
5000	280	341000	173000	117000	89000	72200	61000	48280	47000	42333	38600	33000	27400	19000	#VALUE!
5000	290	353000	179000	121000	92000	74600	63000	50004	48500	43667	39800	34000	28200	19500	#VALUE!
5000	300	365000	185000	125000	95000	77000	65000	51729	50000	45000	41000	35000	29000	20000	#VALUE!
5000	310	377000	191000	129000	98000	79400	67000	53453	51500	46333	42200	36000	29800	20500	#VALUE!
5000	320	389000	197000	133000	101000	81800	69000	55177	53000	47667	43400	37000	30600	21000	#VALUE!
5000	330	401000	203000	137000	104000	84200	71000	56901	54500	49000	44600	38000	31400	21500	#VALUE!
5000	340	413000	209000	141000	107000	86600	73000	58626	56000	50333	45800	39000	32200	22000	#VALUE!
5000	350	425000	215000	145000	110000	89000	75000	60350	57500	51667	47000	40000	33000	22500	#VALUE!
5000	360	437000	221000	149000	113000	91400	77000	62074	59000	53000	48200	41000	33800	23000	#VALUE!
5000	370	449000	227000	153000	116000	93800	79000	63799	60500	54333	49400	42000	34600	23500	#VALUE!
5000	380	461000	233000	157000	119000	96200	81000	65523	62000	55667	50600	43000	35400	24000	#VALUE!
5000	390	473000	239000	161000	122000	98600	83000	67247	63500	57000	51800	44000	36200	24500	#VALUE!
5000	400	485000	245000	165000	125000	101000	85000	68971	65000	58333	53000	45000	37000	25000	#VALUE!
만든 사람	(상가·꼬마빌딩 투자의)멘토 손오공 (저서 참고 : HOW상가·꼬마빌딩재테크, 실전 상가투자·실전 꼬마빌딩투자) (유튜브 : 멘토손오공tv) Copyright 2021.mentorson50(Son,Y.S.). All rights reserved.														
사용 방법	* 노란색 칸(보증금과 월세, 수익률)만 해당 란에 기입하면 수익률에 따른 적정 매매가가 자동으로 산출됩니다.														

4) 초고수되기 4단계⑲ : 상가가치를 증가시킴에 따른 매매가 변화 마스터하기

가) **역 최고 핵심 요지 부근 다이소

(1) 지하층의 접근성과 가시성을 개선시켜 상가가치가 증가한 경우 매매가의 변화는 얼마나 될까?

가령 임대료가 1억/500만원에서 리모델링 후 1억/750만원으로 변화한 경우 매매가의 변화는 수익률이 2%일 때, 임대료 1억/500만원 : 임대료 1억/750만원

$\{(12/0.02) \times 500\} + 10,000 = 310,000$만원 : $\{(12/0.02) \times 750\} + 10,000 = 460,000$만원

수익률이 3%일 때, 임대료 1억/500만원 : 임대료 1억/750만원

수익률이 4%일 때, 임대료 1억/500만원 : 임대료 1억/750만원

(2) 상가가치 증대에 따른 매매가 변화 자동계산 프로그램

위와 같은 계산을 통해 나오는 답을 좀 더 편하게 찾기 위해 자동계산 프로그램을 만들어보았다.

상가가치를 증가시킴에 따른 매매가 변동분석 프로그램(아래 수치는 수익률임)(단위 : 만원)

보증금	월세	1.0%	2.0%	3.0%	4.0%	5.0%	6.0%	7.0%	8.0%	9.0%	10.0%	12.0%	16.0%	?
10000	250	310000	160000	110000	85000	70000	60000	43107	47500	43333	40000	35000	28750	#VALUE!
10000	300	370000	190000	130000	100000	82000	70000	51729	55000	50000	46000	40000	32500	#VALUE!
10000	350	430000	220000	150000	115000	94000	80000	60350	62500	56667	52000	45000	36250	#VALUE!
10000	400	490000	250000	170000	130000	106000	90000	68971	70000	63333	58000	50000	40000	#VALUE!
10000	450	550000	280000	190000	145000	118000	100000	77593	77500	70000	64000	55000	43750	#VALUE!
10000	500	610000	310000	210000	160000	130000	110000	86214	85000	76667	70000	60000	47500	#VALUE!
10000	550	670000	340000	230000	175000	142000	120000	94836	92500	83333	76000	65000	51250	#VALUE!
10000	600	730000	370000	250000	190000	154000	130000	103457	100000	90000	82000	70000	55000	#VALUE!
10000	650	790000	400000	270000	205000	166000	140000	112079	107500	96667	88000	75000	58750	#VALUE!
10000	700	850000	430000	290000	220000	178000	150000	120700	115000	103333	94000	80000	62500	#VALUE!
10000	750	910000	460000	310000	235000	190000	160000	129321	122500	110000	100000	85000	66250	#VALUE!
10000	800	970000	490000	330000	250000	202000	170000	137943	130000	116667	106000	90000	70000	#VALUE!
10000	850	1030000	520000	350000	265000	214000	180000	146564	137500	123333	112000	95000	73750	#VALUE!
10000	900	1090000	550000	370000	280000	226000	190000	155186	145000	130000	118000	100000	77500	#VALUE!
10000	950	1150000	580000	390000	295000	238000	200000	163807	152500	136667	124000	105000	81250	#VALUE!
10000	1000	1210000	610000	410000	310000	250000	210000	172429	160000	143333	130000	110000	85000	#VALUE!
10000	1050	1270000	640000	430000	325000	262000	220000	181050	167500	150000	136000	115000	88750	#VALUE!
10000	1100	1330000	670000	450000	340000	274000	230000	189671	175000	156667	142000	120000	92500	#VALUE!
10000	1150	1390000	700000	470000	355000	286000	240000	198293	182500	163333	148000	125000	96250	#VALUE!
10000	1200	1450000	730000	490000	370000	298000	250000	206914	190000	170000	154000	130000	100000	#VALUE!
10000	1250	1510000	760000	510000	385000	310000	260000	215536	197500	176667	160000	135000	103750	#VALUE!

만든 사람	(상가·꼬마빌딩 투자의)멘토 손오공 (저서 참고 : HOW상가·꼬마빌딩재테크, 실전 상가투자·실전 꼬마빌딩투자)(유튜브 : 멘토손오공tv) Copyright 2021.mentorson50(Son,Y.S.). All rights reserved.
사용 방법	* 노란색 칸(보증금,월세,수익률)만 해당 란에 기입하면 수익률에 따른 적정 매매가가 자동으로 산출됩니다.

나) 상가(꼬마빌딩) 가치를 증가시킴에 따른 매매 차익 자동 계산 프로그램(리모델링 비용 등 포함)

위의 자동계산 프로그램을 응용하여 상가가치를 증가시킴에 따라 매매 차익이 자동 계산되는 프로그램을 만들어보았다.

주소						물건번호		매물로 나온 매매가 (or 입찰예정가, 매입가)	100000	
보증금	5000	현재 월세	250	전용 면적(평)	42	리모델 링비 (전용 1평당)	100	매입 후(또는 리모델링 후) 실제 받을 수 있는 월세 (보증금은 동일)	350	

상가가치를 증가시킴에 따른 매매 차익 자동분석 프로그램 = 리모델링에 따른 건물가치 변화 예측 프로그램(단위 : 만원)											
수익율	2%	3%	4%	5%	6%	7%	8%	9%	10%	12%	15%	?
현재 적정 매매가	155000	105000	80000	65000	55000	47857	42500	38333	35000	30000	25000	#VALUE!
매매가(or 매 입가, 입찰가)	100000	100000	100000	100000	100000	100000	100000	100000	100000	100000	100000	100000
총리모 델링비	4200	4200	4200	4200	4200	4200	4200	4200	4200	4200	4200	4200
리모델링후 건물가치	215000	145000	110000	89000	75000	65000	57500	51667	47000	40000	33000	#VALUE!
단순매매 차익	115000	45000	10000	-11000	-25000	-35000	-42500	-48333	-53000	-60000	-67000	#VALUE!
비용 계산한 매매차익	110800	40800	5800	-15200	-29200	-39200	-46700	-52533	-57200	-64200	-71200	#VALUE!

만든 사람	(상가·꼬마빌딩 투자의)멘토 손오공 (저서 참고 : HOW상가·꼬마빌딩재테크, 실전 상가투자·실전 꼬마빌딩투자) (유튜브 : 멘토손오공tv) Copyright 2021.mentorson50(Son,Y.S.). All rights reserved.
사용방법	1. 노란색 칸(보증금과 월세, 전용평수, 매물로 나온 매매가 혹은 매입가, 매입후 혹은 리모델링 후 실제 받을 수 있는 월세, 리모델링비, 수익률)을 채워넣으면, 원하는 결과가 자동 계산됩니다. 2. 리모델링 등을 통해 건물의 가치를 증대(가령 임대료 증가)를 시킬 수 있는 경우, 전용 1평당 리모델링비(4번)와, 리모델링 후에 받을 수 있는 월세를 입력하면 자동으로 리모델링에 따른 매매가(리모델링 후의 건물가치)가 자동계산됩니다. 리모델링 없이도 월세 변동이 가능한 경우 해당 란에 실제 받을 수 있는 월세를 기입하면 매매차익 등의 정보를 얻을 수 있음 3. 단순매매차익 = 리모델링후 건물가치 - 매물로 나온 매매가(매입가, 입찰가) 4. 비용 계산한 매매차익 = 리모델링후 건물가치 - 매매가(매입가, 입찰가) - 리모델링비

● 이 프로그램을 이용하면 리모델링처럼 상가가치 증대를 위한 비용을 들여서 임대료를 더 증액하여 받을 수 있는 경우, 비용을 제한 순 매매차익이 얼마나 되는지 바로 계산할 수 있다.

가령 현재 매매가 10억원에 나온 상가의 임대료가 보증금 5,000만원, 월세 250만원이라고 가정하자. 인근 부동산중개업소에 알아보니 저 정도의 매물은 매매수익률이 3% 정도라고 한다면, 적정 매매가는 10억5천만원이다. 따라서 매물로 나온 10억원은 적정 매매가 10억5천만원에 비해 약간 싼 수준 정도의 보통 매물인 것이다. 그런데 리모델링을 하면 임대료를 100만원 더 올릴 수 있어 보증금 1억, 월세 350만원 수준에서 받을 수 있다고 한다. 리모델링 비용은 전용평당 100만원 들어간다고 한다. 현재는 적정 매매가 수준 내지 약간 싼 수준이나, 돈을 좀 들여 리모델링을 하면 얼마나 상가가치 즉, 매매가격이 상승할까? 매입 전 알아보고 싶다. 어떻게 계산할 것인가?

위의 프로그램을 사용하면 바로 계산되어 나온다.

노란색 칸에만 해당 금액을 넣으면 된다. 보증금, 월세, 전용평당 리모델링 비용, 리모델링 한 후에 받을 수 있는 월세, 매물로 나온 매매가 등을 입력한다. 그러면 자동 계산되어 나온다.

리모델링 비용은 4,200만원, 리모델링 후 건물가치(매매가격)는 14억5천만원이므로 리모델링 비용을 차감한 매매차익은 40,800만원(양도세 등 미 고려)

10억원에 나온 본 물건은 적정매매가 10억5천만원보다 조금 싼 평범한 수준의 매물이나 약간의 비용(4,200만원)을 들여 리모델링을 하면 임대료를 100만원 더 받아서 최종적으로 보증금 1억, 월세 350만원을 받게 되므로 이에 따른 적정 매매가는 14억5천만원이 된다. 따라서 들인 비용 4,200만원을 제하더라도 40,800만원의 이익 증대가 예상된다.

평범한 매물처럼 보이나 리모델링을 통해 가치를 증대시킬 수 있기에 실제에 있어서는 좋은 매물인 것이다.

● 이 프로그램은 임대시세를 잘 몰라 주변보다 임대료를 아주 싸게(혹은 비싸게) 받고 있는 상태인데, 이 저렴한(비싼) 임대료를 기준으로 매매가가 책정된 경우, 매매차익(차손)이 얼마나 발생하는지 바로 파악하는 데도 아주 유용하게 사용할 수 있다.

주소						물건번호		매물로 나온 매매가 (or 입찰예정가, 매입가)	100000		
보증금	5000	현재 월세	250	전용 면적(평)	42	리모델 링비 (전용 1평당)	0	매입 후(혹은 리모델링 후) 실제 받을 수 있는 월세 (보증금은 동일)	350		

(주위 시세보다 저렴한 임대료를 기준으로 매매가가 정해져) 매물로 나온 물건의 매매 차익 자동분석 프로그램(단위 : 만원)											
수익율	2%	3%	4%	5%	6%	7%	8%	9%	10%	12%	15%	?
현재 적정 매매가	155000	105000	80000	65000	55000	47857	42500	38333	35000	30000	25000	#VALUE!
매매가(or 매 입가, 입찰가)	100000	100000	100000	100000	100000	100000	100000	100000	100000	100000	100000	100000
총리모 델링비	0	0	0	0	0	0	0	0	0	0	0	0
리모델링후 건물가치	215000	145000	110000	89000	75000	65000	57500	51667	47000	40000	33000	#VALUE!
단순매매 차익	115000	45000	10000	-11000	-25000	-35000	-42500	-48333	-53000	-60000	-67000	#VALUE!
비용 계산한 매매차익	115000	45000	10000	-11000	-25000	-35000	-42500	-48333	-53000	-60000	-67000	#VALUE!
만든 사람	(상가꼬마빌딩 투자의)멘토 손오공 (저서 참고 : HOW상가·꼬마빌딩재테크, 실전 상가투자·실전 꼬마빌딩투자)(유튜브 : 멘토손오공tv) Copyright 2021.mentorson50(Son,Y.S.). All rights reserved.										
사용방법	1. 노란색 칸(보증금과 월세, 전용평수, 매물로 나온 매매가 혹은 매입가, 매입후 혹은 리모델링 후 실제 받을 수 있는 월세, 리모델링비, 수익율)을 채워넣으면, 원하는 결과가 자동 계산됩니다. 2. 리모델링 등을 통해 건물의 가치를 증대(가령 임대료 증가)시킬 수 있는 경우, 전용 1평당 리모델링비(4번)와, 리모델링 후에 받을 수 있는 월세를 입력하면 자동으로 리모델링에 따른 매매가(리모델링 후의 건물가치)가 자동계산됩니다. 리모델링 없이 월세 변동이 가능한 경우 해당 칸에 실제 받을 수 있는 월세를 기입하면 매매차익 등의 정보를 얻을 수 있음 3. 단순매매차익 = 리모델링후 건물가치 - 매물로 나온 매매가(매입가, 입찰가) 4. 비용 계산한 매매차익 = 리모델링후 건물가치 - 매매가(매입가, 입찰가) - 리모델링비										

가령 임대인이 특별한 사정(자식이 없이 혼자 사는 노인, 외국에 장기 체류 중인 임대인 등)으로 현재의 임대 시세를 잘 몰라 주변에 비해 아주 싼 임대료를 받는 상태에서 매도를 하는 경우가 있다고 가정하자.

상가·꼬마빌딩은 기본적으로 임대료를 기준으로 매도가가 정해지는 게 일반적이므로, 이 저렴한 임대료를 기준으로 매도가가 정해지면 당연히 매도가가 주위 시세보다 저렴할 수밖에 없다. 이런 매물의 경우 임차인의 임대차 기간 종료와 함께 임대료를 대폭 상승시키거나, 혹은 년 단위로 임대료를 조금씩 올려 주위 시세에 맞출 수 있으므로, 사실상 아무런 추가적 비용부담(리모델링)없이도 가치상승(매매가 상승)을 얻을 수 있는 아주 좋은 물건인 것이다. 이런 물건의 매매차익을 자동계산 프로그램을 사용해 바로 계산할 수 있다.

위 자동계산 프로그램을 살펴보자.

주위의 시세는 보증금 1억원, 월세 350만원 정도가 보통인데, 임대인이 외국에 장기 체류중이라 임대 시세를 잘 몰라 주위보다 100만원 정도 저렴하게 받고 있다.(보증금 1억원, 월세 250만원)

특별한 사정으로 매도를 하려는 경우, 매매가는 보통 임대료(보증금 1억원, 월세 250만원)와 주변 매매수익률(3%라고 하자)을 기준으로 매도가가 정해지므로 대략 10억원이 된다. 이런 경우 매입 후 임대료를 주위 시세에 맞춰 보증금 1억원, 월세 350만원까지 올릴 수 있다.

주위 임대 시세를 알아보고 노란 박스 해당 칸을 채워 넣기만 하면 바로 매매차익을 알 수 있다. 이 경우는 추가적 비용부담이 없으므로 리모델링비가 "0"이다. 현재의 임대료(보증금 1억원, 월세 250만원)를 해당 칸에 입력하고, 주위 시세를 알아보고 받을 수 있는 장래 임대료(보증금 1억원, 월세 350만원)를 해당 칸에 입력하면 매매차익 4억5천만원(양도세 고려X)이 바로 계산되어 나온다.

이 물건의 실제 가치는 14억5천만원 정도 되는 알짜물건인 것이다.

5) 초고수되기 5단계 : 매매가를 근거로 예상 임대료 분석 마스터하기

가) 연습문제

(1) 매매가격이 20억인 상가인데 주변 부동산을 조사한 바, 입지나, 지역, 층, 임차인 업종 등이 아주 좋아 수익률 2% 수준(3%, 4%, 6% 등)에서 거래가 될 수 있는 물건이라고 한다면 이 물건의 임대가는 얼마로 추정할 수 있는가?

매매가 20억, 수익률 2%, 추정 임대가?

수익률이 2%이므로 (12/0.02)=600, 매매가(20억원)를 이 결과값(600)으로 나눠준다.
200,000/600=333만원
즉 수익률이 2%일 때 20억원 상가·꼬마빌딩의 적정 매달 임대료는 약 333만원 정도인 것이다.
= 수익률이 2%일 때 20억원 정도되는 상가·꼬마빌딩은 매달 임대료 약 333만원 정도 받을 수 있다.

매매가 20억, 수익률 2%, 추정 임대가?=200,000/600=333만원(매달 월세 333만원)

매매가 20억, 수익률 3%, 추정 임대가?

매매가 20억, 수익률 4%, 추정 임대가?

매매가 20억, 수익률 5%, 추정 임대가?

매매가 20억, 수익률 6%, 추정 임대가?

매매가 20억, 수익률 8%, 추정 임대가?

매매가 20억, 수익률 12%, 추정 임대가?

매매가 20억, 수익률 24%, 추정 임대가?

(2) 매매가격이 2억인 사무실인데 주변 부동산을 조사한 바, 입지나 지역, 층, 임차인 업종 등이 안 좋아 수익률이 12%는 되어야 거래가 될 수 있는 물건이라고 한다면, 추정되는 임대가는 얼마인가?

매매가 2억, 수익률 12%, 추정 임대가는? {수익률이 12%이므로 (12/0.12)=100}
=20,000/100=200만원(매달 월세 200만원)

매매가 2억, 수익률 10%, 추정 임대가는?

매매가 2억, 수익률 8%, 추정 임대가는?

매매가 2억, 수익률 6%, 추정 임대가는?

매매가 2억, 수익률 5%, 추정 임대가는?

매매가 2억, 수익률 4%, 추정 임대가는?

매매가 2억, 수익률 3%, 추정 임대가는?

매매가 2억, 수익률 2%, 추정 임대가는?

(3) 매매가격이 5억인 상가인데, 주변 부동산을 조사한 바, 괜찮은 입지이고, 층, 임차인 업종 등이 괜찮아 6%면 거래가 되는 물건이라고 한다면, 이 물건의 적정 임대가는 얼마일까?

매매가 5억, 수익률 6%, 추정 임대가는?

매매가 5억, 수익률 8%, 추정 임대가는?

매매가 5억, 수익률 12%, 추정 임대가는?

매매가 5억, 수익률 4%, 추정 임대가는?

매매가 5억, 수익률 3%, 추정 임대가는?

나) 실전 사례 분석

위에서 배운 것을 토대로 아래 문제를 풀어 보자. 실전사례의 매매가(낙찰가)를 기초로 수익률에 따른 적정 임대가를 계산해 보자. 주변 임대시세를 알아보시면, 매수자(낙찰가)가 얼마나 이익(손해)을 얻을 수 있는지 알 수 있다.

(1) 사례문제

2020-1383(진관동 70, 메트로프라자 106호)(18.63평, 감 160540, 낙 142560, 차 14,0000)

매입가(낙찰가)가 142,560만원이므로 수익률 2%, 추정되는(예상되는) 적정임대가는?

= {수익률이 2%이므로 (12/0.02)=600}=142,560/600=237.6만원(매달 237.6만원의 임대료 예상됨)

수익률 3%, 추정되는 임대가는?

수익률 4%, 추정되는 임대가는?

수익률 5%, 추정되는 임대가는?

수익률 6%, 추정되는 임대가는?

수익률 8%, 추정되는 임대가는?

수익률 10%, 추정되는 임대가는?

수익률 12%, 추정되는 임대가는?

(2) 연습문제 – 숙제(감 : 감정가액, 낙 : 낙찰가)

2020-100889(2)(비산동 1108 금강벤처텔 112호)(12.39평, 감 103,000, 낙 106311)

2019-1702(비산동 1107-1, 안양벤처텔 108호)(30.5평, 감 296,000, 낙 305,200)

2015-8767(비산동 1107-1 안양벤처텔 111호)(26.2평, 감 116,000, 낙 126,100)

2020-29(삼전동 1-3, 아카데미빌딩 105호외)(50.33평, 감 382,000, 낙 265,000)

2016-52083(삼평동 647, 호반메트로큐브103호(12.31평, 감 148,000, 낙 161,900)

2010-2405(산본동 1136-2, 삼일빌딩 1층 7호)(10.97평, 감 120,000 낙 116,700)

2018-11164(상동 544-5, 그랜드프라자 107호)(11.7평, 감 98,000, 낙 110,760)

2018-106521(마곡동 760, 마곡나루역푸르지오시티 122호)(9.35평, 감 92,800, 낙 94,100)

2015-52642(1)(서현동 245-2, 보람코아 101호)(14.85평, 감 131,500, 낙 145,050, 임대료 현황 12,500/550),

2017-7721(1)(성남 정자동 169-1 아데나팰리스 102호(22.1평, 감 131,000, 낙 74,400)

다) 매입가에 따른 적정 임대료 자동계산 프로그램

주소										번호	
매입가	142560		실평수 (전용평수)	18.63	기타 참고사항						

매입가에 따른 적정 임대료 자동분석 프로그램(단위 : 만원)											
수익률	2%	3%	4%	5%	6%	8%	10%	12%	10%	16%	?
연월세	2851	4277	5702	7128	8554	11405	14256	17107	14256	22810	#VALUE!
예상월세 (보증금없이 월세만)	238	356	475	594	713	950	1188	1426	1188	1901	#VALUE!
평당 예상월세	13	19	26	32	38	51	64	77	64	102	#VALUE!
만든 사람	(상가·꼬마빌딩 투자의)멘토 손오공 (저서 참고 : HOW상가·꼬마빌딩재테크, 실전 상가투자·실전 꼬마빌딩투자)(유튜브 : 멘토손오공tv) Copyright 2021.mentorson50(Son,Y.S). All rights reserved.										
사용방법	노란색 칸(관심물건의 매입가, 실제평수, 수익률)을 기입해 넣으면 자동으로 연월세, 예상월세, 평당예상월세가 자동 계산됩니다.										

앞에서 수많은 연습문제를 다루어 봤으므로 이젠 해당 칸에 내용만 입력하면 적정 임대료가 자동계산되는 프로그램을 소개한다. 앞에서 살펴본 사례를 자동계산 프로그램으로 돌려보자.

2020-1383(진관동 70, 메트로프라자 106호)(18.63평, 감 160540, 낙 142,560, 차 140,000) 자동계산 프로그램에서 노란색 해당 부분만 채워 넣으면 매매가격별 예상 월세가 자동계산된다. 매입가 란에 142,560만원, 실평수 란에 18.63을 넣으면 아래와 같이 자동 계산된다.

부동산 중개업소를 방문해 해당 물건 정도되는 것의 매매수익률이 어느 정도 되는지 조사하면 그에 따른 적정임대료가 자동 계산된다. 만약 수익률이 3%가 적당하다면 매입가(낙찰가) 142,560만원의 한달 적정 임대료는 356만원(보증금 없이 월세로만 받는 경우) 정도 받을 수 있다. 만약 수익률이 4% 정도라면 보증금 없는 월세는 한달 475만원 정도 받을 수 있다. 이처럼 자동계산 프로그램은 매입가에 따른 예상 임대료를 아주 쉽고 빠르게 분석해준다.

라) 매입가에 따른 적정 임대료 자동 계산 및 상가가치 증대에 따른 매매차익 자동
계산 프로그램

주소					리모델링비 (전용 1평당)	100
매입가	142600		실평수 (전용평수)	18.63	상가가치 증가(리모델링) 후 받을 수 있는 월세(전용 1평당) = 혹은 리모델링 없이도 평당 실제 가능 월세(전용 1평당)	30

매입가에 따른 적정 임대료 분석및 상가가치 증대에 따른 매매차익 자동분석 프로그램
(= 실제 가능 임대료에 따른 매도가 분석 Program)(단위 : 만원)

수익율	2%	3%	4%	5%	6%	8%	10%	12%	10%	16%	?
연간 월세총액	2852	4278	5704	7130	8556	11408	14260	17112	14260	22816	#VALUE!
예상월세 (월세만) (보증금없음)	238	357	475	594	713	951	1188	1426	1188	1901	#VALUE!
전용평당 예상월세	12.8	19.1	25.5	31.9	38.3	51.0	63.8	76.5	63.8	102.1	#VALUE!
가치증가후 받을 수 있는 월세	559	559	559	559	559	559	559	559	559	559	559
적정 매도가	335340	223560	167670	134136	111780	83835	67068	55890	67068	41918	#VALUE!
단순매매차익	192740	80960	25070	-8464	-30820	-58765	-75532	-86710	-75532	-100683	#VALUE!
총리모델링비용	1863	1863	1863	1863	1863	1863	1863	1863	1863	1863	1863
비용계산한 매매차익	190877	79097	23207	-10327	-32683	-60628	-77395	-88573	-77395	-102546	#VALUE!
만든 사람	(상가·꼬마빌딩 투자의)멘토 손오공 (저서 참고 : HOW상가·꼬마빌딩재테크, 실전 상가투자·실전 꼬마빌딩투자)(유튜브 : 멘토손오공tv) Copyright 2021.mentorson50(Son,Y.S.). All rights reserved.										
사용방법	1. 노란색 칸을 채워 넣으시면 원하는 결과가 자동 계산됩니다. 2. 상가가치 증가(가령 리모델링) 후에 받을 수 있는 전용 1평당 월세를 알아내어, 해당 칸에 입력하면 자동으로 적정매도가를 알 수 있습니다. 3. 단순매매차익 = (리모델링 후 적정매도가) - 매입가 총리모델링비 = 전용 1평당 리모델링비 * 전용평수 비용계산한 매매차익 = (리모델링 후) 적정매가 - 매입가 - 총리모델링비용										

이 프로그램은 앞에서 설명한 프로그램들을 약간 응용하여 만든 것이다.

매입가에 따른 적정 임대료를 바로 알 수 있고, 리모델링 등을 통해 가치를 증대시키는 경우 비용 대비 매매 차익을 쉽게 계산할 수 있다.

앞 사례문제처럼 매매가(낙찰가)가 142,560만원인 경우, 수익률이 2%일 때는 월세 238만원, 3%일 때는 월세 356만원, 4%일 때는 월세 475만원, 5%일 때는 월세 570만원의 임대료가 예상된다.

만약 리모델링(리모델링 비용 전용평당 100만원으로 가정)을 통해 상가가치가 증대하여 임대료를 전용평당 30만원씩 받을 수 있다면, 리모델링 비용을 차감한 매매차익(매매차손)이 얼마나 발생하는지도 바로 알 수 있다. 가령 수익률이 2%인 경우 리모델링 총비용은 1,863만원인데 비해, 월세는 평당 30만원×18.63평=559만원으로 증가하기에, 이를 기반으로 한 적정 매매가는 335,340만원이다. 따라서 리모델링 비용을 제해도 190,917만원의 매매차익이 발생할 수 있다.

당연히 리모델링 비용을 들여서 상가가치를 증가시켜야 하는 것이다.

이런 식으로 매매수익률이 3%일 때, 4%일 때, 5%일 때 등을 살펴보면 쉽게 매매차익을 계산할 수 있다.

마) 실전 사례에의 적용 – 다), 라) 프로그램의 실전 사례에의 적용

아래 실전 사례에 위의 프로그램을 적용해 매매차익을 계산해보자.

2020-1383(진관동 70, 메트로프라자 106호)(18.63평, 감 160,540, 낙 142,560)

2020-100889(2)(비산동 1108 금강벤처텔 112호)(12.39평, 감 103,000, 낙 106,311)

2019-1702(비산동 1107-1, 안양벤처텔 108호)(30.5평, 감 296,000, 낙 305,200)

2020-29(삼전동 1-3, 아카데미빌딩 105호외)(50.33평, 감 382,000, 낙 265,000)

2016-52083(삼평동 647, 호반메트로큐브103호)(12.31평, 감 148,000, 낙 161,900)

2010-2405(산본동 1136-2, 삼일빌딩 1층 7호)(10.97평, 감 120,000 낙 116,700)

6) 초고수되기 6단계 : 알려진 층의 임대료를 근거로 알고 싶은 층의 임대료 분석 마스터하기

가) 꼬마빌딩·상가건물 매매가·임대료 분석을 위한 기초다지기 : 층에 따른 상가가치의 차이(= 층별 효용가치)

- 필자가 'HOW상가·꼬마빌딩 재테크'에서 일반적으로 층에 따른 상가의 가치는 얼마나 차이가 난다고 하였는가? 즉 1층 대비 다른 층의 가치는?

- 1층을 1로 본다면 2층은 약 1/2~1/3인데 1/3으로 수렴, 3층은 1/3~1/4인데 1/4로 수렴, 4층 이상은 1/4~4.5, 4층 이상은 거의 비슷. 지하는 다양하고 의외성이 많아 가시성과 접근성이 좋으면 2층 수준까지도 가능하나, 대체로는 1/4~1/4.5 수준에서 형성

- 이 얘기는 바꿔 말하면, 2층 3평은 1층 1평과 같고, 3층 4평은 1층 1평의 가치와 같다는 의미이다. 이런 관점에서 층간 평수를 이해하면, 임대가와 매매가 분석에서 아주 유용하다.

- 주의점

  물론 지역, 입지, 상권의 특성, 임대인의 성향, 임차업종 등의 여러 요인에 의해 큰 차이가 있기에 일반화하기 곤란함은 물론이나, 분석의 편의를 위해 일반적인 경우를

가정한다. 특히 매우 입지가 좋은 곳의 1층은 다른 층에 비해 가치가 더 비싼 게 일반적이다. 최고 10배 차이도 날 수도 있다. 지방의 경우 1층의 가치가 다른 층에 비해 더 압도적일 수 있음을 유의해야 한다.

명동이나 강남 핵심 요지일수록, 시골 변두리일수록 1층의 가치가 훨씬 높아지기에, 위의 층간 효용비율은 맞지 않을 가능성이 높아진다. 공실이 많은 경우에도 분석 도구로서 한계가 있으며, 사무실 전용 빌딩의 분석에도 한계가 있음을 명심하고 참고용으로 사용하자.

또한 알려진 층 임대료를 기초로 알려지지 않은 층 임대료를 추정하는 방식을 잘 사용하기 위해서는 알려진 층 임대료 사례가 많아야 한다. 한 두 건의 사례를 가지고 다른 층 임대료를 유추하는 것은 오류 가능성이 높다는 점도 반드시 유념해야 한다.

나) 알려진 층 임대료를 기초로 알려지지 않은 층 임대료 추정하는 방법 1, 2

(1) 방법 1

알려진 층의 환산임대료를 전용평수를 나누면 전용평당 환산임대료가 계산된다. 이를 층별 효용비율(1층은 2층의 3배, 3층의 4배)로 곱해주면 해당 층의 환산임대료를 유추할 수 있다. 경매 사례에서 자세히 살펴보자..

(2) 방법 2

"2층 3평은 1층 1평과 같고, 3층 4평은 1층 1평의 가치와 같다."라고 하였다. 이 개념을 활용하는 방식으로 더 쉽고 빠르게 다른 층 임대료를 추정할 수 있는데, 경매사례에서 자세히 살펴보기로 한다.(1, 2 방법은 실제로는 같은 방식이라고 할 수 있다.)

다) 사례 물건에의 적용 : 2015타경 4942(화양동 7-5)

(1) 물건내역 요약

감정가 61.1억원, 낙찰가 91.1억원(9명), 토지 87평, 건물 255평, 일반상업

건물 상세 1층 43평, 2층 43평, 3층 43평, 4층 43평, 지하 65평

임대료 내역 2층 전부 6,000/400, 3층 전부 5,000/286, 지하 전부 6,000/400

　　　　　1층 7평 6,500/270, 1층 103호 8,000/280, 1층 일부 4,000/200

(2) 알려진 층 임대료를 기초로 알려지지 않은 층 임대료 추정하기 – 방법 1

- 다른 층 임대료를 근거로 1층의 임대료를 추정해보자. 앞에서 소개한 1 방법으로.

- 위의 사례에서 2층 약 43평이 환산액 46,000만원. 평당으로는 약 1,070만원이다. 1층은 2층의 약 3배 가치이므로 1층 1평은 약 3,210만원. 1층이 약 43평이므로 환산액 기준 138,030만원(= 2층 임대료를 기반으로 추정한 1층 임대료). 참고

- {환산임대료=보증금+(월세액×100)} 그러므로 보증금이 2억이라면 월세는 약 1,180만원 정도로 추산됨.

- 위의 사례에서 3층 약 43평이 환산액 33,600만원. 평당으로는 약 780만원. 1층은 3층의 4배 정도 가치이므로 1층 1평은 약 3,120만원. 1층이 약 43평이므로 환산액 기준 134,160만원(= 3층 임대료를 기반으로 추정한 1층 임대료). 참고 – {환산액=보증금+(월세액×100)}

그러므로 보증금이 2억이라면 월세는 약 1,140만원 정도로 추산됨.

- 이런 식으로 다른 층, 혹은 전체의 월세를 대략적으로 유추 가능하다. 단 실제와 편차가 클 수 있음에 유의.

(3) 알려진 층 임대료를 기초로 알려지지 않은 층 임대료 추정하기 – 방법 2

- 다른 층 임대료를 기반으로 1층의 임대료를 추정해보자. 앞에서 소개한 2 방법으로. "2층 3평은 1층 1평과 같고, 3층 4평은 1층 1평의 가치와 같다."라는 개념을 활용하는 방식이다.

- 가령 위 사례에서 2층 면적은 약 43평이므로 1층으로 환산한다면 가치가 1/3이므로 43평에 1/3을 곱해주면 1층으로 환산한 2층 43평의 면적이 나온다. 즉 43평×1/3=14.3평(2층 임대료 환산액인)46,000만원/14.3평(2층 평수를 1층 평수로 환산한 값)=3,216만원(평당)

3,216만원×43평(1층)= 138,300만원(2층 임대료를 근거로 추정한 1층 임대료)

그러므로 보증금이 2억이라면 월세는 약 1,180만원 정도로 추산됨

- 3층도 동일하게 적용할 수 있다. 다만 3층 면적에 1/3이 아니고 1/4을 곱해주어야, 1층으로 환산한 3층 면적이 나오게 된다. 즉 3층 면적 약 43평은 1층으로 환산한다면 가치가 1/4 이므로, 43평에 1/4를 곱해주면 1층으로 환산한 3층 면적은 약 10.75평이 나온다.

3층 임대료 환산액 33,600만원/10.75평=3,125.6만원(평당)

3,125.6만원×43평(1층)=134,400만원(3층 임대료를 근거로 추정한 1층 임대료)

그러므로 보증금이 2억이라면 월세는 1,144만원 정도로 추산된다.

라) (알고 있는 층의 임대료를 기반으로) 알고 싶은 층의 임대료를 자동으로 추정하는 프로그램

앞에서 배운 내용을 이제 자동계산 프로그램에 적용해보자.

알고 있는 층의 임대료 내역을 노란색 해당 칸에 기입하고, 알고 싶은 층의 층수와 전용평수를 기입하면 알고 싶은 층의 추정 환산임대료와 보증금, 월세가 자동 계산되어 나온다.

		(알고 있는 층의 임대료를 기반으로) 알고 싶은 층의 임대료 자동 분석 프로그램			
임대료 알고 싶은 층	임대료 알고 싶은 층의 전용평수	임대료 알고 싶은 층의 1층 대비 가치	임대료 알고 싶은 층의 1층 환산평수	* 설명서 - 노란색 부분을 기입하세요. 나머지는 자동 계산됩니다. 1. 임대료가 얼마인지 알고 싶은 층을 기입한다. '층'은 빼고 1, 2, 3 등의 숫자만 기입요. 지하는 b1로 기입한다. 2. 임대료 알고 싶은 층의 전용평수를 기입한다. 3. 임대료를 알고 있는 층의 숫자와 전용평수, 보증금, 월세를 기입 하면 나머지는 자동 계산된다. 실제와 다룰 수 있음을 반드시 유의	
10	42.89	0.2222	9.5		

층 (임대료 알고 있는 층)	전용 평수	보증금	월세	환산 임대료	평당 환산 임대료	임대료 알고 싶은 층의 추정 환산 임대료 총액	알고 싶은 층의 예상월세 (보증금 없이 월세만)
2	42.79	6000	400	46000	1075	30735	307
3	42.79	5000	286	33600	785	29933	299
				0	#DIV/0!	#DIV/0!	#DIV/0!
				0	#DIV/0!	0	0
				0	#DIV/0!	0	0
				0	#DIV/0!	0	0
				0	#DIV/0!	#DIV/0!	#DIV/0!
				0	#DIV/0!	#DIV/0!	#DIV/0!
				0	#DIV/0!	#DIV/0!	#DIV/0!
만든 사람	(상가·꼬마빌딩 투자의)멘토 손오공 (저서 참고 : HOW상가·꼬마빌딩재테크, 실전 상가투자·실전 꼬마빌딩투자) (유튜브 : 멘토손오공tv) Copyright 2021.mentorson50(Son,Y.S.). All rights reserved.						

이 물건 사례에서 2층 전체(2층 42.79평, 보 6,000, 월 400), 3층 전체(3층 42.79평, 보 5,000, 월 286)의 임대료 내역을 알 수 있으므로, 노란색 해당 칸에 층수, 평수, 보증금, 월 세를 기입한다.

그리고 알고 싶은 층의 층수와 전용평수를 기입하면 예상되는 임대료가 자동 계산 된다.

(2층은 환산임대료 30,735만원, 월세 307만원)

(3층은 환산임대료 29,933만원, 월세 299만원)

앞에서도 설명했듯이 임대료가 잘못 신고되어 있는 경우도 많고, 임대인 특성, 혹은 물 건 특성상 임대료가 다를 수 있기에 얼마든지 부정확할 수 있다. 주변에 공실이 많은 곳 에서는 특히 맞지 않을 가능성이 높다. 유추한 결과 값을 맹신해서는 안 되며, 주위 부동 산 중개업소에서 주변 임대료 시세를 알아내기 힘들 때 참고용으로 사용해야 한다.

7) 초고수되기 7단계 : 꼬마빌딩·상가건물 매매가를 근거로 각 층 임대료 분석 마 스터하기

다음 경매물건의 낙찰가를 기준으로 낙찰자의 예상 임대료 수입을 유추하라. 그리고 예상된 임대료 총액은 각 층 별로 어떻게 배분될까? 특히 1층에서 예상되는 임대료는 얼 마 정도일까?

가) 분석 대상물건 : 2020타경 2640 (서울시 남창동 168-13)

감정가 40.71억원, 낙찰가 42억원(단독), 토지 31.7평, 건물 158평, 일반상업지구·준주
거지역, 건물 현황 ; 1층 30평, 2층 30평, 3층 30평, 4층 30평, 5층 15.3평, 지하 23평

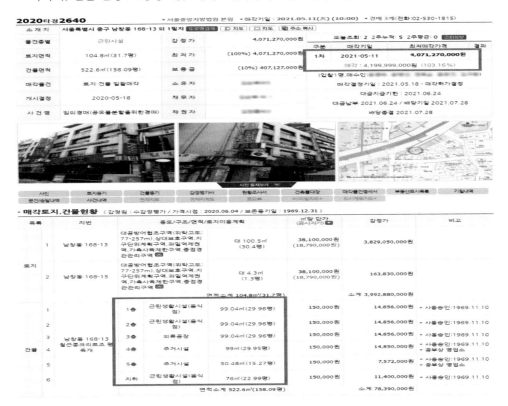

참고로 경매지 상의 경매물건 임차인 현황은 다음과 같다.

• 임차인현황 (말소기준권리 : 2020.05.19 / 배당요구종기일 : 2020.08.11)

임차인	점유부분	전입/확정/배당	보증금/차임	대항력	배당예상금액	기타
LIYANNNYU	점포 2층 (연길양꼬치)	사업등록: 2018.11.29 확정일자: 2020.06.24 배당요구: 2020.06.30	보30,000,000원 월1,700,000원 환산20,000만원	있음	배당순위있음	
	점포 지층 (전막골)	사업등록: 2012.05.04 확정일자: 미상 배당요구: 없음	보10,000,000원 월500,000원 환산6,000만원	있음	예상배당표참조	
	공장 3층 전부	사업등록: 2020.01.14 확정일자: 2020.06.17 배당요구: 2020.06.19	보15,000,000원 월800,000원 환산9,500만원	있음	배당순위있음	
	주거용 5층	전입일자: 2007.03.27 확정일자: 미상 배당요구: 없음	미상		배당금 없음	
	점포 1층 (꼬꼬치킨)	사업등록: 2001.04.22 확정일자: 미상 배당요구: 없음	보10,000,000원 월1,000,000원 환산11,000만원	있음	전액매수인인수	

임차인수: 5명 , 임차보증금합계: 65,000,000원, 월세합계: 4,000,000원

기타사항	☞조사외 소유자 점유 ☞이건 부동산의 현장에 임하여 지층에서 영업 중인 이건 공동소유자 김순복과 그 배우자를 만난 조사한 바, 4층은 공실이고 상가건물임대차현황서에 등록된 임차인들이 각 층에서 영업 중이며 자신들은 지층에서 영업 중이면서 5층에 거주하고 있다고 진술(임차인들에게 안내문 각 교부) ☞LI YANNYU(연길양꼬치, 이엄녀):현황조사보고서상 'LI YANNNYU'는 'LI YANNYU'의 오기로 보임(상가건물 임대차 현황서 및 상가건물 임대차 표준계약서상 LI YANNYU로 기재)

● **층별 상가가치를 응용하여 건물 전체 평수를 1층 기준 평수로 환산해보자.**

- 1층을 1로 본다면 2층은 약 1/2~1/3인데 1/3로 수렴, 3층은 1/3~1/4인데 1/4로 수렴, 4층 이상은 1/4~4.5, 4층 이상은 거의 비슷. 지하는 다양하고 의외성이 많아 가시성과 접근성이 좋으면 2층 수준까지도 가능하나, 대체로는 1/4~1/4.5 수준에서 형성. 지하는 4층 이상처럼 1/4.5로 보기로 한다.

- 건물 현황 ; 1층 30평, 2층 30평, 3층 30평, 4층 30평, 5층 15.3평, 지하 23평
  이를 1층 기준으로 환산해보자.

  1층 30평, 2층 30/3=10평, 3층 30/4=7.5평, 4층, 5층, 지하 총 68.3/4.5=15.18평

  그러므로 **건물 전체평수를 1층 기준 평수로 환산하면 총 62.68평**이다.

- **매입가**(낙찰가) **42억원을 기준으로 수익률별 예상 월 임대료를 계산해보자.**

  수익률이 2%일 때 : 420,000/(12/0.02)=월 700만원

  수익률이 3%일 때 :

  수익률이 4%일 때 :

  ───

- **이제 수익률 2%일 때 예상 월 임대료 700만원을 층별로 배분해보자.**

  1층 기준 전체 평수는 총 62.88평이다. 전체 예상 월임대료를 전체평수로 나누면 전용 평당 임대료가 나온다. 이를 각 층의 1층 기준 환산평수에 곱해주면 각 층의 예상 임대료가 도출된다.

  그러므로 700만원/총 62.88평= 11.13만원/평당

  1층은 30평이므로 30평×11.13만원=334만원 ─ 수익률 2%의 경우 1층에서 예상되는 월 임대료

  2층은 1층으로 환산시 10평×11.13만원=111.3만원 ─ 2층에서 예상되는 월 임대료

  3층은 1층으로 환산시 7.5평×11.13만원=83.5만원 ─ 3층에서 예상되는 월 임대료

  4층은 1층으로 환산시 6.67평×11.13만원=74.2만원 ─ 4층에서 예상되는 월 임대료

  5층은 1층으로 환산시 3.4평×11.13만원=37.8만원 ─ 5층에서 예상되는 월 임대료

  지하는 1층으로 환산시 5.1평×11.13만원=56.8만원 ─ 지하층에서 예상되는 월 임대료

- 이제 수익률 3%일 때 예상 월 임대료 1,050만원을 층별로 배분해보자.

1층 기준 전체 평수는 총 62.88평이다. 전체 예상 월임대료를 전체평수로 나누면 전용 평당 임대료가 나온다. 이를 각 층의 1층 기준 환산평수에 곱해주면 각 층의 예상 임대료가 도출된다.

그러므로 1,050만원/총 62.88평=16.7만원/평당

1층은 30평이므로 _____=____ 만원 — 수익률 3%의 경우 1층에서 예상되는 월 임대료

2층은 1층으로 환산시 _____=____만원 — 수익률 3%일 때 2층에서 예상되는 월 임대료

3층은 1층으로 환산시

4층은 1층으로 환산시

5층은 1층으로 환산시

지하는 1층으로 환산시

- 이제 수익률 4%일 때 예상 월 임대료 1,400만원을 층별로 배분해보자.

1층 기준 전체 평수는 총 62.88평이다. 전체 예상 월임대료를 전체평수로 나누면 전용 평당 임대료가 나온다. 이를 각 층의 1층 기준 환산평수에 곱해주면 각 층의 예상 임대료가 도출된다.

그러므로 1,400만원/총 62.88평=22.26만원/평당

앞에서 한 것처럼 각 층에 배분해보자.

● 매매가를 기준으로 한 층별 예상 임대료 자동계산 프로그램

매매가가 정해진 경우 층별 예상되는 임대료를 자동으로 계산해 주는 프로그램을 소개한다.

주소	420000		전체실평수 (1층 환산)	1층	2층	3층	4층	5층	6층	7층	지하
매입가	420000		62.61	30.0	30.0	30.0	30.0	15.0			23.0

매입가에 따른 예상 임대료 자동분석 프로그램 (단위 : 만원)

수익율	2%	3%	4%	5%	6%	8%	10%	12%	10%	16%	?
연월세	8400	12600	16800	21000	25200	33600	42000	50400	42000	67200	#VALUE!
예상월세 (보증금없이 월세만)	700	1050	1400	1750	2100	2800	3500	4200	3500	5600	#VALUE!
평당 예상월세	11	17	22	28	34	45	56	67	56	89	#VALUE!

층별 예상 임대료

예상월세 (보증금없이 월세만)	700	1050	1400	1750	2100	2800	3500	4200	3500	5600	#VALUE!
1층 예상월세	335	503	671	839	1006	1342	1677	2012	1677	2683	#VALUE!
2층 예상월세	112	168	224	280	335	447	559	671	559	894	#VALUE!
3층 예상월세	84	126	168	210	252	335	419	503	419	671	#VALUE!
4층 예상월세	75	112	149	186	224	298	373	447	373	596	#VALUE!
5층 예상월세	37	56	75	93	112	149	186	224	186	298	#VALUE!
6층 예상월세	0	0	0	0	0	0	0	0	0	0	#VALUE!
7층 예상월세	0	0	0	0	0	0	0	0	0	0	#VALUE!
지하층 예상월세	57	86	114	143	171	229	286	343	286	457	#VALUE!

만든 사람	(상가·꼬마빌딩 투자의)멘토 손오공 (저서 참고 : HOW상가·꼬마빌딩재테크, 실전 상가투자·실전 꼬마빌딩투자)(유튜브 : 멘토손오공tv) Copyright 2021.mentorson50(Son,Y.S). All rights reserved.
사용방법	1. 노란색 칸만 입력하시면 나머지는 자동으로 계산됩니다. 즉, 매입가와 층별 전용평수만 입력하면 자동으로 연월세, 예상월세(보증금 없이 월세만), 평당 예상 월세가 자동 계산됩니다. 2. 층별 예상월세는 예상월세(보증금없이 월세만 받는 경우)를 층별 상가가치를 감안한 예상되는 층별 임대료입니다. 3. 층별 상가가치는 각종의 변수에 따라 큰 차이가 나기에, 위 자동계산 프로그램에 따른 결과값을 과신해서는 안되며, 부정확할 수 있으니 참고만 하세요.

프로그램의 노란 칸만 입력하면 나머지는 자동 계산된다. 즉 매입가(낙찰가)를 입력하고, 각 층의 전용평수만 입력하면 수익률에 따른 예상 임대료가 자동 계산되며, 층별 예상 임대료도 한 눈에 알 수 있다. (층별 상가가치는 변수가 많기에, 위 자동계산 프로그램에 따른 층별 임대료는 과신해서는 안되며, 참고용으로만 활용했으면 한다.)

나) 분석 대상물건 : 2019타경 1160(2) (서울시 관철동 11-5)

(앞에서 배운 (1) 사례를 토대로 문제를 풀어보자.)

감정가 130억원, 낙찰가 127억원(차순위 125억원), 토지 73.2평, 건물 212평, 일반상업지구, 건물 현황 ; 1층 37평, 2층 31평, 3층 40평, 4층 40, 지하 46평

이 경매물건의 낙찰가를 기준으로 낙찰자의 예상 임대료 수입을 분석하라. 그리고 예

상된 임대료 총액은 각 층 별로 어떻게 배분될까? 특히 1층에서 예상되는 임대료는 얼마 정도일까?

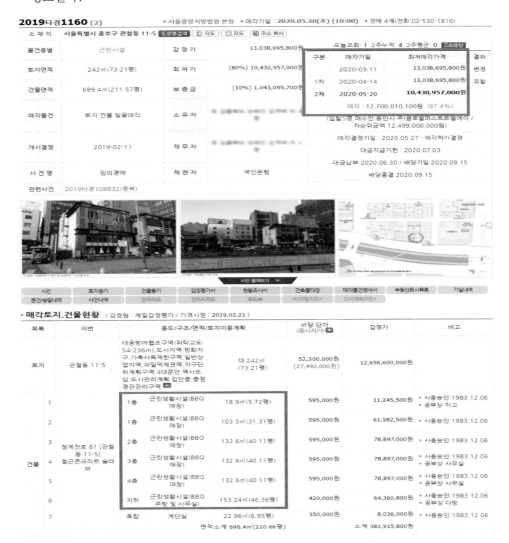

● 참고로 임차인 현황은 보증금 5.5억원/월 3,500만원으로 신고(제너시스비비큐)되어 있다.

다) 분석 대상물건 : 2015타경 4942 (앞에서 배운 (1) 사례를 토대로 문제를 풀어보자.)

앞에서 살펴본 2015타경 4941의 낙찰가를 기준으로 낙찰자의 예상 임대료 수입을 유추하라.

그리고 예상된 임대료 총액은 각 층 별로 어떻게 배분될까? 특히 1층에서 예상되는 임대료는 얼마 정도일까?

라) 분석대상 : 2017타경 33 (앞에서 배운 사례를 토대로 문제를 풀어보자.)

앞에서 살펴본 2015타경 4941의 낙찰가를 기준으로 낙찰자의 예상 임대료 수입을 분석하라.

그리고 예상된 임대료 총액은 각 층 별로 어떻게 배분될까?

특히 1층에서 예상되는 임대료는 얼마 정도일까?

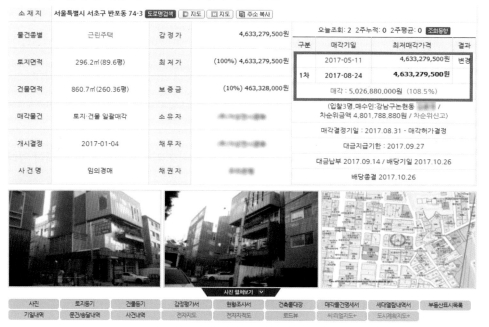

• 매각토지.건물현황 (감정원 : 유림감정평가 / 가격시점 : 2017.01.16 / 보존등기일 : 2011.06.24)

목록	지번	용도/구조/면적/토지이용계획			㎡당 단가 (공시지가)➕	감정가	비고
토지	반포동 74-3	도시지역, 제2종일반주거지역(7층이하),가축사육제한구역<가축분뇨의... ✅		대 296.2㎡ (89.6평)	12,900,000원 (4,831,000원)	3,820,980,000원	
건물	서래로6길 30 [반포동 74-3 거성빌딩] 철근콘크리트구조 철근콘크리트지붕	1	지하1 층	제2종 근린생활시설 (현재 공실로 탐문됨) 227.7㎡(68.88평)	855,000원	194,683,500원	* 사용승인:2011.06.01
		2	1층	제2종 근린생활시설 (일반음식점, 상호-청연) 126.2㎡(38.18평)	990,000원	124,938,000원	* 사용승인:2011.06.01
		3	2층	제2종 근린생활시설 155.1㎡(46.92평)	990,000원	153,549,000원	* 사용승인:2011.06.01
		4	3층	제2종 근린생활시설 159.5㎡(48.25평)	990,000원	157,905,000원	* 사용승인:2011.06.01
		5	4층	단독주택(방3, 거실, 주방, 욕실2, 다용도실 등, 현재 공실로 탐문됨) 147.2㎡(44.53평)	1,170,000원	172,224,000원	* 사용승인:2011.06.01 * 도시가스보일러 난방

8) 초월단계(퍼펙트) 8단계 : 종합 응용문제 마스터하기

- 2015타경 52642(1)(경기도 성남시 분당구 서현동 245-2 보람코아 1층 101호)의 수익성을 분석하라.

매입일(낙찰일) : 2018.1.2, 감정가 : 131,500만원, 낙찰가 145,050만원(4명, 차순위 142,949만원)

건물면적 : 14.85평, 대지권 4.53평, 경매지상의 임차현황(기존 임대료) : 보 15,500/월 550만원

〈Daum 지도〉

가) 질문

이 물건의 수익성(매매차익, 양도세, 보유기간 동안 예상되는 월세 순수입, 보유기간 동안 예상 되는 소득세 총액 등 수익성 분석에 필요한 항목)을 분석하시오.

아래의 (1)과 (2)는 보유기간 동안의 예상되는 임대수익과 비용을 분석하는 문제이고, (3)~(5)는 매입과 매도에 따른 예상되는 적정매매가와 매매비용, 리모델링비, 양도세, 양도순익 등을 분석하는 문제이다.

(1) 매입가 145,050만원으로 매입하여 약 6년(74개월) 보유, 공실은 5개월로 가정하고, 매매 수익률의 변화에 따라 예상되는 보유기간 동안의 임대료 수입과 비용을 분석하라.

* 분석항목
수익률에 따른 기대되는 예상 월세(보증금 제외, 월세로만), 전용평당 예상월세, 연간임대료 수입, 연간소득세액, 연간 순임대료 수입(즉 소득세 제외한 수입), 보유기간 동안의 총 임대료 수입, 보유기간 동안의 총 소득세액, 보유기간 동안의 순임대료 수입총액(즉 소득세액 제외한 수입), 월 평균 소득세액, 월 평균 순임대료(소득세 납부후, 보유기간 평균), 월 평균 순임대료 (소득세 납부 후, 임대기간 동안만, 즉 공실기간은 제외)

(2) 위의 (1)의 현황과 동일하나, 대출금이 7억원인 경우(대출이자율 2%로 가정), 보유기간 동안의 기대되는 임대료 수입과 비용을 분석하고, 대출을 받지 않는 경우와 비교하라.

* 분석항목

수익률에 따른 보유기간 동안의 순임대료 수입(대출이자 경비처리, 소득세 납부 전), 보유기간 동안의 총소득세액, 보유기간 순임대료 수입(대출이자 경비처리, 소득세 납부 후), 연간 순임대료 총액(대출이자 경비처리, 소득세 납부 전), 연간 소득세액, 연간 순임대료총액(대출이자 경비처리, 소득세 납부 후), 월 순임대료(대출이자 경비처리, 소득세 납부 후, 전체 보유기간 동안), 월 순임대료(대출이자 경비처리, 소득세 납부 후, 공실기간 제외하고 임대한 기간 동안만)

(3) 매입시 장래 매도 순이익, 양도세액, 매매비용 등 분석문제 1 : 리모델링 등 없는 경우

이 물건의 경우 기존 임차현황처럼 보증금 15,500만원/월세 550만원으로 임대차 계약이 된 경우, 다음 항목을 분석하시오.

* 분석항목

매매수익률에 따른 적정매매가격, 매입시와 매도시 비용(매입비 : 4.6%+복비 0.5%, 매도시 : 0.6%로 계산), 예상되는 단순매매차익(현재 적정매매가=매입가-매입매도 등 비용), 장기보유특별공제세액, 양도세액(누진공제세액 고려), 양도순이익(=리모델링 후 건물가치- 총리모델링비-매입매도 등 비용-장기보유특별공제세액-누진공제를 감안한 양도세액)

(4) 매입시 장래 매도 순이익, 양도세액, 매매비용 등 분석문제 2 : 리모델링 등을 하여 상가가치를 증가시킬 수 있는 경우

매입 후 리모델링하면 월세를 조금 더 받을 수 있다고 가정하자. 즉 전용평당 250만원씩 들여 예쁘게 리모델링하면 현재 임대료(보증금 15,500만원, 월세 550만원)보다 월세를 100만원 더 받을 수 있다면(리모델링 후 보증금 15,500만원/월세 650만원), 리모델링 비용을 들여 고친 후 임대를 놓는 게 나은지, 아니면 비용만 많이 들고 별로 남는 게 없는지 분석하라.

* 분석항목

리모델링 후의 건물가치(=적정 매도가격), 총리모델링비, 매입·매도시 비용(매입비 : 4.6%+복비 0.5%, 매도시 : 0.6%), 리모델링 후의 단순매매차익(리모델링 후 건물가치-매입가-매입,매도 등 비용-리모델링비), 양도세액, 양도순이익(=리모델링 후 건물가치-총리모델링비- 매입매도 등 비용-양도세액)

(5) 매입시 장래 매도 순이익, 양도세액, 매매비용 등 분석문제 3 : 예상했던 임대료보다 훨씬 낮게 임대가 된 경우(보 1억/월세 300만원) 예상되는 손익 분석

독자들은 예상보다 임대료를 제대로 받지 못하는 경우, 입게 될 예상 손실 분석에 매우 관심이 많을 듯하여 별도의 항목으로 구성한다. 사실은 (3)과 같은 문제이다.

* 분석항목

매매수익률에 따른 적정매매가격, 매입시와 매도시 비용(매입비 : 4.6%+복비 0.5%, 매도시 : 0.6%로 계산), 예상되는 단순매매차익(현재적정매매가=매입가-매입매도 등 비용), 양도세액, 양도순이익(=리모델링 후 건물가치-총리모델링비-매입매도 등 비용-양도세액)

나) 문제 풀이 : 자동분석 프로그램의 이용

(1) 매입후 약 6년(74개월) 보유, 공실은 5개월로 가정하고, 매매수익률의 변화에 따라 예상되는 보유기간 동안 임대료 수입과 비용을 분석하라.

주소			대출액	0	대출 이자율	2.00%	대출월 이자액	0	대출 기간	0
매입가		145050	실평수 (전용평수)	14.85	보유기간 (개월)	74	대출기간 대출 이자총액	0	실제 임대 기간(개월)	69

매입가에 따른 총 임대료 등 자동계산 프로그램(대출 없을때)(단위 : 만원)

수익률	1%	2%	3%	4%	5%	6%	7%	8%	10%	12%	?
예상월세 (보증금없이 월세만)	121	242	363	484	604	725	846	967	1209	1451	#VALUE!
평당 예상월세	8	16	24	33	41	49	57	65	81	98	#VALUE!
연간임대료수입	1451	2901	4352	5802	7253	8703	10154	11604	14505	17406	#VALUE!
연간소득세액	218	435	653	1284	1633	1981	3446	3953	4555	6092	#VALUE!
연간 순임대료 수입총액(세후)	1233	2466	3699	4518	5620	6722	6708	7651	9950	11314	#VALUE!
보유기간총임대료	8340	16681	25021	33362	41702	50042	58383	66723	83404	100085	#VALUE!
보유기간 총 소득세액	1342	2683	4025	7921	10068	12214	21249	24379	28088	37569	#VALUE!
보유기간 순임대료수입총액 (소득세납세후)	6999	13997	20996	25441	31634	37828	37134	42344	55316	62515	#VALUE!
월평균소득세액	18	36	54	107	136	165	287	329	380	508	#VALUE!
월 순임대료 (소득세 납세후) (전체보유기간)	95	189	284	344	427	511	502	572	748	845	#VALUE!
월 순임대료 (소득세 납세후) (공실기간제외)	101	203	304	369	458	548	538	614	802	906	#VALUE!

* 자동계산 프로그램 이용시 참고사항

① 노란색 칸에 해당 내용을 기입하면 파란색 결과값이 자동으로 계산되어 나온다.

② 평당 예상월세 : 예상월세(보증금 없이 월세만)를 전용 평수로 나눈 값

③ 보유기간 총 임대료 : 매입시점부터 매도시까지 예상되는 총 임대료(공실 기간은 제외).

④ 총 대출이자액 : 매입시점부터 매도시까지 대출이 행해진 기간 동안의 전체 대출이자액

⑤ 순임대료 수입총액(세전)=보유기간 동안의 총임대료-보유 기간 동안의 총 대출이자액

⑥ 순임대료 수입총액(세후)=보유기간 동안의 총임대료-보유기간 동안의 총대출이자액-보유기간 동안의 총 소득세액

⑦ 연간소득세액, 월평균소득세액은 누진공제액 등을 감안해 계산한 것임.

(2) 위의 (1)의 현황과 동일하나, 대출금이 7억원인 경우((대출이자율 2%로 가정), 보유기간 동안의 기대되는 임대료 수입과 비용을 분석하고, 대출을 받지 않는 경우와 비교하라.

주소				대출액	70000	대출이자율	2.00%	대출월이자액	117	대출기간	74
매입가	145050			실평수(전용평수)	14.85	보유기간(개월)	74	대출기간 대출이자총액	8633	실제 임대기간(개월)	69

매입가에 따른 총 임대료 등 자동계산 프로그램(대출 없을때) (단위 : 만원)

수익률	1%	2%	3%	4%	5%	6%	7%	8%	10%	12%	?
예상월세(보증금없이 월세만)	121	242	363	484	604	725	846	967	1209	1451	#VALUE!
평당 예상월세	8	16	24	33	41	49	57	65	81	98	#VALUE!
연간임대료수입	1451	2901	4352	5802	7253	8703	10154	11604	14505	17406	#VALUE!
연간소득세액	218	435	653	1284	1633	1981	3446	3953	4555	6092	#VALUE!
연간 순임대료 수입총액(세후)	1233	2466	3699	4518	5620	6722	6708	7651	9950	11314	#VALUE!
보유기간총임대료	8340	16681	25021	33362	41702	50042	58383	66723	83404	100085	#VALUE!
보유기간 총 소득세액	1342	2683	4025	7921	10068	12214	21249	24379	28088	37569	#VALUE!
보유기간 순임대료수입총액(소득세납세후)	6999	13997	20996	25441	31634	37828	37134	42344	55316	62515	#VALUE!
월평균소득세액	18	36	54	107	136	165	287	329	380	508	#VALUE!
월 순임대료(소득세 납세후)(전체보유기간)	95	189	284	344	427	511	502	572	748	845	#VALUE!
월 순임대료(소득세 납세후)(공실기간제외)	101	203	304	369	458	548	538	614	802	906	#VALUE!

매입가에 따른 총 임대료 등 자동계산 프로그램(대출 있을 때) (단위 : 만원)

	1%	2%	3%	4%	5%	6%	7%	8%	10%	12%	?
보유기간순임대료수입총액(세전)	-293	8047	16388	24728	33069	41409	49749	58090	74770	91451	#VALUE!
보유기간 총 소득세액	19	1388	2730	4072	7996	10142	12289	21358	27619	34288	#VALUE!
보유기간 순임대료수입총액(소득세납세후)	-312	6659	13658	20656	25073	31266	37460	36732	47151	57163	#VALUE!
연간순임대료총액(대출이자계산)(세전)	51	1501	2952	4402	5853	7303	8754	10204	13105	16006	#VALUE!
연간 순임대료 소득세액	3	225	443	660	1405	1753	2101	3571	4587	6082	#VALUE!
연간소득세액(누진공제 감안)	3	225	443	660	1297	1645	1993	3463	4479	5560	#VALUE!
연간순임대료총액(대출이자계산)(세후)	47	1276	2509	3742	4556	5658	6761	6741	8626	10446	#VALUE!
월평균 소득세액	0	19	37	55	108	137	166	289	373	463	#VALUE!
월 순임대료(이자공비처리세후)(전체보유기간)	-4	90	185	279	339	423	506	496	637	772	#VALUE!
월 순임대료(이자공비처리세후)(공실기간제외)	-5	97	198	299	363	453	543	532	683	828	#VALUE!

만든 사람	(상가·꼬마빌딩 투자의)멘토 손오공 (저서 참고 : HOW상가·꼬마빌딩재테크, 실전 상가투자·실전 꼬마빌딩투자) (유튜브 : 멘토손오공tv) Copyright 2021.mentorson50(Son,Y.S.). All rights reserved.
사용방법	1. 노란색 칸에 해당 내용을 기입하면 파란색 결과값이 자동으로 계산되어 나온다. 2. 평당예상월세 : 예상월세(보증금없이 월세만)를 전용 평수로 나눈 값 3. 보유기간 총 임대료 : 매입시점부터 매도시까지 예상되는 총 임대료(공실 기간은 제외). 4. 총 대출이자액 : 매입시점부터 매도시까지 대출이 행해진 기간 동안의 전체 대출이자액 5. 순임대료 수입총액(세전) = 보유기간 동안의 총임대료 - 보유 기간 동안의 총대출이자액 6. 순임대료 수입총액(세후) = 보유기간 동안의 총임대료 - 보유기간 동안의 총대출이자액 - 보유기간 동안의 총 소득세액 7. 연간소득세액, 월평균소득세액은 누진공제액 등을 감안해 계산한 것임.

(3) 매입시 장래 매도순이익, 양도세액, 매매비용 등 분석문제 1 : 리모델링 등 없는 경우

이 물건의 경우 **기존 임차현황처럼 보증금 15,500만원/월세 550만원으로 임대차 계약이 된 경우, 앞에서 열거한 항목을 분석하시오.**(매매수익률에 따른 적정매매가, 매매 수익률에 따른 적정 매매가격, 매입시와 매도시 비용, 예상되는 단순 매매차익, 장기보유 특별공제 세액, 양도세액(누진 공제세액 고려), 양도순이익)

주소						보유기간 (개월)	74	매물로 나온 매매가 (or 입찰예정가, 매입가)	145050	대출액	
보증금	15500	현재 월세	550	전용 면적(평)	14.85	리모델 링비 (전용 1평당)	0	매입 후(혹은 리모델링 후) 실제 받을 수 있는 월세 (보증금은 동일)	550	투입금액	

매입시 장래 매도 순이익, 양도세액, 매매비용 등 자동 분석 프로그램
= 매입후 리모델링에 따른 양도차액 사전 예측 프로그램(단위 : 만원)(2년이상 보유로 일반세율로 가정)

수익율	1%	2%	3%	4%	5%	6%	7%	8%	9%	10%	12%	?
현재 적정 매매가	675500	345500	235500	180500	147500	125500	109786	98000	88833	81500	70500	#VALUE!
매입가 (입찰가)	145050	145050	145050	145050	145050	145050	145050	145050	145050	145050	145050	145050
매입,매도 등 비용	11451	9471	8811	8481	8283	8151	8056	7986	7931	7887	7821	#VALUE!
단순매매 차익	518999	190979	81639	26969	-5833	-27701	-43321	-55036	-64147	-71437	-82371	#VALUE!
리모델링후 건물가치	675500	345500	235500	180500	147500	125500	109786	98000	88833	81500	70500	#VALUE!
총리모 델링비	0	0	0	0	0	0	0	0	0	0	0	0
매입,매도등 비용	11451	9471	8811	8481	8283	8151	8056	7986	7931	7887	7821	#VALUE!
리모델링후 단순매매차익	518999	190979	81639	26969	-5833	-27701	-43321	-55036	-64147	-71437	-82371	#VALUE!
장기보유 공제액	62280	57294	0	8091	0	0	0	0	0	0	0	#VALUE!
양도세율	0.45	0.45	0.42	0.38	0	0	0	0	0	0	0	#VALUE!
양도세액	198984	53619	30749	5234	0	0	0	0	0	0	0	#VALUE!
양도순이익	320016	137361	50891	21736	-5833	-27701	-43321	-55036	-64147	-71437	-82371	#VALUE!

만든 사람	(상가·꼬마빌딩 투자의)멘토 손오공 (저서 참고 : HOW상가·꼬마빌딩재테크, 실전 상가투자·실전 꼬마빌딩투자)(유튜브 : 멘토손오공tv) Copyright 2021.mentorson50(Son,Y.S.). All rights reserved.

사용방법	1. 노란색 칸(현재 보증금과 월세, 전용평수, 매물로 나온 매매가 혹은 매입가, 매입후 혹은 리모델링 후 받을 수 있는 월세, 리모델링비, 수익률)을 채워넣으면, 원하는 결과가 자동 계산됩니다. 2. 리모델링 등을 통해 건물의 가치를 증대(임대료와 매매가 상승)를 시킬 수 있는 경우, 전용 1평당 리모델링비와 리모델링 후에 받을 수 있는 월세를 입력하면 자동으로 리모델링에 따른 매매가(리모델링 후의 건물가치)가 자동계산됩니다. 리모델링 없이도 월세 변동이 가능한 경우 해당 칸에 실제 받을 수 있는 월세를 기입하면 매매 차익 등의 정보를 얻을 수 있음 3. 단순매매차익 = 현재 적정매매가 - 매입가 - 매입매도 등 비용비용 4. 리모델링후 단순매매차익 = 리모델링후 건물가치 - 매입가 - 매입매도 등 비용 - 리모델링비용 5. 매입매도 등 비용 = 매입비 취등록비 4.6%, 부동산 수수료 0.5% 등 5.1%, 매도시 비용은 매도가의 0.6%로 가정함.) 6. 양도세액은 현재의 양도세율과 누진공제액 등을 감안한 금액임. 7. 양도순이익 = 리모델링후 건물가치 - 매입가 - 매입매도시 비용 - 리모델링 등 비용 - 장기보유특별공제액 - 양도세액(보유기간 2년 이상의 일반세율을 가정함)

매입가란에 145,050, 보증금란에 15,500, 월세란에 550, 전용평수 14.85를 기입한다. 리모델링 등의 변경 없이 그대로 임대하는 경우이기에, 리모델링비 "0". 매입 후 실제 받을 수 있는 월세도 기존과 같은 '550'으로 기입하면 원하는 결과가 자동 계산된다.

(4) 매입시 장래 매도 순이익, 양도세액, 매매비용 등 분석문제 2 : 리모델링 등을 하여 상가가치를 증가시킬 수 있는 경우

매입 후 리모델링하면 월세를 조금 더 받을 수 있다고 가정하자. 즉 **전용평당 250만 원씩 들여 예쁘게 리모델링하면 현재 임대료**(보증금 15,500만원, 월세 550만원)**보다 월세 를 100만원 더 받을 수 있다면**(리모델링 후 보증금 15,500만원/월세 650만원), **리모델링 비용을 들여 고친 후 임대를 놓는,게 나은지, 아니면 비용만 많이 들고 별로 남는 게 없는지 수익성을 분석하라.**

주소						보유기간 (개월)	74	매물로 나온 매매가 (or 입찰예정가, 매입가)	145050	대출액	
보증금	15500	현재 월세	550	전용 면적(평)	14.85	리모델 링비 (전용 1평당)	250	매입 후(★은 리모델링 후) 실제 받을 수 있는 월세 (보증금은 동일)	650	투입금액	

매입시 장래 매도 순이익, 양도세액, 매매비용 등 자동 분석 프로그램
= 매입후 리모델링에 따른 양도차액 사전 예측 프로그램(단위 : 만원)(2년이상 보유로 일반세율로 가정)

수익율	1%	2%	3%	4%	5%	6%	7%	8%	9%	10%	12%	?
현재 적정 매매가	675500	345500	235500	180500	147500	125500	109786	98000	88833	81500	70500	#VALUE!
매입가 (입찰가)	145050	145050	145050	145050	145050	145050	145050	145050	145050	145050	145050	145050
매입,매도 등 비용	11451	9471	8811	8481	8283	8151	8056	7986	7931	7887	7821	#VALUE!
단순매매 차익	518999	190979	81639	26969	-5833	-27701	-43321	-55036	-64147	-71437	-82371	#VALUE!
리모델링후 건물가치	795500	405500	275500	210500	171500	145500	126929	113000	102167	93500	80500	#VALUE!
총리모 델링비	3713	3713	3713	3713	3713	3713	3713	3713	3713	3713	3713	3713
매입,매도등 비용	12171	9831	9051	8661	8427	8271	8159	8076	8011	7959	7881	#VALUE!
리모델링후 단순매매차익	634567	246907	117687	53077	14311	-11533	-29993	-43838	-54606	-63221	-76143	#VALUE!
장기보유 공제액	76148	74072	0	15923	4293	0	0	0	0	0	0	#VALUE!
양도세율	0.45	0.45	0.45	0.40	0.35	0	0	0	0	0	0	#VALUE!
양도세액	244749	71236	46419	11322	2016	0	0	0	0	0	0	#VALUE!
양도순이익	389818	175671	71268	41755	12295	-11533	-29993	-43838	-54606	-63221	-76143	#VALUE!
만든 사람	(상가·꼬마빌딩 투자)멘토 손오공 (저서 참고 : HOW상가·꼬마빌딩재테크, 실전 상가투자·실전 꼬마빌딩투자)(유튜브 : 멘토손오공tv) Copyright 2021.mentorson50(Son,Y.S.). All rights reserved.											
사용방법	1. 노란색 칸(현재 보증금과 월세, 전용평수, 매물로 나온 매매가 혹은 매입가, 매입후 혹은 리모델링 후 실제 받을 수 있는 월세, 리모델링비, 수익율)을 채워넣으면, 원하는 결과가 자동 계산됩니다. 2. 리모델링 등을 통해 건물의 가치를 증대(임대료와 매매가 상승)를 시킬 수 있는 경우, 전용 1평당 리모델링비와, 리모델링 후에 받을 수 있는 월세를 입력하면 자동으로 리모델링에 따른 매매가(리모델링 후의 건물가치)가 자동계산됩니다. 리모델링 없이도 월세 변동이 가능한 경우 해당 란에 실제 받을 수 있는 월세를 기입하면 매매 차익 등의 정보를 얻을 수 있음 3. 단순매매차익 = 현재 적정매매가 - 매입가 - 매입매도 비용비용 4. 리모델링후 단순매매차익 = 리모델링후 건물가치 - 매입가 - 매입매도 등 비용 - 리모델링비용 5. 매입매도 등 비용 = 매입비 취등록비 4.6%, 부동산 수수료 0.5% 등 5.1%, 매도시 비용은 매도가의 0.6%로 가정함. 6. 양도세액은 현재의 양도세율과 부진공제액 등을 감안한 금액임. 7. 양도순이익 = 리모델링후 건물가치 - 매입가 - 매입매도시 비용 - 리모델링 등 비용 - 장기보유특별공제세액 - 양도세액(보유기간 2년 이상의 일반세율을 가정함)											

매입가란에 145,050, 보증금란에 15,500, 월세란에 550, 전용평수 14.85를 기입한 다. 리모델링 비용란에 250, 매입 후 실제 받을 수 있는 월세란에 리모델링 후에 받을 수 있는 월세인 650을 입력하면 원하는 결과가 자동 계산된다.

(5) 매입시 장래 매도 순이익, 양도세액, 매매비용 등 분석문제 3 : 예상했던 임대료보다 훨씬　낮게 임대가 된 경우(보 1억/월세 300만원) 예상되는 손익 분석

주소						보유기간(개월)	74	매물로 나온 매매가(or 입찰예정가, 매입가)	145050	대출액	
보증금	10000	현재월세	300	전용면적(평)	14.85	리모델링비(전용 1평당)	0	매입 후(=&는 리모델링 후) 실제 받을 수 있는 월세(보증금은 동일)	300	투입금액	

매입시 장래 매도 순이익, 양도세액, 매매비용 등 자동 분석 프로그램
= 매입후 리모델링에 따른 양도차액 사전 예측 프로그램(단위 : 만원)(2년이상 보유로 일반세율로 가정)

수익율	1%	2%	3%	4%	5%	6%	7%	8%	9%	10%	12%	?
현재 적정 매매가	370000	190000	130000	100000	82000	70000	61429	55000	50000	46000	40000	#VALUE!
매입가(입찰가)	145050	145050	145050	145050	145050	145050	145050	145050	145050	145050	145050	145050
매입,매도 등 비용	9618	8538	8178	7998	7890	7818	7766	7728	7698	7674	7638	#VALUE!
단순매매차익	215332	36412	-23228	-53048	-70940	-82868	-91388	-97778	-102748	-106724	-112688	#VALUE!
리모델링후 건물가치	370000	190000	130000	100000	82000	70000	61429	55000	50000	46000	40000	#VALUE!
순리모델링비	0	0	0	0	0	0	0	0	0	0	0	0
매입,매도등비용	9618	8538	8178	7998	7890	7818	7766	7728	7698	7674	7638	#VALUE!
리모델링후 단순매매차익	215332	36412	-23228	-53048	-70940	-82868	-91388	-97778	-102748	-106724	-112688	#VALUE!
장기보유공제액	25840	10924	0	0	0	0	0	0	0	0	0	#VALUE!
양도세율	0.45	0.38	0	0	0	0	0	0	0	0	0	#VALUE!
양도세액	78732	7146	0	0	0	0	0	0	0	0	0	#VALUE!
양도순이익	136601	29267	-23228	-53048	-70940	-82868	-91388	-97778	-102748	-106724	-112688	#VALUE!

만든사람	(상가·꼬마빌딩 투자)멘토 손오공 (저서 참고 : HOW상가·꼬마빌딩재테크, 실전 상가투자·실전 꼬마빌딩투자)(유튜브 : 멘토손오공tv) Copyright 2021.mentorson50(Son,Y.S.). All rights reserved.
사용방법	1. 노란색 칸(현재 보증금과 월세, 전용평수, 매물로 나온 매매가 혹은 매입가, 매입 혹은 리모델링 후 실제 받을 수 있는 월세, 리모델링비, 수익률)을 채워넣으면, 원하는 결과가 자동 계산됩니다. 2. 리모델링 등을 통해 건물의 가치를 증대(임대료의 상승)를 시킬 수 있는 경우, 전용 1평당 리모델링비와 리모델링 후에 받을 수 있는 월세를 입력하면 자동으로 리모델링에 따른 매매가(리모델링 후의 건물가치)가 자동계산됩니다. 리모델링 없이도 월세 변동이 가능한 경우 해당 칸에 실제 받을 수 있는 월세를 기입하면 매매 차익 등의 정보를 얻을 수 있음 3. 단순매매차익 = 현재 적정매매가 - 매입가 - 매입매도 비용비용 4. 리모델링후 단순매매차익 = 리모델링후 건물가치 - 매입가 - 매입매도 등 비용 - 리모델링비용 5. 매입매도 등 비용 = 매입비 취득료 4.6%, 부동산 수수료 0.5% = 5.1%, 매도시 비용은 매도가의 0.6%로 가정함) 6. 양도세액은 현재의 양도세율과 누진공제액 등을 감안한 금액임. 7. 양도순이익 = 리모델링후 건물가치 - 매입가 - 매입매도시 비용 - 리모델링 등 비용 - 장기보유특별공제세액 - 양도세액(보유기간 2년 이상일때의 일반세율을 가정함)

매입가란에 145,050, 보증금란에 10,000, 월세란에 300, 전용평수 14.85를 기입한다. 리모델링 등의 변경 없이 그대로 임대하는 경우이기에, 리모델링비 "0". 매입후 실제 받을 수 있는 월세도 기존과 같은 "300"으로 기입하면 원하는 결과가 자동 계산된다. 수익률에 따라 큰 차이가 있음을 알 수 있다.

(6) 결어

좋은 입지만 사면 상가·꼬마빌딩 투자가 성공할 수 있을까? 강남역 10번 출구 바로 앞 1층 코너 목 상가는 아무리 비싸게 사도 입지가 워낙 좋으니 성공한 투자인가? 제대로 된 상가가치 분석 없이 상가·꼬마빌딩 투자가 성공할 수 있을까?

필자의 입지분석법(L5)이 우리나라의 현존하는 어느 입지분석법보다 우수하다고 자신하지만, 훨씬 더 차별화된 우수성은 필자의 상가·꼬마빌딩 가치분석법(V2)에 있다.

앞에서 살펴본 것처럼 자동분석 프로그램은 많은 변수를 감안한 미래 수익의 변화를 분석할 수 있게 해주기에, 상가·꼬마빌딩 투자를 다른 어떤 부동산 투자보다 훨씬 쉽

고 예측 가능하게 만든다. 필자가 상가·꼬마빌딩 투자시 언제나 대박 혹은 중박 이상의 수익을 실현할 수 있었던 이유는 수많은 시뮬레이션 분석을 통한 사전 수익성 분석을 다 수행한 후 적정가격으로 매입을 했기 때문이다.

이젠 상가·꼬마빌딩 투자가 다른 어떤 투자보다도 훨씬 쉽다는 필자의 주장이 충분히 설득력이 있다고 독자 여러분들도 동감을 할 거라 믿는다. 또한 상가·꼬마빌딩 투자가 아파트는 물론 토지 투자보다도 훨씬 더 어렵다는 우리나라 최고의 상가·꼬마빌딩 전문가들의 견해에 절대 동의할 수 없다는 필자의 주장이 일리 있음을 공감할 거라 생각한다. 이처럼 상가·꼬마빌딩은 당연히 그 어떤 부동산 투자보다도 훨씬 쉽고 예측이 가능한 투자대상이다. 단 제대로 된 상가·꼬마빌딩 입지분석법 L5, 제대로 된 상가·꼬마빌딩 가치분석법 V2, 이 두 가지가 갖춰져야 가능하다. "LOVE분석법(= L5V2)"

5. 수익률의 마술인가? 수익률의 환상인가? : 수익률의 정확한 이해 (新)
- 강남역 1층 10평, 시골 지하층 100평 임대료가 같다면 매매가도 같을까?

1) **가정 : 보증금 1억, 월임대료 500만원으로 같은데, 하나는 강남역, 다른 하나는 시골 지하**

2) **수익률에 따른 매도가의 변화 : 배운 것**(매매가·임대가 분석 초고수되기)**을 토대로 문제를 풀어보자.**

수익률 2% : 매도가는? 잘 모르겠으면 초고수되기 1~8단계를 다시 공부하자.

수익률 3% :	수익률 4% :
수익률 5% :	수익률 6% :
수익률 8% :	수익률 10% :
수익률 12% :	수익률 24% :

3) **시골 지하 룸싸롱 : 수익률의 마술인가?, 수익률의 환상인가?**
가) 수익률 차이가 발생하는 이유? 멘토 손오공의 견해 – 안정성과 시세 상승의 차이
나) 수익률에 영향을 주는 요인 : 이자율, 입지, 지역, 접근성과 가시성, 층, 임차인업종 등
다) 대출을 사용하는 경우의 수익률 : 양날의 칼이다. 사용하는 자와 경제상황에 따라 큰 차이

4) **수익률의 마술, 수익률의 환상과 상가입지**
가) 기본 : 상가 투자는 입지가 좋은 곳을 싸게 사는 게 제일 안전하고 좋은 투자이다.
나) 수익률의 마법을 부리면서 수익률의 환상에 빠지지 않는 상가입지는? L5 분석 철저

5) 사례연구 : 수익률의 마술일 가능성이 높을까?, 환상일 가능성이 높을까?

2019타경5945

* 창원지방법원 본원 · 매각기일 : 2021.02.17(水) (10:00) · 경매 8계(전화:055-239-2118)

소재지	경상남도 창원시 성산구 반지동 78, 케이프타운 지하2층 비2001호 [토로명검색] [D 지도] [지도] [m 주소 복사]						
새 주 소	경상남도 창원시 성산구 원이대로393번길 25, 케이프타운 지하2층 비2001호						

				오늘조회: 1 2주누적: 1 2주평균: 0 [조회동향]		
물건종별	근린상가	감 정 가	1,770,000,000원	구분	매각기일	최저매각가격	결과

				구분	매각기일	최저매각가격	결과
대 지 권	387.867㎡ (117.33평)	최 저 가	(33%) 579,994,000원	1차	2019-10-16	1,770,000,000원	유찰
				2차	2019-11-15	1,416,000,000원	유찰
				3차	2019-12-16	1,132,800,000원	유찰
				4차	2020-01-13	906,240,000원	유찰
건물면적	1548.2㎡(468.331평)	보 증 금	(10%) 57,999,400원		2020-02-14	724,992,000원	변경
					2020-04-14	724,992,000원	변경
				5차	2020-06-16	724,992,000원	매각
매각물건	토지·건물 일괄매각	소 유 자		매각 1,190,000,000원(67.23%) / 1명 / 미납			
					2020-09-15	724,992,000원	변경
				6차	2021-01-20	724,992,000원	유찰
개시결정	2019-04-16	채 무 자		7차	2021-02-17	579,994,000원	
				매각 : 680,000,000원 (38.42%)			
				(입찰2명/매수인: / 차순위금액 651,100,000원)			
사 건 명	임의경매	채 권 자		매각결정기일 : 2021.02.24 - 매각허가결정			
				대금지급기한 : 2021.03.22			
				대금납부 2021.03.12 / 배당기일 2021.04.28			
				배당종결 2021.04.28			

• 매각물건현황 (감정원 : 세종감정평가 / 가격시점 : 2019.04.29 / 보존등기일 : 2000.09.09)

목록	구분	사용승인	면적	이용상태	감정가격	기타
건물	6층중 지하2층	00.08.17	1548.2㎡ (468.33평)	실내골프연습장 및 실내풋살장	1,239,000,000원	
토지	대지권		6476.1㎡ 중 387.867㎡		531,000,000원	
현황 위치	* 반지민원센터 남측 인근에 위치하며,부근은 상가, 단독주택 등이 소재하는 지역으로서, 제반 주위환경은 보통입니다. * 본건까지 차량 접근 가능하며, 대중교통수단 등을 고려할 때 제반 교통사정은 무난합니다. * 장방형의 토지로서, 상업용 건부지로 이용 중입니다. * 북동측, 북서측 및 남동측, 남서측으로 노폭 약 8미터 내외의 포장도로와 접합니다.					
참고사항	* 본건매각 2020.06.16 / 매각가 1,190,000,000원 / OOO / 1명 입찰 / 대금미납 * 현황 실내골프연습장 및 실내풋살장으로 이용 중임.					

• 임차인현황 (말소기준권리 : 2015.01.26 / 배당요구종기일 : 2019.07.09)

임차인	점유부분	전입/확정/배당	보증금/차임	대항력	배당예상금액	기타
문현호	점포 본건건물 중 240평	사업등록: 2018.09.06 확정일자: 없음 배당요구: 2019.05.15	보30,000,000원 월3,300,000원 환산36,000만원	없음	배당금 없음	
진영신	점포 미상	사업등록: 2018.12.01 확정일자: 미상 배당요구: 없음	미상	없음	배당금 없음	점유자
하예니	점포 미상	사업등록: 2018.07.13 확정일자: 미상 배당요구: 없음	미상	없음	배당금 없음	점유자
허승회	점포 약1/2 점유	사업등록: 2017.08.16 확정일자: 미상 배당요구: 없음	보30,000,000원 월3,500,000원 환산38,000만원	없음	배당금 없음	

임차인수: 4명 , 임차보증금합계: 60,000,000원, 월세합계: 6,800,000원

● 현황상 임차내역 : 보 6,000만원/월 680만원

● 지하 2층의 건축비 : 감정평가법 중 원가법으로 상가가치를 계산시 맹점

6. 급매 상가(꼬마빌딩)의 가치를 평가해 매입여부를 판단하라. (일부 新)

1) 사례 1 : 서초구 방배동 1001-32

가) 가정 : 물건 내역 – '대지 90평, 연면적 미상, 건축연도 1975년, 보증금 2억, 월세 1,500만원, 매매가 65억원'

급급매라고 하며, 하루 이틀 내로 없어질 물건이라며 매입 여부를 재촉한다. 노후 대비를 위해 꼬마빌딩에 관심을 두고 있는 당신은 어떻게 이 물건을 평가할 것인가?

나) 적정 매매가격의 산출방법

(1) 수익환산법에 의한 적정매매가격 산출

매매가={(월임대료×12)/수익률}+보증금

* 매매수익률의 변화에 따른 매매가의 변화 – 빈 칸을 채워 넣어보자.

잘 모르겠으면 초고수되기 1~3단계를 다시 공부하자.

적정 매매수익률	2%	2.5%	3%	3.5%	4%	4.5%	5%
보증금	2억	2억	2억	2억	2억	2억	2억
월세	1,500만	1,500만	1,500만	1,500만	1,500만	1,500만	1,500만
적정매매가							

위의 표에서 알 수 있듯이 적정 매매수익률이 얼마인가에 따라 상기 건물의 가격은 92억이 될 수도 있고, 38억이 될 수도 있다. 이렇게 대략적인 매도가를 미리 예상해보고, 주변 부동산중개업소을 들러 물어보고, 나와 있는 매물들을 소개받아 건물의 임대수입과 매도가 등을 알아보며 매매수익률이 어느 정도 되는지 파악한다.

알아본 적정 매매수익률이 3% 정도라면 이 물건의 매매가는 __억원 정도가 적정하다는 것이다.

따라서 부동산에서 부른 매매가 65억원은 적정수익률 3%로 환산한 적정 매매가 ___억원에 비해 오히려 ___억원 정도 비싼 물건인 것이다.

* 적정 임대료 여부 검증, 적정 매매수익률 분석

- 매매가는 매매수익률과 임대료에 의해 달라지는데, 위에서 매매수익률을 검토해봤으므로 이제는 제시 받은 현황 임대료가 적정한지 알아볼 차례이다. 주의할 것은 주택의 경우는 층이 같다면 좋은 곳과 나쁜 곳의 차이가 크게 나지 않지만 상가의 경우는 천양지차이다.

- 임대시세를 참고할 때는 대상물건과 거리 차이가 나는 곳보다는 바로 옆의 건물들을 비교하라.

적정수익률이 3%일 때 임대료 변화에 따른 매매가의 변화(단위 : 만원) - 빈 칸을 채워 넣어보자.

보증금	2억	2억	2억	2억	2억	2억	2억
월세	1,200만	1,300만	1,400만	1,500만	1,600만	1,700만	1,800만
매매가							74억

현재 2억 1,500만원인데, 알아보니 임대료가 주위에 비해 200만원 정도 낮은 것으로 조사되었다면 사실상의 적정 매매가는 ____억원.

보기 좋은 건물보다는 입지는 좋은데 허름하여 임대료를 제대로 받지 못하는 건물이 돈이 될 가능성이 높다

(2) 거래사례비교법에 의한 매매가격 산출
- 상가의 입지, 용도지역, 건물의 연식, 임차인의 구성 등에 따른 거래사례 참고

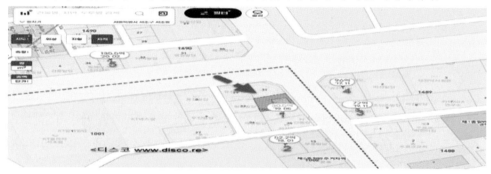

이들 5건의 세부내용을 정리하면 다음과 같다.('HOW 상가꼬마빌딩재테크' p286-287)

구분	본건	실거래사례					주변매물 정보
		1	2	3	4	5	
주소(방배동)	(방배동 1001-32)	(방배동 1001-3*)	(방배동 1002-*)	(서초동 1489-1*)	(서초동 1489-*)	(서초동 1490-3*)	(서초동 1516-*)
매매가(억원)	65.0	30.5	52.2	72.0	96.0	135.5	100.0
토지평당 매매가(만원)	7,222	4,533	4,285	6,756	5,449	7,783	
건물평당 매매가(만원)	3,386	3,386	2,240	3,564	4,257	3,465	3,795
매매시기		19년 5월	18년 1월	19년 11월	17년 11월	20년 2월	
대지면적(평)	90	67	122	107	176	174	141

구분	본건	실거래사례					주변매물 정보
		1	2	3	4	5	
건축면적(평)		33	73	52	74	85	35
연면적(평)		141	609	387	407	574	270
용적률산정용 연면적(평)		108	427	311	340	434	
건축년도(년)	1975	1983	1995	1993	1980	2018	1988
층수/지하	2	4/B1	7/B2	7/B1	5/B1	6/B1	4/B1
지목	대	대	대	대	대	대	대
용도지역	3종 일반주거	3종 일반주거	2종 일반주거	3종 일반주거	3종 일반주거	3종 일반주거	2종 일반주거
개별공시지가 (만원/평)	3,386	3,386	2,240	3,564	4,257	3,465	3,795
주용도		1종 근생	업무시설	업무시설	1종 근생	1종 근생	1종 근생
과거매매가1			33.4 (2019.05)	63 (2016.04)		69.6 (2016.10) 연면적 190평	35 (2017.09)
과거매개가2				41.4 (2007.12)			
임차인현황							보증금 7.3억 월세 1,475만원
기타							**부동산

참고) 토지 평당 매매가는 매매금액을 토지평수로 나눈 값이며, 건물 평당 매매가는 매매금액을 건물 연면적으로 나눈 값이니 진정한 토지 평당가, 건물 평당가는 아님에 유의해야 한다.

위 실거래사례 5건 중 본 물건과 가장 유사성이 높은 1건은? 거래사례 1

(3) 원가법에 따른 매매가격 산출
- 토지 가격과 건물 가격을 계산해 적정 매매가를 유추하는 방식(21년 9월 25일)
- 2020년 상가주택의 평균 건축비는 평당 550만원(부가세 포함)인데, 상가는 이보다 적으므로 대략 450~500만원 정도로 잡고 계산하면 크게 틀리지 않다. 그리하여 30년 정도면 건물 가치가 거의 없는 것으로 보아 해마다 감가상각을 적용하면 1년에 대략 20만원씩 감소한다고 볼 수 있다.
- 토지이용계획확인원을 떼어보니 개별공시지가는 2020년 현재 평당 2,244만원이므로 이 물건의 평당 매도가 7,222만원은 개별공시지가의 3.3배정도임.

2) 실제 나와 있는 사례물건 : 서울 중구 명동2가 54-3* – 숙제 : 앞의 1) 사례처럼 풀어보자.

가) 물건 현황 : 매물가 115억(5억 1,362만원/평), 기보증금/월세 4억/2,500만원(네이버부동산) 대지면적 74㎡, 건물연면적 224.75㎡(1층 66.1㎡, 2층 66.1㎡, 3층 66.1㎡, 4층 점포 13.2㎡, 4층 주택 13.2㎡), 사용승인일 1957년

용도지역 – 중심상업지구, 지구단위계획구역, 개별공시지가 : 7,565만원/㎡,

나) 적정 매매가격의 산출방법

(1) 수익환산법에 의한 적정 매매가격 산출

매매가={(월임대료×12)/수익률}+보증금

* 매매수익률의 변화에 따른 매매가의 변화

적정 매매수익률	2%	2.5%	3%	3.5%	4%	4.5%	5%
보증금	4억	4억	4억	4억	4억	4억	4억
월세	2,500만	2,500만	2,500만	2,500만	2,500만	2,500만	2,500만
적정매매가							

현재 보 4억/월 2,500만원인데, 알아보니 리모델링하면 보 4억/ 월 3,500만원까지 받을 수 있다고 하면 매매가의 변화와 매매차익은 어떻게 될까?(리모델링 비용은 평당 200만원으로 계산)

(2) 거래사례비교법에 의한 매매가격 산출
  - 상가의 입지, 용도지역, 건물의 연식, 임차인의 구성 등에 따른 거래사례 참고

* 과거의 거래사례 조사

주변의 실거래사례를 조사해 다음 표에 정리해보자.(주변 매물도)

구분	본건	실거래사례					주변매물 정보
		1	2	3	4	5	
주소(방배동)							
매매가(억원)							
토지평당 매매가(만원)							
건물평당 매매가(만원)							
매매시기							
대지면적(평)							
주소(방배동)							
연면적(평)							
용적률산정용 연면적(평)							
건축년도(년)							
층수/지하							
지목							
용도지역							
개별공시지가(㎡ /만원)							
주용도							
과거매매가1							
과거매개가2							
임차인현황							

참고) 토지평당 매매가는 매매금액을 토지평수로 나눈 값이며, 건물 평당 매매가는 매매금액을 건물연면적으로 나눈 값이니 진정한 토지평당가, 건물 평당가는 아님에 유의해야 한다.

* 위 실거래사례 중 본 물건과 가장 유사성이 높은 건 무엇일지 찾아보자.
* 주변에 매물로 나와 있는 물건 사례 조사해 본 건과 비교해 보자.

(3) 원가법에 따른 매매가격 산출

- 토지 가격과 건물 가격을 계산해 적정 매매가를 유추하는 방식이다.
- 30년 정도이면(혹은 40년 정도) 건물 가치가 거의 없는 것으로 보아 해마다 감가상각을 적용하면 1년에 대략 20만원씩 감소한다고 볼 수 있다.(감평에서의 감가상각은 대략 40~50년)
- 토지이용계획확인원상의 개별공시지가도 참고

(4) 결어 : 세 가지 방법 모두 고려할 필요가 있다. 꼬마빌딩은 상가에 비해 토지가에 대한 고려가 크다.

3) 실제 나와 있는 사례물건 : 마포구 동교동 166-1* – 앞의 1) 사례처럼 풀어보자.

가) 물건 현황 : 동교동 스타피카소 5층, 매물가 보증금 7,000만원/월세 450만원

계약면적 439.7㎡/전용 145.5㎡, 5층/11층, 서향, 현 미용실, 총주차 200대, 주차 가능, 건축물 용도 : 업무시설, 사용승인일 : 2007, 기타 : 롯데시네마, 유니클로 등 각종 프랜차이즈 입점됨. (IPARK강남부동산중개)(네이버부동산)

나) 적정 가격 예측

(1) 수익환산법에 의한 적정매매가격 산출 (잘 모르면 초고수되기 8단계를 다시 공부하자.) 매매가=?

* 매매수익률의 변화에 따른 매매가의 변화 – 빈 칸을 채워 넣어보자.

적정 매매수익률	2%	3%	4%	5%	6%	8%	10%
보증금	7,000만	7,000만	7,000만	7,000만	7,000만	7,000만	7,000만
월세	450만	450만	450만	450만	450만	450만	450만
적정매매가							

현재 보 7,000/월 450인데, 리모델링(전용평당 200만원)하면 보 7,000/월 600까지 받을 수 있다고 한다. 이 경우 매매차익은 어떻게 될까?

(2) 거래사례비교법에 의한 매매가격 산출

- 상가의 입지, 용도지역, 건물의 연식, 임차인의 구성 등에 따른 거래사례 참고

* 과거 거래사례 : 밸류맵, 디스코, 부동산플래닛 등의 사이트를 활용
* 시장에 매물로 나와 있는 매물 사례 조사 : 주변의 매물 특히 바로 주변 매물이 중요

(3) 원가법에 따른 매매가격 산출

  - 토지 가격과 건물 가격을 계산해 적정 매매가를 유추하는 방식이다

  - 토지이용계획확인원상의 개별공시지가와 비교

7. 꼬마빌딩 실제 거래가 : 강남역 부근, 명동 등

- 디스코나 벨류맵, 부동산플래닛을 이용해 관심있는 지역의 토지평당가, 건물평당가를 비교해 보자. 관심 있는 물건을 찾아보고, 과거 거래사례와 최근 거래사례를 비교해 보자.

- 필자(멘토 손오공)가 최근 10년간 상가·꼬마빌딩의 매매가 상승률을 유추하여 최근 10년 간 아파트 상승률과 비교한 것도 이런 방식을 사용한 것이다. (자료 : www.disco.re)

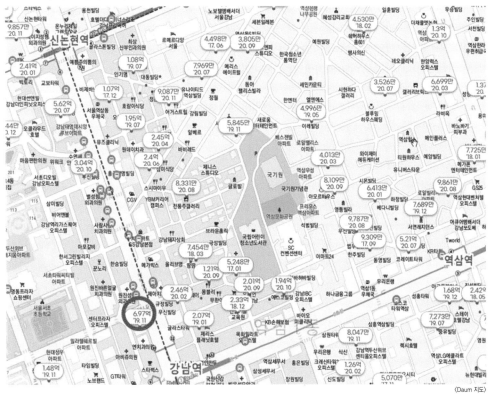

〈Daum 지도〉

● 주의

여기서 토지평당가란 매매가를 토지평수로 나눈 값으로, 건물가를 포함하고 있다. 건물가 만큼 과대평가 되어 있음을 감안해야 한다.

필자(멘토 손오공)가 건물가를 제하기 위해 강남 부근 2곳을 샘플 지역으로 선정해, 건물가를 제하고 계산하여 그림상의 수치와 비교해 본 바, 그림에서 제시하는 토지평단가에서 건물가가 포함되는 비중은 약 0~20% 정도되는 것으로 파악되었다. 따라서 자료를 볼 때 '토지평단가가 매매가를 토지평수로 나눈 값'으로 표시된다면, 실제보다 조금 과장될 수도 있다고 봐야 한다.

건물의 층이 높고 새 건물이면 20%에 가깝게 과대평가되어 있을 것이고, 건물의 층이 낮고 오래된 건물은 거의 0에 가까울 것이다. 일반적인 경우라면 약 10% 정도가 토지가에 포함되고 있다고 보면 무리가 없을 듯하다. 즉 보통의 경우, 빠르고 쉽게 실제 토지평당가를 알고 싶다면 그림에서 제시하는 토지평당가에서 10% 정도를 제하면 된다. 즉, 그림에서 토지 평당 1억이라고 되어있으면 약 9,000만원이 실제 토지평당가 수준이라고 보면 된다.

그림의 빨간 동그라미(서초동 1318-1 대지면적 304평 건물 917평, 매매가 1,428억원)의 토지평당가 6.97억원은 건물 준공이 1974년식이기에 건물 가치가 거의 0에 가깝다. 따라서 그림의 토지평당가는 실제의 토지평당가라고 봄이 타당하다.(토지공시지가의 2.52배)

8. 모두의 꿈, 강남 건물주 : 대박인지, 쪽박인지, 그것이 알고 싶다. (新)

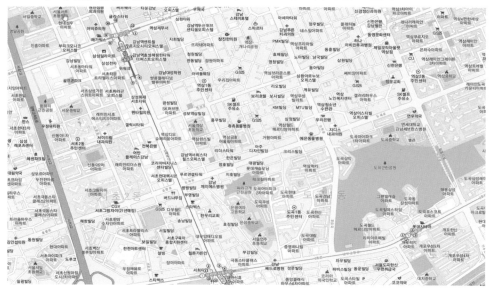

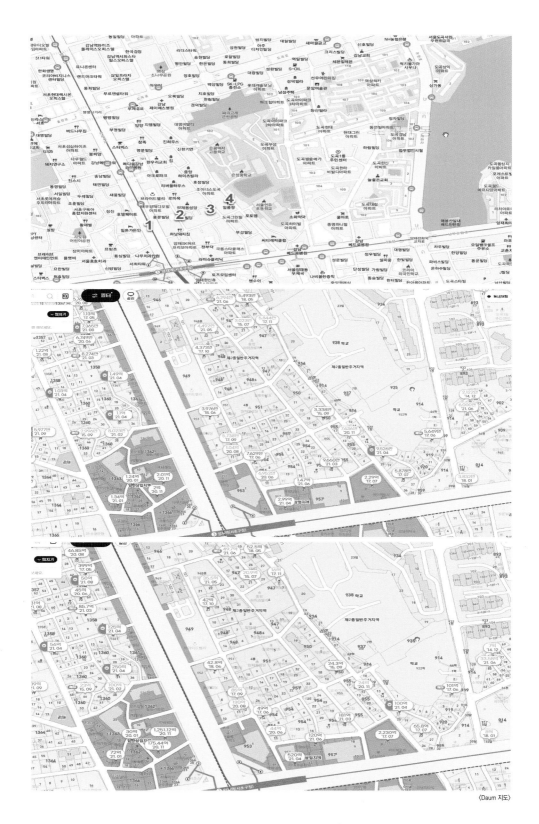

〈Daum 지도〉

1) 꿈의 건물주 – 강남구 건물주,

- 모두의 꿈, 강남 50억 건물주, 마냥 행복할까?

2) 상권인가? 입지인가?

- 상권, 입지 모두 좋아야 한다. 다만 개별입지가 쳐지면 제일 먼저 공실 난다.

3) 토지가? 개발시 예상되는 이익?

- 토지가가 너무 높다. 강남이라는 지역의 프리미엄을 이미 선반영하고 있다.
- 개발해도 이익이 나기 힘든 경우가 많다.

4) 난제 : 매매 차익이 목적인가? 안정적 월세 수입이 목적인가?

- 상가·꼬마빌딩의 본질 : 안정적 월세 수입+시세차익
- 안정적 월세 수입이 가능하려면 입지가 좋아야 하는데, 강남에서 50억 건물의 입지가 과연 좋을 수 있을까?

● **큰 땅의 경우, 대지 분할 후 다가구 원룸 혹은 다중 고시원 등 대안 검토**

8대 주차특례 적용

30㎡ 이하 원룸 0.5대 === 16가구×2필지=32가구

임대시 : 1,000/60×32=32,000/1,920만원

매매시 : 약 3억원×32가구=94억원

층별 분양가, 임대가 분석

1. 층별 분양가 비율 : 마곡지구 C12 블록 상가 사례 평균값 (新)

1층 1,00이라고 하면, 2층 39.4, 3층 30.7%

2. 한국감정원 발표 층별 임대료와 그 한계 : 멘토 손오공의 해석과 제안 (新 해석)

1) 서울 층별 효용비율 정리 표

지역	상권	1층	2층	3층	4층	5층	6~10층	11층 이상	지하
서울	서울 전체 평균	100	59	51	51	51	52	60	35
	도심-명동	100	31	22	23	21	20	21	16
	기타-홍대합정	100	42	26	24	23	23	22	23
	강남-강남대로	100	44	28	25	25	24	26	29
	도심-시청	100	46	50	48	46	44	45	35
	기타-잠실	100	47	42	40	37	40	36	19
	기타-장안동	100	49	37	36	35	34	45	27
	기타-사당	100	49	40	40	39	38	–	26
	기타-화곡	100	50	47	42	43	39	–	32
	도심-동대문	100	56	50	51	50	50	52	39
	강남-논현역	100	56	56	54	54	56	55	35
	도심-을지로	100	56	56	49	56	55	61	35
	여의도마포-공덕역	100	56	53	53	52	52	52	38
	강남-도산대로	100	58	51	50	50	47	43	39
	기타-목동	100	59	50	47	46	48	48	26
	도심-종로	100	60	59	57	57	57	56	44
	여의도마포-여의도	100	62	57	56	56	56	63	43

지역	상권	1층	2층	3층	4층	5층	6~10층	11층 이상	지하
서울	도심-광화문	100	64	57	56	58	58	65	29
	강남-서초	100	65	60	59	58	60	60	32
	도심-충무로	100	68	68	64	65	64	67	46
	기타-천호	100	70	47	45	38	38	32	31
	기타-용산	100	73	71	69	68	69	62	60
	강남-신사역	100	73	55	50	50	52	51	39
	강남-테헤란로	100	74	62	63	62	63	68	37
	여의도마포-영등포	100	78	54	52	52	50	43	33
	도심-남대문	100	82	84	85	85	81	89	69

2) 오피스의 층별 효용비율

지역	상권	1층	2층	3층	4층	5층	6-10층	11층
경기	경기 전체 평균	100	62	58	57	56	58	63
	분당	100	57	55	54	54	55	57
	인계동	100	55	46	46	45	45	49
	일산동구	100	45	36	37	37	37	-
	평촌범계	100	51	44	40	44	47	51
인천	인천 전체 평균	100	56	46	42	41	42	52
	구월간석	100	51	39	33	31	32	41
	부평	100	62	48	46	45	46	48
	주안	100	41	40	38	38	38	-
부산	부산 전체 평균	100	59	40	38	37	36	38
	남포동	100	69	43	35	31	30	32
	부산역	100	40	39	40	39	39	48
	서면	100	64	38	36	35	33	33
	연산로터리	100	58	43	39	39	35	27
	현대백화점주변	100	62	55	56	58	58	62
대구	대구 전체 평균	100	52	47	45	44	44	58
	동대구	100	68	63	62	59	61	64
	동성로	100	54	47	45	45	45	57
	수성범어	100	50	45	44	42	43	50
광주	광주 전체 평균	100	56	52	49	48	51	56
대전	대전 전체 평균	100	59	44	42	42	43	44
울산	울산 전체 평균	100	61	51	49	48	47	56

3) 멘토 손오공의 견해

1층을 1로 본다면 2층은 약 1/2~1/3인데 1/3로 수렴, 3층은 1/3~1/4인데 1/4로 수렴, 4층 이상은 1/4~1/4.5, 4층 이상은 거의 비슷. 지하는 다양하고 의외성이 많아 가시성과 접근성이 좋으면 2층 수준까지도 가능하나, 대체로는 1/4~1/4.5 수준에서 형성된다.

- 이 비율이 꼬마빌딩 등의 임대가 분석, 매매가 분석에서 유용하게 사용됨.

3. 여의도 지역 29개 오피스빌딩 임대료 등 분석 (新)

〈여의도 지역 29개 오피스빌딩 임대료 등 상황 정리〉

(단위 : 만원)

구분	계약평형기준(만원/평)					전용률	전용면적기준 (만원/평)		평당 관리비 비율	완공 년도
	보증금	임대료	관리비	환산 임대료	실제 지출 임대료		임대료	실제 지불 임대료		
평균	69.79	6.64	3.35	7.34	10.69	54%	13.5	19.6	52%	1997

4. 강남권 60개 오피스 빌딩 임대료 등 분석 (新)

강남권(강남구, 서초구)의 오피스 빌딩 59개를 조사·분석한 바, 임대료 등 상황은 다음과 같다.

(단위 : 만원)

구분	계약 평당 보증금	평당 임대료 (계약)	평당 관리비	평당 환산 임대료	평당 실제 지출 임대료	전용율	전용 평당 보증금	전용 평당 임대료	전용 평당 관리비	관리비 비율 (전용평당 환산월세 대비)
평균	91.3	6.7	2.9	7.6	10.6	55	166	12.5	5.4	40%

구분	전용 평당 환산 임대료	전용평 당환산 월세/ 계약 평당환 산월세	전용 평당 실제 지출 임대료	전용평 당총비 용/ 계약 평당 환산 월세	NOC 전용 평당 임대 비용	사용 승인일	연식	* NOC : 전용평당임대비용 {(평당보증금*이자율/12)+ 평당임대료+평당관리비}/ 전용율 이자율은 국세청고시 간 주임대료에 대한 이자율 1.2%(21년) 임대에 필요한 모든 비용을 환산한 수치
평균	14.1	184%	19.6	257%	18.1	1998	22.6	

5. 초고층 오피스빌딩의 층별 임대료(효용격차) (新)

30층 이상 초고층빌딩의 층별 임대료는 저층부에서 초고층부로 갈수록 계단식의 형태로 증가하는 경향이 있다. 대한생명 63빌딩 저층부(3~19층)의 임대료 지수를 100으로 할 때, 중층부(20~39층)는 103.3, 고층부(40~54층)는 109.6%로 분석되었다. 포스코센터의 경우는 2~6층의 임대료 지수를 100으로 할 경우 7~15층은 105.3%, 16~22층은 109.4%, 23~27층은 112.9%, 23~27층은 116.8%로 조사·분석되었다. 다른 초고층 오피스빌딩의 경우도 비슷한 경향을 보였다.(김영혁의 연구)

6. 상가건물의 층별 상가구성과 관련해 – 박스형 상가건물과 스트리트형 상가의 차이점 (新)

1) 태권도 학원은 3층 이상, 최소한 2층 이상에 위치하고 1층에 있는 경우를 본 적이 없다.

왜 그럴까? 이왕 장사하는 사람이면 접근성과 가시성이 좋은 1층에 들어가고 싶을 텐데, 상가가치, 즉 임대료의 차이가 크기 때문이다.

2) 일반적인 박스형 상가건물과 스트리트형 상가의 차이점

박스형 건물 : 1층 면적이 가장 적다. 가령 4층 건물의 경우 1층은 총 면적의 1/4이하
스트리트형 상가 : 1층이 가장 많다. 공실시 들어올 업종이 별로 없다. 상권을 파괴한다.

3) 스트리트형 상가의 대표적 사례 위례신도시 공실문제

상가를 1층 위주로 공급하면서 벌어진 필연적 결과이다. 스트리트형으로 조성하려면 상가공급 면적을 아주 최소화해야 한다. 지금보다 최소 1/2, 가급적 1/3로 줄여야 상권 파괴가 없다.

7. 상가의 층별 분양가·임대가 차이는 왜 발생하는 것일까? (新)
– 상가의 접근성과 가시성 차이 때문

우리나라 최고 상권·최고 입지에 상가 위주의 건물을 지었을 때와 오피스 전용빌딩을 지었을 때의 수익성, 어떤 게 좋을까? (II.5절.상가·꼬마빌딩 투자의 공통점과 차이점 참고)

05

상가·꼬마빌딩 가치 증대법

1. 상가가치 증감과 매매가의 관계 (新) ('HOW상가·꼬마빌딩 재테크' p341 참고)

1) 가치 증가에 따른 임대료·매매수익률·매매가의 변화

(**역 다이소의 경우)

가) 현황

(1) 과거

(2) 현재

나) 가치 증가에 따른 상가 임대료의 변화와 이에 따른 매매가의 변화 사례

(1) 과거의 임대료에 따른 매매가 추정(보 1억원/ 월 500만원이라고 한다면)

(잘 모르겠으면 초고수되기를 다시 공부하자.)

적정 매매수익률	6%	7%	8%	10%	12%	15%
보증금	1억	1억	1억	1억	1억	1억
월세	500만	500만	500만	500만	500만	500만
적정매매가						

(2) 상가가치 증대법 사용 후의 임대료 변화(부동산중개업소의 얘기 – 50% 정도 상승 예상)

(잘 모르겠으면 초고수되기를 다시 공부하자.)

적정 매매수익률	6%	7%	8%	10%	12%	15%
보증금	1억	1억	1억	1억	1억	1억
월세	750만	750만	750만	750만	750만	750만
적정매매가						

(3) 상가가치 증대법 사용 후의 임대료 변화(멘토 손오공의 견해 – 장기적으로 배는 상승 예상)

적정 매매수익률	6%	7%	8%	10%	12%	15%
보증금	1억	1억	1억	1억	1억	1억
월세	1,000만	1,000만	1,000만	1,000만	1,000만	1,000만
적정매매가						

다) 상가가치 증대법 사용 후의 매매 수익률의 변화와 이에 따른 매매가의 변화(멘토 손오공의 견해)

멘토 손오공에 의하면 상가가치가 증가하면 매매수익률도 변화할 수 있고, 이는 종국적으로 매매가에 영향을 준다고 본다. 이를 감안해 이 물건을 분석해보자.

즉 임대료가 100% 정도 상승함(정확히는 많이 상승할 것으로 예상)은 물론 수익률도 변화(과거 8%였다면, 접근성과 가시성이 개선됨에 따라 6% 정도면 충분히 매매가 가능할 정도로 변화할 것으로 예상됨)하여, 매매가에 영향을 줄 것으로 본다. 그렇다면 매매가는 어떻게 될까?

(당초 임대료 : 1억/500만원, 당초 수익률 8%, 사용 후 : 1억/1,000만원, 수익률 6%로 변화시)

적정 매매수익률	2%	3%	4%	5%	6%	8%
보증금	1억	1억	1억	1억	1억	1억
월세	1,000만	1,000만	1,000만	1,000만	1,000만	1,000만
적정매매가						

라) 생각할 점

- 집합건물은 공용부분을 맘대로 임의 변경할 수 없다는 점 명심. (현행 집합건물법 : 공용
  부분 변경에 관한 사항은 구분소유자의 3분의 2 이상의 동의)
- 위의 다이소처럼 밖에서 바로 지하로 들어가는 출구를 만들어 상가가치가 증대했는
  데, 임대차 기간이 만료되면서 원상회복하게 되는 경우, 매매가는 어떻게 변화될까?

2) 핫플레이스 상권과 상가가치의 급등락
가) 명동 상권의 경우

서울 핵심상권 명동 상가, 10곳 중 4곳이 비었다

김호경기자 2021. 07. 29

330㎡ 이하 소규모 상가 43.3% 공실
코로나 한파에 5년 만에 최고치
이태원 31.9% · 홍대 주변 22.6%
빈 상가 늘며 임대료도 하락세

의정서울 핵심 상권인 명동에서 1,2층짜리 건물 내 상가 10곳 중 4곳가량은 비어 있는 것으로 조사
됐다. 신종 코로나바이러스 감염증(코로나19)여파로 외국인 관광객 발길이 끊이면서 폐업한 가게가
급증했기 때문이다.

28일 한국부동산원이 발표한 '올해 2분기(4~6월) 상업용부동산 임대동향조사'에 따르면 명동의 소
규모 상가 공실률은 43.3%로 1분기(38.3%)보다 5%포인트 상승했다. 이는 관련 통계를 집계한
2017년 이후 가장 높은 수치다. 소규모 상가는 2층 이하면서 연면적이 330㎡(약 100평)이하인 건
물을 가리킨다.

명동에서 빈 상가가 늘면서 임대료도 하락했다. 2분기 명동의 중대형 상가(3층 이상이거나 연면적
330㎡ 초과인 건물) 임대가격지수는 83.3으로 전 분기보다 4.59% 떨어졌다. 이 지수는 지난해 4
분기 임대료를 100으로 놓고 수치화한 것이다. 건물주들은 통상 건물 가치 하락을 우려해 공실이어
도 임대료를 잘 내리지 않는데, 공실 기간이 장기화되며 임대료를 내리기 시작한 것으로 풀이된다.

서울에선 명동에 이어 용산구 이태원(31.9%)과 홍대입구역·합정역 인근 상권(22.6%)순으로 소규모
상가 공실률이 높았다.

이보다 앞선 2017년 6월엔 명동8길 옛 랜드로바 건물은 315억3,150만 원에 거래됐다. 이 건물은
지상 4층 높이로 대지면적 101.5㎡·연면적 351.22㎡다. 3.3㎡당 10억2,000만원에 거래됐다는
얘기다.

명동愛타워는 대지면적 169.3㎡·연면적 551.85㎡로 5층 높이 건물이다. 건물과 토지를 합한 가치는 700억원에 육박할 것으로 추산된다. 밸류맵 관계자는 "2017년과 지난해 주변 건물이 3.3㎡당 10억원대에 실거래됐고 관심도와 상징성, 광고 효과 등을 고려했을 때 건물 가치는 3.3㎡ 당 12억원 이상도 가능할 것"이라고 분석했다.

서울 명동 M공인중개사 관계자도 "네이처리퍼블릭 명동월드점 위치가 지하철 4호선 명동역에 가깝고 상징성도 커 이곳 시세는 3.3㎡당 10억원을 훌쩍 넘길 것"이라고 말했다.

임대료와 보증금으로 추산한 건물 가치를 따져봐도 650억원 안팎에 이른다. 건물 5층을 통째로 임대한 네이처리퍼블릭은 보증금 50억원에 월 임대료가 2억 6,000만원 수준으로 알려졌다.

주씨가 얻은 차익만 최소 15배에 달할 것으로 풀이된다.

[이데일리 경계영 기자] 올해도 서울 중구 충무로1가에 위치한 네이처리퍼블릭 명동월드점 부지가 전국 최고 땅값을 기록했다. 2004년 중구 명동2가 우리은행 본점 부지로부터 최고 땅값자리를 넘겨받은 이후 벌써 16년 연속 1위를 수성했다.

국토교통부가 지난 12일 발표한 2019년 1월 1일 기준 네이처리퍼블릭 명동월드점이 들어선 명동애(愛)타워 부지의 공시지가는 1㎡당 1억8,300만원으로 지난해 1㎡당 9,130만원보다 100.4% 상승했다. 3.3㎡당 가격으로 환산하면 6억390만원에 이른다.

법원 등기부등본을 보면 이 건물의 주인은 경기 남양주시에 거주하는 주모(73)씨다. 주씨는 1999년 서울중앙지법에서 진행한 경매에서 이 부지와 건물을 낙찰 받아 20년째 보유하고 있다. 당초 감정가는 51억7,597만원이었지만 한 차례 유찰되며 감정가 80% 수준인 41억 8,000만원에 낙찰 받았다. 이 필지는 김중원 전 한일그룹 회장이 국제상사 명의로 보유했다가 외환위기를 맞은 1998년, 한일그룹 부도로 경매시장에 나왔다.

---

* 명동 네이처리퍼블릭 임대료 : 보증금 50억원, 월 26,000만원

수익환산법으로만 단순 계산한다면(잘 모르겠으면 초고수되기를 다시 공부하자.)

적정 매매수익률	1.5%	2%	2.5%	3%	3.5%	4%
보증금	50억	50억	50억	50억	50억	50억
월세	2.6억	2.6억	2.6억	2.6억	2.6억	2.6억
적정매매가						

명동 상권의 침체가 지속되어 임대가 하락이 고착화된다면

적정 매매수익률	1.5%	2%	2.5%	3%	3.5%	4%
보증금						
월세						
적정매매가						

주의) 꼬마빌딩도 상가처럼 수익환산법을 기본으로 하지만 매매가 결정시 상가에 비해 토지 평당가에 대한 고려가 매우 높다.

나) 경리단길

르포] 폐허로 변한 경리단길, 사람도 가게도 없다 - 인사이트코리아 도다솔 기자 2019. 2.11

요즘 사람들이 모이는 '핫플레이스'를 가르켜 이태원의 경리단길을 본따 '○리단길'이라고 부르는 모습을 심심찮게 볼 수 있다. 예컨대 서울 망원동 망리단길, 연남동의 연리단길을 비롯해 경주의 황리단길, 전주의 객리단길, 부산의 해리단길 등이 경리단길 이름을 따라 붙였다.

그런데 ○리단길의 원조, 핫플레이스의 대명사격인 경리단길이 최근 들어 '핫'함과 멀어지고 있다. 다양한 볼거리와 젊은 감각으로 사람들을 모았던 경리단길에서 최근 높은 임대료를 버티지 못하고 줄폐업이 이어지고 있다. 서울시 상권분석서비스에 따르면 이태원 일대를 찾는 유동인구는 1년 새 12%나 줄어들었다. 반면, 이태원역 주변의 임대료는 2015년부터 2017년까지 10.2%나 올랐다. 이는 한국감정원이 조사한 서울시 평균(1.8%)보다 6배 높은 수준이다.

경리단길 부동산 중개업자에 따르면 지난해 9월 기준 메인 거리 1층 상가 임대료는 전용면적 3.3㎡당 보증금 3,000~4,000만원에 월세 250~300만원 수준이었으나 최근엔 200만원까지 떨어졌다고 한다. 건물주들이 뒤늦게 임대료를 내렸으나 임차인들의 탈출 행렬은 멈추지 않고 있다. 경리단길 상권 임차인들은 최근 유동인구에 비해 임대료가 여전히 높다는 입장이다.

지난해 봄까지 경리단길에서 9년간 운영해오던 카페를 정리한 송(37) 아무개씨는 높은 임대료를 감당하지 못해 경기도 안양시로 가게를 이전했다며 "임대료가 다시 이전 수준으로 내려간다고 해도 경리단길로 돌아가지 않을 것"이라고 말했다. "어차피 한번 불 꺼진 상권엔 미래가 없다고 생각한다"고 했다. 한때 강남의 가로수길, 강북의 경리단길로 서울의 대표 핫플레이스로 유명세를 떨치던 경리단길도 결국 임대료 앞에 무너지고 있다. 당분간은 경리단길의 영화는 없을 것으로 보인다. 사람들의 발길이 뚝 끊긴 경리단길 점포에서 상인들의 한숨소리만 새어나오고 있다.

* 2018년 9월 기준 메인 거리 1층 상가 임대료

적정 매매수익률	3%	4%	5%	6%	8%	10%
보증금	3,000만	3,000만	3,000만	3,000만	3,000만	3,000만
월세	300만	300만	300만	300만	300만	300만
적정매매가						

2019년 2월 메인 거리 1층 상가 임대료

적정 매매수익률	3%	4%	5%	6%	8%	10%
보증금	3,000만	3,000만	3,000만	3,000만	3,000만	3,000만
월세	200만	200만	200만	200만	200만	200만
적정매매가						

● 2018년 9월은 상권 침체 초반기로 보자. 이 때 임대료 보증금 3,000만/월 250만원이 었는데, 침체가 지속되면서 2019년 보증금 3,000만원/월 200만원까지 떨어졌다면 매매가는 어떻게 변화할까?

핵심 : 침체가 장기화되면서 임대료가 하락하면 매매수익률도 변화한다는 점 명심하면서 매매가를 계산하자. 반대해석으로 유동인구 기반 상권의 경우 확장기에 대박을 맞을 수도 있다.

다) 하월곡동 파출소 사례
  - 리모델링 이전 상가가치
  - 리모델링 이후 상가가치의 변화

2. 상가가치 증대법 5가지 사례분석 및 상가가치 변화 분석(상당부분 新)

적혀 있는 주소지를 다음(네이버)지도로 직접 찾아, 과거 모습과 현재 모습을 비교해 보자.

1) 리모델링으로 가치 증가시킨 사례
가) 작은 리모델링, 큰 만족 - 단순 리모델링
(1) 2016-14523(이화동 9-195)

(2) 서래마을 상가건물(반포동 106-9)

(3) 원효로1가 121-90

(4) 역삼동 812-8

나) 큰 리모델링(혹은 신축)과 수익성 분석

(1) 2014-23004(3)(종로구 원서동 152)

* 물건내역 : 토지 : 44.52평, 건물 52.5평, 감정 : 18억 900만원, 낙찰 : 231,300만원 (15년 12월), 차순위 : 21.77억, 용도지역 : 준주거, 1종지구단위, 토지평당가 : 5,194만원, 공시지가 : 2,114만원(2015년 1월), 3,253만원(2021년)

* 리모델링 후(https://blog.naver.com/nkworld2009/221029139953)
  연면적 : 108평(지하 23평, 1층(계단 4평, 주차장 8.3평, 휴게 4평), 2층 23평, 3층 23평, 4층 16평, 용적률산정용연면적 : 77평, 용적률 198%, 건축면적 23.1평, 건폐율 59.6%)

* 주변 거래사례 1 : 원서동 157-1, 157-2(바로 옆이나 뒤쪽임)(준주거)
  매매가 : 50억원(2021년 2월, 토지 87평, 건물면적 181평(2008년식) 평당가를 250만원으로 계산하면 건물가는 4.5억, 300만원으로 계산하면 건물가는 5.4억 정도이므로 토지가는 대략 45억원)
  따라서 토지평당가는 5,172만원, 개별공시지가는 157-2, 157-1 둘 다 1,778만원 (20년 1월), 2026만원(21년 1월)

* 주변 거래사례 2 : 계동 140-5
  주변이나 이곳은 1종 일반주거지역임.
  매매가 28.71억원(2016년 7월), 토지 73.33평, 건물 98.8평(1972년식)
  따라서 토지평당가 3,915만원

(2) 2014-29682(방배동 426-3 세원빌딩, 2015년 12월)

* 리모델링 전 물건내역
  토지 : 85.57평, 건물 189.5평(1995년식), 건물 평당 150만원 정도로 계산하면 2.8억원 정도
  감정 : 40.95억원, 낙찰 37.11억원(차순위 37억원), 토지평당가는 대략 평당 6,160만원 정도
  3종일반, 공시지가 2,234만원(16년 1월), 3,042만원(21년 1월)

* 리모델링 후 물건내역
  연면적 : 263평(지하 49평, 1층 36평, 2층~6층 : 35.4평, 주차 6대 21평),
  용적률산정용연면적 230평, 용적률 249%

건폐율 49.62%, 대지면적 283㎡(85.6평), 건축면적 140㎡(42평)

공사비 평당 700이면 건축비 18.4억, 600이면 15.8억, 평당 500이면 13.15억원

* 주변 임대 사례 1(사무실 임대매물) (21년 8월)

- 주변 구산타워 222평 해당층 3층/전체 20층, 보증금 12.3억/월세 2,552만원 관리비 1,540만원

- 방배동 43-24 동주빌딩 해당층 9층/천체 9층, 실 52평, 보증금 1억/월세 600, 2005년식

- 주변 사무실 5층, 실 23평, 보증금 5,000/월세 270, 해당 층 3층(전체 6층),
  실 15평, 보증금 2,000/월세 120, 2002년식,
  실 17평, 보증금 3,000/월세 120, 해당 층 3층(7층), 2002년식,
  실 38평, 보증금 5,000/월세 300, 해당 층7층(전체 10층), 2014년식

▷ 위 사례들을 감안해 보증금 5,000만/월세 300만원 으로 계산한다면 2~6층+지하 총 6개 층 합계 대략 보증금 3억원/월세 1,800만원

▷ 1층 36평을 보증금1.5억 월세 900으로 계산하면 전체 임대료는 대략 4.5억/2,700만원 정도로 추산되고, 이를 근거로 매매가를 추정하면, (빈 칸의 값을 입력하자. 모르겠으면 매매가.임대가 분석 8단계로)

적정 매매수익률	2%	2.5%	3%	3.5%	4%	4.5%
보증금	4.5억	4.5억	4.5억	4.5억	4.5억	4.5억
월세	2,700만	2,700만	2,700만	2,700만	2,700만	2,700만
적정매매가						

* 주변 매매사례 2

- 방배동 426-1 방배노블루체 서리풀(바로 옆) 3종일반, 124.8억원(2018년 1월), 토지 277.8평, 건물 205평(구축), 토지평당가 약 4,492만원, 공시지가 2,551만원

- 리모델링 후
  연면적 : 531평, 건축비를 평당 600이라고 하면 약 32억원, 700이라고 하면 37억원, (지상 1층, 상가 5개 총 59평, 2층~8층 오피스텔이며 각 층마다 실 9평 정도 4개씩임. 그러므로 9평 정도가 총 28개, 9층~12층은 도시형생활주택으로 각 층마다 6~7평 짜리가 4개씩 있다. 따라서 총 16개)

정리하면 1층은 상가 총 면적 약 60평, 오피스텔 9평 정도짜리 28개, 도시형생활주택 6, 7평 짜리 16개임. 9평이 약 5.5억~6억 정도에 매물로 나와 있음.

(3) 주변 토지 합쳐 개발한 사례 - 개성하이빌 1차(오피스텔 개발)

: 관양동 1488-42(124㎡), 25(153㎡), 26(156㎡) 도합 434㎡

관양동 1448-42 124㎡ 16.5억원(2017년 8월), 관양동 1488-25 153㎡ 10.9억(2017년 9월), 관양동 1488-26 157㎡ 9.6억(2017년 9월)

위 3필지 총합 434㎡ 총 매매가 37억원 평당 약 2,814만원

건축면적 292㎡(67%), 연면적 4380㎡(1325평)(1,000%), 용적률(793%), 지하3/지상 14층, 주차대수 39대

신축 후 : 총 39세대 분양가 약 166억원

(4) 2013-10925(수유동 472-602)

(5) 2016-9927(역삼동 778-38)

(6) 2014-14362(옥수동 314-2)

(7) 2012-13565(용강동 493-3)

(8) 2016- 102068(화곡동 1019-16)

2) 용도변경
가) 상가 혹은 상가건물로 용도변경

(1) 2004-33366(청파동2가 90-1) : 감정 159,400, 낙찰 160,670, 토지 68평, 건물 287평(1층 33평 주차장, 2층~6층 : 각 37평, 7층 29평, 지하 34평)

리모델링 후 : 1층과 2층,지하를 근생으로, 부속주차장을 청파동2가 36-6에 6대 155.8㎡ 설치

* 부속주차장 : 주차장법 19조에 따라 건축물, 골프연습장, 그 밖에 주차 수요를 유발하는 시설에 부대해 설치된 주차장 ① 건축물이 있는 동일 대지내에 설치하거나, ② 대지 경계선으로부터 직선거리 300m, 보행거리 600m 이내 소유권을 확보한 후 설치한 것을 말한다.

대지 경계선으로부터의 거리는 지자체의 조례에 따라 달라질 수 있다.

(2) 인천 갈산동 32-2 물건 : 원래 주요소 자리를 스타벅스로 용도변경하여 가치 폭등한
사례

　* 상가입지로서의 인천 갈산동 물건 평가 : 원래 상가입지 X, 교통량을 본 선견지명,
　실행력

　* 용도변경 후의 인천 갈산동 물건(21년 9월 26일 추석) - 차량 대기줄

　* 길게 늘어선 차량 대기줄

* 용도변경 전과 후의 가치의 변화

: 주유소 자리를 경쟁 격화와 함께 스타벅스로 용도 변경한 것이 주효(상가가치 폭등)

(3) 주유소를 스타벅스 드라이브스루로 : 부산 해운대구 반여동 1201

- 주유소 자리로는 괜찮은 입지이나 상가·꼬마빌딩 자리로는 별로인데 차량 동선을 생각한 스타벅스 드라이브 스루로 용도변경함으로써 가치 폭등

(4) 관리사무소를 상가로 : 야탑동 야탑시장 주차장 일식집

* 과거

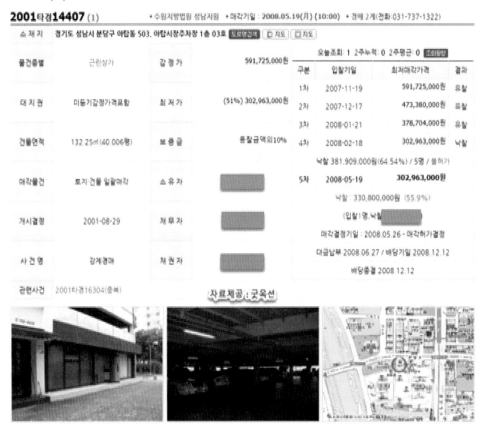

● **현황 – 일식집으로 용도변경**

관리소가 일식집으로 용도변경함에 따라 상가가치(매매가)에 어떤 변화가 있을까?

조사하여 임대료와 매매수익률은 어느 정도 되는지, 매매가는 어떤 변화가 있는지 알아보자.

* 야탑동 용도변경건의 매매가 예측(평당 10만원 정도인 경우)(임대료를 알아보고 해당란에 기입)

주소					물건번호		매물로 나온 매매가 (or 입찰예정가, 매입가)	33080		
보증금	5000	현재 월세	350	전용 면적(평)	40	리모델 링비 (전용 1평당)	0	매입 후(혹은 리모델링 후) 실제 받을 수 있는 월세 (보증금은 동일)	350	

월세에 따른 적정 매매가 분석 프로그램(단위 : 만원)

수익율	2%	3%	4%	5%	6%	7%	8%	9%	10%	12%	15%	?
현재 적정 매매가	215000	145000	110000	89000	75000	65000	57500	51667	47000	40000	33000	#VALUE!
매매가(or 매 입가, 입찰가)	33080	33080	33080	33080	33080	33080	33080	33080	33080	33080	33080	
총리모 델링비	0	0	0	0	0	0	0	0	0	0	0	0
리모델링후 건물가치	215000	145000	110000	89000	75000	65000	57500	51667	47000	40000	33000	#VALUE!
단순매매 차익	181920	111920	76920	55920	41920	31920	24420	18587	13920	6920	-80	#VALUE!
비용 계산한 매매차익	181920	111920	76920	55920	41920	31920	24420	18587	13920	6920	-80	#VALUE!

만든 사람	(상가·꼬마빌딩 투자의)멘토 손오공 (저서 참고 : HOW상가·꼬마빌딩재테크, 실전 상가투자·실전 꼬마빌딩투자)(유튜브 : 멘토손오공tv) Copyright 2021.mentorson50(Son,Y.S). All rights reserved.

사용방법	1. 노란색 칸(보증금과 월세, 전용평수, 매물로 나온 매매가 혹은 매입가, 매입후 혹은 리모델링 후 실제 받을 수 있는 월세, 리모델링비, 수익률)를 채워넣으면, 원하는 결과가
	   자동 계산됩니다.
	2. 리모델링 등을 통해 건물의 가치를 증대(가령 임대료 증가)를 시킬 수 있는 경우, 전용 1평당 리모델링비(4번)와, 리모델링 후에 받을 수 있는 월세를 입력하면
	   자동으로 리모델링에 따른 매매가(리모델링 후의 건물가치)가 자동계산됩니다. 리모델링 없이도 월세 변동이 가능한 경우 해당 란에 실제 받을 수 있는 월세를 기입하면
	   매매차익 등의 정보를 얻을 수 있음
	3. 단순매매차익 = 리모델링후 건물가치 - 매물로 나온 매매가(매입가, 입찰가)
	4. 비용 제외한 단순매매차익 = 리모델링후 건물가치 - 매매가(매입가, 입찰가) - 리모델링비

* 야탑동 용도변경건의 매매가 예측(평당 15만원 정도인 경우)

주소					물건번호		매물로 나온 매매가 (or 입찰예정가, 매입가)	33080		
보증금	5000	현재 월세	550	전용 면적(평)	40	리모델 링비 (전용 1평당)	0	매입 후(혹은 리모델링 후) 실제 받을 수 있는 월세 (보증금은 동일)	550	

월세에 따른 적정 매매가 분석 프로그램(단위 : 만원)

수익율	2%	3%	4%	5%	6%	7%	8%	9%	10%	12%	15%	?
현재 적정 매매가	335000	225000	170000	137000	115000	99286	87500	78333	71000	60000	49000	#VALUE!
매매가(or 매 입가, 입찰가)	33080	33080	33080	33080	33080	33080	33080	33080	33080	33080	33080	
총리모 델링비	0	0	0	0	0	0	0	0	0	0	0	0
리모델링후 건물가치	335000	225000	170000	137000	115000	99286	87500	78333	71000	60000	49000	#VALUE!
단순매매 차익	301920	191920	136920	103920	81920	66206	54420	45253	37920	26920	15920	#VALUE!
비용 계산한 매매차익	301920	191920	136920	103920	81920	66206	54420	45253	37920	26920	15920	#VALUE!

만든 사람	(상가·꼬마빌딩 투자의)멘토 손오공 (저서 참고 : HOW상가·꼬마빌딩재테크, 실전 상가투자·실전 꼬마빌딩투자)(유튜브 : 멘토손오공tv) Copyright 2021.mentorson50(Son,Y.S). All rights reserved.

사용방법	1. 노란색 칸(보증금과 월세, 전용평수, 매물로 나온 매매가 혹은 매입가, 매입후 혹은 리모델링 후 실제 받을 수 있는 월세, 리모델링비, 수익률)를 채워넣으면, 원하는 결과가
	   자동 계산됩니다.
	2. 리모델링 등을 통해 건물의 가치를 증대(가령 임대료 증가)를 시킬 수 있는 경우, 전용 1평당 리모델링비(4번)와, 리모델링 후에 받을 수 있는 월세를 입력하면
	   자동으로 리모델링에 따른 매매가(리모델링 후의 건물가치)가 자동계산됩니다. 리모델링 없이도 월세 변동이 가능한 경우 해당 란에 실제 받을 수 있는 월세를 기입하면
	   매매차익 등의 정보를 얻을 수 있음
	3. 단순매매차익 = 리모델링후 건물가치 - 매물로 나온 매매가(매입가, 입찰가)
	4. 비용 제외한 단순매매차익 = 리모델링후 건물가치 - 매매가(매입가, 입찰가) - 리모델링비

* 야탑동 용도변경건의 매매가 예측(평당 20만원 정도인 경우)

주소						물건번호		매물로 나온 매매가 (or 입찰예정가, 매입가)	33080	
보증금	5000	현재 월세	750	전용 면적(평)	40	리모델 링비 (전용 1평당)	0	매입 후(혹은 리모델링 후) 실제 받을 수 있는 월세 (보증금은 동일)	550	

월세에 따른 적정 매매가 분석 프로그램(단위 : 만원)

수익율	2%	3%	4%	5%	6%	7%	8%	9%	10%	12%	15%	?
현재 적정 매매가	455000	305000	230000	185000	155000	133571	117500	105000	95000	80000	65000	#VALUE!
매매가(or 매 입가, 입찰가)	33080	33080	33080	33080	33080	33080	33080	33080	33080	33080	33080	33080
총리모 델링비	0	0	0	0	0	0	0	0	0	0	0	0
리모델링후 건물가치	335000	225000	170000	137000	115000	99286	87500	78333	71000	60000	49000	#VALUE!
단순매매 차익	301920	191920	136920	103920	81920	66206	54420	45253	37920	26920	15920	#VALUE!
비용 계산한 매매차익	301920	191920	136920	103920	81920	66206	54420	45253	37920	26920	15920	#VALUE!

만든 사람	(상가·꼬마빌딩 투자의)멘토 손오공 (저서 참고 : HOW상가·꼬마빌딩재테크, 실전 상가투자·실전 꼬마빌딩투자)(유튜브 : 멘토손오공tv) Copyright 2021.mentorson50(Son,Y.S.). All rights reserved.
사용방법	1. 노란색 칸(보증금과 월세, 전용평수, 매물로 나온 매매가 혹은 매입가, 매입후 혹은 리모델링 후 실제 받을 수 있는 월세, 리모델링비, 수익률)을 채워넣으면, 원하는 결과가 　자동 계산됩니다. 2. 리모델링 등을 통해 건물의 가치를 증대(가령 임대료 증가)를 시킬 수 있는 경우, 전용 1평당 리모델링비(4번)와, 리모델링 후에 받을 수 있는 월세를 입력하면 　자동으로 리모델링에 따른 매매가(리모델링 후의 건물가치)가 자동계산됩니다. 리모델링 없이 월세 변동이 가능한 경우 해당 칸에 실제 받을 수 있는 월세를 기입하면 　매매차익 등의 정보를 얻을 수 있음 3. 단순매매차익 = 리모델링후 건물가치 - 매물로 나온 매매가(매입가, 입찰가) 4. 비용 제외한 단순매매차익 = 리모델링후 건물가치 - 매매가(매입가, 입찰가) - 리모델링비

(5) 서래마을 : 반포동 105-2

　　일반주택에서 1층, 2층 상가, 3층 주택으로 용도변경

(6) 성수동 대림창고

　　과거의 공장을 외관은 거의 그대로 유지한 채, 내부를 리모델링하여 카페로 용도변경

　　* 시설군과 시설군에 속하는 건축물의 용도

시설군	건축물의 용도
① 자동차 관련 시설군	자동차 관련 시설
② 산업 등의 시설군	운수시설, 창고시설, 공장, 위험물저장 및 처리시설, 분뇨 및 쓰레기처리 시설, 묘지관련시설, 장례식장
③ 전기통신시설군	방송통신시설, 발전시설
④ 문화 및 집회시설군	문화 및 집회시설, 종교시설, 위락시설, 관광휴게시설
⑤ 영업시설군	판매시설, 운동시설, 숙박시설, 제 2 종 근린생활시설 중 고시원
⑥ 교육 및 복지시설군	의료시설, 노유자시설, 교육연구시설, 수련시설
⑦ 근린생활시설군	제 1 종 근린생활시설, 제 2 종 근린생활시설(고시원은 제외)
⑧ 주거업무시설군	단독주택, 공동주택, 업무시설, 교정 및 군사시설
⑨ 그 밖의 시설군	동물 및 식물관련시설

　　※ ①로 올라갈수록 상위시설군이고, ⑨로 내려갈수록 하위시설군이다.

　　주의 : 건축물의 용도를 하위군에 해당하는 용도로 변경하는 신고대상도 위에서 살펴본 법정
주차대수의 적합성 여부, 정화조용량의 적합성 여부 등 용도변경 시 검토사항을 만족시켜야

한다. 특히 문제되는 부분은 주차대수와 정화조 용량이고 고시원과 같은 다중이용시설은 소방시설 추가여부가 문제될 수 있으니 미리 꼼꼼히 확인해봐야 한다. 단, 전문적인 사항은 건축사 등의 상담을 꼭 받을 필요가 있다.

* 용도변경의 종류

구분	내용	예시		
허가대상	해당하는 시설군에 속하는 건축물의 용도를 상위군에 해당하는 용도로 변경하는 경우	8호군 : 업무시설	⇒	4호군: 문화 및 집회시설
신고대상	해당하는 시설군에 속하는 건축물의 용도를 하위군에 해당하는 용도로 변경하는 경우	7호군 : 근린생활시설	⇒	8호군: 업무시설
기재사항 변경대상	동일한 시설군 내에서 변경하고자 하는 경우	5호군 : 숙박시설 (일반숙박시설)	⇒	5호군: 판매시설(상점)
	근린생활시설내 변경 중 목욕장.의원.산후조리원.공연장.PC방.학원.골프연습장.단란주점.안마시술소.노래연습장으로 변경	제 2종 근린생활 시설 (일반음식점)	⇒	제 2종 근린생활 시설 (학원)
용도변경 없이 사용 가능(=임 의변경대 상)	건축법 시행령 [별표.1]용도별 건축물의 종류 중 동일한 호에 속하는 건축물 상호간이 변경	교육연구시설 (직업훈련소)	⇒	교육연구시설 (학원)
	제 1종 근린생활시설과 제 2종 근린생활시설 상호간의 변경(기재사항변경 대상은 제외)	제 1종 근린생활 시설 (소매점)	⇒	제 2종 근린생활 시설 (일반음식점)

나) 단독주택에서 주로 다가구·원룸으로 용도변경

(1) 2011-8434(성내동 386-62)(책) 감정 84,375만원, 낙 78,700, 당시 공시지가 : 43,500

　　* 리모델링 이전 현황 : 대지 52.5평, 2종일반, 건축면적 단독 61평(2층 구옥)

　　* 리모델링 이후

　　- 다세대주택 5층 8세대(1층 필로티, 2~5층 : 한 층에 2세대씩 총 8세대)

　　- 건축면적 31평, 연면적 120평, 건폐율 59.5, 용적률 227, 용적률산정용연면적 120평,

　　- 1층 경비실 13㎡, 계단 10㎡, 2층(2세대) 31평, 3층(2세대) 31평, 4층(2세대) 31평, 5층(2세대) 19.4평, 옥탑 10㎡(연면적 제외), 주차 - 옥내자주식 4대 46㎡, 옥외자주식 2대 23㎡

　　* 수익성 분석 - 우선 주변 임대시세

　　- 네이버부동산 검색(2년된 실평수 14평 빌라가 보증금 1.5억/월 50, 25년된 다가구 12평이 4,000/50, 15년된 빌라가 13평 1.5억/50만원)

　　- 본 건은 새 건물이고 실평수도 더 크므로 1.5억/60 정도라고 계산하면 총 보증금 약

12억, 월세 440~500만원 정도

- 건축비 500(몇 년 전이라)×120평=약 6억원,,, 총 원가 약 14억원 안팎

* 주변의 과거 거래사례 분석 : 밸류맵, 디스코 등

(2) 2016-102068(화곡동 1019-16) : 근생, 다가구로

(3) 2013-24818(미아동 837-907) : 낙 41,100 근생, 다가구로

대지 45평, 2종일반, 지하1층/지상3층 건축면적 26평, 연면적 99평(지하 17평 근생, 지하 7.8평 주차장, 1층 근생 25평, 2층 다가구 22평, 3층 다가구 26평), 주차 옥내1대, 옥외 2대

건폐율 50.8%, 용적률 166.5%, 용적률산정연면적 73평,

(4) 2010-4271가(미아동 130-90)

* 리모델링 이전 현황 : 토지 34.5평, 2종 일반, 건물 29평(1970년식), 감정 47,137, 낙 46,210(2010년 10월)

* 리모델링 이후

- 건축면적 21평, 건폐율 59.8, 용적률 179, 용적률산정연면적 61평,

- 연면적 82.5평(지층 20.5평 다중주택 4호, 1층 20.5평 다중주택 2호/공동취사장, 2층 20.5평, 다중주택 3호, 3층 20.5평 다중주택 3호), 주차 2대 23㎡,

* 수익성 분석

- 주변 임대가 : ① 23㎡ 원름 1층/4층, 보 500/월 40, 풀옵셥, 10년 이내

② 19㎡, 지하1층/3층, 500/35, 풀옵션, 15년 이내

(5) 2015-6326(정릉동 252-133) : 낙 37,860만원, 감정가 49,789, 대출 2016년 9월 현재 1억원

* 리모델링 이전 현황

대지 48평, 건축면적 24.7평

* 리모델링 이후

연면적 : 83평 – 1층 근생 5.5평, 2~4층 22평(2세대 - 29.95㎡, 29.14㎡), 5층 13평(32.07㎡ 1세대)

* 수익성 분석

임대료 : 하나당 약 보 1,000/월 60(2016년 10월),

실거래가 : 2016년 9월 현재 29㎡ 대체로 16,000~16,500만원, 32㎡은 22,000만원

2021년 3월 18일 현재 29.14㎡ 22,250

2021년 5월 26일 전세 29.95㎡ 14,500

매매가 예상 22,000×6=132,000+25,000+1층 근생 =167,000만원 이상

2016년 당시 월세 1,000×7/60×7=7,000/420+근생=보 8,000만원/월 450 정도

(6) 2013-8953(미아동 791-1435) : 낙 23,810 원래 1층 상가(임대모집 100/15)

대지 28평, 2종일반, 낙 23,810, 건축면적 17평, 연면적 61평 – 지1층 13평(방 2), 지1 주차장 4평(12.15㎡), 1층 다중 15평(방2), 2층 다중 15평(방2), 3층 다중 17평(방2), 건폐율 59.8프로, 용적률 163.8%, 용적률산정용연면적 46평,

월세는 약 500/30 정도 선인 듯

(7) 2010-18625(화양동 19-25)

토지면적 38평, 2종일반, 건축면적 22평, 건폐율 57.6, 용적률 248, 용적률산정연면적 93평, 연면적 93평 14세대(지상 6층, 1층 23.6㎡ 계단실, 2층~4층 각 22평(도시형생활주택 – 원룸형, 4세대), 5층 14평(도시형생활주택 2세대), 6층 7평 사무소(관리실), 주차 2대 45㎡

(8) 2011-744(광진구 능동 242-3)

(9) 2011-6922(수유동 46-60)

(10) 2011-6059(개봉동 33-147)

(11) 2012-10065(중화동 298-42)

(12) 2009-26770(중화동 281-2)

(13) 2010-11921(중곡동 41-41)

(14) 2012-13565(용강동 493-3)

(15) 2009-18324(마포동 292-42)

(16) 2009-15163(자양동 775-6)

(17) 2010-952(성내동 523-3)

(18) 2008-10959(도림동 82-4)

(19) 2011-14715(방화동 648-28)

(20) 2010-6533(등촌동 523-21)

시설물	설치기준
1. 위락시설	시설면적 67㎡당 1대
2. 문화 및 집회시설(관람장을 제외한다), 종교시설, 판매시설, 운수시설, 의료시설(정신병원·요양병원 및 격리병원을 제외한다), 운동시설(골프장·골프연습장 및 옥외수영장을제외한다), 업무시설(외국공관 및 오피스텔을 제외한다), 방송통신시설중방송국, 장례식장	시설면적 100㎡당 1대
2-1. 업무시설 (외국공관 및 오피스텔을 제외한다)	일반업무시설 : 시설면적 100㎡당 1대 공공업무시설 : 시설면적 200㎡당 1대
3. 제1종근린생활시설 (`제3호 바목 및 사목을 제외한다), 제2종 근린생활시설, 숙박시설	시설면적 134㎡당 1대
4. 단독주택(다가구주택을 제외한다)	시설면적 50㎡초과 150㎡ 이하 : 1대, 시설면적 150㎡초과 : 1대에 150㎡를 초과하는 100㎡당 1대를 더한 대수 = [1+{(시설면적-150㎡)/100㎡}]
5. 다가구주택, 공동주택(외국공관안의 주택 등의 시설물 및 기숙사를 제외한다) 및 업무시설 중 오피스텔	「주택건설기준 등에 관한 규정」 제27조제1항에 따라 산정된 주차대수(다가구주택, 오피스텔의 전용면적은 공동주택 전용면적 산정방법을 따른다)로 하되, 주차대수가 세대당 1대에 미달되는 경우에는 세대당(오피스텔에서 호실별로 구분되는 경우에는 호실당) 1대 (전용면적이 30㎡ 이하인 경우에는 0.5대, 60㎡ 이하인 경우0.8대)이상으로 한다. 다만, 주택법시행령 제3조 규정에 의한 도시형생활주택, 원룸형은 「주택건설기준 등에 관한 규정」제27조의 규정에서 정하는 바에 따른다.
6. 골프장, 골프연습장, 옥외수영장, 관람장	골프장 : 1홀당 10대 골프연습장 : 1타석당 1대 옥외수영장 : 정원 15인당 1대 관람장 : 정원 100인당 1대
7. 수련시설, 공장(아파트형제외), 발전시설	시설면적 233㎡당 1대
8. 창고시설	시설면적 267㎡당 1대
9. 그 밖의 건축물	•대학생기숙사: 시설면적 400㎡당 1대 •대학생기숙사를 제외한 그 밖의 건축물: 시설면적 200㎡ 당 1대

* 시설물의 시설면적은 공용면적을 포함한 바닥면적의 합계를 말하되, 하나의 부지 안에 둘 이
  상의 시설물이 있는 경우에는 각 시설물의 시설면적을 합한 면적을 시설면적으로 하며, 시설
  물 안의 주차를 위한 시설의 바닥면적은 그 시설물의 시설면적에서 제외한다.

3) 접근성과 가시성의 개선
가) 접근성과 가시성 관련 사례 : 강남역 10번 출구 앞 기남빌딩 지하 층
지하 층 출입구가 잘 안 보이는 경우/눈에 확 띄는 경우

나) 상가의 접근성과 가시성이 아주 좋은 사례

: 신흥사거리 부근 건물(성남 신흥동 4223-2)(주차 편리성에는 문제가 있을 듯)

다) 접근성과 가시성이 안 좋은 사례

(1) 상가주택 자리 : 내정사거리(성남 정자동 47-9) - 완충녹지, 경관녹지로 인해

(2) 상가 안쪽

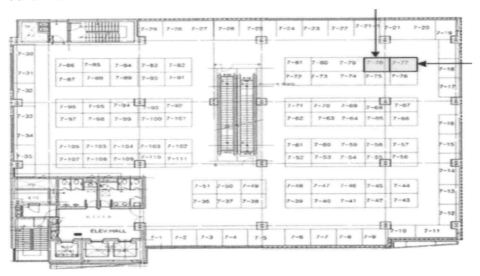

유사 예) 야탑역 쇼핑몰 건물

(3) 호평동 640(평내 호평역 메가박스 건물) - 안쪽에 들어가 있어서 잘 보이지 않고, 계단을
거쳐 1층에 진입함으로 상가로의 접근성과 가시성이 매우 취약. 이런 경우 주변 1층
대비 경쟁력이 취약함으로 주변 임대시세보다 저렴하고 불황시 우선적으로 공실이
될 가능성이 높음.

예) 야탑역 국민은행 건물 1층 오르는 계단(책 'HOW상가·꼬마빌딩 재테크' p331 참고)

라) 개선사례 : 다음지도나 네이버지도로 과거 모습과 현재의 모습을 비교해 보자.

큰 돈 들이지 않고도 상가·꼬마빌딩 가치가 올라갑니다.

(1) 서교동 358-65 : 가시성의 개선

(2) 하월곡동 파출소건(하월곡동 96-76) : 현재는 bhc

(3) 가락동 98-7 : 비엔나 커피하우스 자리

(4) 야탑동 366-1 : 다이소 자리

(5) 야탑동 341 : ABC마트(경매물건)

(6) 야탑동 성남시외버스터미널 1층 701호 : 경매물건

마) 접근성, 가시성의 개선과 상가가치 ('HOW상가·꼬마빌딩 재테크' p341 참고)

　* 공용부분의 변경 관련 : 집합건물법 제 15조

　집합건물의 소유 및 관리에 관한 법률 중 리모델링 관련 중요 부분

　(약칭 : 집합건물법) 타법개정 2016. 1. 19. [법률 제13805호, 시행 2016. 8. 12.] 법무부

제15조(공용부분의 변경)

　① 공용부분의 변경에 관한 사항은 관리단집회에서 구분소유자의 4분의 3 이상 및 의결권의 4분의 3 이상의 결의로써 결정한다. 다만, 다음 각 호의 어느 하나에 해당하는 경우에는 제38조제1항에 따른 통상의 집회결의로써 결정할 수 있다.

　1. 공용부분의 개량을 위한 것으로서 지나치게 많은 비용이 드는 것이 아닐 경우

　2. 「관광진흥법」 제3조제1항제2호나목에 따른 휴양 콘도미니엄업의 운영을 위한 휴양 콘도미니엄의 공용부분 변경에 관한 사항인 경우

② 제1항의 경우에 공용부분의 변경이 다른 구분소유자의 권리에 특별한 영향을 미칠 때에는 그 구분소유자의 승낙을 받아야 한다.

[전문개정 2010.3.31.]

집합건물법 개정 완료 공용부분 변경 의결요건 완화(20년 1월 22일 한국아파트신문)

9일 개정안 국회 본회의 통과, 내년부터 시행

2022년부터 집합건물 공용부분 변경 시 구분소유자 및 의결권의 3분의 2 이상 결의로 결정할 수 있게 된다. 또한 전유부분 150개 이상 집합건물은 매년 의무적으로 회계감사를 실시해야 한다.

지난 9일 이 같은 내용을 포함한 집합건물의 소유 및 관리에 관한 법률(이하 집합건물법) 일부 개정안이 국회 본회의를 통과했다. 이번 개정안은 지난 2018년 10월 1차 입법예고, 지난해 1월 2차 입법예고를 거친 뒤 지난해 7월 정부 제안으로 발의된 것으로, 집합건물 공용부분의 변경 결의 및 서면·전자적 방법에 의한 결의의 의결정족수를 합리화하고 전유부분이 일정 수 이상인 집합건물의 관리인은 감사인의 회계감사를 받도록 하는 등 집합건물 관리 합리화 및 투명성 제고에 중점을 뒀다.

이번에 개정된 주요사항은

▲ 상가건물 구분점포 성립 위해 필요한 '바닥면적 1,000㎡ 이상' 요건 삭제

▲ 분양자의 '최초 관리단집회 3개월 이내 소집' 통지 의무 신설

▲ 공용부분 변경에 관한 관리단집회 의결정족수 요건 '구분소유자의 3분의 2 이상 및 의결권의 3분의 2 이상 결의'로 완화(단, 건물 노후화 억제 등 위한 공용부분 변경으로서 구분소유권 및 대지사용권 내용에 변동 일으키는 경우는 '구분소유자의 5분의 4 이상 및 의결권의 5분의 4 이상 결의') 등이다.

---

4) 자투리땅 활용사례 : 다음 지도나 네이버 지도로 과거 모습과 현재의 모습을 비교해 보자.

큰 돈 들이지 않고도 상가·꼬마빌딩 가치가 올라간다.

가) 자양동 한라아파트 주변(자양동 509-*)

* 토지면적 : 17㎡(5.1평), 3종일반, 개별공시지가 377만원/㎡

* 건축물 정보 :

- 건축면적 7.38㎡, 연면적 14.76㎡, 용적률 산정용 연면적 14.76㎡

   건폐율 43.41%, 용적률 86.82%, 주차 0

   주용도 근생시설(1층 1종근생(휴게음식점), 2층 1종근생(사무소)

   허가 2018. 7. 3 착공 2018.11.19. 사용승인 2020.7.16.)

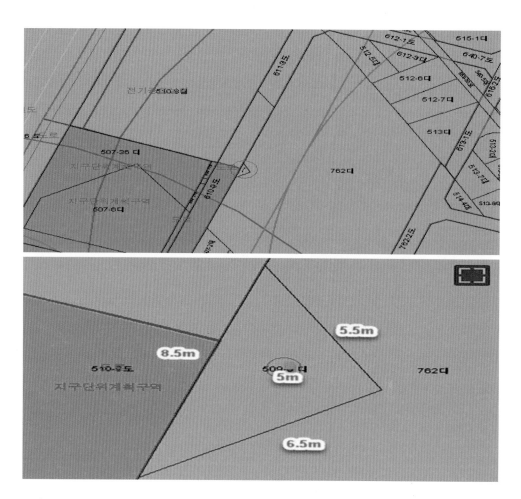

나) 상도동 471-*

* 토지면적 81.4㎡(24.6평), 2종일반주거, 상대보호구역, 교육환경보호구역,

  개별공시지가 483만원/㎡

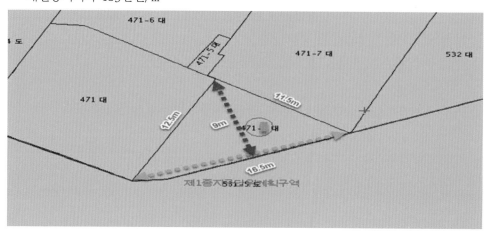

* 건축물 정보

출처 : 홍만식 건축가
리슈건축 이야기

* 건축개요

설계개요

단위:㎡(평)

사업명		상도동 471- 상가주택					
대지위치		서울특별시 동작구 상도동 471-					
지역,지구		제 2종 일반주거지역					
대지면적		실사용대지면적		제적면적		대지면적(공부상)	법정기준
		81.40	(24.62)	0.00	(0.00)	81.4 (24.62)	
건축면적		48.83		(14.77)		건폐율 59.99%	60%
연면적	지 상	162.11		(49.04)		용적률 199.15%	200%
	지 하	0.00		(0.00)			
	연면적	162.11		(49.04)			
건축규모		지상4층					
구 조		철근콘크리트조					
조경면적		계획:				법정	해당없음
주차대수		계획:	2.0 대			법정	2대

출처:홍만식 건축가 리슈건축이야기

층별면적표

단위:㎡

층별	바닥면적	전용면적	서비스			비고
			공용	서비스	총공사면적	
다락		29.83		29.83	29.83	
지상4층	41.25	41.25	0.00	7.57	48.82	단독주택
지상3층	46.10	46.10	0.00	2.72	48.82	
지상2층	46.10	30.48	15.62	4.19	50.29	근린생활시설
지상1층	28.66	28.66	0.00	0.00	28.66	근린생활시설
지상층소계	162.11	176.32	15.62	44.31	206.42	
지하층소계	0.00	0.00	0.00	0.00	0.00	
합 계	162.11	176.32	15.62	44.31	206.42	

출처:홍만식 건축가 리슈건축이야기

다) 김포 양곡리 476-*

대지면적 : 139㎡(42평) 건축면적 : 82.8㎡(25평) 건폐율 : 59.6%

연면적 : 146.7㎡(44.3평) 용적률 : 105%

라) 서교동 327-3*

건축면적 : 38.88㎡(11.76평) 연면적 : 129.7㎡(39.2평) 4층, 건폐율 : 59.7%

용적률 : 199.23%, 1층~4층까지 모두 근린생활시설 한 층은 대략 10평

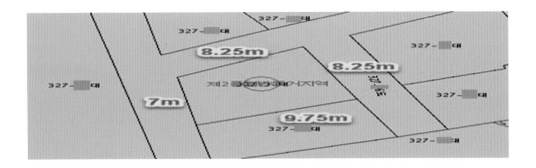

마) 성산동 135-* : 건축면적 : 13.3평, 연면적 : 36평, 4층의 상가주택

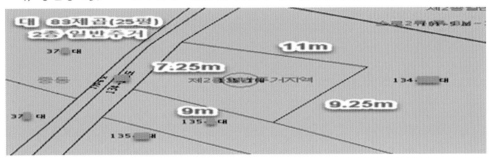

바) 부천시 6평 토지건 : 상가는 눈에 띄어야 한다. 작은 것일수록 가시성을 극대화해야 한다. 노란색이나 빨간색 등으로 전면 색칠하면 눈에 띄고 커 보인다.

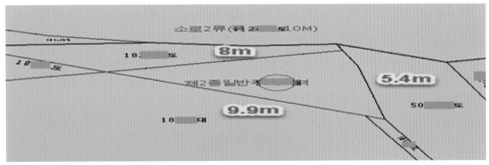

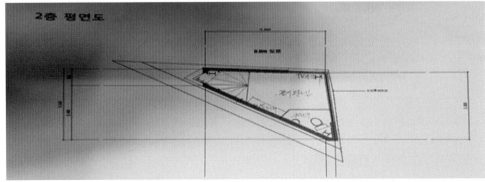

● 필자라면 사진 상의 건물의 색을 노란색이나 빨간색 등 눈에 띄게 하고, 간판과 같이 강조할 것은 보색으로 하여 뚜렷이 대비되도록 할 것이다.

5) 상가 건축 설계(내가 건축주라면) (新)

- 기존의 분석 : 상가 건축설계의 중요성을 전혀 인식 못함.
- 멘토 손오공의 분석 : 건축설계가 상가가치 결정의 핵심이다. 특히 1층을 어떻게 설계하느냐에 따라, 상가가치가 적게는 수억원, 많게는 수백억원 차이가 날 수도 있다. (건물주는 손해가 나는지, 이익이 나는지 전혀 눈치도 못 챈다.)

가) 금천구 시흥동 101*-*

(1) 현황 : 이 건축설계안을 상가가치적 측면에서 평가해 보라. 현 상태보다 상가가치를 높일 수 있는, 즉 상가 임대가와 매매가를 높일 수 있는 건축설계안이 있다면 대략 그려보자.(대지의 어느 쪽이 건물이 들어서야 하고, 어디는 주차장이 주로 들어서야 하는지에 관한 큰 틀)

아래 사진은 현재의 건축물 상황이다. (빨간선이 토지, 파란선이 건축물)

〈Daum 지도〉

(2) 당신의 안을 아래에 대충 그리시오 - 이 토지의 어느 부분으로 건물이 들어서야 하나?

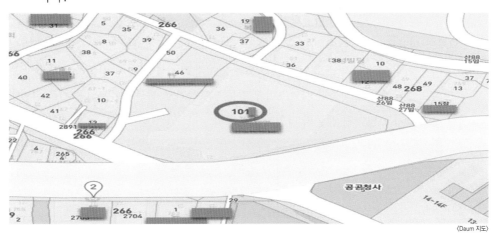

〈Daum 지도〉

(3) 주변 환경을 고려시 이 곳은 몇 층 정도로 개발하는 게 좋을까?(상가 위주의 건물이라면)
매매가를 산정하기 위해선 주변 임대료를 조사해야 한다. 4층 이상 상가건물로 건축
하려면 이 입지 1층 임대료 평균이 전용평당 20만원 정도, 최소 15만원은 되어야 한
다. 그 이하이면 공실 걱정을 하던지, 임대료를 저렴하게 책정해야 한다. 특히 이 땅은
대형 개발이라 1층 상가에서 전면 상가와 후면 상가가 생기게 되므로 후면 상가는 공
실이나 완전 헐값 수준의 임대료 걱정을 해야 할 가능성이 매우 높다. 언뜻 보기엔, 필
지를 분할해 사거리 코너 쪽은 상가건물로, 나머지는 비상가로 개발하는 안도 좋고,
아니면 사거리 코너쪽 1, 2층은 상가, 그 위층은 주택 위주로 하는 대형 개발도 좋을
듯하다. (전체 상가건물은 무리이다.)

나) **역 : 고저차가 심한 건물

　건물 앞과 뒤쪽의 고저차가 심한 경우이다. 심한 고저차를 감안하면 현재의 건물도 상가로서 상당히 우수하다. 고저차가 심한 경우 어느 방향을 1층 상가의 기준으로 할 것인지가 매우 중요한데, 현재의 건물 도면은 어디를 건물 전면으로 보고 있을까?

　필자의 판단으로는 1층의 기준을 건물 앞 보도 쪽으로 설정하면 고객 진입을 막고 있는 아래 그림의 빨강선 박스로 표시한 부분은 없어지고 건물의 높이 기준점이 주위의 보도 수준으로 내려가 고객들이 자연스럽게 건물 1층 상가로 접근할 수 있다. 건물 전면이 제일 길고 상가도 많아져 건물의 가치가 상승한다.

　하지만 건물 앞 보도 쪽을 1층의 기준으로 하는 경우, 건물 옆쪽(편의점 쪽)은 보도보다 밑에 위치하게 되는 문제가 발생한다. 이 부분은 어떻게 하면 상가가치 감소를 조금이라도 예방할 수 있을까? 방안을 생각해 보자.

건물 옆면 쪽 1층을 약간 들여 짓는 방안이 있다. 몇 m 들여 지음으로써(2층 이상은 지금과 같이 그대로) 편의점 등은 지하로 내려가는 게 아니라, 1층에 그대로 남게 된다. 보행도로에서 편의점으로 계단이나 슬로우프를 설치하는 등의 방법을 사용한다.

단차를 두는 또 다른 안도 있다. 이 방안의 장단점은 무엇일까?

다) **역 숙박업소 건

(1) 현황

아래 숙박업소를 리모델링을 계획하고 있다. 어떤 식으로 리모델링하면 상가가치가 상승할까? 비용을 많이 들이지 않으면서 상가가치를 최고로 올릴 수 있는 방안을 생각해보자.

위 그림의 빨간색 박스 부분을 헐어내고 상가로 들이는 방안을 생각해볼 수 있다. 건물 전면이 약 27m이므로 1층 주차장 부분의 약 10m 정도만 사용하면 전용 10평 상가 최소 4~5개가 가능할 수 있다. 야탑역 부근이라 대형 프렌차이즈에 통으로 임대를 줘도 되고 아니면 적정하게 4~5개 정도로 나누어 따로 따로 임대를 주어도 된다.

(2) 건물 가치를 증가시키는 방안 : 현재는 리모델링이지만 초기부터 이런 안의 설계는 어떨지?

(3) 가치 증대에 따른 건물 가격 상승은 얼마나 될까?
　주변을 감안했을 때 이 정도의 입지이면 전용 10평 상가 4~5개, 총 임대료로 대략 1,000 만원 정도는 충분히 받을 수 있다고 보았다. 건물 가치가 대략 최소 ___억 이상 오른다는 얘기다. 현재 1층과 지하를 주차장으로 사용하고 있으니 큰 비용을 들이지 않고도, 현재의 이용상태에 치명적인 문제도 야기하지 않으면서 일부만 손을 보고 건물 가치를 최소 __억 정도는 늘릴 수 있다는 얘기다.

확인 차 주변 부동산 중개업소에 물어보니 한 곳은 전용 10평 기준으로 최소 200만원 이상, 한 곳은 300만원 정도 받을 수 있다고 한다. 전용 10평 상가 4~5개를 만든다면 임대료는 약 1,000만원 이상일 것이고, 매매수익률이 6%면 충분히 팔릴 수 있다고 하니 매매가는 약 ___억 정도 될 듯하다.

저 부분만 상가로 바꾼다면 부동산 가치가 ___억 정도 상승하는 것이다. 물론 상가로 만들면 그만큼 숙박업소 면적이 줄어들 수 있어서 가치가 하락하는 부분도 있지만 가치 상승분이 가치 하락분을 상쇄하고도 많이 남는다.(이 방안은 들어설 상가건물의 재질을 달리해 다른 건물 느낌을 주는 것이 좋으며, 숙박업소의 출입문을 가급적 상가에서 먼 곳에 설치하는 것이 좋겠다.)

라) 화양동 6-* 빌딩건

〈Daum 지도〉

(1) 입지 조건 : 3면이 도로와 접함.

(2) 아주 우수한 설계안이다. 왜 우수한 설계안일까? 생각해보자.

(3) 토지 정보

    - 화양동 6-7 대 1046㎡, 일반상업지역(당초 일반주거지역이었으나, 지구단위계획 내용에
     부합되는 경우에는 상향되는 용도지역의 적용을 받음)

    - 화양동 6-2 대 111.6㎡, 일반상업지역(동일)

(4) 건축물 정보

대지면적 1,157㎡, 건축면적 692.6㎡, 건폐율 59.84%, 용적률 418.96%, 연면적
7,537㎡, 용적률산정용연면적 4849㎡, 주용도 2종근생, 주구조 철근콘크리트조, 평
스라브, 허가 2006년 7월, 사용승인 2008년 1월, 승강기 2대, 오수정화시설 부패탱
크방법 1,400인용

(5) 건축물 정보 : 층별 현황

1층 2종근생 일반음식점 449㎡, 1종근생 소매점 60.4㎡, 계단실 및 홀 140.6㎡

2층 2종근생 일반음식점 540.8㎡, 계단실 및 홀 144.4㎡

3층 2종근생 일반음식점 265.5㎡, 2종근생 노래연습장 275.3㎡, 계단실 및 홀 144.4㎡

4층 1종근생 소매점과 의원 574㎡, 계단실 및 홀 111.6㎡

5층 1종근생 의원 573.6㎡, 계단실 및 홀 111.6㎡

6층 2종근생 사무소와 체력단련장 573㎡, 계단실 및 홀 111.6㎡

7층 1종근생 의원 573.6㎡, 계산실 및 홀 111.6㎡

8층 2종근생 사무실 32.2㎡, 계단실(연면적 제외) 84.9㎡

지하 1층 2종근생 일반음식점 381㎡, 계단실 및 홀 99.5㎡, 주차장 465㎡

지하 2층 계단실 및 홀 99.5㎡, 주차장 847㎡

지하 3층 계단실 및 홀 97.7㎡, 주차장 488㎡, 기계실 및 전기실 210㎡

공개공지면적 199.98㎡, 조경면적 23.75㎡

합계 2종근생 2,516.8㎡, 1종근생 1,781.6㎡, 계단실 혹은 홀 1,257.4㎡,

주차장 1800㎡, 기계실 및 전기실 210㎡

총합 7,566㎡(계단실 84.9㎡ 제외필요)

주차 옥내 46대 자주식 1,799.75㎡ === 39㎡(11.8평)/대

마) 화양동 6-* 상가건물 건

(1) 가시성을 저하시키는 가로수 : 있을 때와 없을 때를 상상해보라.

(2) 입지조건 : 매우 우수하다.

(3) 현황 : 지금 현재의 건축설계도 우수하다. 상가가치 측면에서 더 좋은 안을 생각해본
   다면, 1층 입지를 어떻게 바꾸는 게 좋을까? 임대료를 최고로 받을 수 있는, 그래서 매
   매가가 최대화될 수 있는 상가를 생각해보라.(현재의 건물입지도 기본적으로 좋다. 조금만
   조정하면 더 좋을 듯하다. 접근성과 가시성을 염두에 두고 미세 조정해 보자.)

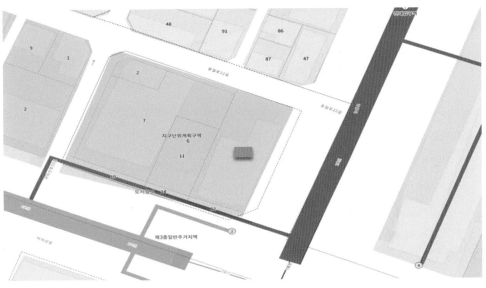

(4) 건물 위치 미세 조정시 상가가치, 즉 임대료의 증가액, 매매가의 증가액은 어느 정도일까?

　① 대략 7m×8m 조정 필요 =56㎡(16.9평)×6개층

　② 임대료의 예상 증가액 : 총합 약 _____만원

　　세부 내역 : 1층 약 ____만원, 2층 약 ____만원,

　　　　　　　 3층 약 ____만원, 4층 약 ____만원,

　　　　　　　 5층 약 ____만원, 지하 약 ____만원

③ 임대료의 예상 감소액 : 총합 약 _____만원

세부 내역 : 1층 약 _____만원, 2층 약 _____만원,

3층 약 _____만원, 4층 약 _____만원,

5층 약 _____만원, 지하 약 _____만원

④ 임대료의 예상 순 증가액 : 총합 약 _____만원

세부 내역 : 1층 약 _____만원, 2층 약 _____만원,

3층 약 _____만원, 4층 약 _____만원,

5층 약 _____만원, 지하 약 _____만원

⑤ 매매가 예상 증가액 : 매매수익률 2%일 때 약 _____십억원 예상

매매수익률 3%일 때 약 _____십억원 예상

매매수익률 4%일 때 약 _____십억원 예상

* 정확한 것은 아니고 대략적인 추정임

| 손오공 | 상가·빌딩 투자는 손오공의 L5V2가 답이다 | L5V2 |

- '좋은 입지' 분석법 L5 거시동선 상의 입지, 주동선 상의 입지,
  좋은 접근성과 가시성, 큰 구매수요, 적은 상가공급
- '좋은 가격' 분석법 V2 상가가치 분석법, 상가가치 증대법

VII
상가·꼬마빌딩의 세금 측면 분석

01

취득세

**1. 상가, 상가건물, (꼬마)빌딩 등 : 취득세율 4%+교육세율 0.4%+농특세율 0.2%
=4.6%가 적용된다.**

**2. 반면 상가주택(겸용주택)의 경우에는 취득세가 주택과 상가 부분에
각각 적용된다.**

즉 상가주택의 주택면적이 60%, 상가면적이 40%라면 60%에 해당하는 주택은 주택세율
이 적용되고 40%에 해당하는 상가는 상가세율(합계 4.6%)이 적용된다. 주택의 경우는 1주택
인 경우와 그 이외의 경우 취득세율이 다르다.

● 부부 공동명의와 취득세, 양도세

취득세는 명의자 수와 무관하게 동일하기에 부부 공동명의로 취득해도 취득세 절세 효과
는 거둘 수 없다. 하지만 양도세는 명의자 수로 나누기에 부부 공동명의인 경우 양도세 절세
효과를 누릴 수 있다. 즉 양도세는 누진세율 구조의 특성상 양도이익이 클 경우 명의자 수로
나눠 계산하게 되면 낮은 구간의 세율을 적용받을 수 있다. 따라서 부부 공동 명의인 경우가
그렇지 않은 경우에 비해 상당한 양도세 절세 효과를 거둘 수 있다.

02

재산세

재산세란 매년 6월 1일 현재 토지와 건물 등을 사실상 보유한 자에 대해 부과되는 지방세이다. 건물에 대해서는 매년 7월에, 토지에 대해서는 매년 9월에 납부하도록 고지된다.

1. 건물(즉 상가 혹은 빌딩) 부분에 대한 재산세

1) 서울시의 경우

서울시 지방세인터넷납부시스템인 **ETAX**(etax.seoul.go.kr)**에서 조회하면 산출 가능**하다. 홈페이지 메인메뉴의 지방세정보/지방세미리계산/재산세란을 클릭하면 재산세 산출식이 나오는데 해당 메뉴에 **상가나 상가건물,** (꼬마)**빌딩이면** 건물분(건축물)을 계산한 후 토지분도 계산하면 되고, **상가주택인 경우**는 주택분/건물분(건축물)/토지분 따로 계산해보면 된다.

2) 서울시 이외의 지역 : 경기도 인천시 등

위택스(wetax.go.kr)**에서 조회** 가능하다. 즉 위택스의 홈페이지상의 지방세정보/시가표준액 조회 메뉴에서 건축물 시가표준액 조회에 관련 번지를 넣고 조회하면 건물(혹은 상가)의 시가표준액이 나온다. 여기서 나온 건축물 시가표준액에 공정시장가액비율(2020년의 경우 상가나 토지는 70%, 주택은 60%)을 곱하면 과세표준이 되고 여기에 세율(일반 건축물분 재산세율은 0.25%)을 곱해주면 건물(즉 상가)의 재산세가 도출된다.

2. 상가 부수 토지 부분에 대한 재산세

1) 상가 부수 토지 재산세

▶ **상가 부수 토지 재산세=과세표준×재산세율**

▶ **과세표준 =시가표준액×공정시장가액비율** (주택 : 60%,, 건물, 토지 : 70%))

▶ **시가표준액=토지면적×개별공시지가**

부동산공시가격알리미나 일사편리 혹은 토지이용규제시스템에서 개별공시지가와 토지면적은 조회 가능하며, 상가 혹은 상가건물, (꼬마)빌딩은 주택 부분이 없으므로 토지면적에 개별공시지가를 곱하면 시가표준액이 도출된다.

2) 상가주택의 토지 재산세

반면 **상가주택의 경우**는, 토지를 상가 부수 토지면적과 주택 부수 토지면적으로 구분할 필요가 있으며, 상가 부수토지면적은 일사편리나 부동산가격알리미 사이트에서 해당 주소의 개별주택가격을 열람하여 건물 연면적에 상응하는 비율의 토지면적을 구할 수 있다. (cf : 상가주택이 아닌 상가 혹은 빌딩은 주택 부분이 없으므로 주택 부분 면적 공제 불필요)

상가 부속토지면적을 구한 후에 개별공시지가를 곱해서 나오는 금액이 토지시가표준액인데, 이 금액에 공정시장가액비율(상가나 토지는 70%)을 곱한 후 세율을 곱하면 재산세 금액이 산출된다. **[세율]** (토지 재산세율 별도합산 과세대상) 과세표준 2억원 이하 : 0.2%, 2억원초과~10억원 이하 : 40만원+2억원 초과금액의 0.3%, 10억원 초과 : 280만원+10억원 초과금액의 0.4%

3. 주택 부분에 대한 재산세

상가, 상가건물, (꼬마)빌딩은 해당 사항이 없고, 주택 부분이 있는 상가주택(겸용주택)의 경우 이 부분을 검토해야 한다. 주택 부분에 대한 재산세는 공시가격(개별주택가격)에 공정시장가액 비율(2020년의 경우는 60%)을 곱해 나온 금액(즉 과세표준)에 세율(0.1~0.4%)을 곱하여 산정하고 일정금액을 공제해준다.

▶ **주택에 대한 재산세=과세표준**(20년은 60%)**×세율**(0.1~0.4%) **- 누진공제액**

▶ **과세표준=개별주택가격×공정시장가액 비율**(60%)

[세율 : 과표 6천만원 이하 0.1%, 6천만원~1억5천만원 이하 0.15%, 누진공제 3만원, 1억5천만원~3억 이하 0.25%, 누진공제 18만원, 3억원 초과 0.4%, 누진공제 63만원]

개별주택가격은 부동산공시가격알리미나 한국감정원에서 검색 가능하다.

정부에서 공정시장가액 비율을 현실화하고 있으며, 공시가격 또한 매년 인상하고 있으므로 재산세 부담은 점점 더 커질 가능성이 높지만, 보통의 상가주택의 경우라면 한두 달 치 월세 정도로 재산세 등 보유비용 충당이 가능하다.

4. 재산세 실례

두산백과에서는 **공정시장가액비율[公正市場價額比率]**이란 과세표준을 정할 때 적용하는 공시가격의 비율이라 정의한다. 즉 세금을 부과하는 기준인 과세표준(과표)을 정할 때 적용하는 공시가격의 비율을 말한다. 주택가격의 시세와 지방재정의 여건, 납세자의 납세 부담 등을 고려하여 그 비율을 결정하는데, 2008년까지는 과표적용비율을 해마다 5%씩 인상하도록 규정하였으나, 2009년부터 과표적용비율을 폐지하고 공정시장가액비율을 도입하였다.

지방세법은 토지·건축물·주택에 대한 재산세의 과표를 시가표준액에 이 법의 시행령에서 정한 공정시장가액비율을 곱하여 산정한 가액으로 정하도록 규정하고 있다. 지방세법 시행령에서는 2009년 5월 21일의 개정안부터 공정시장가액비율을 토지 및 건축물은 시가표준액의 70%로, 주택은 시가표준액의 60%로 정하고 있다. 이 비율은 개정될 때까지 유지된다.

재산세 사례연구 : 독자의 이해를 위해 대략 계산하였기에 정확하지 않을 수 있다. 정확한 사항은 세무 전문가인 세무사, 회계사와 상담하자.

1) 사례 1 : 서울 서초동 **본사 재산세
빌딩이므로 건축물분과 토지분 산출 필요(주택분은 불필요)

가) 건물분 재산세 계산

▶ **건물분재산세 = 과세표준×세율**

▶**과세표준=(건물)시가표준액×공정시장가액비율**(주택 : 60%, 건물 토지 : 70%)

[**세율 : 기타 건축물 : 0.25%, 주거지역 및 지정지역 내 공장용건축물 : 0.5%, 골프장과 고급오락장 : 4%**]

① 일단 건축물분 재산세 도출을 위해선, 서울시 etax 홈페이지 메인메뉴 중 재산세 미리계산/재산세를 클릭하여 나온 페이지의 과세대상에 건축물 선택 후 과세대상 구분에 기타건축물 선택

② 건물분 시가표준액을 구하기 위해선 건물시가표준액 조회 클릭 후 해당 주소 설정 후 확인하면 주택 외 건물 시가표준액이 조회된다. (259,290,712,439원)

③ 이렇게 나온 시가표준액을 해당란에 기입하고 계산하기를 클릭하면 건물분 과세표준액 181,503,498,707원(과세표준=시가표준액×공정시장가액비율(건축물 70%))이 구해지며, 건물분 재산세액 453,758,740원(재산세=과세표준×재산세율(0.25%))과 지방교육세(90,751,740원), 지역자원시설세(217,776,490원) 등의 세금이 도출된다.

나) 토지분 재산세 계산

▶ **토지분 재산세 = 과세표준×재산세율**

▶ **과세표준 = 토지 시가표준액×공정시장가액비율**(토지 70%)

▶**시가표준액=개별공시지가×면적**

 [**토지재산세율 사업용토지**(별도합산과세) : **2억원 이하는 과표×0.2%, 10억원 이하는 40만원+(과표-2억원)×0.3%, 10억원 초과는 280만원+(과표-10억원)×0.4%**]

① 서울시 etax 홈페이지 메인메뉴 중 재산세미리계산/재산세 클릭하여 나온 페이지의 과세대상에 토지 선택 후 과세대상구분에 사업용토지(별도합산토지)를 선택

② 토지분 시가표준액이란 개별공시지가에 토지면적을 곱한 것(=개별공시지가×토지면적)이다. 개별공시지가와 토지면적은 토지이용규제정보시스템(루리스)이나 서울시 부동산정보광장 혹은 한국감정원 공시가격알리미 사이트에서 조회 가능하다. 이 주소의 개별공시지가는 76,320,000원이고, 면적은 13,105.1㎡이므로 토지분 시가표준액은 1,000,181,232,000원이다.

③ 이렇게 구해진 토지분 시가표준액에 공정시장가액비율(70%)을 곱한 것이 과세표준이 된다. (토지분 과세표준=토지분 시가표준액×공정시장가액비율(토지는 70%). 따라서 토지분 과세표준은 700,126,862,400원이 된다.) 이 과세표준에 재산세율(별도합산과세)을 곱하면 재산세액(2,799,307,440원)이 도출된다.

(과세표준이 10억 초과시 재산세액=2,800,000원+(과세표준 - 10억원)×0.4%)

2) 사례 2 : 경기도 성남시 분당구 정자동 ***팩토리 재산세
서울시 이외의 지역은 위택스에서 지방세 조회가 가능하다.

가) 건물분 재산세

▶ **건물분 재산세=과세표준×재산세율**

▶**과세표준=**(건물)**시가표준액×공정시장가액비율**(주택 : 60%, 건물, 토지 : 70%)

 [**건물분재산세율 : 기타 건축물 0.25%, 주거지역 및 지정지역내 공장용건축물 0.5%, 골프장과 고급오락장 4%**]

① 위택스 홈페이지 메인메뉴 중 지방세정보/시가표준액 조회 클릭 후 건축물 시가표준액 조회란에 조회하고자 하는 주소 입력 후 검색하면 건물분 시가표준액이 나온다.(111,280,673,504원)

② 나온 건물분 시가표준액에 공정시장가액비율(상가 70%, 토지 70%, 주택 60%)을 곱하면 건물분 과세표준이 나온다. 111,280,673,504원×0.7=77,896,471,453원

③ 건물분 과세표준에 세율(일반 건축물의 재산세율은 0.25%)을 곱해주면 건물분 재산세가 나온다. 77,896,471,453원×0.25%=194,741,178원

나) 토지분 재산세

▶ **토지분 재산세 = 과세표준 × 재산세율**

▶ **과세표준 = 토지 시가표준액 × 공정시장가액비율**(토지 70%))

▶**시가표준액=개별공시지가×면적**

루리스에서 토지이용계획확인원을 떼보면 토지면적이 6,600㎡, 개별공시지가는 9,244,000원이다 이를 위의 식에 적용하면

면적(6,600㎡)×공시지가(9,244,000원)=시가표준액(61,010,400,000원)

시가표준액(61,010,400,000원)×공정시장가액비율(토지 70%)=과세표준(42,707,280,000원)

재산세=과세표준(42,707,280,000원 - 10억원)×재산세율(10억원 초과 0.4%)

+2,800,000=169,629,120원

3) 사례 3 : 서울 서초구 양재동 28* 상가주택

면적 : 266.3㎡, 개별공시지가 : 6,958,000원

가) 주택분 재산세

▶ **주택분 재산세 = 과세표준 × 세율**

▶ **과세표준=시가표준액×공정시장가액비율**

① 서울시 etax사이트 메인메뉴의 지방세정보/지방세미리계산/재산세 클릭한 후 과세대상을 주택분으로 설정한다.

② 시가표준액은 건물시가표준액을 클릭하면 한국감정원 부동산공시가격알리미 사이트가 뜨는데, 그 홈피에서 개별단독주택공시가격 메뉴를 클릭해 나온 화면에 해당 주소를 입력하면 개별주택가격을 알 수 있다. 이 가격이 시가표준액이 되므로 이 가격을 화면 해당란에 기입한다. 본 건의 경우 주소를 입력하면 52억5천만원이 나온다.

공정시장가액비율은 주택은 60%, 건물과 토지는 70%이다.

참고로 주택 재산세율은 0.1~0.4%이며, 과세표준에 따라 세율이 차이가 난다.

[주택재산세율 : 6천만원 이하 0.1%, 1억 5천만원 이하 0.15%, 3억원 이하 0.25%, 3억원 초과 0.4%]

화면 하단의 계산하기를 클릭하면 자동으로 과세표준과 재산세율, 재산세 등이 계산되어 나온다. 본 건의 경우 개별주택가격인 52억5천만원을 넣고 계산하기를 누르면 과세표준액은 31억5천만원(=52억5천만원×60%), 재산세는 3억원 초과이므로 0.4%의 재산세율이 적용되어 630,000원이 되며 기타 세금의 결과값도 자동 계산된다.

나) 주택 이외의 건물분재산세(즉 상가 부분 재산세)

▶ **건물분 재산세=과세표준×재산세율**

▶**과세표준=(건물)시가표준액×공정시장가액비율**(주택 : 60%, 건물, 토지 : 70%)

   [건물분재산세율 : 기타 건축물 0.25%, 주거지역 및 지정지역내 공장용건축물 0.5%, 골프장과 고급오락장 4%]

① 서울시 etax사이트 메인메뉴의 지방세정보/지방세미리계산/재산세 클릭한 후 과세대상을 기타건축물로 설정한다.

② 시가표준액은 건물시가표준액조회를 클릭한 후 해당 주소를 넣어 조회를 누르고 이를 선택하면 주택 외 건물 시가표준액을 알 수 있다. 본 건의 경우 주소를 넣어 검색하면 건물 시가표준액으로 57,077,670원이 나온다.

③ 공정시장가액비율은 주택은 60%, 토지와 건물은 70%이다.

④ 참고로 주택 재산세율은 건물의 종류에 따라서 차이가 나는데, 골프장과 고급오락장은 4%, 주거지역내의 공장용건축물은 0.5%, 기타 건축물은 0.25%이다. 본 건의 경우는 기타 건축물이므로 0.25%이다.

⑤ 화면 하단의 계산하기를 클릭하면 자동으로 과세표준과 재산세율, 재산세 등이 계산되어 나온다. 본 건의 경우 계산하기를 클릭하면 과세표준액(39,954,369원)과 재산세(99,880원) 및 기타 세금 등의 결과값을 알 수 있다.

다) 토지분 재산세(즉 상가 부속 토지 재산세)

▶ **토지분 재산세 = 과세표준×재산세율**

▶ **과세표준 = 토지 시가표준액×공정시장가액비율**(토지 70%)

▶**시가표준액=개별공시지가×면적**

   [토지재산세율 사업용토지(별도합산과세) **: 2억원 이하는 과표×0.2%, 10억원 이하는 40만원+(과표-2억원)×0.3%, 10억원 초과는 280만원+(과표-10억원)×0.4%]**

① 서울시 etax 홈페이지 메인메뉴 중 재산세미리계산/재산세 클릭하여 나온 페이지

의 과세대상에 토지 선택 후 과세대상구분에 사업용토지(별도합산토지)를 선택

② 토지분 시가표준액이란 개별공시지가에 토지면적을 곱한 것(=개별공시지가×토지면적)이다. 개별공시지가와 토지면적은 토지이용규제정보시스템(루리스)이나 서울시 부동산정보광장 혹은 한국감정원 공시가격알리미 사이트에서 조회 가능하다. 이 주소의 개별공시지가는 6,958,000원이고 면적은 220.80㎡이므로 토지분 시가표준액은 1,536,326,400원이다.

③ 이렇게 구해진 토지분 시가표준액에 공정시장가액비율(70%)을 곱한 것이 과세표준이 된다. (토지분 과세표준=토지분 시가표준액×공정시장가액비율(토지는 70%) 따라서 토지분 과세표준은 1,075,428,480원(=1,536,326,400×70%)이다.

④ 이 과세표준에 재산세율(별도합산과세)을 곱하면 재산세액(3,101,710원)이 도출된다.(과세표준이 10억 초과시 재산세액=2,800,000원+(과세표준 - 10억원)×0.4%)

3. 부동산 양도시기 조절과 재산세, 종부세

양도시기를 조절함으로써 재산세와 종합부동산세를 줄일 수 있다. 부동산을 팔 때는 6월 1일 이전에 파는 게 유리하고, 살 때는 6월 1일 이후에 사는 게 유리하다. 왜냐하면 재산세와 종합부동산세는 매해 6월 1일에 당해 부동산을 소유한 사람이 내는 세금이기 때문이다. 매매대금 잔금일과 등기이전 날자 중 빠른 날짜를 부동산의 양도일로 본다.

03
종합부동산세(약칭 종부세)

종합부동산세란 매해 6월 1일을 기준으로 일정 금액 이상의 부동산을 소유한 사람들에게 부과되는 조세로서, 재산세를 내는 사람 중에서 일부에 해당하는 사람만이 종부세 과세대상이다.

종합부동산세 과세대상은 주택과 토지이다. 즉 주택, 종합합산토지, 별도합산토지가 종부세 과세대상이다. 따라서 주택이 아닌 건축물은 종부세 과세대상이 아니므로 꼬마빌딩이나 상가, 상가 건물은 종부세가 부과되지 않는다. 단, 꼬마빌딩이나 상가, 상가건물의 "부지"는 토지이기에 토지에 대한 종부세가 과세된다.

1. 상가, 상가건물, (꼬마)빌딩과 종부세

상가, 상가건물, (꼬마)빌딩을 소유한 경우, '건물부분'과 '건물의 부지 부분(즉 대지)'으로 구분해 살펴보자. 상가, 상가건물, (꼬마)빌딩의 '건물 부분'은 재산세는 내지만 종부세는 내지 않는다.

'건물의 부지 부분(즉 대지)'은 재산세도 내고, 종부세 요건에 해당하면 종부세도 내야 한다. 단 종부세는 대지부분의 공시지가 합계액이 80억원을 초과하는 경우에 부과되기에 사실상 이에 해당하는 경우는 거의 없다. 따라서 거의 대부분의 상가, 상가건물, (꼬마)건물 소유자들은 종부세대상이 아니다.

2. 토지 종부세 과세대상 : 종합합산토지, 별도합산토지(사업용토지)

토지에 대한 종부세가 부과되는 과세대상은 **종합합산과세토지와 별도합산과세토지**로 구분된다.

종합합산과세토지란 나대지, 잡종지, 일정한 기준 면적을 초과한 토지로서 지목의 성격에 맞게 이용되지 않는 토지를 말한다. 종합합산과세토지는 개인별로 공시지가의 합계액이 5억원을 초과하는 경우에 부과된다.

별도합산과세토지(사업용토지)란 상가, 상가건물, (꼬마)빌딩 등의 영업용 건축물에 딸린 토지(즉 대지)를 말하며, 대지부분에 대해서는 대지부분의 공시지가 합계액이 80억원을 초과하는 경우에 종부세가 부과된다. 별도합산과세토지는 사업용토지라고 할 수 있다.

3. 주택의 경우

주택의 경우도 종부세 과세대상이다. **주택을 여러 채 갖고 있다면** 여러 주택의 공시가액 합산액이 6억원을 초과하는 경우에는 종부세가 부과된다. **단, 1세대 1주택**은 공시가액 합계액이 11억원을 초과하는 경우에 종부세가 부과될 수 있다. 따라서 **꼬마빌딩, 상가, 상가건물**은 종부세 과세대상이 아니나, **상가주택**은 상가와 주택이 같이 있기에 요건에 해당되면 종부세가 부과될 수 있다.

종부세 과세표준=가지고 있는 주택의 공시가격 합산액×공정시장가액비율
종부세=종부세 과세표준×종부세 세율

4. 뉴스

"145억 건물 샀는데 종부세 피한 원빈.이나영 부부 절세비법" 2018년 12월 13일 조선일보
"부자들은 강남 아파트보다 꼬마빌딩으로 절세" 2020년 1월 8일 조선일보

양도소득세

1. 개념

양도소득세란 '토지나 건물 등 부동산을 양도하여 얻은 양도차익에 대해 과세하는 조세'로서 과세표준금액(소득금액)에 따라 세율이 차등으로 적용된다. 양도소득세는 양도차익이 크면 클수록 세금을 많이 내는 구조이다. 보유기간 동안 이익이 발생한 것이 없거나 손해를 보았으면 당연히 부과되지 않는다.

2. 양도소득세 산출공식

양도소득세= 과세표준×세율

과세표준=양도소득금액 – 양도소득기본공제(양도소득기본공제 : 1년내 1인당 250만원)

양도소득금액=양도차익 – 장기보유특별공제(보유기간별 공제)

양도차익=양도가액 – 취득가액 – 필요경비

3. 상가, 상가건물, ⁽꼬마⁾빌딩의 양도소득세 계산

과세표준	기본세율	누진공제액
1,200만원 이하	6%	–
1,200~4,600만원	15%	108만원
4,600~8,800만원	24%	522만원
8,800~1.5억원	35%	1,490만원
1.5억원~3억원	38%	1,940만원
3억원~5억원	40%	2,540만원
5억원~10억	42%	3,540만원
10억원 초과	45%	5,040만원

양도자산 보유기간	공제율
3년 이상~4년 미만	6%
4년 이상~5년 미만	8%
5년 이상~6년 미만	10%
6년 이상~7년 미만	12%
…	…
13년 이상~14년 미만	26%
14년 이상~15년 미만	28%
15년 이상	30%

1) 과세표준, 양도세율 등

보유기간 1년 미만인 경우 : 50%, 2년 미만 : 40%

2) 사례연구 : 학동역 인근 - 강남구 논현동 209-*번지 꼬마빌딩 사례 연구

(= 상가, 상가건물도 동일)

가) 현황

매도가 51억원, 2019년 5월 건물연면적 186평, 토지면적 67평, 1990년 5층/지1층

매입가 38억원, 2010년 9월

나) 양도세 계산

(1) 양도소득세=과세표준×세율

과세표준=양도소득금액 − 양도소득기본공제(양도소득기본공제 : 1년내 1인당 250만원)

양도소득금액=양도차익 − 장기보유특별공제(보유기간별 공제)

양도차익=양도가액 − 취득가액 − 필요경비

(2) 양도가액은 양도 당시의 실지거래가액이므로 51억원, 취득가액은 취득 당시의 실지거래가액

(38억원)+취득관련 비용(취득세.등록세+법무사비용+취득시중개수수료-취득세 등 4.6%와 법무비. 중개수수료 등을 합쳐 약 6% 정도라고 하면 대략 맞을 듯 하며 약 2억 2,800만원 정도이므로 취득가액은 40억 2,800만원)

(3) 필요경비는 자본적 지출액과 양도시 들인 비용(중개수수료 등)이므로 특별한 자본적 지출이 없다면 중개수수료만 계산하면 될 듯하며, 대략 0.4%라고 한다면 대략 2,000만원 정도

양도차익=양도가액(51억원) - 취득가액(40억 2,800만원) - 필요경비(약 2,000만원), 양도차익=10억 5,200만원

양도소득금액=양도차익(10억 5,200만원) - 장기보유특별공제(2억 5248만원)=7억 9,952만원 (과거에는 10년 30%였음. 8년 8개월 보유했으므로 8년 24% 장기보유특별공제에 해당하므로 10억 5,200만원×0.24= 252,480,000원)

과세표준=양도소득금액(7억 9,952만원) - 양도소득기본공제(250만원)=7억 9,702만원

양도소득세=과세표준(7억 9,702만원)×세율(5억원 초과이므로 42%이며, 누진공제 3,540만원)=2억 9,934만원

(4) 소결론 : **2010년 9월 매입비용은 40억4,800만원**(매입가 38억+총 경비 2억 4,800만원)이고 **2019년 5월 매도가는 51억원이므로** 양도차익은 10억 5,200만원이다 따라서 양도세는 3억2,927만원(양도세 2억 9,934만원+지방소득세(양도세의 10%) 2,993만원)이 부과되어 결과적으로 양도차익의 31.3%가 세금으로 지출된다.

3) 결론

- **2010년 9월 38억에 매입**하고, **2019년 51억에 매도**한 경우, 약 7억 2,272만원의 양도 순익 발생.(원금의 기회비용과 8년 8개월간의 임대 순수익을 고려치 않음.)
- 매입 당시 **38억원 매입가의 수익률이 4%**였다면 대략 연간 월세 수입은 1,200만원 정도이므로 1,200×12개월=1억 4,400만원에서 월세수입에 따른 세금(대략 3,550만원/년)과 다른 경비 등을 제해도 대략 1년 1억원 정도의 임대순수입이 발생했을 가능성이 높다.
- **총 수입**은 월세 수입 8억6천만원+양도순수익 7억2,272만원=15억 8천272만원 정도의 순이익이 발생
- **2010년 38억 매입**해서 약 8년 8개월간 약 16억원의 순수익을 창출함(자본의 기회비용은 고려치 않음)
- 38억원 자본의 기회비용 : 이자율을 약 2%라고 한다면 =38억원×{(1+0.02)의 9승}=약 45억 4,135만원

4. 상가주택의 양도세 계산

상가주택은 상가와 주택이 혼합된 형태로서 양도세 계산시 주택의 연면적과 상가의 연면적을 비교해, 주택의 연면적이 상가의 연면적보다 넓을 경우 상가주택 전체를 주택으로 보아 양도세 비과세 여부를 판별하였으나, 2022년 1월 1일 이후 양도하는 분부터는 양도가액이 12억원을 초과하는 경우에는 주택과 상가를 따로 구분해 양도소득세를 계산하게 된다. 즉, 주택부분 면적이 상가 부분 면적보다 넓은 상가주택 한 채만 가진 사람이 2022년 1월 1일 이전에 이상가주택을 매도하는 경우라면 상가주택 전체에 대해 12억원까지 비과세를 받고, 이를 초과하는 금액에 대해서도 최대 80%(10년)의 장기보유특별공제 혜택을 받을 수 있으나, **2022년 1월 1일 이후부터는 양도가액 12억원을 초과하는 경우**에는 주택 부분과 상가 부분을 분리해 주택에 대해서는 동일하게 적용하나, **상가 부분**에 대해서는 일반과세가 적용되며, 최대 80%까지 해주던 장기보유특별공제율도 일반 부동산 세율인 최대 30%(15년)로 줄게 된다.

2022년 부터는 12억원을 초과하는 상가주택은 주택 면적이 상가 면적보다 크더라도 상가 면적에 대한 비과세 혜택은 받을 수가 없고, 상가 부분에 대한 양도세는 내야한다.

5. 상가, 상가건물, (꼬마)빌딩, 상가주택의 양도세 절약방법

1) 보유시기 조정과 양도세

상가, 상가건물, 꼬마빌딩 등 양도대상 부동산의 보유시기를 조절하여 양도세 부담을 줄일 필요가 있다. 보유기간이 1년 미만이면 50%, 2년 미만이면 40%, 2년 이상이면 양도소득별로 6~45%까지의 누진세율이 적용되므로, 이를 최대한 활용한다. 따라서 양도일을 잔금 청산일 혹은 소유권 이전등기 접수일로 보기에 매매계약을 할 때는 실제 잔금일을 늦춰 잡아 보유기간을 맞춰 보유기간에 따른 세율 차이를 적극 활용한다.

2) 양도차익 부동산과 양도차손 부동산을 같은 해에 파는 경우

손해가 난 부동산도 있고 이익이 난 부동산도 있는 경우, 이들을 같은 해에 팔면 양도세에서 유리하다. 현행 소득세법은 매년 1월 1일부터 12월 31일까지를 과세기간으로 하고 있다. 따라서 동일 연도에 2회 이상 부동산을 양도해 양도차손과 양도차익이 발생한 경우 양도차손을 양도차익에서 공제받을 수 있다. 반면 이익이 나는 부동산이 여러 채 있는 경우에는 양도세 누진세율로 인해 한 해에 여러 건을 파는 것보다는 여러 해에 걸쳐 나누어 파는 것이 좋을 수 있다.

3) 장기보유특별공제와 양도세

장기보유특별공제란 자산을 3년 이상 보유하면 보유기간에 따라 15년간 최대 30%(1주택자는 최대 80%)의 비율만큼 양도차익에서 차감해주는 제도이다. 상가, 상가건물, (꼬마) 빌딩의 경우는 15년간 최대 30%, 상가 주택의 경우 1주택자이면 주택 부분의 경우에는 최대 80%까지 혜택을 받을 수 있다.

2021년 12월 31일까지는 상가주택 1채만 소유한 사람의 경우 주택 부분 면적이 상가 부분 면적보다 크면 전체를 주택으로 보기에, 12억까지는 비과세되고, 12억 이상의 경우는 상가주택 전체가 장기보유특별공제 혜택(1주택 최대 80%)을 받아 양도세를 계산하게 되므로 사실상 양도세 부담은 별로 없다. 그런데 **세법 개정으로** 2022년 1월 1일 부터는 1구구 1주택이더라도 실거래가 12억이 넘는 상가주택은 상가와 주택 면적을 따로 분리해 주택 부분에 대해서만 1주택 비과세와 장기보유특별공제혜택(1주택 최대 80%)을 주고, 상가 부분은 비과세 혜택에서 배제해 양도세를 부과한다.

따라서 **상가 부분**은 비과세 혜택에서 배제될 뿐만 아니라 장기보유특별공제도 30%만 가능하기에 양도세 부담이 훨씬 커질 수밖에 없다.

4) 증빙서류와 양도세

평소 증빙서류를 잘 보관하면 양도세 부담을 줄일 수 있다. 특히 시세상승으로 매도차익이 큰 경우 비용처리가 가능한 증빙서류가 더 중요하다. 왜냐하면 부가세는 10%이나 양도세는 양도 차액이 큰 경우 최대 45%이므로 지출 증빙이 가능한 경우라면 부가세를 부담하더라도 평소에 증빙서류를 발급 받아두는 게 세금 측면에서 훨씬 유리할 가능성이 높기 때문이다.

5) 기한내 신고와 양도

부동산을 양도한 후에는 반드시 신고기한 내에 신고 및 납부해야 불필요한 가산세를 내지 않을 수 있다. 양도소득세는 잔금이 속하는 달의 말일부터 2개월 이내에 신고, 납부해야 하는데, 신고하지 않거나 납부하지 않으면 가산세가 부과된다.

6) 부부간 증여와 양도세

부부간 증여는 6억까지 비과세되므로 이를 적극 활용하여 취득가액을 높이면 양도세 부담을 줄일 수도 있다 특히 매입할 당시보다 가격이 상승하여 큰 시세 차익이 예상되거나, 다주택 소유로 인해 비과세 혜택을 받지 못해 양도세 부담이 많은 경우에는 부부간 증여를 활용해 취득가액을 높여 양도세를 줄이는 방법을 고려할 필요가 있다.

즉, 남편 명의로 3억에 산 부동산이 9억이 된 경우, 2주택 등의 사유로 비과세혜택을 받을 수 없어 6억이라는 차익에 대해 양도세를 낼 수밖에 없는 경우, 부부간 증여 6억 비과세를 활용하여, 부인에게 9억원에 증여하면 나중에 9억원에 매도하더라도 양도차액이 없기에 양도세가 없다.

주의할 것은, 배우자 증여에 대한 이월과세제도가 있다는 것이다. 즉 배우자나 직계존비속으로부터 토지나 건물 등을 증여받은 뒤 해당 자산을 5년 이내에 타인에게 양도하면 당초 배우자가 취득한 취득가액을 기준으로 양도세를 과세한다. 위 사례의 경우 남편으로부터 증여받은 부동산을 5년 이내에 타인에게 양도하면 양도차익 6억원에 해당하는 양도세를 납부해야 한다.

6. 상가 매매와 부가세

1) 부가세 별도 여부 확인

부가세 별도라는 말이 없으면 보통의 경우에는 매매금액에 부가세가 포함된 것으로 본다. 매매계약서에 '건물분 부가세 별도'라는 문구를 기재하면, 매도자가 건물분 매매가액의 10%를 포함한 세금계산서를 매수인 앞으로 발행하고, 이를 신고·납부한다는 의미이다. 따라서 매수인은 부가세를 포함한 금액까지 매도인에게 지급하여야 한다.

2) 부가세 환급 문제

매수인이 일반과세자라면 매입세액 공제로 납부한 부가세를 환급받을 수 있다. 사업자가 없다면 매매 계약 후 20일 이내 세무서에 사업자 신고를 하여야 환급을 받을 수 있다. 매도인이 간이과세자인 경우에는 세금계산서를 발행할 수 없으므로 매수자에게 받아서 낼 수가 없다. 따라서 특약에 '부가세 별도' 표기가 불필요하다. 간이과세자라면 부가세는 매도인이 부담해야 하는 금액으로, 건물분에 대하여 3%를 납부해야 한다. 매도인이 비사업자(건물을 가지고 있지만 사업자등록증이 없는 경우)라면 부가세 문제는 발생하지 않는다.

3) 포괄양수도

사업용 부동산의 양도가 포괄양수도 계약이란 사업에 대한 모든 권리와 의무를 다른 사업자에게 승계시키는 것으로, 사업의 동질성은 유지하면서 사업자 명의만 변경되는 것이다. 포괄적 양도에 해당하면 재화의 공급으로 보지 않기 때문에 부가세 과세대상에서 제외된다.

부가세 포괄양도양수를 하려면 매도자와 매수자가 사업자등록이 있어야 한다. 매도자가 일반과세자이면 매수자도 일반과세자이어야 하고, 매도자가 간이과세자일 경우에는 매수자는 간이과세자 또는 일반과세자 둘 다 가능하다.

포괄양도양수 특약 사항에 이런 내용을 담으면 된다. "본 계약은 포괄양도양수 계약으로 하며, 사업에 관한 권리와 의무를 포괄적으로 승계하며 양도양수한다. 포괄 양도양수 계약으로 인정되지 않을 경우에는 부가가치세는 매매대금과 별도로 한다."

4) 사업자 등록과 폐업신고

매수자는 사업개시일(양수일)로부터 20일 이내 사업자 등록을 해야 하고, 매도자의 폐업신고는 양도일이 속하는 달의 말일로부터 25일 이내에 해야 한다. 세무분야는 전문 분야이기에 매도매수시 세무사의 도움을 받아 진행할 필요가 있다.

7. 권리금 문제

1) 권리금이란

권리금이란 임대차 목적물인 상가건물에서 영업을 하는 자 또는 영업을 하려는 자가 영업시설·비품, 거래처, 신용, 영업상의 노하우, 상가건물의 위치에 따른 영업상의 이점 등 유형·무형의 재산적 가치의 양도 또는 이용 대가로서 임대인, 임차인에게 보증금과 차임 이외에 지급하는 금전 등의 대가를 말한다. 권리금에는 바닥권리금, 시설권리금, 영업권리금 등이 있을 수 있다.

2) 권리금 신고 절차 (법률신문 2019.4.19. "기존 임차인과 신규 임차인 사이에 수수되는 권리금과 세금문제", 박지영 변호사, 정유진 회계사)(https://m.lawtimes.co.kr/Content/Article?serial=152447)

권리금을 받는 사람인 기존사업자는 권리금에 대해 종합소득세를 납부하여야 하고 권리금을 지급한 사람인 신규사업자는 이를 장부에 계상하여 감가상각비로 인식하는 방법을 통해 추후 발생할 종합소득세를 절감할 수 있다.

권리금을 신고하기로 양 당사자가 합의한 경우 신규사업자가 권리금의 8.8%를 원천징수한 후 나머지 91.2%를 기존사업자에게 지급하면 된다.

신규사업자가 권리금 전액을 지급한 후 기존사업자가 알아서 신고하도록 하는 방식도 가능하지만 이 경우 종합소득세 신고는 거래일 다음 연도 5월에 이루어지기 때문에 신규사업자 입장에서는 기존사업자의 세무신고가 적정하게 이루어지는지 알기 어렵고 더욱이 신고를 강제할 수도 없기 때문에 원천징수하는 방식이 더 추천되고 있다.

신규사업자는 원천징수한 권리금 관련 세금을 거래일 다음 달 10일까지 관할세무서에 신고·납부한 뒤 기존사업자에게 원천징수영수증을 발급하면 된다.

3) 권리금의 원천징수 세율이 8.8%인 이유

(법률신문 2019.4.19. "기존 임차인과 신규 임차인 사이에 수수되는 권리금과 세금문제", 박지영 변호사, 정유진 회계사)(https://m.lawtimes.co.kr/Content/Article?serial=152447)

점포임차권 관련 권리금의 원천징수 세율이 8.8%인 이유는 권리금의 필요경비가 60%까지 인정되기 때문이다. 필요경비를 제한 나머지 40%에 원천징수세율 20%를 곱하면 최종적으로는 세율이 8%가 되고 여기에 지방소득세 0.8%를 더하여 총 8.8%의 세율이 산출된다. 참고로 권리금은 별다른 증빙이 없어도 필요경비를 60%까지 인정받을 수 있으며 만일 필요경비가 실제로 60% 이상 지출되었다면 관련 증빙을 제출하여 더 많은 필요경비를 인정받는 것도 가능하다.

| 손오공 | 상가·빌딩 투자는 손오공의 L5V2가 답이다 | L5V2 |

- '좋은 입지' 분석법 **L5** 거시동선 상의 입지, 주동선 상의 입지,
  좋은 접근성과 가시성, 큰 구매수요, 적은 상가공급
- '좋은 가격' 분석법 **V2** 상가가치 분석법, 상가가치 증대법

VIII
상권 측면 분석
(新)

TEST

1. TEST 1 : 다음 전철역 바로 앞 사거리 코너 목 1층 상가는 장사가 잘 될까? 입지인가?
상권인가?

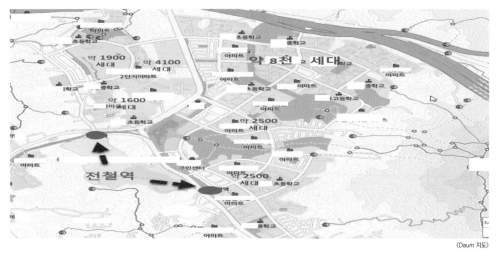

〈Daum 지도〉

2. TEST 2 : 다음 전철역 바로 앞 사거리 코너 목 1층 상가는 장사가 잘 될까? 입지인가?
상권인가?

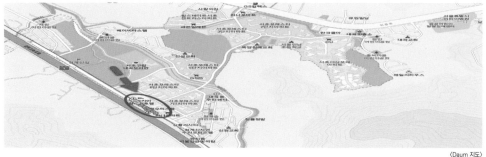

〈Daum 지도〉

02

기존의 상권분석법의 한계와 그 대안

- 멘토 손오공의 분석법

1. 기존 상권분석법 : 각자의 논리로 상권을 설명

2. 멘토 손오공의 상권분석법 :

상가입지분석법 L5와 상가가치분석법 V2를 상권 현장에 적용해, 상권과 개별물건을 모두 분석 한다.

03

'상권'인가?, '입지'인가? (新)

1. '목(입지)'이란 무엇인가?

장사는 **'목'**이 제일 중요하다고 하는데, **실전 상가 투자의 관점에서 '목'이란 구체적으로** 무엇일까?

▷ "'목'이 좋네. 장사 잘 되겠어"에서 '목'이란?
  고급스런 표현으로 하면, '_____'가 좋다. 나쁘다.
  상가·꼬마빌딩 투자는 _____가 제일 중요하다.
  상가·꼬마빌딩 투자는 개별_____투자이다.

시장 용어로는 '목', 상가 투자 용어로는 '입지'를 멘토 손오공의 시각에서 구체적으로 분석해보자.

1) 주변에 커다란 구매수요(유효수요, 배후수요)가 존재하는 입지
2) 구매수요가 주로 이용하는 동선, 즉 주동선상의 입지
3) (내 상가) 주변 구매수요가 (내 상가에) 쉽게 접근 가능하면서, 가시성이 좋은 입지
4) 주변에 경쟁하는 상가가 별로 없는 입지
5) 구매수요의 거시적 이동 방향(대표적으로 직장 출근 방향)에 순응하는 입지
   상기의 1)~5)의 조건에서 멀어질수록 공실 가능성은 증가하고 상가 투자가 위험해진다.
   각각의 조건이 나빠서 생기는 공실은 상가 공실 편에서 배운다.
   각각의 입지 조건(L5)의 세부내용에 대해선 해당 편에서 자세히 배운다.

▷ 장사는 "목"이 제일 중요하다.

상가 투자는 개별 입지가 제일 중요하다.

상기 조건에 많이 모자랄수록,

즉 입지가 안좋을수록 상가·꼬마빌딩 투자가 위험해진다.

2. 개별 입지(목)만 좋으면 상가 투자, 성공할까?

개별 입지(목)만 좋으면, 상권은 중요하지 않을까?

상권은 꿔다 놓은 보릿자루일까?

1) 코로나 이후 상권 현황 – 기사 엿보기
가) "코로나가 할퀸 도심 상권…명동 소규모 상가 공실률 43% 역대 최고"

[동아일보] 김호경 기자, 2021년 7월 28일

서울 핵심 상권인 명동에서 1, 2층짜리 건물 내 상가 10곳 중 4곳 가량은 비어 있는 것으로 조사됐다. 신종 코로나바이러스 감염증(코로나19) 여파로 외국인 관광객 발길이 끊기면서 폐업한 가게가 급증했기 때문이다.

28일 한국부동산원이 발표한 '올해 2분기(4~6월) 상업용부동산 임대동향조사'에 따르면 명동의 소규모 상가 공실률은 43.3%로 1분기(38.3%)보다 5%포인트 상승했다. 이는 관련 통계를 집계한 2017년 이후 가장 높은 수치다. 소규모 상가는 2층 이하면서 연 면적이 330㎡(100평) 이하인 건물을 가리킨다. 실제 외국인 관광객 의존도가 높은 명동은 코로나19 피해가 가장 큰 상권으로 꼽혔다. 명동에서도 가장 번화한 '명동거리'에도 현재 영업 중인 가게를 거의 찾기 어려울 정도다.

명동에서 빈 상가가 늘면서 임대료도 하락했다. 2분기 명동의 중대형 상가(3층 이상이거나 연면적 330㎡ 초과인 건물) 임대가격지수는 83.3으로 전분기보다 4.59% 떨어졌다. 이 지수는 지난해 4분기 임대료를 100으로 놓고 수치화한 것으로, 지난해 4분기 100만 원이던 시세가 83만3,000원까지로 떨어졌다는 뜻이다. 건물주들은 통상 건물 가치 하락을 우려해 상가가 비어도 임대료를 잘 내리지 않는데, 공실 기간이 장기화되며 임대료를 내리기 시작한 것으로 풀이된다.

서울에선 명동에 이어 용산구 이태원(31.9%)과 홍대입구역·합정역 인근 상권(22.6%) 순으로 소규모 상가 공실률이 높았다. 서울 전체 공실률(6.5%)과 전국 공실률(6.4%)은 전분기와 같았다. 공실률이 체감보다 낮은 건 공실률을 산출할 때 연면적의 절반 이상이 비어있는 건물은 제외하기 때문이다. 임대료는 모든 유형의 상업용 부동산에서 하락했다. 전국 중대형·소규모 상가 임대가격지수는 전 분기보다 0.21%, 오피스는 0.09% 각각 떨어졌다.

나) "코로나 팬데믹 장기화, 아파트 밀집지역 내 상가수요증가 '눈길'

코로나19로 유동인구 줄자 대형 상권 매출 감소, 생활 반경 내 상권 각광

[이코노믹리뷰] 전진혁 기자, 2021년 2월 14일

"KB상권분석 보고서 자료를 보면 지난해 10월 서울 명동 상권의 총 매출 규모는 296억9,000만원으로 전년동월('19년 10월) 355억7,000만원 대비 16.5% 감소했다. 점포 수 역시 같은 기간 소매업은 43개 점포가 줄어들었으며, 음식업은 10개 점포가 줄어들었다. 반면, 같은 시기 주거단지가 밀집된 서울 신정네거리역 상권의 총 매출 규모는 25억2,000만원으로 전년 동월 22억7,000만원 대비 11% 증가했다. 매장당 평균 매출도 지난해 10월 3억4500만원으로 전년 동월 3억2400만원 대비 6.48% 증가했다.

이는 지방도 마찬가지다. 대구의 대형 상권인 동성로가 위치한 중앙로역 상권의 지난해 10월 총 매출 규모는 648억8,000만원으로 전년 동월 726억2,000만원 대비 10.7% 감소했다. 총 1353개 점포 중 소매업은 39개 점포가 줄어들었으며, 음식업도 7개 점포가 줄어들었다. 반면, 같은 시기 주거단지가 몰려있는 달서구 감삼역 상권의 총 매출 규모는 73억5,000만원으로 전년 동월 68억8,000만원 대비 6.8% 증가했으며, 평균 매출도 3억1300만원으로 전년 동월 3억200만원 대비 3.64% 증가했다. 점포 수 역시 음식업이 4곳, 의약의료 2곳, 여가오락 2곳 등이 새로 생겼다."

---

2) 코로나 이후 상권 현황 – 지역별 공실률

지역		2021년 02분기	2021년 01분기	2020년 04분기	2020년 03분기	2020년 02분기	2020년 01분기	2019년 04분기	2019년 03분기	2019년 02분기
		6.4	6.4	7.1	6.5	6	5.6	6.2	5.9	5.5
		6.5	6.5	7.5	5.7	4.2	4	3.9	3.4	3.2
도심		8.2	8.5	10.5	8.4	3.3	1.9	3.5	3.1	2.8
	광화문	4.3	4.2	4.3	4.3	4.3	0	0.7	0.7	0.7
	남대문	8.1	8.1	9.9	5.3	5.3	5.3	4.6	3.5	3.5
	명동	43.3	38.3	41.2	28.5	0	0	13.3	11.3	6.2
	을지로	3.1	3.1	3.4	3.4	3.4	3.4	6.1	6.1	6.1
	종로	8.7	6.6	12.8	10.2	2.9	1.5	1.8	2.4	3.2
	충무로	3.6	10.4	10.9	10.9	5.3	2.1	0.8	1.3	0.8
강남		2	3.9	2.5	2.5	2.5	2.8	3.1	2.1	4.5
	강남대로	2	2	2	2	2	2	2.1	2.1	2.1
	테헤란로	5.3	5.3	9.2	9.2	9.2	1.4	2.9	3.3	1.3
	영등포	3.7	2.2	4.1	3.2	2.5	4.9			
	홍대/합정	22.6	22.6	19.2	9.2	9.9	7.5	7.3	6.3	1.4
		6.3	6.2	6.8	5.2	4.4	4.3	3.9	3.5	2.4
	노량진	12.6	9.6	8.5	8.5	8.5	8.5			
	목동	10.6	10.6	30	30	17.3	17.3	28.6	28.6	
	사당	6	6	6.6	6.6	6.6	6.6	9	9	9
	서울대입구역	7.5	7.5	7.5	7.5	7.5	7.5	5.5	5.5	5.5
	성신여대	16.3	2.3	2.6	1.1	1.1	1.1	2.5	2.5	
기타	수유	7.4	7.4	8	8	8	9.4	7		
	신림역	1.4	1.4	1.4	1.4	1.4	1.4			
	오류동역	9.4	11.1	7	2.5			6.4	7.5	8.6
	왕십리		3.4	3.4	3.4	3.4	3.4	3.4	3.4	3.4
	용산역	8.2	8.2	8.2	6.2	5	5	3	3	3
	이태원	31.9	31.9	34.9	30.3	15.2	6.4			
	잠실새내역	7.2	7.2	9.4	9.7	9.7	9.7			
	잠실							2	2	2
	장안동	13.5	16.2	16.2	17.5	17.5	17.5	4.8		
기타	전호	21.3	21.3	24.7	3.3				1.4	1.4
	청량리	6.7	3.7	2.6	2.6	3.8	2.8	3.9	3.9	3.8
	화곡	1.1	7.1	1.3	1.3	1.3	1.3	2.3	2.3	2.3

* 대한민국 최고의 입지 '명동 네이처리퍼블릭 맞은편'

3) 결어

- 장사 : 입지(목)인가?, 상권인가?, 상가 투자 : 개별입지인가? 상권인가?
- 개별입지도 중요하고, 상권도 중요하다.(단, 상권이 안 좋으면 개별입지는 큰 의미가 없다)

3. 거시동선 이론으로 살펴 본 '입지인가? 상권인가?'

1) 용인 경전철 어정역·동백역 부근 상가 사례
가) 용인시 중동 어정역 관련
(1) 어정역 앞 최고의 개별입지 : 어정역 출구 바로 앞 상가

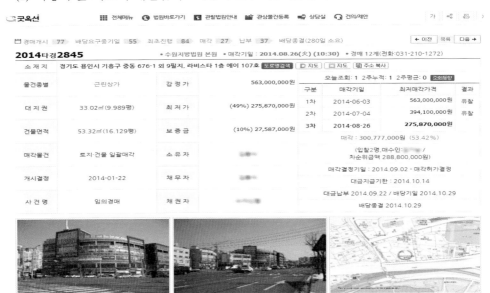

유사물건) 2019-28149 용인시 중동 676-1 라비스타 1층 에이 111호

2019-1212 용인시 중동 676-1 라비스타 506호

(2) 어정역 이용현황(출처 : 나무위키)

[이용객 수 : 2016년 2,048명 **|** 2017년 2,328명 **|** 2018년 2,471명 **|** 2019년 2,760명 **|** 2020년 2,044명**]**

동백역과 마찬가지로 외곽에 자리하여 위치 선정에 실패한 케이스이다. 오히려 동백 지구 남쪽을 끼고 있어 해당 수요는 확실히 가져올 수 있는 동백역에 비해 더욱 심각 한 상황이다. 동백지구 중심상업지인 동백이마트까지의 직선거리가 동백역보다 조금 더 가깝지만 도보로 접근할 거리가 아니라서 차라리 동백역에서 가는 것이 덜 복잡하 다. 동백지구 주거지에서도 멀리 떨어져 있어 버스를 이용하는 비율이 높은데 버스환 승을 해서 올 만큼 시간절약이 되지 않으므로 환승저항을 감수할 이유가 없다.

동백지구의 접근성이 떨어질 뿐더러 신동백지역에서는 차라리 분당,죽전을 갈 때 죽 전으로 바로 꽂아주는 버스를 타지 굳이 기흥으로 우회해서 돌아가는 용인경전철을 탈 이유가 떨어진다. 다만 수원을 갈 때는 경전철이 좀 더 낫다. 역의 남쪽으로 동백

세브란스병원 신설을 위시로 한 용인의료복합단지가 개발 중이라 개발이 완료된다면 이용객을 끌어올 여지가 있으나 이 역에서 도보 접근이 어려운 편이라 이용객 상승은 힘들어 보인다.

나) 용인시 중동 동백역 관련

(1) 관련물건 : 2015-502090 용인시 중동 851-4 동백역타워 1층 104호

동백역 바로 앞 코너 목상가 실 5.92평 지분 감정 25,000 낙 21,200

슈퍼 현황 5,000/240

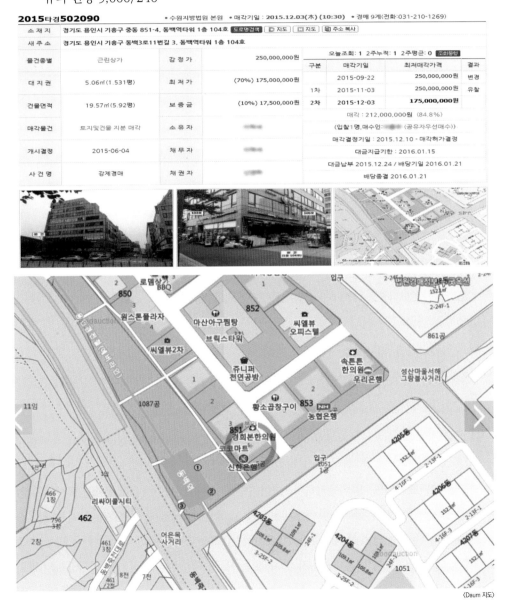

2015타경502090 • 수원지방법원 본원 • 매각기일 : 2015.12.03(木)(10:30) • 경매 9계(전화:031-210-1269)

소 재 지	경기도 용인시 기흥구 중동 851-4, 동백역타워 1층 104호 도로명건색 ▣지도 ▣지도 ▣주소 복사							
새 주 소	경기도 용인시 기흥구 동백3로11번길 3, 동백역타워 1층 104호							
물건종별	근린상가	감 정 가	250,000,000원	오늘조회: 1 2주누적: 1 2주평균: 0 조회동향				
				구분	매각기일	최저매각가격	결과	
대 지 권	5.06㎡(1.531평)	최 저 가	(70%) 175,000,000원		2015-09-22	250,000,000원	변경	
				1차	2015-11-03	250,000,000원	유찰	
건물면적	19.57㎡(5.92평)	보 증 금	(10%) 17,500,000원	2차	2015-12-03	**175,000,000원**		
매각물건	토지및건물 지분 매각	소 유 자		매각 : 212,000,000원 (84.8%)				
				(입찰1명,매수인: (공유자우선매수))				
개시결정	2015-06-04	채 무 자		매각결정기일 : 2015.12.10 - 매각허가결정				
				대금지급기한 : 2016.01.15				
사 건 명	강제경매	채 권 자		대금납부 2015.12.24 / 배당기일 2016.01.21				
				배당종결 2016.01.21				

〈Daum 지도〉

* 2013-41706 용인시 중동 853-3 동백브이타운 1층 107호

  동백역 부근 대박입지 12.65평 감정 37,000 낙 23,681 2,500/70

  유사물건 : 2012-55401

* 2012-50215(2) 용인시 중동 853-1 우함빌딩 201호 : 37.5평 감정 47,000 낙 25,510

(2) 동백역 이용현황(이용객 수)

[이용객 수 : 2016년 3,659명 **|** 2017년 3,885명 **|** 2018년 4,199명 **|** 2019년 4,705명 **|**
2020년 4,544**]**

다) 멘토 손오공의 견해

- 도시 설계 단계에서 거시동선 측면의 고려가 없어서 필연적으로 발생하는 상가 공실 내지 상권 침체의 문제이다.
- 용인 동백역.어정역 주변 상권 침체는 거시 동선을 알면 미리 다 알 수 있었다.
- 시사점 : 제 3기 전철역 주변 상가의 번성 가능성도 어느 정도 예측할 수 있다.

라) 결어 : 개별입지인가?, 상권인가?

개별입지도 중요하고, 상권도 중요하다. 단, 개별입지 〉 상권

2) 파주 운정역과 운정역 중심상가 사례 ('HOW상가·꼬마빌딩 재테크' p105~참고)
가) 운정역 중심상가 사례

2020-2720(와동동 1450-1 602호), 2017-7558(3)(와동동 1426-1 103호),
2017-7558(12)(와동동 1426-1 401호),

나) 운정역 이용 현황(출처 : 나무위키)

[이용객 수 : 2015년 10,159명 **|** 2016년 9,366명 **|** 2017년 9,830명 **|** 2018년 10,816명
| 2019년 11,931명 **|** 2020년 9,276명**]**

교하지구 및 운정신도시에서 가장 가까운 역이지만 여전히 연계 교통편이 불편해서 이용객이 많지는 않은 편이다. 교하지구에서 대화역과 운정역을 가는 시간은 버스 대기 시간을 포함하면 거의 동일하다. 교하지구에서 나가려면 차라리 운정신도시로 나와 M7111을 타는 것이 유리하다. 이용객 수가 일평균 만 명을 돌파했다지만 인근 운정신도시 인구만 17만명에 육박한다는 걸 고려하자. 교하지구까지 합하면 21만을 넘는 수준이다. 얼마나 운정역이 홀대받는지 알 수 있는 대목. 대부분은 여전히 운정신도시의 광역

급행버스, 혹은 60, 567, 900, 56, 80, 773, 1500 등 시내버스가 많은 탄현역이나 야당역을 이용하고 있다. (중략)

여담으로, 운정신도시와 교하지구 주민들은 오히려 탄현역과 이 역 사이에 세워질 야당역에 목숨을 걸고 있었다. 야당역 개통으로 운정역과 함께 탄현역의 이용객이 상당부분 잠식당할 것으로 예측하였다. 실제 야당역 개통과 함께 수요 분산이 이루어지며 운정역과 탄현역의 승하차량이 영향을 받았다. 2016년 3월 기준으로 탄현역은 15,800명 가량으로 전년동월과 비슷한 승하차량을 보이며 여전히 금촌역이나 행신역보다 앞서서 나름 선방을 하고 있는 반면, 운정역은 9,800명으로 경의선 연선 역들 중 가장 큰 감소세를 보이며 금릉역에 다시 역전당했다. 야당역이 개통 5개월만에 5,500명의 승하차량을 기록하며 강매역을 따돌리고 주변 수요를 흡수하는 데 성공한 점을 감안하면, 운정역과 탄현역의 이용객 잠식은 앞으로도 꾸준히 이어질 전망이다.

대곡소사선 운정 연장 시 운정 - 김포공항 - 9호선을 통한 강남 진출루트가 새로이 생기게 되지만, 상당수의 운정신도시 지역에서 경의선 접근성이 나쁘고, 경의선 배차 간격이 길기 때문에 G7426(직행좌석버스) 수요를 가져오는 것은 상당히 힘들 것으로 전망된다. 운정 연장이 무산되어 일산에서 그치더라도 일산역 방면 버스 교통이 나쁘기 때문에 큰 효과를 보지 못할 것으로 보인다. 그러나 운정역 옆 부지에 스타필드 운정으로 예상되는 복합단지가 개발되어 다시 연장 가능성이 생길 것으로 보인다

다) 운정역, 운정역 중심상가 이용이 저조한 이유?("HOW상가·꼬마빌딩 재테크" p105참고)
(1) 거시동선으로 본 운정역(운정역 중심상가) 이용 가능성
　　- 책을 보면서 각 섹터에서 운정역 이용 가능성을 살펴보자.

(2) 운정역(운정역 중심상가) 이용이 많아지려면 운정역 북쪽 수요가 커져야 한다.
　　왜냐하면 북쪽 수요의 거시적 이동방향으로 운정역이 입지하고 있기 때문에

라) 결어 : 입지인가?, 상권인가?
　　- 개별입지도 중요하고, 상권도 중요하다. (단 상권이 안 좋으면 개별입지는 큰 의미가 없다.)

3) 청계산입구역 주변 상가 사례 - 숙제
신분당선 청계산입구역도 파주 운정역과 마찬가지로 거시동선 측면에서 분석해야 하는 거의동일한 사례이다.

4. 결론 : '입지인가?. 상권인가?'

1) 장사는 '목'이 결정한다.
- 입지(목), 매우 매우 중요하다. 입지가 좋으면 공실이 나도 제일 늦게 난다.
- 입지가 좋은 곳에 투자해야 한다.

2) 개별 입지가 속해 있는 상권 자체가 안 좋은데, 혹은 망하는데, 개별 입지가 살 수 있을까?
상권 자체가 죽으면 개별 입지가 아무리 뛰어나도 소용이 없다. 같이 망한다. 특히 유동인구를 대상으로 한 상권, 핫 플레이스 상권이 특히 그렇다.

3) 상권의 우수성, 상권의 변성 가능성을 판단하기 위해서는 어떻게 해야 할까?
미리 알 수 있는 방법은 없을까? 거시동선을 알면 사전에 알 수 있다. 즉 중심상권 또는 역세권 상권에 투자시에는 개별입지의 우수성을 논하기에 앞서 해당 상권이 거시동선의 흐름에 맞는지 여부 등을 사전에 면밀하게 조사하여야 한다.

4) 제대로 된 상가입지 분석, 상권 분석을 하기 위한 절차(단계, 순서)는?
("III.2절.4. 상가입지분석 순서" 참고)

5) 유동인구이든, 고정인구를 대상으로 하던지 입지분석(= 목)시 L5 분석은 필수이다.

04
상권별 투자접근법 (일부 新)

1. 고정인구/유동인구를 대상으로 한 상권의 특징

　1) 초고령화 사회, 팬데믹 시대, 인구 감소 시대의 상가 투자
　2) 고정인구 대상 상권
　3) 유동인구 대상 상권

2. 고정인구 대상 상권의 투자접근법

　1) L5V2 철저분석　　2) 최단거리 원칙 감안　　3) 개발 계획 감안

3. 유동인구 기반 상권(핫플레이스 상권)의 투자접근법
　- 어떤 걸 골라야 하나? 어떤 게 안정적일까?

　1) 핫플레이스 상권 사례
　　가로수길, 경리단길, 송리단길, 샤로수길, 망리단길, 연트럴파크(연남동 경의선 숲길), 삼청동 북촌 한옥마을, 종로 부암동길, 성수동 수제화거리, 종로 서촌마을, 서교동 카페거리, 방배동 카페거리 등

　2) 핫플레이스 상권 중 관심을 가져야 할 상권 내지 유망지역
　　=핫플레이스 상권이 계속 유지될 조건=유동인구 대상 상권으로 한 안정적 대박 투자지역
　　- 상권 혹은 거리, 골목이 갖고 있는 콘텐츠(스토리) : 독창성, 전문성, 품질
　　　예) 출판, 음악, 미술, 디자인, 인디밴드

- 스토리가 있는 지역(역사적, 문화적 스토리)

- 거시동선(인구의 거시적 이동흐름)에 순응하는 지역에 입지할 것

- 대규모인구유출입 유발원이 점점 많아지는 지역

  (가령 클럽문화, 길거리 축제 조성, ** 거리 조성, 보행자 전용도로 조성 등)

- 주변 대규모인구유출입시설 존재(전철역, 광역버스 정거장)

- 주변 큰 구매수요

- 주변 문화 휴게 공간, 유흥 공간 연결되는 지역

- 평탄지역

- 정부와 지자체의 강력하고도 지속적인 정책과 의지, 관계자의 열정과 꾸준한 노력

  (용도지역 변경, 차없는 거리 조성, 각종 문화 공간의 조성 등)

- 저수지 역할을 할 공간 필요 : 안전+휴식+접근성

- 교통의 핵심마디 역할을 할 지역 : 교통의 결절점

cf) 유동인구 기반 상권중 배제해야 할 지역

- 콘텐츠 부재, 관계자의 관심 부족, 주변 구매수요 취약, 대규모인구유출입시설 특히 전철역 또는 광역버스 정거장 부재지역, 급경사지역 등

3) 상권이 확장될 때 유심히 봐야할 것 : 단독주택을 근생으로 용도변경

가) 이미 가격 상승이 너무 많이 진행되었다면, 상권의 확장 가능성이 높은 곳 방향으로 대지가 넓은 단독주택 등을 미리 선점하고 주택 임차 등으로 여유 있게 기다린다.

나) 이 때 주의점은

(1) 주차장 여건 (단독은 시설면적 50㎡초과 150㎡이하 1대, 150초과시 150㎡을 초과하는 100㎡당 1대를 더한 대수, 근생은 134㎡당 1대)

(2) 용도지역 : 2종일반(60/200), 3종일반(50/250), 1종일반(60/150), 준주거(60/400), 전용주거지역(건물 층수제한, 업종제한 유의)

다) 특히 시냇물(4차선)과 시냇물, 시냇물과 개울물(2차선)이 만나는 곳 이상(의 단독)을 주시하라.

4) 상권이 뜰 때, 질 때의 상가가치 폭등, 폭락 : 무리하지 말고, 좋은 가격으로 매입해야

05

대박 상가 투자를 원한다면
핵심 마디에 주목하라

- 앞으로 뜰 지역 찾아내기

1. 문제

1) 문제 1 : 만약 양주 옥정신도시에 100만명의 인구를 수용할 정도의 대규모 개발
   이 이루어진다면, 주변 전철역 중에서 크게 각광받을 역은?

   (= 어느 전철역 주변 중심상가가 크게 성장할 가능성이 높을까?)

〈Daum 지도〉

2) 문제 2 : 다음 그림의 빨간 원 지역이 대규모 신도시로 지정되어 개발된다면 인근
   역 중에서 주변 어느 전철역이 각광을 받을까?

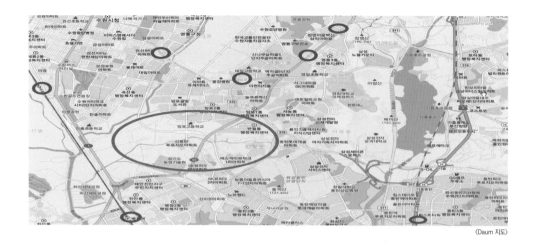

3) 문제 3 : 다음 그림처럼 보정역은 임시역으로 운영 중이어서 수년간 공사 중이다
가, 2012년 깔끔하게 공사가 마무리되었다. 전철역 출구 바로 앞에 있는 사진 상
의 상가, 어떻게 되었을까?

가) 2011년 7월 모습(임시역 – 공사 중)

나) 공사 이후 : 2012년 이후 – 이 상가, 어떻게 되었을까?

4) 문제 4 : 어정역에서 분당선 한 곳 전철역, 신분당선 한 곳 전철역으로 바로 연결한다면, 어디가 최적일까?

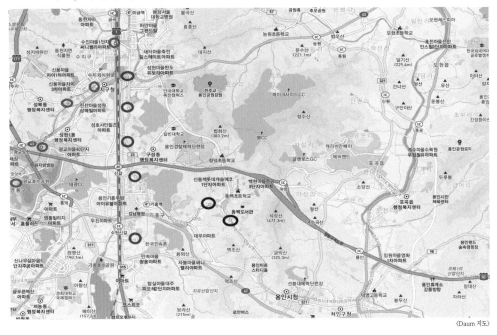

〈Daum 지도〉

2. 응용문제

1) 응용문제 1 : 3호선 대화역 파주 연장안의 경우

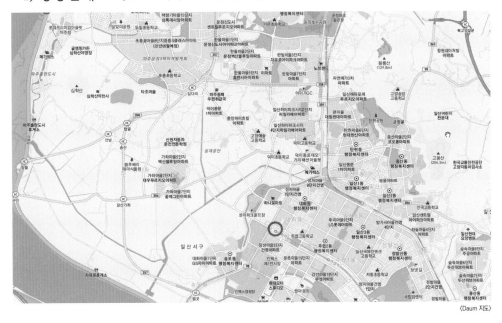

〈Daum 지도〉

2) 응용문제 2 : 전대 에버랜드 역 포곡 연장 계획이 있다면

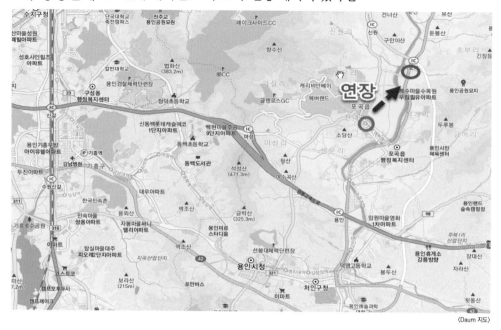

〈Daum 지도〉

3. 시사점

- 핵심 마디에 주목하고 장기 투자하라. 반대로 교통의 핵심 마디가 풀리는 곳은 손절매 하라.
- 핵심 마디란

    '교통의 핵심마디(결점점)' + '대규모인구유출입유발원의 핵심마디(결점점)'

    즉 교통과 문화가 모일 수 있는 곳, 주변이 개발되어 인구가 늘어나는 곳
- 대규모인구유출입유발원의 핵심마디(결점점) : 홍대입구역 상권을 보라.
- 교통의 핵심마디(결점점) : '거시동선상의 출퇴근 진행 방향 여부', 주변 도로의 결절점

06

대박역(상권), 쪽박역(상권),
미리 알 수 없나?

1 문제

1) 문제 1 : 가오리역 주변 상가 투자건

　　2014년 현재 가오리역이 한창 공사 중이다. 가오리역 출구 부근에 상가 지을 만한 괜찮은 자리 토지가 매물로 나왔는데, 시세에 비해 꽤 비싸다. 어차피 역이 들어서면 지금보다 훨씬 좋아져 비싸게 사도 많이 남는다고 하나같이 얘기해서, 구입을 할까 고민 중이다. 가오리역 부근 A 지역 주민들은 가오리역 개통 후 주변 전철역 중 어느 전철역을 이용할 가능성이 높을까?

〈Daum 지도〉

2) 문제 2 : 강남 인근에 대규모 아파트가 공급된다고 한다. 앞으로 유망지역이라 전철역 바로 앞 토지를 사서 개발 후 상가분양을 하려고(혹은 상가를 분양받아 장사를 하려고) 하는데, 분양(장사)이 잘 될까? (= 역세권의 범위 문제, 구매수요의 범위 확정문제)

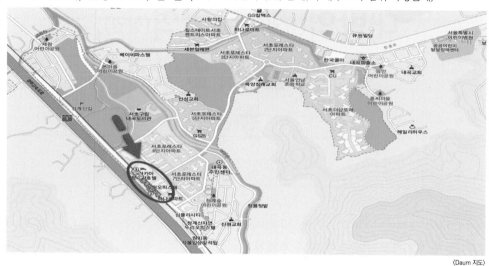

〈Daum 지도〉

3) 문제 3 : 약 13,000세대 이상 세대가 주로 이용할 전철역(지금 공사중) 바로 앞 사거리 코너 1층 상가가 급급매로 나왔다고 한다. 연초 점괘가 대박 운세라고 하던데, 평생 한 번 올까 말까 한 대운, 대출이라도 내서 확 잡아야 하나?

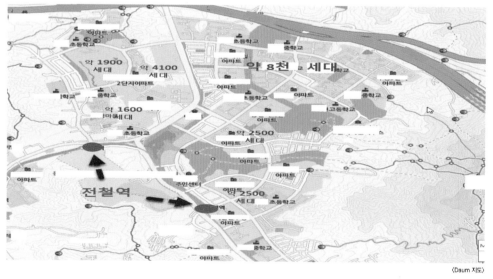

〈Daum 지도〉

4) 문제 4 : 지하철이 다니지 않던 의정부 용현동 앞으로 전철(탑석역)이 개통되면, 전철 수요가 몰려 인근 상가가 대박이 난다고, 땅이든 상가든 미리 사 놓아야 한다고 부동산 전문가가 얘기한다. **어떤 판단을 해야 할까?**

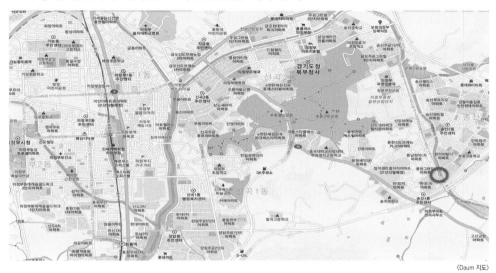

<Daum 지도>

5) 문제 5 : 2017년 현재 지하철 7호선 연장이 확정되어 석남역이 7호선 종착역이 된다고 한다. 좋아질 거는 같은데, 전철 들어온 다른 곳을 보니 생각보다 별로인 경우도 많아서 어떻게 해야 할지 모르겠다. 청라 연장 얘기도 나온다. **어떻게 판단해야 할까?**

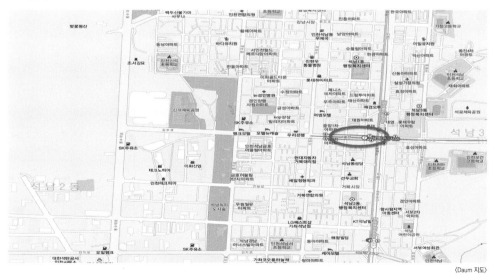

<Daum 지도>

6) 문제 6 : 2021년 9월 기재부 예타를 통과해 남양주 왕숙신도시에 9호선이 들어
   온다고 한다.

   다른 신도시를 보니 전철이 들어오면 좋아지긴 해도 그다지 생각만큼 좋아지진 않
   던데, 그래도 이번에는 다르지 않을까 기대하게 된다.

   물론 가격이 문제겠지만, 9호선 들어오는 역 바로 주변이면 상가입지로 검토해 볼
   만할까? 빛 좋은 개살구는 아닐까?

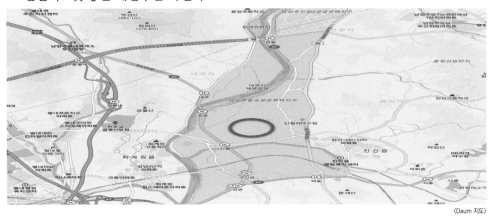

〈Daum 지도〉

7) 문제 7 : 남양주 왕숙신도시에 9호선 연장이 확정되었다고 하여, 상가·꼬마빌딩
   투자를 할 예정이다. 그런데 생각해 보니, 전철역과 중심상업지구의 입지에 따라 중
   심상가의 영업 활성화 정도가 달라질 거 같아 미리 생각해 보고 예상과 비슷하면 투
   자하려 한다.

   왕숙신도시의 어떤 위치(1, 2, 3 입지 중에서 선택)에, 그리고 어떤 모양을 취해야, 중심
   상업지구와 전철역사 주변 상가, 영업이 잘 될까?(혹은 역 이용이 많을까?)

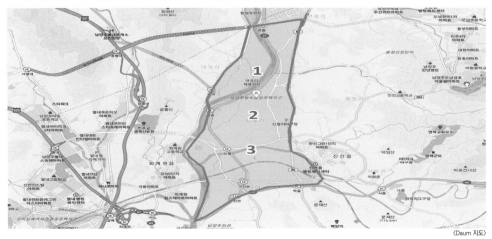

〈Daum 지도〉

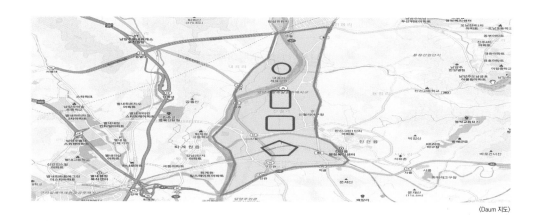

〈Daum 지도〉

8) 문제 8 : 하남교산 신도시는 서울에서 가까워 상가·빌딩을 사두면 많이 오를 가능성이 있어서 아주 관심이 많다. 생각해 보니, 역의 위치, 중심상업지역의 위치가 적절해야 사람들이 많이 이용할 것이고 그래야 중심상가가 잘 될 텐데, 이런 생각이 들어 **교산지구 지도를 보고 중심상업지구와 전철역이 들어서면 좋을 최적의 입지를 찾아볼까 한다.**

다음 중 중심상가나 전철역 주변 상가 활성화에 가장 도움이 되는 입지는 어디일까?

(= 지역 주민의 편의가 증진되고 전철 이용자 수가 가장 많을 입지는 어디일까?)

그리고 최악의 입지는 어디일까?

〈Daum 지도〉

9) 문제 9 : 신도시나 택지를 개발할 때, 전철역 혹은 중심상업지역은 다음 중 신도시의 어디에 입지해야 주민이 편하고, 전철이용률이 높을까? 1~5 중에서 선택하라.

즉 어디에 위치해야 중심상가 장사가 잘 되고, 어디에 위치하면 장사가 안 될까?

(큰 빨간 원이 신도시라 가정하고, 작은 원은 신도시 주민들의 직장 위치라고 가정)

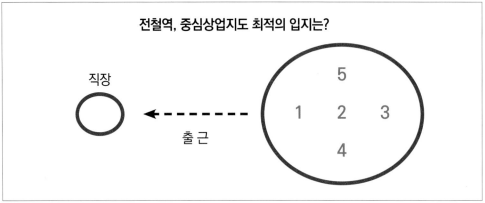

2. 시사점 : 중심상가, 이런 입지면 대박 가능성이 있고, 이와 반대될수록 쪽박 가능성이 높다.

1) 거시동선에 순응하라. 역행하면 폭망한다.

- 중요한 사회기반시설(역과 주변 중심상가, 시청 등) 입지 결정시 거시동선 반드시 고려해야 한다. 거시동선을 생각않고 전철역, 중심상가 입지를 정하면 폭망의 지름길이다.

- 파주 운정역과 운정역 중심상가, 의정부, 용인, 우이 경전철 노선을 보라. 거시동선(쉽게 얘기하면, 지역 주민의 직장으로의 출근 방향)을 생각하지 않고 노선을 설계하여 지역 주민의 불편이 가중되고, 수 조원 혈세가 낭비되고 있는 게 현실이다.

- 반면 김포경전철은 전혀 의도치 않게 우연히 거시동선에 맞게 설계되어, 예상외로 전철 이용률이 너무 높아서 시민 불편이라는 결과를 가져왔다. 거시동선을 미리 알았으면 김포시민이 많이 이용할 것을 사전에 알 수 있었을 것이고, 이에 따라 열차도 2량이 아니라 4량 혹은 그 이상을 준비할 수 있었을 텐데,,,,

- 전철역이나 중심상업지역의 선정 등 사람들이 많이 이용하는 사회간접자본의 입지 선정시 거시동선에 대한 고려가 미리 미리 반영되어야 한다.

- 거시동선에 대한 고려가 국가적으로, 전국적으로 행해진다면, 수 조원, 아니 수 십 조원의 예산 낭비를 사전에 막을 수 있음은 물론 지역 주민의 불편도 대폭 줄여 행정에 대한 만족도도 대폭 높일 수 있다.

2) 거시동선상 진행방향의 최단거리 노선(시간상, 거리상, 심리상)이 중요하다.

- 중요한 기반시설 특히 전철노선과 전철역, 중심상업지역은 (직장과 집간) 최단거리 노선(거리상, 시간상, 심리상)상의 진행 방향에 놓이게 하라. 최단거리 노선의 진행방향에 순응할수록 전철역과 중심상가는 흥하며, 역행할수록 이용률이 저조해진다.
  (사례 : 용인 동백역.어정역 주변 상가, 청계산입구역)
- 집과 직장 간에 사정상 바로 연결이 힘들어 다른 전철 노선과 연결해야 한다면, 연결되는 노선 혹은 전철역이 직장에 얼마나 빨리(출근시는 시간, 퇴근시는 거리) 도착할 수 있는가의 문제를 해결해 주는 것이 성패를 좌우한다. 길어질수록 역 이용률은 떨어지고 주변 상가는 주동선상에 있더라도 흐르는 입지로 변해 쪽박 가능성이 높아진다. (사례 : 청계산입구역, 용인 동백역.어정역 주변 상가)

3) 중심상업지구와 전철역은 출근 방향의 약간 앞 쪽에 입지시켜야 한다.

- 중심상업지구를 출근시 진행방향의 약간 앞 쪽(즉 지구의 중심보다는 출근 목적지 방향의 약간 앞 쪽)에 배치하는 게 좋고, 전철역은 중심상업지구 내에서도 가장 앞 쪽(출근시 출근 목표지점 쪽)에 배치하고, 보행자 전용 혹은 우선거리를 확보한다.
- 버스 정거장은 중심상업지구의 중간이나 끝 쪽(전철역의 반대편)에 배치해서 보행자가 어느 정도 걸을 수 있는 거리를 확보하여야, 상권이 살 수 있다. 다만 너무 길면 전철역 자체를 이용하지 않고 다른 수단(혹은 다른 전철역)을 이용할 가능성이 있으니, 상황에 맞게 판단하여야 한다.

가) 해당 신도시 만 고려한 중심상업지구와 전철역, 버스정거장, 환승터미널의 최적 위치

해당 신도시만 고려하면 직장으로의 출근 진행방향의 약간 앞쪽이 최적위치이다. 아래 두 그림과 같은 형태의 배치를 고려할 수 있다.

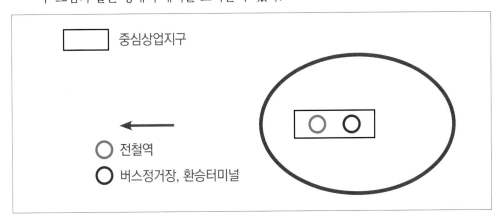

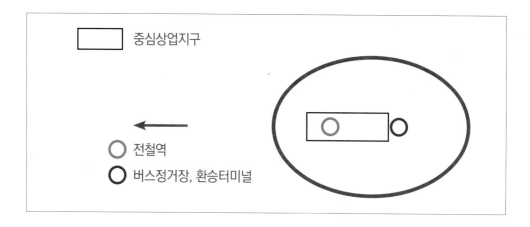

나) 신도시 주변에 대규모 인구밀집지역이 있는 경우의 전철역, 중심상업지역, 버스정거장 등의 최적입지

　전철역이 들어가는 해당 신도시 주변으로 대규모 인구밀집지역이 있고, 이들의 상당수가 해당 신도시의 전철역을 이용해 출퇴근 하는 경우, 즉 해당 신도시뿐만 아니라 주변지역 인구를 감안해 전철역 등의 최적입지를 설정해야 하는 경우는 앞에서 본 입지와 약간 달라질 수 있다.

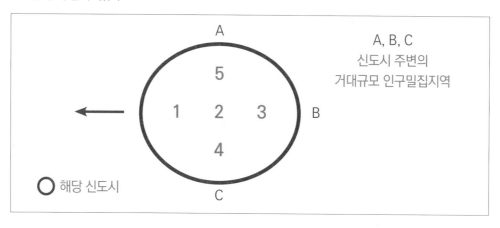

　위 그림에서 보듯이 해당 신도시만 고려한다면, 전철역 등의 입지는 1~5 중 1 입지가 최적일 가능성이 높다. 그런데 만약 해당 신도시 주변 지역에 대규모 인구 밀집지역이 있고, 이들의 상당수가 해당 신도시의 전철을 이용할 가능성이 높다면 전철역 입지는 어디가 최적일까? 원래의 1 입지일까? 아니면 입지가 이동할까?

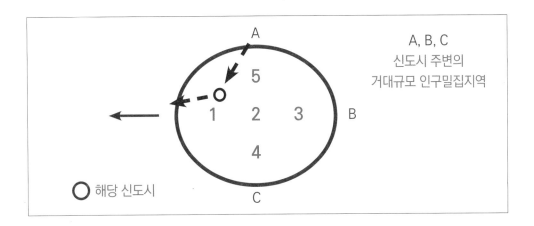

위의 그림처럼 해당 신도시 주변 A지역에 대규모인구 밀집지역이 있고, 이들의 상당수가 해당 신도시 전철을 이용할 가능성이 높다면 원래의 1입지에서 A 방향으로 약간 이동하여 입지하는 것이 최적일 수 있다.

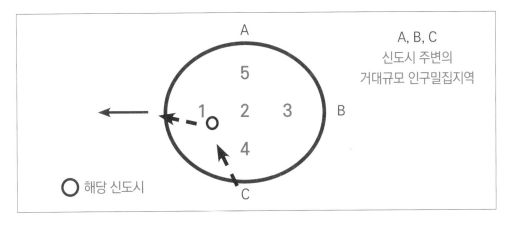

반면 해당 신도시 주변 C지역에 대규모인구 밀집지역이 있고, 이들의 상당수가 해당 신도시 전철을 이용할 가능성이 높다면 원래의 1입지에서 C방향으로 약간 이동하여 입지하는 것이 최적일 듯하다.

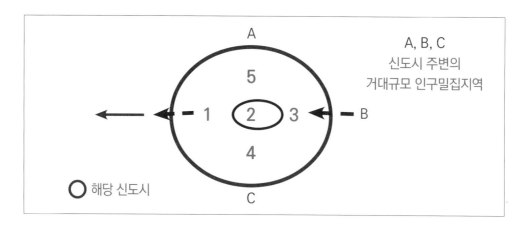

해당 신도시 주변 B지역에 대규모인구 밀집지역이 있고, 이들의 상당수가 해당 신도시 전철을 이용할 가능성이 높다면 원래의 1입지에서 B방향으로 약간 이동하여 입지하는 것이 최적일 듯 하다.

● 하남 교산신도시에의 응용

– 위에서 살펴본 이론을 토대로 하남 교산신도시 전철역 입지 문제를 풀어보자. 하남 교산 신도시만 고려한 전철역 최적입지는?

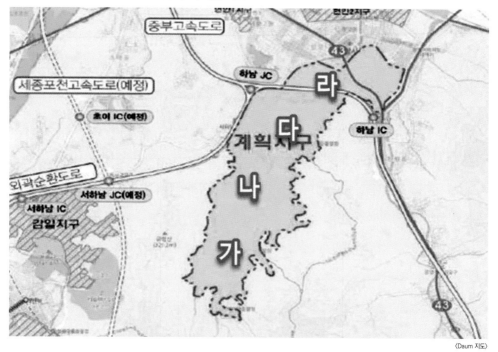

〈Daum 지도〉

- 하남 교산 신도시 위쪽에 있는 기존 시가지 사람들이 교산 신도시에 들어올 전철역을 많이 이용할까? 하남 교산 신도시 위쪽에 있는 기존 시가지 사람들이, 교산 신도시에 들어올 전철역을 많이 이용한다면 전철역 최적입지는 하남 교산 신도시 지구만 고려한 전철역 입지와 같을까?, 다를까?

4) 중심상업지역의 바람직한 형태와 기타 참고사항
- 중심상가의 형태는 각 지역마다 다르나, 일반적으로는 긴 직사각형 모양이 가장 통용될 수 있는 형태이다.
- 보행자 전용 혹은 보행자 우선 거리를 확보하여야 상권 활성화에 도움이 된다.(서현역)
- 스트리트형 상가보다는 박스형 상가로 조성하라.(스트리트형 상가는 제한적으로)

 스트리트형 상가는 상가 공실, 특히 악성 장기 공실을 유발하는 핵심 원인 중 하나이므로, 특별한 경우를 제외하고는 박스형 상가 설치를 우선한다. 현재는 지구단위계획에서 스트리트형 상가 조성을 조장하는 경우가 많으나, 오히려 제한하는 게 상권 활성화와 공실 방지에 도움이 된다.

5) 대박역(상권), 쪽박역(상권) 구별법과 장기 투자
- 출퇴근 방향에 위치한 전철역(버스정거장)인지, 아닌지를 살펴봐야 한다. 출퇴근 방향과 관련 없는 전철역(버스 정거장)은 쪽박 전철역일 가능성이 높다. 특히 출퇴근 반대 방향에 위치한 전철역과 중심상업지역은 완전 쪽박일 가능성이 매우 높다.
- 특히 주변에 개발이 급속히 진행되어 인구 유입 가능성은 높은데, 전철역이 별로 없는 경우 출퇴근 방향에 위치한 핵심 마디(교통의 결절점) 전철역이 어딘지 찾아보자.(수유역, 과거의 죽전역, 망포역). 길게 보고 싸게 매입하면 성공 가능성이 높다.
- 이런 때도 개울물(2차선 도로)과 시냇물(4차선 도로)이 만나는 곳, 시냇물(2차선 도로)과 시냇물(4차선 도로)이 만나는 곳 부근이 좋다.

07

기존 유명 상권 분석 (新)

- 현장상권분석반 시간에 주로 분석하는 분야이다

1. 사례 물건

1) **명동상권** : 2011-27302(명동2가 21), **2019-104892, 2004-22316**
2) **이태원상권** : 2018-52432(이태원동 127-11), **2016-2730**(이태원동 258-79)
3) **경리단길 상권 부근** : 2016-2730
4) **청주성안길** : **청주시 상당구 북문로1가 110, 2015-635(1)** (북문로1가 68-15),
   2011-3032

2. 각종 상권

1) **홍대상권 : 공통**
2) **강남역상권**(역삼,선릉,교대역)/**명동상권**(남대문, 서울역, 을지로)
   : 명동 상권 주변 동선, 이렇게 바꾸면,,,

3) **종로상권**(인사동, 삼청동, 서촌, 광화문)/**건대입구역상권**(성수동)
   : 건대입구역 상권 주변, 나라면 이렇게,,,

3. 심화 : 명동 상권 활성화 방안(서울시장님께 드리는 멘토 손오공의 고언)
- 동선이 이어지고 모여야 상권이 산다.

1) 주변의 막대한 구매수요, 특히 명동 북쪽의 오피스 수요를 적극적으로 유인하라.

〈Daum 지도〉

　　지금 보다 안정적인 상권 유지 및 기존 상권의 확장을 위해서는 주변의 구매수요가 명
동 상권을 쉽게 이용할 수 있도록 해야 한다. 특히 명동 북쪽에 위치한 오피스 빌딩 기반
의 큰 구매수요가 좀 더 쉽고 편하게, 그리고 매력을 느낄 수 있도록 만들어 주어야 한다.
탄탄한 업무시설 기반 구매수요의 발길이 이어져야 보다 탄탄하고 경기나 주변 환경에
덜 민감한 상권, 안정적인 상권으로 변모하게 된다. 또한 주변에 위치한 고급 백화점과
남대문 시장 이용객들의 발길이 자연스럽게 명동으로 이어질 수 있는 유인책이 마련되어
야 한다.

2) 주변 막대한 구매수요의 동선이 끊어지지 않고 이어지게 하라.

〈Daum 지도〉

명동 주변의 동선(인사동 동선, 명동 북쪽의 대규모 오피스 빌딩 쪽 동선, 남대문 쪽 동선, 롯데백화점, 신세계백화점 동선 등)을 끊김없이 강하게 이어주어야 한다. 동선이 끊어지면 상권도 끊어진다. 동선이 짧을수록 소비 행위의 시간과 횟수도 줄어들기에, 동선이 끊기지 않도록, 그리고 시간 지체가 발생하지 않도록 신경 쓸 필요가 있다.(특히 횡단보도에 신경 쓸 필요가 있다.)

동선이 끊기지 않고 이어지려면 사람들의 이동 동선과 가깝게 횡단보도를 설치하고, 크고 넓게 설치해주는게 좋다. 또한 가급적 신호등을 없애는 방안 내지 신호등 도보 대기 시간을 줄이는 방안을 연구할 필요가 있다. 앞 그림의 가) 부근의 로드뷰 모습이다. 횡단보도가 주변에 있긴 있으나, 1과 2를 바로 이어주지 못해 지체 현상이 발생한다. 상권을 살린다는 측면에서는 1과 2의 동선이 바로 이어진다는 느낌이 나게 1과 2를 바로 이어주는 횡단보도를 설치할 필요가 있다. 이왕이면 1)과 2)의 거리의 폭만큼 넓으면 좋다. 바로 이어지는 느낌이 나야 그리로 가고 싶다.

위 그림의 경우는 앞 그림의 나)에 해당하는 지역이다. 차도로 인해 동선이 완전히 끊겼다. 횡단보도를 설치하고 3, 4 주변을 걷고 싶은 거리로 조성해 주어야 인사동, 종로의 인파와 명동 인파가 합쳐져 큰 물줄기를 이룰 수 있다. 구매수요는 상당히 감각적이고 예민해서 작은 부족함에도 그 동선을 외면할 수 있다.

다시 설명하면, 가)와 나) 지점에 도로 반대편을 바로 잇는 횡단보도를 설치해서 도로를 건니는데 부담감을 안 느끼게 해주어야 한다. 종로 상권, 인사동 상권이 명동상권과 연결되야 상권이 더 커지고 단단해질 수 있으며 서로간에 시너지를 발휘할 수 있다.

3) 동선의 흐름 중간 중간 휴게시설, 공원, 쉼터, 오락시설 등을 제공하여 쉴 공간을 제공하라.

동선이 끊어지지 않고 계속 이어지되 오래 머물 수 있어야 구매행위로 연결되므로, 피로도가 쌓이지 않게 동선의 흐름 중간 중간에 놀이터나 쉼터, 소공원, 각종 휴게시설 등 다양한 휴식공간을 제공할 필요가 있다. 앞 그림의 인사동과 명동을 잇는 동선(파란색 선)을 좀 더 가고 싶고, 걷고 싶은 거리로 만들어야 한다. 특히 가)와 나) 사이의 동선에 신경써야 한다. 시멘트 건물만 보고 명동을 향해, 인사동을 향해 걷기는 너무 심심하다. 중간 중간 쉬면서, 즐길 수 있는 작은 재미, 작은 휴식을 선사해주면 구매수요는 큰 보답을 한다.

4) 주변 관광자원, 자연자원, 대형 빌딩 거리 등을 활용한 다양한 도보 동선 코스를 개발하라.

명동 상권 주변을 지나는 여러 도보 동선 코스를 개발한다. 주변 남산과 연결하는 코스, 인파 많은 곳만 가는 인파 맞이 동선 코스, 대형 빌딩 숲길 사이를 다니는 빌딩 숲 사잇길 걷기 동선코스, 주변 백화점과 상가 위주로만 다니는 쇼핑코스, 주변의 역사 문화재 위주로 다니는 코스, 음식 맛집만 연결한 "맛집 탐방 코스 등"으로

이런 코스 모두는 명동 상권을 반드시 거쳐가게 한다.(중심부이든, 아니면 명동상권 옆을 스치든 도보 코스의 성격에 따라 변형을 주면서)

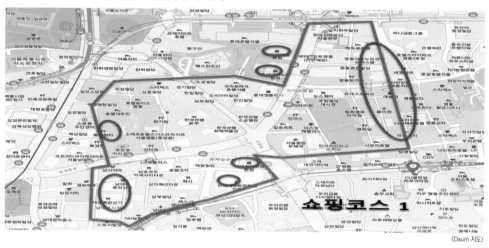

〈Daum 지도〉

가령, 하나만 예로 든다면 명동중심상가, 신세계백화점, 남대문상가, 북창동먹자골목, 롯데백화점을 잇는 동선을 만들고 쇼핑코스 1이라 칭한다. 쇼핑코스는 말 그대로 쇼핑을 주로 하는 동선이며, 걷는 길을 따라 쇼핑과 관련된 아이템을 집중적으로 배치한다. 쇼핑 코스도 쇼핑코스 1, 2 등 코스의 길이나, 상품의 특성에 따라 다양한 동선을 개발할 수도 있다.

명동 상권 주변 수많은 역사 유적지를 잇는 동선, 가령 명동성당과 환구단, 경복궁 등을 잇는 동선(명동 상권 경유)을 개발해 우국지사 코스(역사애환 코스)라 할 수도 있고, 영광스런 역사 유적지를 잇는 영광의 역사코스를 개발할 수도 있다. 명동상권과 주변의 남산 둘레길 코스를 개발해도 좋을 거 같다. 명동 상권 주변은 자랑할 게 많고, 사연도 많은, 게다가 자연 환경도 빼어난 무궁무진한 스토리를 개발할 수 있는 곳이기에, 이를 개발해 명동 상권과 연결할 필요가 있다.

동선을 형성할 거리가 많을수록 명동상권과 그 주변 상권의 활력이 넘치고 안정적일 수 있다. 다양한 동선이 형성될 수 있게 코스를 개발하고 막힘없이 물 흐르게 해 주어야 한다. 물이 고여 있고 싶으면 고여 있다가, 흐르고 싶으면 흐를 수 있게 설계해 주어야 상권이 산다.

5) 꼭 필요한 경우엔 건물이나 토지를 매입해 홍보하는 방안도 검토해볼만 하다.

인파가 제일 많은 명동8길에서 본 남산타워의 모습이다. 앞의 건물을 매입(남산동 1가 1-2)해 건물 전면을 남산 홍보 스크린으로 이용하는 것은 어떨까? 건물 전면 스크린에서 남산을 화살표로 지칭하며,,, Welcome to Mt. NamSan. 등 남산타워를 이용해 보라는 자막을 넣고 남산의 사계절과 남산 둘레길의 아름다움을 보여주면 남산 생각을 하지 못하고 있다가도 가고 싶지 않을까? 명동8길에서 쇼핑을 하다가, 바로 보이는 건물에서 남산 관련 영상이 보인다면, 나도 가보고 싶다고 생각하지 않을까?

물론 건물 내부는 서울의 역사와 문화, 남산을 알리는 홍보 건물로 사용해도 좋고 명동과 남산 사이에서 잠깐 쉬어가는 휴게 공간으로 이용해도 좋고,,,

만약 매입해 건물을 홍보용으로 활용하는 경우에는 당연히 명동 8길의 동선이 건물로 바로 이어질 수 있게 건물 바로 앞에 횡단보도를 크게 설치하고, 걷고 싶은 길이 되도록 동선 주변을 개발해야 함은 물론이다.

08

신도시 상권 분석

1. 사례 물건 : 삼평동 에메트타운

2012-28662(1)(삼평동 708, 에메트타운 110호)(11.2평, 감 70,400, 낙 37,590, 2013년 7월 8일)

2015-18413(1)(삼평동 708, 에메트타운 104호, 9.5평, 감 67,700, 낙 73,755, 2016년 7월 4일)

2. 1기 신도시 상권

- 분당상권(서현, 야탑, 정자, 판교)
- 일산상권(대화, 주엽, 정발산, 마두, 백석, 화정)

3. 2기 신도시 상권

- 하남미사(고덕강일지구)
- 송파위례상권(성남복정)

4. 3기 신도시 상권 예측

- 하남교산 : Ⅲ.4절.10. 참고
- 남양주왕숙 : Ⅲ.4절.10 참고
- 부천대장
- 고양창릉
- 인천계양
- 안산장상

IX
상가·꼬마빌딩 공실 문제

- 상가·꼬마빌딩의 수요·공급·연결점·가격·상권 측면에서의 문제 발생
- 앞에서 배운 내용을 토대로 본 문제들을 풀어보고,
  모르시면 해당 편을 다시 공부하자.

01

TEST

1. 문제 1 : 사회문제가 되고 있는 위례신도시 중심상가의 장기간 상가공실, 상가전 문가도, 삼척동자도 하나같이 얘기하는 상가공급 과다가 핵심 원인일까?

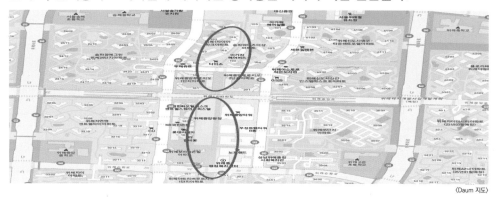

〈Daum 지도〉

2. 문제 2 : 국내 최대규모 단지 헬리오시티 단지내상가 관련

다음 그림의 단지내상가(헬리오시티)는 국내 최대 규모의 구매수요(,9510세대)를 지니고 있고, 구매수요의 주동선에 정확히 위치하고 있는데도 불구하고, 왜 대규모 공실 문제로 골머리를 앓을까?

〈Daum 지도〉

02
상가 잘못 사면 상갓집된다
- 상가 공실의 무서움

1. "월세가 '0원', 강변 테크노마트의 몰락"

강변 테크노마트 8층에 소액의 보증금과 20만원 내외의 관리비만 내면 사용할 수 있는 무월세 점포 매물이 7개나 있으며, 다음 달부터는 가격이 인하돼 15만원 선까지 내려갈 가능성도 있다. (2019년 8월 28일 머니투데이)

〈썰렁한 세종시 상가〉 3일 세종시 나성동의 한 상가에 임차인을 모집하는 안내문이 붙어있다. 1년 이상 장기 공실인 상가가 속출하자 일부 상가 소유주가 임대료를 절반 수준으로 내리거나 렌트프리(무상임대) 조건을 내세우며 임차인을 구하고 있다. /연합뉴스

2. "대규모 장기 공실로 도심 흉물 전락중인 분양형 쇼핑몰"

중구 을지로6가의 굿모닝시티는 공실률이 60%를 웃돌아서 점포가 경매로 넘어가더라도 낙찰이 힘들다. (2017년 7월 13일 조선비즈)

3. "상가가 텅텅 비었다, 세종시 상가 공실 심각"

상가건물마다 공실이 넘쳐나 임대 홍보 현수막이 곳곳에 걸려 있다. 세종신도시 내 공실률은 집합상가 32%, 아파트 단지 내 상가와 주상복합 상가 등을 포함하면 50%까지 치솟는다.

상가투자 '세종시의 배신'...월세 1년새 250만→150만원

중앙일보 | 입력 2019.07.21 05:00 업데이트 2019.07.21 12:50

최종권 기자

03

상가 공실 현황 분석

1. 서울 주요지역 소규모 상가 공실 현황

서울 주요지역 소규모 상가 공실률(2017년 1분기~2021년 2분기)(한국부동산원 자료를 멘토손오공이 정리함)

지역		2021년 02분기	2021년 01분기	2020년 04분기	2020년 03분기	2020년 02분기	2020년 01분기	2019년 04분기	2019년 03분기	2019년 02분기
		6.4	6.4	7.1	6.5	6	5.6	6.2	5.9	5.5
		6.5	6.5	7.5	5.7	4.2	4	3.9	3.4	3.2
도심		8.2	8.5	10.5	8.4	3.3	1.9	3.5	3.1	2.8
	광화문	4.3	4.2	4.3	4.3	4.3	0	0.7	0.7	0.7
	남대문	8.1	8.1	9.9	5.3	5.3	5.3	4.6	3.5	3.5
	명동	43.3	38.3	41.2	28.5	0	0	13.3	11.3	6.2
	을지로	3.1	3.1	3.4	3.4	3.4	3.4	6.1	6.1	6.1
	종로	8.7	6.6	12.8	10.2	2.9	1.5	1.8	2.4	3.2
	충무로	3.6	10.4	10.9	10.9	5.3	2.1	0.8	1.3	0.8
강남		2	3.9	2.5	2.5	2.5	2.8	3.1	2.1	4.5
	강남대로	2	2	2	2	2	2	2.1	2.1	2.1
	테헤란로	5.3	5.3	9.2	9.2	9.2	1.4	2.9	3.3	1.3
	영등포	3.7	2.2	4.1	3.2	2.5	4.9			
	홍대/합정	22.6	22.6	19.2	9.2	9.9	7.5	7.3	6.3	1.4
		6.3	6.2	6.8	5.2	4.4	4.3	3.9	3.5	2.4
	노량진	12.6	9.6	8.5	8.5	8.5	8.5			
	목동	10.6	10.6	30	30	17.3	17.3	28.6	28.6	
	사당	6	6	6.6	6.6	6.6	6.6	9	9	9
	서울대입구역	7.5	7.5	7.5	7.5	7.5	7.5	5.5	5.5	5.5
	성신여대	16.3	2.3	2.6	1.1	1.1	1.1	2.5	2.5	
기타	수유	7.4	7.4	8	8	8	9.4	7		
	신림역	1.4	1.4	1.4	1.4	1.4	1.4			
	오류동역	9.4	11.1	7	2.5			6.4	7.5	8.6
	왕십리		3.4	3.4	3.4	3.4	3.4	3.4	3.4	3.4
	용산역	8.2	8.2	8.2	6.2	5	5	3	3	3
	이태원	31.9	31.9	34.9	30.3	15.2	6.4			
	잠실새내역	7.2	7.2	9.4	9.7	9.7	9.7			
	잠실							2	2	2
	장안동	13.5	16.2	16.2	17.5	17.5	17.5	4.8		
기타	천호	21.3	21.3	24.7	3.3				1.4	1.4
	청량리	6.7	3.7	2.6	2.6	3.8	2.8	3.9	3.9	3.8
	화곡	1.1	7.1	1.3	1.3	1.3	1.3	2.3	2.3	2.3

지역		2019년 01분기	2018년 04분기	2018년 03분기	2018년 02분기	2018년 01분기	2017년 04분기	2017년 03분기	2017년 02분기	2017년 01분기
		5.3	5.3	5.6	5.2	4.7	4.4	4.1	4.1	3.9
		2.9	2.4	3	3.2	3.7	3.3	2.2	2.4	2.9
도심		2.2	3.2	1.8	2.2	2.6	4.6	2.9	2.9	2.8
	광화문	0.7	1.5			2.2	2.2	2.2	2.2	2.2
	남대문	0	1.3	1.3	1.3	1.3	1.3	1.3	1.3	1.3
	명동	6.2								
	을지로	6.1								
	종로	2.8	9.1	4.2	4.2	3.8	10.2	4.5	4.5	4.5
	충무로	0.8			1.5	2.2	4.2	2.8	2.8	2.1
강남		4.5	2	2	2	4.7	2.1	1.2	1.2	3.4
	강남대로	2.1								
	테헤란로	3.1	1.6	9.4	9.8	5.7	3.7	2.3	2.3	2.3
	영등포	1.9				1.9	1.9	1.9	1.9	1.9
	홍대/합정	4.3	1.9	17.2	17.2	8.9	7.1	3.7	3.7	3.7
기타		2.2	1.4	1.5	1.5	2.7	2.9	1.9	2.6	3.1
	노량진									
	목동									
	사당	9	3.2	3.2	3.2	3.2	3.2	3.2	3.2	3.2
	서울대입구역	5.5	4	4	4	4	4	4	4	4
	성신여대		1.2	1.2	1.2					
	수유									
	신림역									
	오류동역	6.4								
	왕십리						6.2	6.2	6.2	6.2
	용산역	3	3	3	3	3	5.3	5.3	5.3	5.3
	이태원									
	잠실새내역									
	잠실	2	2	3.5	3.5	3.5	3.5	1.6	1.6	1.6
	장안동									
	천호	6.5	3.8	3.8	3.8	3.8	3.8	3.8	11.1	11.1
	청량리	2.4	1.9	1.9	1.9	3.3	1.9	1.9	3.1	3.1
	화곡	2.3	2.3	2.3	2.3	2.3	2.3	2.3	2.3	2.3

* 유동인구를 기반으로 한 상권일수록 공실 가능성 증가

2. 서울 이외의 주요 지역

서울 이외의 주요지역 소규모 상가 공실률(2017년 1분기~2021년 2분기)

(한국부동산원 자료를 멘토손오공이 정리함)

지역		2021년 02분기	2021년 01분기	2020년 04분기	2020년 03분기	2020년 02분기	2020년 01분기	2019년 04분기	2019년 03분기	2019년 02분기
전체		6.4	6.4	7.1	6.5	6	5.6	6.2	5.9	5.5
부산		4.8	4.4	5	5.3	6	4.5	4.7	4.3	3.8
	광안리	8.6	8.6	4.7	4.7	4.7	4.7	6.6	6.6	6.6
	남포동	15.5	12.3	10.1	10.1	10.1	8.8	11.9	11.9	11.9
	동래역	4.7	4.7	6.8	6.8	6.8	3.6	4.4	3.1	3.1
	부산대학앞	8.7	8.7	10.7	17	22.7	20	16.4	16.4	17.8
	사상역	5	5	10.8	10.8	5.7	5.7			
	서면/전포	8.6	8.6	4.4	4.4	4.4	4.4	2.7	2.7	2.7
	연산로터리	0	3.2	21.9	18.3	20				
	하단역	3.8	3.9	5	5	5	5	5.5	5.5	5.5
	현대백화점주	4.4	2.4	2.6	2.6	2.5	2.5	3	3	3
대구		6	6	7.1	5.6	5.1	5.2	4.8	4.2	2.9
	동대구	13.2	12.9	22.6	14.8	14.8	14.8	14.8	14.8	12.5
	동성로중심	3.2	4	4.8	4.8	4.8	2	5.7	5.2	2.2
	들안길	3.6	3.6	3.7	3.7	3.7	3.7	3.6	3.6	3.6
	상인/월배			18.1	7.7					
	수성범어	9.6	8.2	8.8	8.8	8.8	8.8	8.7	4	4
인천		4.4	5.2	6.2	5.7	4.7	4.1	3.2	3.4	3.4
	간석오거리	4.9	4.9	5.5	5.5	6.8	6.8			
	구월간석							3.1	3.1	3.1
	부평	3.6	3.6	6.6	3.7	2.1	0.8	1.5	4.2	0.8
	신포동	10.3	10.3	12.7	12.7	5.9	5.9	5.3	5.3	8.6
	주안	2.1	2.1	8.2	8.2	8.8	8.8	2.7	2.7	2.7
광주		5.6	6	6.3	5.7	4.5	4.1	2.4	2.7	3
	금남로/충장	3.7	3.7	3.7	4.9	4.9	5.8	3.8	3.7	4.9
	송정동지구	12.3	12.3	12.5	6.5	5.6	4.5	1.1	1.7	
	양산지구	15.8	15.8	16.6	16.6	11.6	6.5	4.9	4.9	4.9
	용봉동	2.9	11.6	12.3	9.2	9.2	9.2			
	전남대	10.3	10.3	11.6	11.6	11.6	11.6	5.5	6.6	6.6

지역		2021년 02분기	2021년 01분기	2020년 04분기	2020년 03분기	2020년 02분기	2020년 01분기	2019년 04분기	2019년 03분기	2019년 02분기
대전		7.5	7.4	9.4	7.6	6.3	6.1	6.2	5.5	5.5
	복합터미널	8.8	8.8	13.7	13.7					
	서대전네거리	2	2	2.4	2.4	2.4	2.4	10.7	5.1	5.1
	용문/한민시장	9.5	9.5	10.3	5.7	3.6	3.6			
	원도심	14	13	12.3	12.3	12.3	12.3	10.3	10.3	10.3
	유성온천역	13.6	11.8	20.5	16.3	16.3	14.8	7.2	7.2	7.2
울산		5.6	6.7	5.1	6.4	5.5	6.7	5.6	4.7	5.2
	삼산동	5.7	5.7		3.4	2.2	2.2		0.6	4.3
	성남옥교동	3.1	11.1	6.3	6.3	5	7.3	10.2	2.8	0.6
	신정동	5.1	5.1		5.6	5.6	10.7	7.7	7.7	7.7
	울산북구							15.9	15.9	15.9
	울산대	12	12	14.8	14.8	18.6	18.6			
	전하동	7.2	7.2	7.9	7.9	3.2	3.2	6.6	13.6	13.6
세종		10.9	10.9	11.9	10.3	11.3	10.6	12	9.6	10.2
	조치원	10.2	10.2	12.2	12.2	12.2	10.8	13.9	8.9	10.2
경기		5	5	5.1	4.2	3.8	3.9	4.8	4.8	4.5
	고양시청		4.9	5.5	5.5	5.5	5.5	5.5	5.5	5.5
	광명철산	1.7	1.7				1.9			
	광주시가지	1.5	1.5	1.6	4.9	4.9	6	3.1	3.1	3.1
	구리역			7.9	7.9	7.9	7.9			
	김량장동	15	13.7	10		8	8			
	동두천중앙로	16.4	9.8	10.6	10.6	10.6	12.6			
	병점역	11.2	9.9	12.1						
	부천역	4.3	4.7	0.4	0.4			8.9	12.4	9.3
	성남구시가지							3.1	3.1	3.1
	안성시장	20.5	17.2	18	18	18	18	17.9	17.9	21.2
	여주시청	3.3		4.4	4.4	4.3	4.3	18.3	11	11
	의정부역					2.8	2.8			
	이천종합터미널	3.7	3.7	3.8	3.8	3.8	3.8	6.2	6.2	6.2
	탄현역	1.5	6.1	12	1.7					
	파주시청	2.9	2.9	5.2	15	2.1	2.1			
	팔달문로터리	4.6	4.6	5.8	3.6	5.1	5.1	4.8	4.9	4.9
	평택역	5.1	2.5	4.1	5.3	5.3	1.4			
	포천시외버스터미널	3.6	3.6	4.1	4.1	4	4	6.6	13.3	13.2
	하남원도심	5.7	5.7	6.6	6.6	6.6	6.6	7.1	7.1	7.1

지역		2019년 01분기	2019년 02분기	2019년 03분기	2019년 04분기	2018년 01분기	2018년 02분기	2018년 03분기	2018년 04분기	2017년 01분기
전체		5.3	5.3	5.6	5.2	4.7	4.4	4.1	4.1	3.9
부산		4.2	6.3	6.6	6	6	7.1	5.3	4.5	5
	광안리	6.6	6.6	6.6	6.6	6.6	6.6	6.6	6.6	6.6
	남포동	11.9	11.7	11.7	11.7	8.8	8.8	8.8	8.8	9.3
	동래역	3.1	3.1	3.1	6.6	6.6	11.4	13.8	10.6	8.2
	부산대학앞	17.8	16.6	9.9	13.5	18,3	14.5	7.8	7.8	7.8
	사상역					9.2	11.7	11.7	11.7	11.7	11.7
	서면/전포	2.7	2.7	2.7						
	연산로터리		13.7	16.5	16.5	15.5	15.5	1.8	1.8	4.1
	하단역	5.5	6.4	6.4	6.4	20.7	6.7	6.7	6.7	6.7
	현대백화점주	3								2
대구		3	3.3	3	4	5.1	4	4.6	2.6	2.7
	동대구	12.5	12.5	12.5	12.5	28.6	4.3	4.3	4.3	4.3
	동성로중심	2.2	2.3	1.3	2.1	3.9	3.8	3.4	1.5	2.1
	들안길	3.6	5.4	5.4	5.4	5.4	5.4	5.4	5.4	5.4
	상인/월배				10	9.8	9.8	9.8		
	수성범어	4	4	4	4	1.3	1.3	5	1.3	1.3
인천		3.1	5.1	4.5	3.6	4.4	5.2	5.2	4.7	4.1
	간석오거리									
	구월간석	3.1	5.5	8.7	5.5	7.7	7.7	7.7	7.7	4.7
	부평	1.5	5.9	1.6	1.6	1.5	1.6	1.6	1.6	1.6
	신포동	6.9	13.4	13.4	10.4	12.8	13.4	13.4	11	11
	주안	2.7	2.7	2	2	2	2	2	2	2
광주		3.3	4.3	5.8	5.8	2	2.2	2.2	3.5	2.7
	금남로/충장	4.9	4.9	4.9	3.6	3.6	3.6	3.6	5	5.1
	송정동지구			3						
	양산지구	4.9	4.9							
	용봉동									
	전남대	10.1	9.7	26.2	26.2	6.5	2.2	2.2	6.5	6.5
대전		5.4	7.4	5.4	5.4	5.4	6.1	4.5	4.5	4.7
	복합터미널									
	서대전네거리	5.1	5.1	5.1	5.1	5.1	5.1	3.8	3.8	3.8
	용문/한민시장									
	원도심	10.3	16.2	10.4	10.4	10.4	10.4	10.4	10.4	11.3
	유성온천역	7.2	8.8	7.2	7.2	7.2	7.2	2.6	2.6	2.6
울산		4.3	2.4	3.4	2.5	3.3	1	2.5	2.8	2.3
	삼산동	2.8	2	2	2.3	1.8	1.8			1
	성남옥교동			4.1		0.8		3.3	3.3	2.1
	신정동	2.6				2.2		2.5	2.5	
	울산북구	24.5	7.9	7.9	7.9	7.9			4.1	
	울산대									
	전하동	13.6	11.2	11.2	11.2	11.2	11.2	27.5	27.5	27.5

지역		2019년 01분기	2019년 02분기	2019년 03분기	2019년 04분기	2018년 01분기	2018년 02분기	2018년 03분기	2018년 04분기	2017년 01분기
세종		13.4								
	조치원	13.1								
경기		5.1								
	고양시청	20.2	18.3	20.5	14.6	11.4	0	0	0	0
	광명철산									
	광주시가지	3.1	3.4	3.4	3.4	3.4	3.4	3.4	3.4	3.4
	구리역									
	김량장동									
	동두천중앙로									
	병점역									
	부천역	5.7	5.7	5.7	5.9	5.9	5.9	5.9	5.9	5.9
	성남구시가지	6.8	8.6	13.1	13.1	13.1	13.1	13.1	13.1	13.1
	안성시장	19.6	19.9	25.9	13.7	10.4	10.4	8.7	12	12
	여주시청	11								
	의정부역		3.2	3.2	4.6		3.7	4.6	4.6	4.6
	이천종합터미널									
	탄현역		6.9	6.9	19.7					
	파주시청		6							
	팔달문로터리	12.7								7
	평택역									
	포천시외버스터미널	13.2								
	하남원도심	7.1								

3. 전국 분양상가 상가 종류별 전용율 비교

전국 분양상가 상가 종류별 평균 전용률

(단위: %)

상가종류	근린상가	단지내상가	복합상가	오피스빌딩	주상복합	지식산업센터	테마쇼핑
전용률	54.05	56.03	53.83	52.83	45.16	50.42	37.73

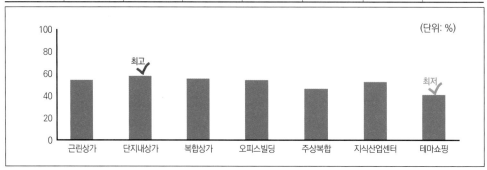

출처 : 상가의 신

4. 관리비 비율

여의도 지역 29개 오피스빌딩 임대료 등 상황 정리

(멘토손오공이 정리함, 단위 : 만원)

구분	계약평형기준(만원/평)					전용률	전용면적기준 (만원/평)		평당 관리비 비율	완공 년도
	보증금	임대료	관리비	환산 임대료	실제 지출 임대료		임대료	실제 지불 임대료		
평균	69.79	6.64	3.35	7.34	10.69	54%	13.5	19.6	52%	1997

강남권(강남구, 서초구)의 오피스 빌딩 59개를 조사·분석한 바, 임대료 등 상황은 다음과 같다.

강남권 오피스 빌딩 59개 임대료 분석

(멘토손오공이 정리함, 단위 : 만원)

구분	계약평형기준(만원/평)					전용률	전용면적기준 (만원/평)			관리비 비율 (전용평당 환산월세 대비)
	보증금	임대료	관리비	환산 임대료	실제 지출 임대료		보증금	임대료	관리비	
평균	91.3	6.7	2.9	7.6	10.6	55%	166	12.5	5.4	40%

(단위 : 만원)

구분	전용 평당 환산 임대료	전용평당 환산 월세/ 계약평당 환산월세	전용 평당 실제 지출 임대료	전용 평당 총비용/ 계약 평당 환산 월세	NOC 전용 평당 임대 비용	사용 승인 일	연식	* NOC : 전용평당임대비용 {(평당보증금×이자율/12)+평당임대료+평당관리비}/전용율 이자율은 국세청고시 간주임대료에 대한 이자율 1.2%(21년) 임대에 필요한 모든 비용을 환산한 수치
평균	14.1	184%	19.6	257%	18.1	1998	22.6	

5. 공실 발생시 관리비 부담/상가임대로 매달 안정적인 월세수입

● 상가·꼬마빌딩 투자는 부동산 투자 중 최고일 수도 있고, 최악일 수도 있다.

● '좋은 입지'를 '좋은 가격'에 매입하면, 최고의 선택이다.

● '나쁜 입지', '나쁜 가격' - 최악의 선택일 수 있다.

04

상가 공실의 원인
- 기존의 분석

- 대부분 상가공급과다 혹은 고분양가로 파악
- 일부에선 조금 더 나아가 주동선의 문제, 유효수효의 부족, 흐르는 입지의 시각에서
  상가·꼬마빌딩 공실의 원인을 분석함.

상가 공실의 원인

– 멘토 손오공의 14가지 상세분석 (대부분 新)

① 거시동선의 문제

② 주동선의 문제

③ 흐르는 입지

④ 접근성과 가시성의 문제

⑤ 주변 상가공급의 과다

⑥ 구매수요의 부족

⑦ 1층 상가의 과다공급(스트리트형 상가의 본질적 문제)

⑧ 상가가치의 문제

⑨ 도시계획상의 문제 : 수요와 공급의 연결상의 문제

⑩ 신도시나 택지개발지구의 구조적 문제 : 일시적 공급

⑪ 코로나 사태와 같은 비상사태 발생시 구매수요의 이동 제한으로 발생하는 문제

⑫ 초고령화 사회로의 진입에 따른 문제

⑬ 소득 감소로 인한 수요부족으로 인한 문제 등

⑭ 복합요인에 의한 문제

● 아래에서는 문제(상가 공실의 원인)에 대한 설명은 하지 않는다. 이 책의 해당 편과 필자의
'HOW상가·꼬마빌딩 재테크'를 이해하신 후 이 편으로 다시 돌아와 문제를 풀어보자.

1. 거시동선 상의 문제

* 아래 문제들을 풀 힌트

- 그 지역 인구의 거시적 이동흐름(=거시동선=직장으로의 동선)을 분석해야 한다.
('HOW상가·꼬마빌딩재테크' p105~139 참고)
- 추가 힌트 : 해당 지역에 거주한다면, 직장으로의 이동을 위해 어떤 동선을 택할까?

1) 청계산입구역 상권

청계산입구역 역세권의 범위는 어디까지일까? 역 주변 상가를 이용하는 구매수요의 범위는?

* 관련 물건

2013-0711-001198 신원동 270-10 일원, 내곡지구 준주거 2-4, 감정 : 64.52억 낙찰가 80억원, 2013-0611-001071 신원동 204 일원, 업무시설 2-2, 감정가 107억 낙찰가 125.94억원 등 2013-0611-001607 감정가 : 64.52억 낙찰가 109억 7천만원

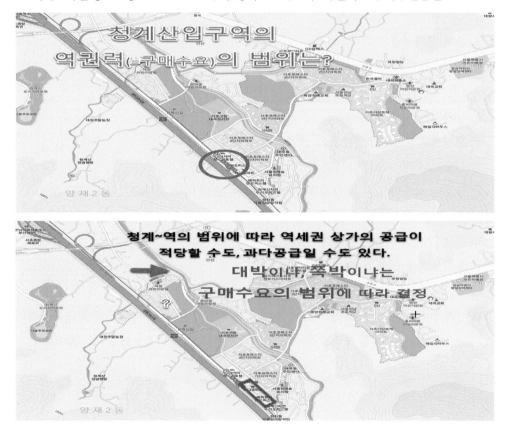

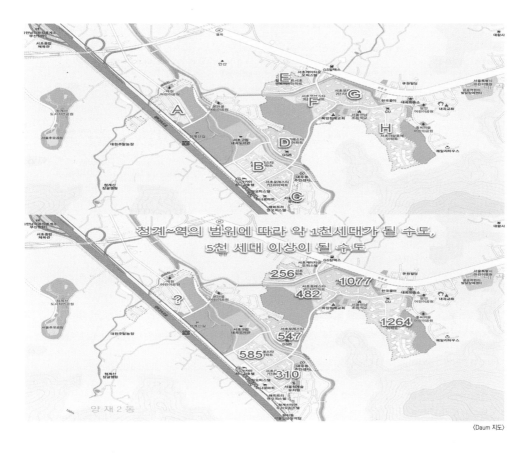

청계~역의 범위에 따라 약 1천세대가 될 수도,
5천 세대 이상이 될 수도

256
482
1077
1264
?
547
585
310

양재2동

〈Daum 지도〉

2) 용인 어정역, 동백역 주변 상가 공실 : 2014-2845 용인 중동 676-1 라비스타 1

층 에이 107호(유사 : 2019-1212 : 용인시 중동 676-1 5층 에이 506호)

*관련 사례 : 2018-8681 용인 중동 852-2 등 다수

〈Daum 지도〉

경매개시 77 · 배당요구종기일 55 · 최초진행 84 · 매각 27 · 납부 37 · 배당종결(280일 소요)　　← 이전 · 목록 · 다음 →

2014타경2845　　* 수원지방법원 본원 · 매각기일 : 2014.08.26(火) (10:30) · 경매 12계 (전화:031-210-1272)

| 소재지 | 경기도 용인시 기흥구 중동 676-1 외 9필지, 라비스타 1층 에어 107호 [도로명검색] [D지도] [지도] [주소 복사] |

물건종별	근린상가	감정가	563,000,000원
대지권	33.02㎡(9.989평)	최저가	(49%) 275,870,000원
건물면적	53.32㎡(16.129평)	보증금	(10%) 27,587,000원
매각물건	토지·건물 일괄매각	소유자	
개시결정	2014-01-22	채무자	
사건명	임의경매	채권자	

| 오늘조회: 1 2주누적: 1 2주평균: 0 조회동향 |
구분	매각기일	최저매각가격	결과
1차	2014-06-03	563,000,000원	유찰
2차	2014-07-04	394,100,000원	유찰
3차	2014-08-26	275,870,000원	
매각 : 300,777,000원 (53.42%)
(입찰2명,매수인:□□□/ 차순위금액 288,800,000원)
매각결정기일 : 2014.09.02 - 매각허가결정
대금지급기한 : 2014.10.14
대금납부 2014.09.22 / 배당기일 2014.10.29
배당종결 2014.10.29

| 사진 | 건물등기 | 감정평가서 | 현황조사서 | 매각물건명세서 | 부동산표시목록 | 기일내역 | 문건/송달내역 | 사건내역 |
| 전자지도 | 전자지적도 | 로드뷰 | 씨리얼지도+ | 도시계획지도+ |

• 매각물건현황 (감정원 : 산영감정평가 / 가격시점 : 2014.02.10 / 보존등기일 : 2007.10.18)

목록	구분	사용승인	면적	이용상태	감정가격	기타
건물	5층중 1층	09.02.20	53.32㎡ (16.13평)	휴대폰 대리점	394,100,000원	
토지	대지권		4647㎡ 중 33.02㎡		168,900,000원	
현황·위치	※ 어정초등학교 남서측 인근에 위치, 부근은 아파트단지 ,각종 근린생활시설 등이 혼재하는 지역임 ※ 본건까지 차량출입 용이하고 인근에 용인경전철 어정역 및 버스정류장이 소재하는 등 대중교통사정은 대체로 무난함 ※ 10필 일단의 부정형 평지로서 상업용 건부지로 이용중임 ※ 본건 일단지 남측으로 중로인 포장도로 및 서측으로 소로의 포장도로와 각각 접함						
참고사항	※ 외필지 : 중동 673,673-1,674,1,674-6,675-1,677-4,807-1,807-2,807-5						

• 임차인현황 (말소기준권리 : 2011.03.11 / 배당요구종기일 : 2014.04.09)

임차인	점유부분	전입/확정/배당	보증금/차임	대항력	배당예상금액	기타
박애란	주거용 전부	전입일자: 미상 확정일자: 미상 배당요구: 없음	보20,000,000원 월1,500,000원		배당금 없음	현황서상 전입:2012.10

〈Daum 지도〉

3) 파주 운정역(운정역 중심상가) 사례
　　* 2020-2720(와동동 1450-1 602호)

4) 우이 경전철 : 우이 경전철 종점이 현재 신설동역인데, 어디로 연결하면 이용률이 늘어날까?
　　cf) 김포 경전철 : 경전철, 다들 수요부족이라는데, 왜 김포 경전철만 미어터질까? 김포 시민의 애향심 내지 높은 시민의식의 발로일까?

2. 주동선의 문제, 흐르는 입지의 문제
* 주동선 여부를 결정하는 핵심요소 : 대규모인구유출입시설의 존재와 그 성격

1) 주동선에서 벗어나 있는 사례 : 2016-7061(자양동 462-11),

⟨Daum 지도⟩

* 관련 물건 : 2017-2266마(영통동 1010-9 401호), 2018-519204(영통동 1010-9 208호)

2) 주동선상에 있지만 흐르는 입지가 될 가능성이 높은 사례
2017-78090(다산동 666-1), 2019-7146(다산동 666-1)

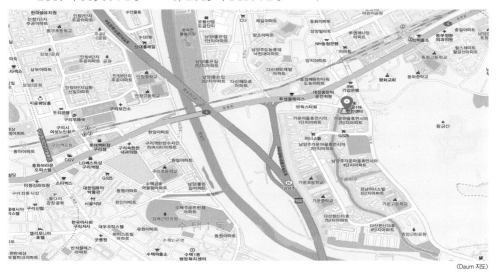

⟨Daum 지도⟩

* 관련 물건 : 북가좌동 372-12(주동선상), 2013-20768(1), 북가좌동 392-36(주동선 주변)

3. 접근성과 가시성의 문제

1) 입지적 측면의 문제 : 2020-6692(고양시 덕양구 도내동 1079)

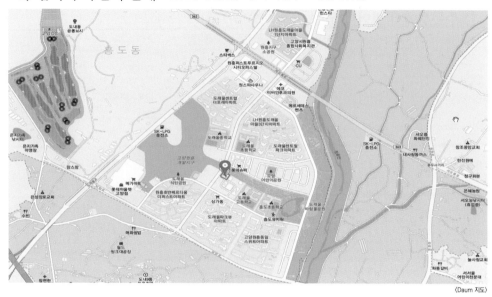

〈Daum 지도〉

* 관련 물건 : 반송동 93-6, 반송동 92-5,

2) 건물 자체 측면의 문제 : 2019-34932(1)(청라동 165-12 1층 72호)

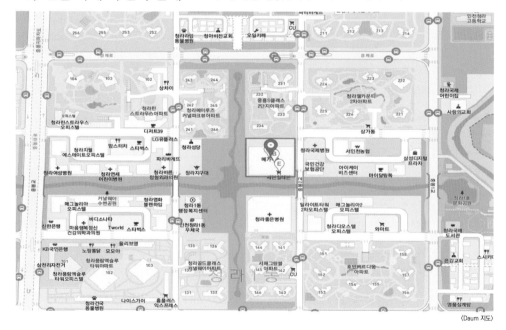

〈Daum 지도〉

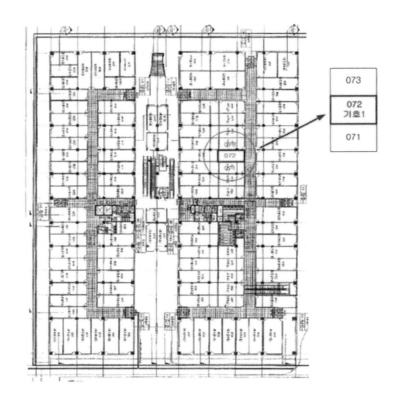

	073
	072 **기호1**
	071

* 관련 물건 : 2019-50769(1)(장지동 881, 2층 218호),

　　　　　　2015-1965(송도동 15-12 102동 111호),

3) 둘 다 안 좋은 사례 : 2017-28152(반송동 90-9 121호)

〈Daum 지도〉

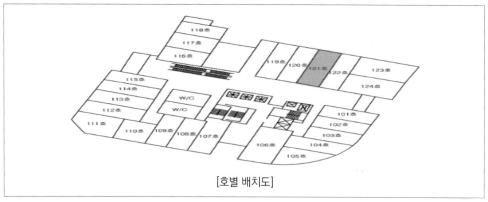

[호별 배치도]

* 관련 물건 : 2019-24703(반송동 92-3 101호),

4) 입지는 좋은데 가시성이 안 좋은 사례 : 2016-12072(주엽동 18-2, 206호)

〈Daum 지도〉

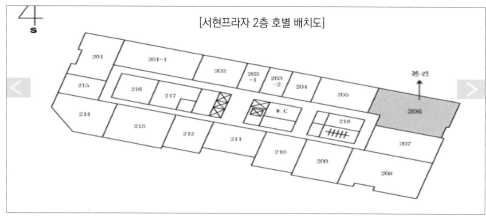

[서현프라자 2층 호별 배치도]

* 관련 물건 : 2015-6062(상동 544-4, 가나베스트타운쓰리 313호)

5) 좋은 입지인데 접근성 안 좋은 사례 : 2017-5885(일원동 731 한솔마을 상가동 102호)

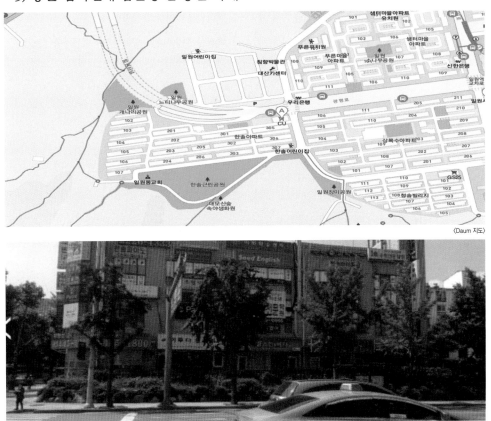

〈Daum 지도〉

4. 주변 상가공급의 과다 : 상가공급문제와 구매수요의 크기는 대체로 상대적인 문제

1) 주변 상가공급이 많은 경우 : 2013-46735(인천시 중구 운서동2791-2 혜성프르자 101호 외)

〈Daum 지도〉

* 관련물건 : 안산 : 2016-11212(1), 남양주 가운지구 : 2019-2578,

2) 건물 내 상가공급이 많은 경우

2020-71439 수원시 영통구 영통동 871-1 벽적골롯데아파트 생활편익시설동 지하 119호외

2016-20069 수원시 영통구 영통동 871-1 벽적골롯데아파트 생활편익시설동 1층 114호

〈Daum 지도〉

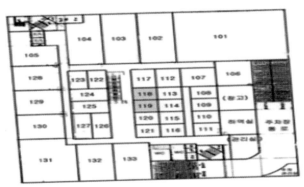

[본건 : 벽적골롯데아파트 생활편익시설동 지1층 지119호, 지118호]

5. 구매수요의 부족 : 상가공급문제와 구매수요의 크기는 대체로 상대적인 문제

1) 파주 운정역 주변 물건 : 2020-2720, 2017-7558(3)(12)

2020-2720 파주시 와동동 1450-1 송림메디컬프라자 602호

〈Daum 지도〉

- 파주 운정역(운정역 중심상가) 수요의 범위는 어느 정도일까?

2) 청계산입구역 부근 상가 공실

- SH공사 서초 선포레 단지내상가 입찰공고건(2015년 11월 27일) 관련
- 청계산입구역을 이용하는 수요(고객)의 크기는?=청계산입구역의 역세권의 범위는?
- 양재시민의숲역과 청계산입구역의 역권력의 범위는?

3) 단독주택지 상가공실

2017-4369(양천구 신월동 154-10),

6. 1층 상가의 과다공급 : 층 위계구조의 파괴로 인해 발생하는 문제
(스트리트형 상가의 본질적 문제) - 위례, 은평뉴타운

1) 지구 전체의 문제 : 2019-47(장지동 894, 상가 3동 씨209호)

2019타경47 · 서울동부지방법원 본원 · 매각기일 : 2020.07.13(月) (10:00) · 경매 2계 (전화:02-2204-2406)

소 재 지	서울특별시 송파구 장지동 894, 위례아이파크 상가-3동 2층 씨-209호외4개호 도로명검색 D지도 지도 주소복사						
새 주 소	서울특별시 송파구 위례광장로 136, 위례아이파크 상가-3동 2층 씨-209호외4개호						
물건종별	근린상가	감 정 가	2,173,000,000원	오늘조회: 1 2주누적: 1 2주평균: 0 조회동향			
				구분	매각기일	최저매각가격	결과
대 지 권	미등기감정가격포함	최 저 가	(51%) 1,112,576,000원	1차	2020-02-10	2,173,000,000원	유찰
					2020-03-23	1,738,400,000원	변경
건물면적	178.04㎡(53.857평)	보 증 금	(10%) 111,257,600원	2차	2020-04-20	1,738,400,000원	유찰
				3차	2020-06-01	1,390,720,000원	유찰
매각물건	토지·건물 일괄매각	소 유 자	▨▨▨▨	4차	2020-07-13	**1,112,576,000원**	
				매각 : 1,411,170,000원 (64.94%)			
개시결정	2019-01-04	채 무 자	▨▨▨▨	(입찰2명,매수인▨▨ /			
				차순위금액 1,241,110,000원)			
사 건 명	임의경매	채 권 자	▨▨▨▨	매각결정기일 : 2020.07.20 - 매각허가결정			
				대금지급기한 : 2021.10.15			
관련사건	2019타경2081(중복)						

* 관련 물건 : 2020-50435(풍산동 477, 307동 지 1층 102호, 1층 단지내상가, 과다공급),

2) 단지 자체의 문제

2019-4267(전농동 695, 지2층 4호, 단지내상가 1층, 과다공급),

7. 상가의 가치와 관련된 문제 : 지나친 고분양가

* 택지개발지구 토지 : 지나친 경쟁으로 인한 토지 매입원가 상승사례

[한경부동산] 구민기 기자 2019.07.08

상업용지 고가 낙찰 속출…'상가 투자 주의보' 한경부동산 구민기 기자 2019.07.08

서울 고덕강일지구, 인천검단신도시 등에서 나오기 시작한 상업용지들이 감정가격의 200% 안팎에 고가 낙찰되고 있다. 땅값이 올라가면 상가 분양가격도 올라갈 수밖에 없는 만큼 투자자들은 매입에 신중을 기해야 한다고 전문가들은 강조했다.

8일 SH공사에 따르면 지난 5월 서울 고덕강일지구의 근린생활시설 용지가 평균 낙찰가율 210%를 기록했다. 첫 번째 입찰이었음에도 전 용지(6필지, 총면적 5827㎡)가 모두 낙찰됐다. 공급예정 금액은 3.3㎡당 평균 1853만원, 낙찰가는 평균 3923만원이었다. '근린생활시설용지 2-1' 필지의 낙찰가율은 235%를 기록했다. 부지 면적은 1057㎡, 낙찰가는 141억원이다.

미분양 아파트가 속출하고 있는 검단신도시에서도 상업용지가 성공적으로 매각되고 있다. LH(한국토지주택공사)가 지난달 3일 진행한 일반상업용지 19필지 입찰에서 18필지가 평균 낙찰가율 160%에 팔렸다. 가장 높은 낙찰가율(222.2%)을 기록한 곳은 C6-3-4블록이었다. 공급예정 가격은 35억4280만원이었지만 낙찰가격은 78억7300만원에 달했다. LH 관계자는 "입찰자들이 상가는 아파트와 다를 것으로 확신하는 분위기였다"고 말했다. 지난달 평택 고덕국제신도시 중심상업용지 12필지도 1차 입찰에서 모두 팔렸다. 평균 낙찰가율은 140%였다. 하남감일지구에서 지난 3월 나온 근린생활시설 용지 10필지도 평균 낙찰가율 201%를 기록하며 성황리에 매각됐다. **상가 개발회사들이 택지지구에 몰리는 것은 상대적으로 분양이 잘돼서다.** 한 상가전문 분양회사 관계자는 "용지를 높게 낙찰받더라도 분양가를 높이면 충분히 이익을 볼 수 있다고 생각해 개발회사들이 경쟁에 뛰어든다"고 말했다. 심교언 건국대 부동산학과 교수는 "시중에 돈이 많이 풀려 있다 보니 분양가가 아무리 높아도 금리보다는 상가수익률이 높겠다는 생각에 상가를 매입하려는 사람이 많다"며 "개발회사들이 이런 점을 이용하기 위해 상가용지 매입에 적극 뛰어들고 있다"고 설명했다. **피해는 고스란히 상가를 매입하는 이들의 몫으로 돌아갈 가능성이 높다고 전문가들은 지적했다.** 높은 분양가에 팔린 상가들의 경우 임대료를 높게 책정한다. 공실률이 높아질 수밖에 없다. 경기마저 불황이어서 더욱 그렇다. 한 대형 건설사 관계자는 **"온라인쇼핑 활성화로 예전만큼 상가가 필요 없어졌는데도, LH SH공사 등이 여전히 많은 상가용지를 공급하고 있다"**며 **"공급과잉도 신도시 상가 공실의 큰 원인"**이라고 말했다. 경기 화성시 동탄2신도시 W상가의 공실률은 현재 80% 수준이다. 1층 상가 기준으로 전용면적 3.3㎡당 5500만원에 분양을 받은 상가 주인이 33㎡ 상가 임대료를 월 350만~500만원에 책정한 영향이다. J공인 관계자는 "분양을 워낙 고액에 받다 보니 임대료가 높게 나올 수밖에 없다."라며 "입지는 좋은데도 임대료가 높아 임차가 잘 안 된다."라고 말했다.

---

8. 도시계획상 문제 : 수요와 공급의 연결 부족

주변은 구매수요가 충분하고 상가가 많은 것도 아닌데 공실 발생 : 봉천동 41-359

* 관련물건
  - 2014-16661(전농동 357-5)
  - 용인 영통역 부근(소문리사거리)

9. 신도시나 택지개발지구의 구조적 문제 : 일시적 공급

10. 코로나 사태 같은 비상사태 발생시 : 구매수요의 이동 제한으로 발생하는 문제 특히 유흥상권

[동아일보] 김호경 기자 2021.07.28

코로나가 할퀸 도심 상권…명동 소규모 상가 공실률 43% '역대 최고'

서울 핵심 상권인 명동에서 1, 2층짜리 건물 내 상가 10곳 중 4곳 가량은 비어 있는 것으로 조사됐다. 신종 코로나바이러스 감염증(코로나19) 여파로 외국인 관광객 발길이 끊기면서 폐업한 가게가 급증했기 때문이다.

28일 한국부동산원이 발표한 '올해 2분기(4~6월) 상업용부동산 임대동향조사'에 따르면 명동의 소규모 상가 공실률은 43.3%로 1분기(38.3%)보다 5%포인트 상승했다. 이는 관련 통계를 집계한 2017년 이후 가장 높은 수치다. 소규모 상가는 2층 이하면서 연 면적이 330㎡(100평) 이하인 건물을 가리킨다. 실제 외국인 관광객 의존도가 높은 명동은 코로나19 피해가 가장 큰 상권으로 꼽혔다. 명동에서도 가장 번화한 '명동거리'에도 현재 영업 중인 가게를 거의 찾기 어려울 정도다.

명동에서 빈 상가가 늘면서 임대료도 하락했다. 2분기 명동의 중대형 상가(3층 이상이거나 연면적 330㎡ 초과인 건물) 임대가격지수는 83.3으로 전분기보다 4.59% 떨어졌다. 이 지수는 지난해 4분기 임대료를 100으로 놓고 수치화한 것으로, 지난해 4분기 100만 원이던 시세가 83만3,000원까지로 떨어졌다는 뜻이다. 건물주들은 통상 건물 가치 하락을 우려해 상가가 비어도 임대료를 잘 내리지 않는데, 공실 기간이 장기화되며 임대료를 내리기 시작한 것으로 풀이된다.

서울에선 명동에 이어 용산구 이태원(31.9%)과 홍대입구역·합정역 인근 상권(22.6%) 순으로 소규모 상가 공실률이 높았다. 서울 전체 공실률(6.5%)과 전국 공실률(6.4%)은 전분기와 같았다. 공실률이 체감보다 낮은 건 공실률을 산출할 때 연면적의 절반 이상이 비어있는 건물은 제외하기 때문이다. 임대료는 모든 유형의 상업용 부동산에서 하락했다. 전국 중대형·소규모 상가 임대가격지수는 전 분기보다 0.21%, 오피스는 0.09% 각각 떨어졌다.

[뉴시스] 홍세희 기자 2021.07.29

코로나가 가른 상권…명동·이태원 '울상' 마포·성수 '방긋'

코로나19 장기화로 인해 서울의 상권들도 희비가 엇갈리고 있다. **서울의 대표적 상권인 명동은** 코로나19로 인한 사회적 거리두기, 외국인 관광객 감소 등의 여파로 **소규모 상가의 공실률이 43.3% 까지 치솟은 것으로 나타났다.** 반면 마포구 서교동과 연남동, 성동구 성수동 등은 업무상업시설 거래량과 3.3㎡(평)당 가격이 크게 상승하고 있는 것으로 나타났다. 29일 한국부동산원에 따르면 올해 2분기 상업용 부동산 임대동향조사결과 서울의 명동 소규모 상가 공실률은 43.3%로 나타났다. 소규모 상가 10곳 중 4곳 이상은 비어있다는 것이다. 명동의 소규모 상가 공실률은 올해 1분기 38.3%보다 5%포인트 가량 늘어났다. 외국인 관광객이 많이 찾았던 이태원의 경우에도 올해 2분기 소규모 상가 공실률이 31.9%로 나타났다. 서울 평균 소규모 상가 공실률(6.5%)보다 약 5배가량 높은 수치다. 반면 마포구 동교·연남은 올해 2분기 소규모 상가 공실률이 4.2%로 서울 평균보다 낮은 것으로 나타났다. 최근에는 마포구 서교동, 연남동 등과 성동구 성수동 일대 업무상업시설에 투자 수요 등이 몰리면서 거래량과 가격도 크게 늘어난 것으로 나타났다. 토지건물 빅데이터 플랫폼 밸류맵에 따르면 올해 상반기 전국 250개 시·군·구 업무상업시설 관심도 조사에서 마포구가 서울 강남구, 서초구에 이어 3위를 차지했다. 마포구의 경우 전기 대비 관심도가 43.6% 증가하면서 전국 평균(7.2%) 대비 6배 이상 높은 증가율을 보였다. 특히 서교동과 연남동의 업무상업시설 거래량과 평당가가 크게 증가했다. 서교동 업무상업시설 거래가격은 2019년 상반기 3.3㎡당 5,942만 원이었는데 올해 하반기 7,806만 원까지 상승했다. 밸류맵 이창동 리서치팀장은 "서교동의 경우 코로나19 위기에도 국내 유동인구만으로도 상권을 유지하고 있다"며 "소규모 사옥에 대한 수요 증가, 지속해서 상승하고 있는 평당가로 인한 시세차익 수익에 관한 관심이 높아지는 점 등이 상승의 원인으로 보인다."고 밝혔다. 성동구 성수동 일대도 코로나19 유행이 본격화되기 시작한 지난해부터 거래량과 평당 가격이 증가했다. 올해 상반기 성수동 1가, 2가 일반 업무상업시설은 총 55건이 거래됐는데 이는 2019년 상반기 15건 대비 3.6배 이상 늘어난 수치다. 3.3㎡당 평균 거래금액도 2019년 상반기 5,556만 원 대비 50%p 가까이 증가한 8240만 원을 기록했다. 이창동 팀장은 "현재 서울의 임대차시장이나 꼬마빌딩 수익률을 보면 굉장히 낮은 편"이라며 "가격이 상승한 것에 비해 임대료가 상승하지 못하면서 수익률이 낮게 나오는 상황"이라고 설명했다. 이어 "투자자 입장에서는 월세를 받아도 이자내기에도 빠듯한 상황이 되면서 시세차익을 실현할 수 있는 지역으로 투자 수요가 몰리고 있는 것으로 보인다."라고 밝혔다. 이 팀장은 "강남 지역 투자는 안전하긴 하지만 가격이 비싸 시세차익이 많이 발생하지는 않는다."라며 "그래서 저평가로 인식된 마포, 성수, 영등포 등 새로운 상업지로 몰리고 있는 것으로 분석된다."라고 말했다.

11. 초고령화 사회로의 진입에 따른 문제

〈노인의 동선〉

초고령화할수록 동선 형성이 어려워기에 상권 형성이 힘들다.

초고령화될수록 유흥상권은 침체하나, 근린상권은 유지할 가능성이 높다.

12. 복합요인에 의한 문제 : 상가 공실의 주요 원인으로 여러 요인이 함께 작용해 공실발생

2018-28517(용인시 중동 845-6 새롬프라자 501호)

2017-31752(1)(2)(용인시 중동 852-3 브릭스타워 140호)

2019-36129(인천 서구 청라동 157-14, 청라중앙프라자 1층 121-비호)

2019-47(장지동 894, 상가3동 씨209호),

2020-50435(풍산동 477, 307동 지 1층 102호, 1층 단지내상가, 과다공급),

2013-46735(인천 중구 운서동 2791-2 혜성프라자 101호)

06
상가 공실 방지대책 _(일부 新)

1. 기본

    1) 최고로 중요한 것은 매입 전에 입지분석 철저 : L5
    2) 임대가 적정화
    3) 리모델링
    4) 분할 혹은 통합
    5) 용도변경
    6) 접근성과 가시성의 개선
    7) 메리트의 제공

2. 부수 대책

    1) 경쟁력 확보
    2) 체인 본사 접촉
    3) 지속적인 광고
    4) 플래카드 걸이
    5) 수수료 메리트
    6) 기타

심화 1 : 헬리오시티 단지내상가 공실, 진짜 원인은 바로 이것 (일부 新)

1. 현황

[한경부동산] 2020.1.13

"대단지아파트 상가, 입주 3년 지나도 '공실사태'"

대단지 아파트에 대규모로 설치된 단지 내 상가들이 풍부한 배후수요에도 불구하고 고전을 면치 못하고 있다. 입주 후 3~4년이 지났는데도 3분의 1 이상이 공실인 사례가 흔하다. 임대료도 입주 초기에 비해 최대 40% 이상 하락했다. 지나치게 많은 상가를 배치한 게 근본 원인이라고 전문가들은 설명했다. 최저임금 상승, 주 52시간 근로제 도입 등의 여파로 장사하기 어려워진 것도 한 원인이란 분석이다. 9,510가구 규모 대단지인 서울 송파구 '헬리오시티' 단지 내 상가에선 617개 점포 중 절반 정도가 비어 있다. 상가는 아홉 곳으로 나뉘어 배치됐다. 그중 528개가 들어선 정문 메인상가(2개 동)는 230여 개 점포가 공실이다. 정문에서 멀리 배치된 분산점포들의 상황은 더욱 심각하다. 총 89개 상가 중 53개가 비어 있다. 인근 K공인 관계자는 "초기에 대단지 배후수요만 믿고 들어온 상인들이 장사가 잘 안되자 당황하고 있다"며 "지금 흐름대로라면 상가 공실 사태가 장기화될 가능성이 높다."라고 말했다.

2. 뉴스로 보는 헬리오시티 상가 공실의 원인

[땅집고] 2020.5.20

"3만 명이나 사는데…헬리오시티 상가는 왜 텅텅 비었지?"

헬리오시티는 옛 가락시영아파트를 재건축해 총 84개 동, 9510가구로 입주한 국내에서 가장 큰 아파트다.

지난해 1월 입주하면서 612개 점포로 구성된 단지 내 상가 5곳도 일제히 문을 열었다. 상주 인구만 웬만한 지방 중소도시 인구와 맞먹는 3만명 안팎에 달하는데, 입주 1년 4개월이 지난 지금도 전체의 절반 정도가 비어있는 이유가 뭘까.

■ 평당 월세 60~70만원에 과잉 공급 겹쳐

헬리오시티 단지 내 상가 공실률이 높은 가장 큰 이유는 임대료가 비싸기 때문이다. 전용면적 8~10평 규모인 1층 점포가 보증금 1억원에 월세 900만원, 2·3층은 전용면적 30~35평이 보증금 1억원에 월세 350만~400만원이었다. 1층 월세는 현재 600만~700만원으로 입주 초기보다 200만~300만원쯤 떨어졌다. 하지만 아직도 전용면적 기준 1평당 월세가 60만~70만원이다. 이는 서울에서 가장 임대료가 비싼 곳 중 하나인 테헤란로 대로변 1층과 맞먹는 것이다. 하지만 점포 주인들은 임대료를 낮추지 않고 버틴다. 한 부동산 중개업소 관계자는 "월세를 낮추면 상가 매매가도 떨어질까봐 걱정한다."면서 "조합원 소유 상가는 공실로 방치해도 월세가 나가는 것은 아니어서 악착같이 버틴다."고 했다.

전문가들은 헬리오시티 상주 인구에 비해 점포 수가 과도하다고 지적한다. 김영갑 한양사이버대 교수는 "아파트 거주자가 단지 인근 상권에서 소비하는 비중은 30%쯤 된다"고 했다. 그는 "헬리오시티 입주 가구 당 월 평균 300만원을 쓴다고 가정했을 때 약 100억원을 단지 내 상가에서 소비하는 셈"이라며 "점포 한 곳당 3,000만원 정도 월 매출이 나와야 영업을 지속할 수 있는데 결국 적정 점포는 300개 정도"라고 했다. 그런데 헬리오시티는 점포 수가 617개로 적정 수준의 두 배를 넘는다.

■ 학교 없고 잠실·가락시장 등 대형 상권 가까워

단지 근처에 학교가 없는 것도 큰 약점이다. 학교가 있어야 학원이나 식당, 카페가 생기면서 상권이 확장할 수 있다. 헬리오시티에서 걸어서 10분 안에 갈 수 있는 학교는 중학교 한 곳과 여고 두 곳 뿐이다. 요식업·학원 등 학생과 학부모를 겨냥한 업종은 들어오기 어렵다. 그나마 높은 임대료를 감당할 수 있는 병의원이나 전문직 사무실이 상가의 주축을 이루게 되는데 이로 인해 유동인구 유입이 더욱 어려워지는 악순환을 낳는다.

설상가상으로 헬리오시티 주변으로 경쟁 상권도 많다. 전국구 상권인 잠실이 지하철 두 정거장 거리이고, 물가가 저렴한 전통시장(석촌시장과 가락시장)으로 둘러싸여 있어 굳이 단지 내 상가를 이용할 필요가 없다. 가락동의 부동산 중개업소 관계자는 "지난 연휴에도 단지 내 상가를 찾는 고객이 거의 전무했다"며 "상가 안에 그 흔한 키즈카페 하나 없으니 (입주민들이) 가까운 잠실 롯데월드 발길을 돌린다"고 했다.

일부 투자자들은 고객 유치 효과가 큰 중·대형 마트가 들어오면 사정이 조금 더 나아지리라고 예상한다. 현재 헬리오시티는 조합 내부 갈등으로 아파트와 상가 등기가 나지 않아

SSM(기업형슈퍼마켓) 등이 입점을 꺼린다. 인근 부동산 중개업소 관계자는 "최근 한 SSM이 '등기 완료 후' 입점하기로 계약했다"며 "우선 등기가 나면 상황이 조금 나아질 것으로 기대한다"고 말했다.

하지만 전문가들은 헬리오시티 상권이 회복할 때까지 긴 시간이 걸릴 수 있다고 전망한다. 임대료가 높고, 배후 인구가 부족한 상권에서는 점포주들이 버티다 못해 임대료를 대폭 내려 공실을 메워야만 상권이 살아날 수 있다는 것이다. 김영갑 교수는 "동대문 쇼핑센터들도 망한 상태로 10년을 버텼다"며 "최악의 경우 완전히 슬럼화한 후 재편해야 할 지도 모른다"고 말했다.

기존 아파트 상가와 차별화하는 전략이 필요하다는 분석도 있다. 고준석 동국대 겸임교수는 "대치동 학원가나 홍대 상권처럼 독특한 콘텐츠를 통해 외지인을 유인할 대책이 있어야 동네 주민도 끌어들일 수 있을 것"이라고 말했다. 김영갑 교수는 "상가 전반을 통합 관리해 경쟁력 있는 업종 중심으로 재편하는 것이 방법이 될 수 있다"고 했다.

3. 기존의 분석법으로 풀어본 헬리오시티 단지내상가 공실

〈Daum 지도〉

4. 멘토 손오공의 LOVE(L5V2)분석법으로 풀어본 헬리오시티 상가 공실 원인

〈Daum 지도〉

1) 수요 측면 분석
가) 구매수요의 범위 확정 및 그 크기 분석

나) 구매수요의 결집과 분산 측면 분석

다) 구매수요의 거시적 이동 측면 분석(= 거시동선 분석)

라) 구매수요의 미시적 이동 측면 분석(= 주동선 분석)

마) 흐르는 입지 여부 분석

2) 상가공급 측면 분석 – 점포 면적, 점포 수

3) 상가수요와 상가공급의 연결 측면 분석
가) 상가의 접근성과 가시성 분석

나) 출입구와 횡단보도의 위치, 수 분석

다) 구매수요와 상가공급의 단절현상 측면 분석

4) 상가가치 측면 분석 – 고분양가와 이로 인한 고임대가의 여파
가) 단지내상가 1-1의 1층의 경우 분양 평당가는 1억 2천만원대(전용율이 약 40%이므
로 전용 평당으로 분양가를 환산하면 약 3억원이다. 실평수 10평이면 약 30억원)

나) 고분양가와 이로 인한 고임대가와 그 여파

   - 전용면적 8~10평 1층 점포 - 보증금 1억원, 월세 900만원

   - 높은 분양가로 인한 높은 임대가 – 영업 부진 – 이로 인한 공실 발생

   - 높은 분양가로 인한 고육책으로서의 쪼가리 상가공급과 이로 인한 상가 과다공급 발생, 과다 공급으로 인한 경쟁 격화 및 이로 인한 영업 부진 – 공실 발생

다) 다른 단지내상가와의 비교

라) 유흥상권과의 비교 : 서현역 상권, 건대입구역 상권

08

심화 2 : 용인 동백역·어정역 주변 상가, 주변 구매수요가 매우 크고 주동선상인데 왜 파리를 날릴까? (新)

1. 용인 동백역·어정역 주변 상가, 많이 이용할까?

2014-2845 용인시 중동 676-1 라비스타 1층 에이 107호

(유사 : 2019-1212 : 용인시 중동 676-1 5층 에이 506호)

2018-8681(용인시 중동 852-2 동백씨엘뷰오피스텔 2층 205호)

2018-13980(1)~(25) 중동 850-1 대성빌딩 101호 외

2. 기존의 분석

3. 멘토 손오공의 분석 : 거시동선에 역행하는 경우 겉보기에는 전철역 바로 앞이라 대박 입지처럼 보여도 실상은 쪽박 입지일 수 있다.

4. 유사사례

1) 청계산입구역 상권

= 양재시민의 숲 역과 청계산입구역의 역권력의 범위 그림 1~12

2013-0711-001198 신원동 270-10일원 내곡지구 준주거 2-4, 감정 : 64.52억 낙찰가 80억원

2013-0611-001607 준주거 2-3, 감정가 : 64.52억 낙찰가 109억 7천만원

2013-0611-001071 업무시설 2-2, 감정가 107억 낙찰가 125.94억원 등

2) 파주 운정역 중심상권과 운정역 사례 : 2020-2720(와동동 1450-1 602호)

3) 기타 사례 : 우이경전철, 의정부경전철

5. 반대 사례 : 김포경전철

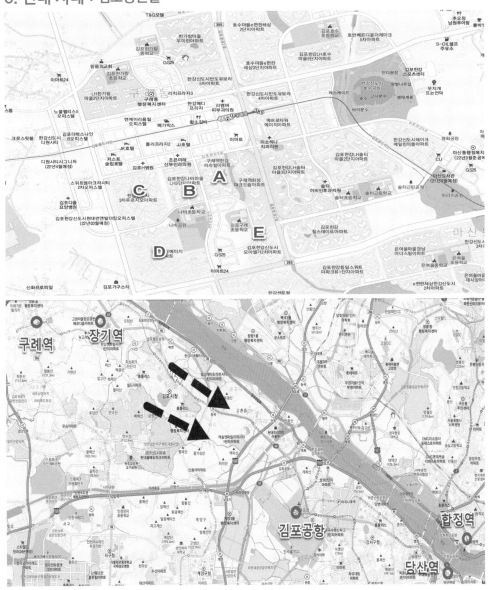

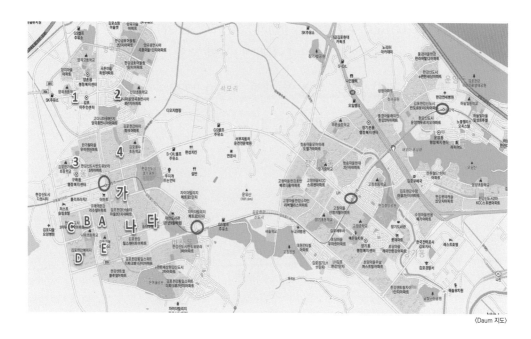

6. 거시동선과 교통망, 그리고 상권의 형성

1) '출퇴근 방향 여부'와 상권 형성

출퇴근 진행 방향에 위치하는가, 아닌가에 따라 대박역(상가), 쪽박역(상가)으로 갈릴 수 있다.

2) 상권의 유형에 따른 거시동선의 중요성

거시동선을 모르고 중심상가 입지를 논하지 말라. 중심상가(상권)은 거시동선의 영향을 크게 받는다. 용인 동백역 중심상가, 파주 운정역 중심상가 등은 대표적인 예이다.

3) 신도시 중심상가 상권의 성패와 거시동선의 관계

신도시 중심상가에 투자하려면 우선 거시동선에 순응하는지, 역행하는지 먼저 검토해봐야 한다.

심화 3 : 위례 신도시 상가 공실

- 공급 과다가 주원인이라고? (新)

1. 관련 기사

1) 기사 1 : 위례신도시 1층 상가마저 텅 빈 이유

[머니투데이(부릿지)] 2020.11.4

위례신도시 상가는 수년 전 분양할 때만 해도 프리미엄이 수억원씩 붙으며 완판됐지만, 지금은 신도시 상가 공실 문제를 보여주는 대표적인 곳이다. **인근 부동산에 따르면 위례신도시 공실 수준은 약 30~40%수준.**

▶ 기자 : 위례신도시가 지금 3만 가구 정도 입주해 있고 앞으로 약 4만4,000가구까지 입주를 할 거예요. '가구 수 대비 상가가 많다', '임대료 수준이 높다' 등 지적이 있는데요. 계산 한번 해주시죠.

▶ 교수 : 신도시가 만들어지면 무조건 상가 비율이 높을 수밖에 없어요. 소비자가 소비하는 금액을 수요라고 한다면 상가는 공급이잖아요? 공급이 무조건 많아요. 일단 그 생각을 가지고 계셔야 해요. 그러면 어느 정도 많은지 알아볼게요. 제가 헬리오시티 때도 설명해 드렸는데 여기가 지금 3만 가구죠. 가구당 소비하고 지출하는 금액은 월평균 300만원 인데요. 3만 가구가 산다고 하면 900억원이죠. 이 금액 중 지역상권에서 쓰는 게 30%라고 보면 300억원이 조금 안 되죠. 300억원이라고 치고요. 위례신도시 상가 개수를 봐야겠죠? 영업을 하는 상가를 대략 계산해보면 1,000개~1200개 정도 오픈을 해서 영업을 하고 있어요. 공실도 있잖아요. 공실까지 해서 1800개~2,000개 점포가 있다고 추정해 볼게요. 위례신도시에 사는 사람들이 300억원을 위례 상권에서 쓴다고 했을 때 영업하는 점포가 1,000개라고 해보죠. 그러면 월매출 3,000만원이 나오죠. 공실이 없다고 가정하면 월매출 1500만원까지 줄어들 수 있는 거죠. 그런데 지금은 위례신도시에 소지비출의 30%를 다 안 써줘요. 다 써줄 수가 없어요. 신도시의 상가들을 투자하기위해서 상권분석을 할 때 그 주변 상권을 같이 봐줘야 해요. 예를 들면 위례중앙광장이 위례신도시에서 가장 경쟁력 있는 상권임에도 불구하고 한식당들의매출액을 보시면 평균적으로 2,000만원 수준이에요, 상위 20%가 한 5,000만원, 하위 20%는 뭐 1,000만원이요. 여기 상가분양 받으신 분들이 얼마에 분양받았죠?

▶ 기자 : 전용기준으로 8,000만원에서 1억 정도에 분양받았죠.

▶ 교수 : 그렇죠. 그러면 만약에 뭐 한 10억에서 15억 정도 내가 투자를 했다 하면 월세 얼마 받아야 하는지 답이 나오잖아요. 10억원 투자했다고 가정했을 때 투자수익률 5%만 계산해도 월 400~500만원은 받으셔야 될거 아니에요? 그런데 월 400~500만원 받기가 쉽지 않죠.

▶ 기자 : 위례중앙광장 상권 중에서 영화관이 들어온 다고 해서 초반에 분양가가 높았던 곳이 있어요. 영화관이 들어오면 사람이 몰릴 것으로 예상하고 영업이 잘 될 것이라고 예상하는데요. 그런데 여기가 공실이 제일 많아요.

▶ 교수 : 핵심 점포를 앵커점포라고 생각하는데요. 극장과 마트 등을 생각할텐데 극장이 들어온다고 무조건 사람이 몰릴 것이라고 투자하면 안 돼요. 제가 여기 상가를 분석해 봤는데 자꾸 학원이 많이 늘어나요. 기자님 같으면 학원이 많은 곳 가겠어요? 동네에서 극장 가시겠어요? 조화를 보셔야 해요. 어떤 업종이 어떻게 들어올 것인지 봐야 해요. 이 상권은 아파트 위에 있고 밑에 주상복합처럼 상권이 형성됐잖아요. 여기 못 들어오는 업종이 있어요.

▶ 기자 : 노래방이나 유흥업종이요?

▶ 교수 : 그렇죠. 유흥이 들어오기 쉽지 않겠죠? 한번 보자. 유흥업종이 보입니까? 없죠? 그러면 어떻게 되겠어요? 유흥 업종이 없으면 어떤 문제가 생길까? 제가 분석을 해봤어요. 요일별로 여기 매출액 수준을 보면요. 보통 중심상업지역이라고 보고 여기(위례중앙광장 상권)를 들어왔잖아요. 극장도 있고요. 그러면 주말에 장사가 잘 돼야 할 것 아니에요? 일요일날 매출이 낮아요. 그리고 오히려 월요일이 높아요. 그리고 중심상업지역이 되면 사실 저녁 매출이 높아야 하거든요? 점심 매출이 높아요. 그럼 이 상권을 뭐라고 규정할 수 있을 까? 중심상업지역으로 형성이 되고 있지 않은 거예요. 자칫 잘못하면 동네 상권이고, 좀 확장된다고 해야 지역상권에 머물 위험이 있다는 거죠. 물론 지금 얘기이다. 장기적으로는 이게 광역 상권으로 성장할 수도 있어요. 그런데 이제 구조적으로는 유흥업종은 들어오기 힘들죠.

위례상권에서 가장 먼저 안정화된 상가는?

▶ 기자 : 위례신도시 동쪽으로 왔습니다. 호반베르디움 단지 앞쪽에 있는 이 상권인데요. 이 상권이 위례 중앙광장 쪽 중심상권과 임대료가 비슷하다. 비슷한 이유가 있을 텐데요.

▶ 교수 : 위례신도시에 있는 상권 중에서 가장 안정적으로 형성이 빨리 된 곳이에요. 뭐가 많이 보이세요? 학원이 많이 보이죠? 제가 분석을 해봤더니 점포가 한 200개 정도가 있는데 그중 약 100개가 학원이에요. 그러니 50% 점포가 학원이라는 거죠. 완전히 특성화가 돼 있어요. 학생들이 몰리고 있고, 선생님도 상당히 많이 있죠. 이 사람들이 생활서비스 업종 매출을 올려주는 거예요. 하지만 또 여기도 전년보다 매출액은 떨어졌어요. 점포수도 전년대비 약간 줄고 있어요. 공실이 작년보다 살짝 많아졌다는 거죠. 그런 면도 있다는 것을 알아야 해요. 왜냐면 또 여기는 무조건 좋은가보다 라고만 생각을 하면 안 된다는 거죠

▶ 기자 : 교수님 마지막으로 상가분양 받으시려는 분들에게 한말씀 부탁드립니다.

▶ 교수 : 신도시 상가 투자에 대한 환상을 좀 접어야 할 것 같아요. 이제 초과소득 얻기 쉽지 않습니다. 왜냐면 과거에는 분양가가 낮았어요. 전용면적 기준으로 하면 과거에는 3,000~5,000만원 수준이었어요. 지금은 평당(3.3㎡당) 1억원이 넘습니다. 업종별로, 상권별로 수익성 차이가 엄청나게 납니다. 위례 신도시를 분석해 보면 똑같은 미용실을 해도 어디서 하느냐에 따라 매출액 차이가 엄청나요. 또 상권이 같은 곳에서도 어떤 위치에 누가 하느냐에 따라 매출 차이가 납니다. 옛날에는 '상가 사서 임차인 구하면 된다'고 생각해도 먹고살 수 있었어요. 상가 투자로요. 그런데 지금은 그게 안 되는 거죠. 누가 들어올 것이냐? 그 사람이 가게 들어와서 뭘 할 것이냐, 그러면 그 사람이 수익을 많이 낼 수 있을 것이냐? 내가 원하는 임차료를 낼 수 있을 것이냐? 이런 것도 파악할수 있어야 한다.

2) 기사2 : 위례 상가, 임대료 반토막에도 1~2층은 '텅텅'

[아주경제] 박기람 기자 2020.06.23

현장에 따르면 위례 신도시 핵심상권에 자리 잡은 위례 중앙광장 '중앙타워'의 월 임대료가 입점 직후와 비교해 반 토막이 났다. 초창기 전용면적 44㎡ 매물은 보증금 1억원에 월 임대료 400만원 선이었으나, 현재는 보증금 5,000만원에 250~300만원까지 떨어졌다. 350만원짜리 매물은 200만원에, 300만원짜리 매물은 200만원에 거래되고 있다. 중앙타워의 가장 비싼 1층 매물의 3.3㎡ 단가는 4600만원꼴이다. 이 상가의 분양가는 10억~12억원대였다. 글로벌 부동산 회사 리맥스에 따르면 위례 지구 상가의 임대 수익률은 현재 2~3%까지 떨어졌다. 최초 분양가는 5% 수익률을 기준으로 산정됐다. 인근 지역의 공실 문제도 아직 해결되지 않은 상태다. 창곡동의 B공인 대표는 "신도시 특성상 유동인구가 없어서 카페나 빵집 등이 들어와야 하는 1~2층 매물은 여전히 공실이 많다"면서 "임대료가 높은 편인 2층 매물도 지금 사무실로 돌리며 일단 버티고 있다"고 설명했다. 위례신도시는 위례신사선과 위례 트램 개발이 본격화되고 있고, GTX-C노선과 연결하는 위례과천선 추가 연장 등의 교통호재가 이어지고 있다. 이처럼 상권 활성화 기대감이 커지자 건물주들이 버티기에 들어갔다는 것이다. 인근 C공인중개업소 대표는 "그래도 전에 비해서는 상권이 어느 정도 자리를 잡았다. 중심부인 중앙광장 인근 상가는 이미 꽉 찬 상태고 아직은 비교적 소외 지역인 창곡동 상가도 3~4층 이상 사무실은 95% 이상이 자리가 찼다"고 전했다. 사실상 상가의 꽃으로 불리는 상가의 1, 2층은 임대료가 가장 비싸다. 임대료가 비싼 만큼 사무실로 세를 내면 건물주가 손해를 입지만, 공실이 장기화하자 건물주가 손해를 감수하며 1층보다는 저렴한 2층을 사무실 임대로 돌린 것이다. 상업·업무용지의 용도는 크게 상관없는 것으로 나타났다. 전문가와 현지 중개업소들은 일제히 신도시의 상업용지 비율이 너무 높은 점이 문제라면서 근본적인 상업용지 비율을 적절하게 지정해야 한다고 지적했다. 조현택 상가정보연구소 연구원은 "위례지구의 상업용지 비율은 7.2%로 상당히 높다. 하남 미사 지구도 6%대로 높은 편이다. 공실이 많이 발생할 수밖에 없는 구조"라며 "적정한 비율은 5~6%대로 판단된다"고 말했다. 그러면서 "신도시가 형성되려면 최소한 10년 정도가 필요한데 상업·업무용지 비율이 높으면 중심상권은 분산되고 임대료가 높아진다. 이렇게 되면 공실 악순환은 반복된다"면서 "신도시 상권을 살리기 위해서는 분양가를 적절하게 책정하고 상가 수를 줄여야 한다"고 덧붙였다. 신도시의 상가 공실 문제는 끊임없이 제기되고 있지만, 정작 신도시 상가의 공실 상황에 대한 정확한 데이터조차 파악이 안 되는 상황이다. 한국감정원은 "2기 신도시 공실률 관련해서는 현재 표본이 없다"는 입장이다.

3) 기사 3 : '평당 1억' 맞아?…텅빈 위례신도시 상가, 임대료도 '반토막'

[아시아경제] 류태민 기자 2020.12.24

실제로 이날 둘러본 이 지역 상가는 2013년 3월 첫 아파트 입주가 이뤄진 지 8년 가까이 지났음에도 여전히 곳곳이 비어 있었다. 정상 영업을 하고 있는 상점보다 '임대문의' 안내문이 붙어 있는 상가가 더 많았다. 언뜻 봐도 상가의 절반 이상이 비어 있었다. 입주 후 5년 안팎이면 상권이 안정되는 여느 신도시와는 사뭇 달랐다. 이 지역 중개업소들은 상권 침체의 이유로 위례선(트램) 사업과 위례중앙역 개통 지연을 꼽았다. 이 지역 B공인 관계자는 "분양가보다 20~30% 낮은 가격에 점포 매물이 나오고 있지만 그마저도 찾는 이들이 없다"고 전했다.

위례중앙역 주변은 신도시 입주 초기부터 꾸준히 상가수요가 몰린 곳이다. 위례~신사선 경전철의 종점인 데다 8호선 위례역·5호선 마천역과 연결되는 트램 정차역이어서 상권 활성화가 기대됐기 때문이다. 덩달아 2014~2015년에는 점포 분양가가 3.3㎡당 1억원까지 치솟았다. 하지만 트램 건설 사업이 10년째 표류하면서 결국 버티지 못한 세입자들이 하나둘씩 영업을 포기하고 있다. 이 지역 C공인 관계자는 "지금은 가격을 몇천만 원씩 내린 급매물조차 매수자를 찾기 어렵다"고 전했다. 임대료가 반 토막 난 것은 물론 텅 빈 상가도 수두룩하다. J빌딩 1층의 36㎡짜리 1층 상가의 임대료는 분양 초기만 해도 보증금 1억원에 월 임대료 350만~400만원이었지만 지금은 보증금 5,000만원에 월세 200만원대 초반으로 떨어진 상태다. 중앙광장 인근 주상복합 내 상가의 경우 260개 점포 중 절반인 130개 정도가 비어 있었다. 목이 좋은 1~2층조차 한 점포 건너 하나꼴로 공실 상태다. 위례서일로 인근 상권은 상황이 더 심각했다. 지하철 8호선 우남역 개통이 지연되며 대로변을 따라 죽 늘어선 10층 이상의 상가건물들은 텅 비어 있었다. 6개 상가건물 가운데 1층에 점포가 입점해 영업 중인 건물은 1동뿐이었다.

2. 위 기사에서 강조하는 내용이 진정 위례 신도시 상가 공실의 핵심원인일까?

진짜 원인은 무엇?(= 스트리트형 상가, 그 본질적 한계) - 멘토 손오공의 분석

1) 스트리트형 상가로 조성된 위례 중심상가
- 스트리트형 상가란 "길을 따라 점포를 길게 늘어선 형태로 배치한 상가"로 주로 1층 위주로 상가를 구성한다.
- 접근성과 가시성의 극대화

2) 일반적인 박스형 상가건물과 스트리트형 상가의 차이점
- 박스형 건물은 1층 상가가 제일 적으나, 스트리트형은 1층 상가가 제일 많다.

3) 스트리트형 상가 구성의 문제(본질적 한계)
- 1층 상가는 들어올 업종이 제한적이고, 차지하는 면적이 적다. 학원이 들어올 수 없다.

4) 남양주 진접지구와 위례신도시 내 준주거용지 비교

가) 비교(문제점)

남양주 진접지구는 준주거지역이 소규모로 존재(0.5%)/위례신도시는 몇 배 이상 규모로 존재(3%) 준주거지역을 일정 구역에 집중배치하지 않고 트램선을 따라 길고 넓게 공급해 1층의 희소성 상실

나) 대책

(1) 스트리트형 상가 조성의 제한
(2) 지구단위계획수립지침의 개정 - 준주거지역의 범위 제한 필요

3. 유사사례

2019-4409(은평구 진관동 140 은평뉴타운폭포동 412동 1층 104호)

2017-50064(은평구 진관동 105, 은평뉴타운마고정 327동 1층 101호)

2020-50435(하남시 풍산동 477, 307동 지 1층 102호)

2019-4267(전농동 695, 지2층 4호)

4. 스트리트형 상가의 성공조건 : 사실상 성공할 곳이 별로 없다.

1) 엄청난 구매수요
2) 주변의 특별한 집객요인
3) 스트리트형 상가 자체의 경쟁력

: 경치가 좋은 공원이나 호수 주변 등, 분양가 저렴, 식음료 위주의 상가 구성

손오공 　　상가·빌딩 투자는 손오공의 L5V2가 답이다　　 L5V2

- '좋은 입지' 분석법 **L5** 거시동선 상의 입지, 주동선 상의 입지,
  좋은 접근성과 가시성, 큰 구매수요, 적은 상가공급
- '좋은 가격' 분석법 **V2** 상가가치 분석법, 상가가치 증대법

X
기타

01

기존 분석법의 한계와 그 대안

- 멘토 손오공의 분석법

기존에도 법규에 관한 내용을 다룬 책들은 많이 있으나 정작 실전투자에서 반드시 필요한 부분이 빠진 경우가 많음. 따라서 여기서는 실전투자시 꼭 알아야 할 상권 및 상품종류별 특성 외에 아래와 같은 **핵심 법규 사항**을 정리하여 소개하고자 함.

① **상가경매시 말소기준권리**

② **소액임차인 관련사항**

③ **최우선변제액**

④ **배분 기준**

⑤ **집합건물 관련 중요사항**

⑥ **상가업종 제한에 대한 법원판례**

⑦ **구도심 상가 투자지침**

02

단지내상가, 근린상가 (대부분 新)

1. 상권 위계 구분 및 주요 입점업종 예시(LH, 단지내상가 설계지침개발 – 오래된 지침이라 현재 적용하기에는 무리가 있는 것(가령 세대당 상가수요)도 있으나 상권을 파악하고 상가업종을 이해하는데 도움이 되니 참고용으로 사용하면 좋을 듯하다.)

구 분	단지상가	근린상가	근린노변	지구중심	지역중심	광역중심	유흥/업무	도심
세대규모	1,250	5,000		15,000	50,000	200,000	200,000	1,000,000
	600~2천	3천~6천	단독주거지	1만~1.5만	2만~6만	8만~30만	20만내외	50~150만
도로(M)	소로 8M	소로 12M 2차선	6~12M	중로 20M 4차선	대로 30M 6차선	광로 40M 8차선		광로 50M 10차선
도시넓이 (M)	2만평 200~330	9만평 500~600		45만평 1,000~1,500	200만평 2,000~3,000	1,000만평 5,000~6,000		
상가수요 (세대당) 누계	0.2~0.4평	0.6~0.8평	1평내외	0.7평	0.8평	0.9평	1.6평	1평
	1평		2평	2.7평	3.5평	4.4평	6평	7평
앵커	소형슈퍼 신선식품	중형슈퍼 편의점	도매점 식료품 도매	중형할인점 재래시장	할인점 양판점 은행 보험영업소 중앙시장	백화점 영화공연 전자양판 농수산도매	오피스 증권보험 편의점	금융기관 사업서비스 영화관 음식점 서점
판매 서비스 중심기능	정육점 미용실 세탁소 책대여 부동산	청과야채 방앗간 수리점 인테리어 목욕/헬스	카센타 차부품점	안경점 보석시계 생활용품 에어로빅 사우나	전문품점 메이커의류 체육사 스포츠센타 찜질방	선매품점 의류, 잡화 스포츠용품 찜질방	주점 노래방 게임방 피시방 유흥주점	대형판매 도매시장 전문고급 서비스
클리닉		치과 한의원 가정의학과 의원 약국	종합병원	내과 소아과 이비인후과 약국 침술원	안과 외과,통증 피부비뇨 산부인과 준종합병원	정신과 종합병원 진단방사선과	성형외과	전문고급 병원 의료기

구 분	단지상가	근린상가	근린노변	지구중심	지역중심	광역중심	유흥/업무	도심
학원	피아노 미술학원 태권도 어린이학원	보습학원 어린이집 검도학원 바둑학원 서예학원	운전학원	대형학원 학습지 전문초등 예능학원 기수련원	성인학원 전문학원 대형미술 학원	전문학원		직장인 학원
음식	치킨호프	소형음식점 중국집 고기집 떡집	양주맥주 음식점	중소 음식점 수산식당 닭족발곱창 소형패스풋 주점호프	대형음식점 패스풋 주점호프 카페	카페 패밀리 레스토랑 패스트푸드 호프	음식점 일식집 대형술집 단란주점 바	관광음식 명문음식 전문음식 대형술집
숙박			여관	여인숙	여관	호텔	모텔	고급호텔
기타 주요 업종	문방구 빵집	독서실 내의점 이발관 사진관 서점 오락실 피부관리 자전거 애견	전기건축 주유소점 집 교회 절 스포츠센타 카센타	생활의류 화장품 침구커텐 꽃집 완구점 동물병원 건강원 표구화랑 공예수예	당구 피시방 노래방 외의점 가구 가전제품 컴퓨터 인쇄광고 수족관 등산낚시	화장품점 악기점 씨디점	사무기기 렌트카	악기점 예술품 희귀전문점 테이크아웃 호프집 회식

● 신도시 : 면적이 택지개발촉집법에 따라 지정된 330만㎡ 이상이다. 예로는 남양주 왕숙(865만, 5.4만호), 하남교산(631만, 3.3만호), 인천계양(333만, 1.7만호), 고양창릉(813만, 3.8만호), 부천대장(343만㎡, 2만호)

● 택지개발지구 : 택지개발촉진법에 따라 지정된 10만㎡ 이상의 면적
가령 안산장상(221만, 1.4만호), 과천(169만, 7천호), 화성봉담3, 인천구월2지구 등

2. 단지내상가

1) 단지내상가 면적과 세대수의 관계
가) 단지내상가에 대한 필요 면적 수요는 세대수 증가의 ㎡에 비례한다.(LH 자료)

세대수	300	**500**	700	800	**1,000**	1,250	**1,500**
세대당 적정 상가 면적(평)	0.18	0.2	0.26	0.31	0.34	0.42	0.48

아파트 300세대의 단지내상가 필요면적은 세대당 0.18평, 500세대는 0.2평, 700세대는 0.26평, 800세대는 0.31평, 1,000세대는 0.34평, 1,250세대의 경우는 0.42평, 1,500세대는 0.48평 정도로 추정한다.(대한주택공사) 이에 따라 상가 적정면적을 계산하면 500세대의 경우는 약 100평, 1,000세대의 경우는 500세대의 2배인 약 200평이 아니라, 세대수 증가에 따른 상가 필요면적의 증가로 340평 정도가 필요하다고 본다.

가령 600세대 아파트 2개 단지를 건설한다면, 각 단지에 필요한 상가는 슈퍼, 부동산중개업소, 식품점, 미용실, 세탁소, 학원(피아노) 등 5~6개이므로 2개 단지에 들어갈 수 있는 상가는 약 10여개에 불과하다. 하지만 만약 1,200세대 하나로 건설한다면, 이외에도 분식, 정육점, 치킨점, 태권도학원, 인테리어점, 과일판매점, 야채판매점, 베이커리점, 미술학원, 각종교습소, 중화요리집, 교회 등 600세대 2개 단지로 구성할 때보다 훨씬 더 많은 업종이 상가에 들어올 수 있게 된다.

나) 시사점

건축시 세대를 분산시키지 말고 집중하며, 동선 구성을 신경써 대부분의 단지에서 250m, 도보 5분 이내에 도달할 수 있도록 단지내상가를 위치시킨다. 출입구의 수와 위치와도 관련이 있으므로 종합적으로 검토해야 한다.

다) 적정 상가면적 비율 기준의 축소 필요성

- 적정 상가면적 비율 기준은 확장의 시대에 수립된 기준이기에 축소의 시대로 진입한 현재에는 매우 과도한 면이 있어, 개발 지구마다 상가 공실이 넘쳐나는 경향이 있다.
- 또한 인구의 감소, 팬데믹 시대의 도래, 인터넷 구매의 증가로 인한 오프라인 소비의 감소 경향 등을 감안했을 때, 아래의 세대당 적정 상가 면적을 대폭 줄이는 것이 타당하기에, 이에 관한 관련 연구가 필요하다.

2) 좋은 자리 판별법

- 거시동선 분석+주동선 분석
- 대규모인구유출입시설의 수와 위치
- 최단거리 원칙, 횡단보도와 출입구의 위치
- 선점이 좋은 자리를 결정

3) 단지내상가 공실의 발생

공실이 발생하는 경우 가장 좋지 않은 입지인 1층 안쪽이나 2층 이상에서 발생한다. 즉, 주동선에서 멀수록, 접근성이 안 좋을수록, 가시성이 안 좋을수록 공실이 발생할 가능성이 높고, 장기화될 가능성이 높다. 반대로 상가공급이 많은 경우라도 입지가 좋은 상가는 공실 가능성이 거의 없다.

일반적인 경우라면 출입구 부근의 코너목 입지의 상가가 제일 좋은 입지일 가능성이 높다. 코너목에서 멀어질수록, 접근하기 어려울수록, 잘 안 보일수록, 공실 가능성이 증가한다. 반면 상가공급이 5~6개 이하인 경우라면 거의 독점적 업종으로 구성되기에 자리가 안 좋아도 영업에는 별문제가 없을 가능성이 높다.

4) 단지내상가 입점순위의 중요성 – 선점의 중요성

단지내상가는 근린상가와는 달리 먼저 입점하느냐 아니냐가 매우 중요할 수 있다.. 가령 단지내 상가에 슈퍼(혹은 편의점)를 개설하는 경우 담배판매권도 먼저 얻게 될 것이고, 그렇게 되는 경우, 단지내상가의 상가공급이 많아 공실이 많이 있더라도 뒤이어 슈퍼를 개설하는 사람은 없다. 편의점에서 담배판매권은 핵심이다.

근린상가의 경우도 대형 프랜차이즈를 선점하기 위해 다른 상가보다 먼저 개설할 필요가 있을 수 있는데, 특히 입지가 안 좋은 상가의 경우는 특히 그러하다. 만약 입지가 안 좋은데 대형 프랜차이즈도 주변에서 이미 개설해 있는 경우 들어올 업종이 거의 없을 수 있기에 분양이나 임대가 매우 힘들 수 있다. 입지가 안 좋거나, 경쟁할 상가가 많은 경우, 피할 수 없다면 선점하는 게 중요하다.

5) 아파트 단지의 주력 평형과 소비성향

아파트 단지가 대형평형으로만 구성되는 경우, 장노년층 위주의 세대구성 가능성이 높아 소비성향이 적어 20~30평형대 보다도 장사가 덜 될 가능성이 높다. 젊은 사람 위주로 구성된 단지는 소비성향이 높아 단지내상가의 영업이 더 잘 될 가능성이 높다. 분양면적 30평대로 구성된 단지내상가가 가장 이상적이다.

6) 단지내상가·근린상가의 최적 위치
가) 구매수요의 거시적 이동흐름을 분석하고 이에 순응하라.

차량동선과는 별개로 사람의 실질적 이동 동선이 구매수요의 거시적 이동흐름과 맞아야, 같은 조건에서도 최대 상권 확보가 가능하다. 단지 설계 초기 단계부터 구매수요의 거시적 이동흐름의 방향을 미리 반영하여 단지내상가를 위치시켜야 가장 좋은 가격으로 성공리에 분양할 가능성이 높고 입주 후에도 단지내상가가 활성화 될 가능성이 높다.

나) 지도의 중심이 아닌 생활 동선의 중심에 위치시켜야 한다.

상권을 볼 때 많은 사람들은 지도의 중심을 찾고 이를 상권의 중심이라고 오해하는 경우가 많다. 상권의 중심은 지도의 중심이 아니고 구매수요의 거시적 이동 흐름에 순응한 상태 하에서의 생활동선의 중심을 찾아, 바로 그곳에 단지내상가를 위치시켜야 활성화된다.

다) 단지내상가, 근린상가는 생활거리 범위 이내에 위치해야 한다.

생활거리란 사람들이 상가를 이용하는데 별 거부감 없이 평소에 자주 이용할 수 있는 거리의 범위를 말하며, **보통 250m, 약 5분 정도, 최대로는 500m, 10분 정도의 거리**를 말한다.

생활거리의 범위 이내에 근린상가(단지내상가)가 위치하면 일상 생활 중에 다른 일을 보다가도 갑자기 생각나서 구매가 가능하기에 구매의 빈도가 높아지고, 충동구매가 가능하다. 거리가 멀어질수록 충동구매는 힘들어지며 목적구매만 주로 일어나기에 구매빈도가 현저히 떨어진다.

최대 500m, 10분 정도를 넘어가면 자주 이용을 안 하거나, 이용하더라도 도보보다는 차를 이용할 가능성이 높기에 이용빈도가 떨어져 단지내상가, 근린상가로서의 기능을 할 수 없게 된다.

* 투자 포인트

단지내상가·근린상가의 투자대상물건을 찾았다면, 투자대상물건의 반경 250m 범위, 5분 정도의 범위 내(최대로는 반경 500m, 10분 정도)에 얼마나 많은 구매수요(구매수요의 크기)가 있는지, 구매수요의 성격(연령, 평형대 등), 공급의 규모(주변 상가의 수와 직접 경쟁대상인 상가의 수나 규모 등) 등을 분석한다.

* 참고 : 아파트 세대수와 반경(m), **도보 이동시간**
- 위례 플로리체위례아파트 970세대 : 반경 110m, 도보 1~2분
- 분당 수내동 쌍용아파트 1,164세대 : 반경 90~100m, 도보 1~2분
- 목동 신시가지10단지 아파트 2,160세대 : 반경 약 170m, 가로 약 350m, 세로 약 400m

- 남가좌동 DMC파크뷰자이1단지 2,400세대 : 반경 180m, 가로 약 350m, 세로 약 420m
- 잠실 엘스 약 5,700세대 : 반경 약 280m, 가로 약 600m, 세로 약 450m

* 지도 예시) 위례우체국 소재 근린상가 250m

* 생활거리 관련 참고사항 : 일반적으로 도보권이라고 하면 반경 400~500m를 의미하는데, 이는 어린이가 위험한 도로를 건너지 않고 걸어서 통학할 수 있는 거리로서 Perry의 근린주구이론이 반영된 것. 우리나라의 여러 실증 조사결과에 의하면, 성인들은 약 700m까지 도보 통행을 하고 있다고 함.

7) 단지의 세대수와 상권형성

가) 500세대 미만(오피스텔의 경우는 약 300세대)**의 경우**

(1) 이 경우는 상가 자체가 형성되기 쉽지 않고 오직 슈퍼와 부동산중개업소, 미용실 등 극히 일부의 업종만이 생존 가능성이 있다. 즉 500세대 이상이 되어야 슈퍼나 부동산중개업소, 미용실 이외에 세탁소, 피아노학원 등이 입점할 여건이 조성되어, 최소의 상가 형태가 성립될 수 있다.

(2) 아파트는 500세대, 오피스텔은 300세대로 그 기준이 차이가 나는 이유는 소비성향과 소비패턴의 차이 때문이다. 오피스텔은 아파트에 비해 젊은 사람들이 거주하는 경우가 많은데 젊은 사람들은 소비성향이 높기도 하고 구매횟수도 높으며, 다소 비싸도 자기 거주지 부근에서 소비하는 경향을 보이는 반면 아파트에 거주하는 사람들은 오피스텔에 거주하는 사람들보다 고령인 경우가 많고 소비도 실속으로 하는 경향이 있어 조금 멀더라도 가격이 저렴한 곳을 이용하는 경향이 있기에 상권 형성에 필요한 최소한의 단위가 달라진다.

(3) 투자 포인트

500세대 미만은 상가 자체가 형성되기 쉽지 않아 투자 대상으로 부적격하나, 500세대 미만의 상가라도 아파트 단지 이외에 주변 세대수가 많고 이들이 단지내상가를 이용할 수밖에 없는 구조라면 그래서 500세대 이상의 구매수요를 형성할 수 있다면 500세대 필수업종은 생존 가능 할 수 있다.

나) 1,200세대(약 2만평)

(1) 1,200세대 정도가 되면 최소의 상권 형성이 가능하게 되어, 생활에 밀접하고 구매빈

도가 높은 업종들의 입점이 가능해지며, 학원업종이나 서비스업종의 경우 규모가 커진다. 대체로 15~20여개 내외이다. 따라서 그 이상의 상가공급이 있는 경우, 입지가 안 좋은 상가는 공실 발생 가능성이 있다.

(2) 500세대에서 입점 가능한 슈퍼나 부동산중개업소 이외에 세탁소, 미용실, 피아노학원 등 이외에 옷수선집, 인테리어가게, 제과점, 야채점, 청과점, 정육점, 반찬점, 미술학원, 태권도학원, 어린이학원, 교습소, 교회, 분식집, 치킨집, 중화요리집 등의 입점이 가능하다.

다) 2,000세대 이상

치과, 한의원, 떡집, 화장품가게, 꽃집, 피부관리, 헬스, 피씨방, 각종 학원, 단지내상가가 2,000세대가 넘어가게 되면 본격적으로 근린지향성을 띄게 되어 주변 지역의 근린상가로서의 기능을 하게 된다.

라) 3,000세대 이상 : 의원, 가정의학과

마) 4,000세대 이상 : 내과, 소아과

8) 단지내상가의 업종구성
가) 단지내상가 500세대 정도의 업종구성
(1) 1~2층의 구성과 상가 개수

1층 : 슈퍼, 부동산사무소, 2층 : 미용실, 세탁소, 학원(피아노, 속셈 등)
위와 같이 아파트 500세대(오피스텔 300세대)의 경우, 약 5개 정도의 업종이 입점 가능하다. (주변 여건에 따라 다르나, 일반적인 경우라면) 상가공급이 5개 이상이 되면 점점 공실 가능성도 증가하며, 10개가 넘으면 공실 1~2개 정도는 발생할 가능성이 높다.

(2) 500세대 이하인 경우

아파트 300세대의 경우는 상가 형성이 어려운 경우가 많으나, 주변에 단독주택, 빌라나 연립 혹은 다가구와 원룸 등이 어느 정도 형성되어 있는 경우는 이를 아울러 상가 형성이 가능할 수 있으므로 주변의 빌라나 단독주택 세대수, 경쟁상가 등을 살펴봐야한다.

(3) 500세대 이하 단지내상가 업종구성 사례 - 분당 목련마을 주변 아파트 단지내상가

- 대원아파트 172세대 단지내상가 3개(세탁, 인테리어, 피아노)
- 분당 목련마을 미원아파트 110세대 상가동

- 분당 목련마을 성환 136세대 상가동
- 분당 목련마을 한신아파트 264세대 단지내상가 6개(부동산, 인테리어2, 관광, 공실 등)
- 분당 목련마을 영남아파트 294세대 단지내상가 14개정도(부동산2, 마트, 세탁, 미용, 피아노2, 복사, 컴퓨터 등)

cf) 분당 목련마을 주공1단지 1,460세대 - 10개정도(마트, 중국집, 미용실, 과일, 쌀집, 교회, 복지센터 등)

나) 단지내상가 1,200세대의 업종구성
- 1층 : 부동산중개업, 슈퍼, 야채점, 청과점, 생선판매점, 정육점, 분식, 치킨집, 제과점, 미용실, 인테리어 등
- 2층 : 미용실, 세탁수선집, 피아노학원, 미술학원, 각종 교습소, 태권도학원, 어린이학원, 중국집, 교회 등

다) 단지내상가 2,000세대의 업종구성
- 1층 : 부동산중개업소, 슈퍼, 야채점, 청과점, 생선판매점, 정육점, 분식, 치킨집, 제과점, 미용실 ,인테리어, 약국, 화장품판매점, 떡집, 꽃가게, 홈패션,
- 2층 : 미용실, 세탁수선집, 피아노학원, 미술학원, 각종 교습소, 태권도학원, 어린이학원, 중국집, 소아과, 한의원, 의원, 학원, 피부관리숍 등
- 3층 : 태권도학원, 보습학원, 교회, 사무실, 헬스, 피씨방 등

9) 단지내상가 사례
● 200~300 세대
* 240세대 관악구 신림동 건영4차 아파트(마트, 피자2)
* 270세대 구의현대7단지(1층 7개 정도 거의 공실, 2, 3층 동일면적)
* 300세대 김포시 양곡읍 양곡더숲, 남양주 오남 두산위브, 남양주 오납읍 양지아파트, 의왕청계마을 휴먼시아 4단지, 남양주 평내 세종리첸시빌, 남양주 평내 우남퍼스트빌
* 400세대 김포시 양곡읍 양곡휴먼시아 곡촌마을 1단지, 남양주 평내 중흥s클래스 2단지 남양주 평내 중흥s클래스 3단지
* 450세대 남양주 평내호평 주공 20단지
* 각 250세대 두 단지 합쳐 500세대 단지내상가 - 의왕청계마을 휴먼시아 5단지, 6단지
* 각 350세대 두 단지 합쳐 700세대 단지내상가 - 의왕 포일숲속마을 3단지, 5단지

경매물건 사례

* 2019-6035(신원동 힐스테이트서초젠트리스아파트(상가 11개 - 과다공급으로 장기공실 몇 개),

* 2016-6841(이의동 1252 광교캠퍼스타운참누리 상가동) (350세대, 상가 5개, 부동산3, 마트1, 헤어, 수요부족)

● 500세대

* 500세대 종로구 행촌동 경희궁자이 496세대, 김포시 양곡읍 양곡휴먼시아 곡촌마을 2단지 의왕포일숲속마을 4단지

* 600세대 인천 서구 유승아파트, 남양주 평내호평 lh 1단지

경매물건 사례

* 2014-16417(병점동 820, 안화동마을주공 상가동 105호)(상가 5개 공실 1),

* 2019-4409(진관동 140, 은평뉴타운폭포동 412동)(1층 상가 15개 정도로 안쪽 몇 개는 장기공실)

* 2020-6995(3)(상가 11개),

* 2017-12494(1)(5)(사당동 1157 이수역리가 주상가동)(1층 9, 2층 동일면적, 상가 과다 18개 최악조건, 흐르는 입지),

* 2020-32973(운양동 1305-1, 한강신도시리버에일린의 뜰 상가동)(상가 10개 이상 공실 2~3개),

* 2020-2729(구래동 6873-19 한강신도시반도유보라5차 상가에이동)(상가 약 40개 너무 많다. 장기공실)

* 2020-2712(1)(2)(마산동 616-3 한강신도시레이크에일린의 뜰 상가동)(열몇개로 상가과다), 500, 600세대인데 주변 상가와 근린상가 기능 수행하는 것

* 2018-3648(1)(반송동 132 경남아너스빌 상가동 102호)(1층 8개-부동산4, 인테리어, 뒤편은 세탁, 치킨 등, 2층은 동일면적으로 미술. 피아노. 수학·과학학원),

* 2013-62454(1)(송도동 2-9 송도풍림아이원 상가동)(1층 15개 정도, 2층 면적 동일 - 입지 선정 좋아 주변 근린상가 기능수행),

● 800세대

2019-4911(원흥동 615, 고양삼송엘에이치원흥마을 11단지 상가동)(상가 5개, 공실 1,2개)

● 1,000세대~2,000세대 이상

* 1,000세대 위례 그린파크 푸르지오 과다공급, 인덕원 동편마을 1단지, 동편마을 3단지
* 1,000세대 남양주 평내마을 주공아파트
* 1,100세대 용인 보라동 민속마을 모닝사이드
* 1,000세대이나 주변 세대에 근린기능 수행 인천 삼산동 신성미소지움 단지내상가
* 1,200세대 : 2014-10481(삼평동 705 붓들마을 에이상가동)(상가 6개-부동산 4개, 헤어, 슈퍼) (다른 상가동 - 1층 상가 4개(부동산 2개, 은행1, 마트1)
* 1,400세대 : 인천 송도캐슬앤해모로
* 1,600세대 : 인천 삼산동 두산아파트 - 주변에 근린상가 기능 수행
* 1,700세대 : 인천 삼산동 삼산타운 4단지
* 1,800세대 : 김포 마산동 블루힐 상가1동
* 1,900세대 : 인천 삼산동 삼산타운 1단지
* 2,000세대 : 서울 중계동 목화아파트, 석관동 두산아파트
* 2,300세대 : 서울 중계 주공아파트

● 3,000세대 이상

* 3,000세대 월계그랑빌, 도곡렉슬, 목동센트럴아이파크위브
* 3,100세대 과천래미안슈르, 분당 파크타운, 목동 14단지
* 3,300세대 강동롯데캐슬퍼스트, 상계보람
* 3,400세대 반포자이
* 3,500세대 관악드림타운, 중계그린
* 3,700세대 고덕래미안힐스테이트, 반포본동아파트, 성산시영, 잠실트리지움
* 3,900세대 sk북한산시티, 돈암동 한신한진, 마포래미안푸르지오, 잠실주공 5단지

● 4,000세대 이상

* 4,000세대 인천에스케이스카이뷰, 충남아산 삼성탕정트라팰리스
* 4,100세대 경기 성남 산성역포스티아, 경기 수원역푸르지오자이, 고덕아프테온
* 4,200세대 충남천안 신방동 그린타운
* 4,300세대 경남창원 마린애시앙
* 4,400세대 은마아파트
* 4,900세대 고덕그라시움, 올림픽훼밀리

● 5,000세대 이상

* 5,100세대 인천구월힐스테이트

* 5,200세대 부산화명 롯데캐슬

* 5,300세대 경기 수원한일타운

* 5,500세대 올림픽선수촌

* 5,700세대 잠실리센츠

* 6,900세대 잠실파크리오

* 9,500세대 헬리오시티

10) 세대당 토지면적(=대지권)

- 세대수를 파악하기 힘든 구도심이나 아파트, 단독주택 등 혼재지역 세대 수 파악에 용이

가) 나홀로 아파트

- 관악구 신림동 1702-1 신관중 부근 건영4차 236세대 2,338평 세대당 9.9평
- 광진구 구의동 587-75 구의현대7단지 273세대 2,342평 세대당 8.6평
- 용산구 원효로1가 133-3 260세대 1,765평 세대당 6.8평
- 종로구 행촌동 21 경희궁자이 496세대 3,791평 세대당 7.67평

나) 아파트 단지

- 일산서구 주엽동 강선마을 8단지 럭키롯데 20,300평 966세대 세대당 21평
- 분당 수내동 파크타운 약 8만평 3,100세대 세대당 25.8평
- 평촌 초원2단지 대림아파트 14,100평 1,035세대 세대당 13.6평
- 파주 금릉역 앞 총 18.8만평(공원제외, 학교포함) 약 1만세대 세대당 18.8평
- 화성 동탄2기 무봉초 인근 약 35만평(학교, 도로 포함) 11,000세대 세대당 31.8평
- 서울 개포주공 6단지 17,100평 1,060세대 세대당 16.1평
- 서울 개포동 래미안블레스티지 27,200평 1,957세대 세대당 13.9평
- 서울 도곡렉슬 52,000평 3,002세대 세대당 17.3평
- 서울 일원동 디에치자이개포 22,600평 1,996세대 세대당 11.3평
- 서울 일원동 한솔아파트 15,800평 570세대 세대당 27.7평
- 서울 상계동 상계주공 6단지 26,000평 2,646세대 세대당 9.8평
- 서울 서초구 래미안베일리 47,500평 2,990세대 세대당 15.9평
- 서울 반포동 반포주공 1단지 34,500평 3,590세대 세대당 9.6평

- 서울 잠실동 잠실주공5단지 100,900평 3,930세대 세대당 25.7평
- 서울 목동 신시가지 5단지 62,000평 1,848세대 세대당 33.5평
- 서울 위례 푸른초 부근 19만평(공원제외, 학교포함) 약 8,000세대 세대당 23.7평
- 인천 부평구 대림아파트 17,300평 1,470세대 세대당 11.8평
- 인천 부평구 삼산타운 1단지 25,300평 1,873세대 세대당 13.5평
- 경기 성남시 분당구 수내동 파크타운 78,000평 3,100세대 세대당 25.2평
- 서울 송파구 송파동 헬리오시티 105,900평 9,510세대 세대당 11.1평

3. 근린상가

1) 근린상가는 도보 250m, 5분 이내**에 위치시켜라.**('HOW상가·꼬마빌딩 재테크'
p151 참고)

2) 근린상가, 단지내상가에서의 출입구와 횡단보도의 중요성('HOW상가·꼬마빌
딩 재테크' p147 참고)

3) 단지내상가, 근린상가 면적과 세대 수의 관계

4) 근린상가 좋은 자리 판별법('HOW상가·꼬마빌딩 재테크' p175 참고)
- 우선 거시동선상에 순응하는 입지
  특히 출근 방향일수록 유리, 출근 반대 방향 입지일수록 불리
- 주변 대규모인구유출입유발시설의 수, 위치와 성격 파악
- 출입구의 수와 위치(사실상의 정문이 중요)
- 횡단보도 위치
- 사람들의 동선 형성의 원리 고려(최단거리 원칙)
- 접근성과 가시성 고려

5) 항아리 상권 : 2020-3550((상계동 1312 수락리버시티3단지 상가동)(2,500세대 근린상가)

6) 좋은 근린상권/좋지 않은 근린상권

가) 좋은 근린상권
- 용인 동백지구 동백고 부근 근린상가, 위례신도시 위례푸른초 부근 근린상가, 일원역
  부근 근린상가, 판교고 주변 근린상가, 화성 동탄1기 나루마을 부근 근린상기
- 2020-3550(항아리상권), 2015-500629

나) 좋지 않은 근린상권
- 2019-7953(1)(자곡동 638)(도시설계가 이상함, 근린상가는 세곡중 부근으로)

다) 최고 근린상권 C, D급지 :
- 용인 동백 근린상권 : 2013-61052, 2014-13616(1), 2013-69360

7) 근린상가 주변 세대수별 사례
- 2,000세대 분당 야탑동 목련마을 근린상가, 야탑동 아름마을 근린상가
- 2,500세대 일산 후곡마을 근린상가
- 3,000세대 인천 오류왕길동 단봉초 인근 근린상가,
- 3,000세대 마포 상암월드컵파크 서울하늘초 부근 근린상가
- 3,000세대 경기 용인 서천마을 근린상가, 서울 서초 네이처힐 근린상가(주변 포함시 4~5천세대)
- 3500세대(주변 5,000세대 이상) 수원아이파크시터 1,2,3,4단지 - 스트리트형 상가
- 3600세대 고양원흥 도래올고 부근 근린상가
- 4,000세대 고양삼송 원흥초 인근 근린상가, 성남판교 백현마을 근린상가
- 5500세대 고양원흥 고양중 부근 근린상가
- 6,000세대 마곡수명산파크, 분당 구미동 무지개마을, 파주 운정동 지산중 부근 근린상가
- 7,000세대 하남미사 강빛중 부근 근린상가,
- 7,000세대(넓게는 만세대) 의정부고산지구 상업용지
- 8,000세대 위례 푸른초 부근 근린상가
- 1,0000세대(아파트만) 파주 금릉역 부근 중심상가
- 11,000세대 동탄2기 무봉초 인근 근린상가
- 12,000세대 목동신시가지아파트 중심상가
- 2,0000세대 마들역 중심상가

8) 기타
- 동탄1기 나루마을 부근 근린상가
* 2015-500629(반송동 221-2 501호),
* 2011-20187(반송동 221-2, 402호),
* 2010-52958(반송동 221-2, 106호), 2011-11220(반송동 217-1, 307호),
* 2012-44326(1)(반송동 217-4, 엔타월 110호),

* 2018-54016(암사동 413-3 현대대림아파트 상가동)

(1,600세대 단지내상가이나 주변 3,200세대 강동롯데캐슬 단지내상가와 함께 근린상가 기능수행)

* 2015-500629(반송동 221-2), 2020-3550,

* 2012-28662(1)(2), 2015-18413(1), 2019-2120

cf) 근린노변상가 - 파주 운정역 가온초 부근

9) 단지내상가, 근린상가 세대당 공급면적(지하 층 제외)(아래 수치는 필자가 다음지도의 면적재기 기능을 사용하여 대략적으로 계산한 것이기에 정확하지 않을 수 있다. 다만 헬리오시티 단지내상가는 인터넷상 올라온 자료를 근거로 계산한 것이며, 지하 층이 포함되어 계산되었을 것으로 판단됨)

- 화성 동탄1기 나루마을 부근(근린상가 23,360평+단지내상가 1,520평, 총 24,480평) (세대수 약 7,000세대) 의 세대당 상가면적 : 약 3.55평(지하층 제외)

- 성남시 분당구 야탑동 목련마을(근린상가 4,680평+단지내상가 560평, 총 5,240평) (세대수 약 2,000세대)의 세대당 상가면적 : 약 2.6평(지하층 제외)

- 세종시 아름동 범지기마을 부근(근린상가 19,520평+단지내상가 1,930평, 총 21,450평) (세대수 약 5,500세대)의 세대당 상가면적 : 약 3.9평(지하층 제외)

- 헬리오시티 단지내상가 - 분양면적 5만㎡(1.51만평), 전용 22,533㎡(약 6,816평) 세대수 9,510세대 : 세대당 상가공급면적 분양 1.50평, 전용 0.7평(지하 층 포함)

03

구도심 단독주택지역, 혼재지역 상가 _(대부분 新)

1. 구도심 상권 이해하기

- 구도심은 구매수요의 누수현상이 심각하다. (HOW상가·꼬마빌딩 재테크 p222 참고)
- 구도심은 상가공급이 과다하다.(신도시와 같은 지구단위계획에 의한 계획개발이 아니기에)

2. 구도심 단독주택지 혹은 혼재지역 상가 투자지침

구도심 상권은 구매수요의 누수현상이 심하고, 상가공급이 너무 많아 안전하게 (상가·꼬마빌딩) 투자할 곳이 많지 않다. 아래 해당하는 곳 위주로만 보면 된다.

1) 도로와 도로가 만나는 교차점 부근인데, 최소한 도로 하나가 4차선, 하나는 2차선 이상이 만나는 곳 주변 부근에 투자를 검토한다.

당연히 4차선+4차선은 더 좋을 가능성이 높다. 필자는 이런 구도심에서의 투자 지역을 최소한 시냇물(4차선)과 개울물(2차선)이 만나는 곳은 되어야 한다고 표현한다. 시냇물(4차선)과 시냇물(4차선)이 만나는 곳은 더 좋다.

도랑물(1차선)이나 개울물(2차선)끼리 만나는 곳은 피라미 밖에 없다. 투자 가치 자체가 없는 경우가 거의 다이고, 이런 곳은 주택이 제격이다. 상가 자리가 아니다.

2) 환산 임대료가 전용 평당 1층 기준 10만원 미만인 입지는 손절하는 것이 좋다.

10만원 미만은 제대로 된 상가 입지가 아니다. 임대에 애를 태우고, 항상 을의 입장이 된다. 관심물건 주변을 조사해서 환산 임대료가 10만원 이상이 될 가능성이 높을 때만 구도심 상가 투자 진행 여부를 검토하면 된다.

3) 구도심 상권은 구매수요의 누수현상 혹은 분산현상이 심각하다.

즉 구매수요가 한 방향, 한 입구로 몰리지 않고 여러 방면으로 흩어져서 구매력, 구매강도가 아주 약하다. 따라서 상가가 잘 되는 것이 사실상 힘들고, 그나마 괜찮은 곳이 시냇물(4차선 도로)과 시냇물(4차선 도로), 최소한 시냇물(4차선)과 개울물(2차선)이 만나는 곳이다.

4) 구도심 상권은 상가공급이 지나치게 많다.

구도심 상권은 아파트 단지와 달리 지구단위계획 등에 의한 계획된 상가공급이 아니기에, 상가 공급이 엄청나게 많다. 따라서 경쟁이 치열하므로 잘 되는 곳이 아주 제한적이라 시냇물(4차선)과 시냇물(4차선)이 만나는 곳이나 최소한 시냇물(4차선)과 개울물(2차선)이 만나는 곳 부근 이상이어야 한다.

3. 경매물건 사례

1) 단독주택(혼재지역) 수요가 모이는 입지 사례(구도심 A급지)

- 시냇물 모여 한강물(시냇물+시냇물) 사례

2017-104416(봉천동 971-3 시냇물 모여 한강물), 2019-53128가(역촌동 55-35)

2014-20479(상계동 51-4, 시냇물 모여 한강물, 단독주택 예상세대수, 수요의 분산),

2011-16888(이태원동 20-5, 시냇물 모여 한강물), 2013-33031(1)(온수동 57-1)(시냇물 모여 한강물)(온수역, 역곡역의 역권력의 범위?)

2013-33031(2)(온수동 22-14), 2013-1426(미아동 745-98)(실개천 모여 시냇물)(혼재지역 세대수), 2018-9203(면목동 413-3)(2차선, 2차선)

2) 수요가 모이는 자리처럼 보이지만 상가 투자 가치가 별로인 입지 사례

- 도랑물 하나, 개울물 하나, 도랑물+도랑물, 도랑물+개울물, 개울물+개울물 수준

2014-13910(은평구 신사동 14-1), 2017-4369(신월동 154-10), 2019-5813(중곡동 234-51)

4. 구도심 단독주택지 혹은 다가구 밀집지역의 세대당 토지면적(대지권)

- 강북구 미아동 403-103, 저층 단독주택밀집지역 세대당 15.7평
- 강북구 미아동 745-98(2013-1426), 17,500평, 850세대, 세대당 20.6평
- 수유동 화계역 부근 2~4층 단독다가구 등 혼재지역 8.9만평, 1.1만명, 4,600세대, 세대당 19.3평

- 광진구 중곡동 234-51부근 혼재지역 15,500평, 주거인구 2,560명, 1,346세대, 세대당 11.5평
- 관악구 봉천동 관악파크푸르지오 부근 3, 4층 밀집 단독주택지 17,600평 세대당 6.2평
- 관악구 봉천동 관악푸르지오 부근 빌라단지(주로 4, 5층) 세대당 5.3평
- 봉천동 낙성대역 인근 2,3,4층 혼재지역 약 1만평, 주거인구 2,000명, 1,200세대 세대당 8.3평
- 관악구 신림동 샘말공원부근 단독주택 단지(주로 3층 밀집지역) 6,960평 세대당 18.8평
- 금천구 독산동 독산초 인근 2층 단독주택 세대당 17.9평
- 노원구 상계동 51-4 1층 단독주택 밀집지역 세대당 23.4평
- 상계동 113-1 일원 1,2,3층 혼재지역 7,800평, 주거인구 980명, 450세대, 세대당 17.3평
- 동작구 사당동 남성중 부근 3층 단독주택 밀집지역 13,400평 세대당 11.6평
- 사당동 1006-1 이수역 부근 혼재지역 38,100평, 주거인구 5,650명, 3264세대, 세대당 11.7평
- 사당동 사당역 인근 혼합지역 56,000평, 주거인구 8,500명, 4,460세대, 세대당 12.6평
- 상도동 413일원 아파트단독 등 혼재지역 26,200평, 주거인구 4,426명, 2,110세대, 세대당 12.4평
- 이수역 부근 상가, 단독주택 혼재지역 31,600평, 주거인구 5,998명, 2,670세대, 세대당 11.8평
- 마포구 연남동 연남동주민센터부근 다가구원룸 3,4층 밀집지역 1,590평 세대당 13.9평
- 마포구 공덕역 부근 마초염리초 지역 면적 26,800평 세대당 80평
- 북가좌동 북가좌초 부근 단독주택지 4.6만평, 주거인구 4,998명, 2,270세대, 세대당 20.3평
- 용산구 청파동 1가 138 14,000평 세대당 14평
- 은평구 역촌동 55-45부근 세대당 14.3평
- 갈현동 522-57 선정고 부근 혼재지역 18,664평, 주거인구 3,540명, 1,560세대, 세대당 12평
- 은평구 응암동 98-54 응암금호아파트 부근 아파트 다가구 단독 혼재지역 18,800평, 주거인구 4,040명, 1,710세대, 세대당 11평
- 응암역 부근 상신초 인근 혼재지역 4.8만평, 주거인구 6,800명, 2,940세대, 세대당 16.3평
- 응암역 부근 상신초 인근 혼재지역 중 아파트만 면적 24,500평, 주거인구 3,700명, 1,600세대, 세대당 15.3평

- 중랑구 면목동 413-3 사가정역 부근 17,550평 세대당 12.2평

- 위례신도시 전원주택지(창곡동 583-10) 17,900평 세대당 23.6평

- 성남시 분당 운중동 단독주택지 16,100평 세대당 69평

- 성남시 태평동 가천대역 부근 단독주택밀집지역(대부분 3층) 세대당 약 10평

5. 구도심 상권에서 구매 수요의 크기 간단 계산프로그램

단독주택지역, 혼재지역에서의 해당 지역의 예상 세대수

해당지역의 면적(평)	밀집도	해당지역의 예상세대수 (구매수요의 크기)	
12345	15	823	
	크기	범위(세대당)	평균
밀집도	상	8평 ~ 12평	10평
	중	13평 ~ 17평	15평
	하	18평 ~ 22평	20평
	잘 모르는 경우	8평 ~ 22평	15평
만든 사람	상가·꼬마빌딩 투자의 멘토 손오공 (How상가·꼬마빌딩 재테크 p197 참고)		

* 예상세대수 간단계산 프로그램 사용방법

1. 구매수요의 면적 : 다음 지도나 네이버 지도의 면적 재기 기능 활용
2. 밀집도
   ① 밀집도란 **한 세대당 차지하는 토지의 면적**으로, 해당 지역마다 다르나, 대체로 세대당 8평 ~ 25평의 범위 안에 있다.
   ② **밀집도가 상인 경우**(3층 이상 주택이 빽빽하게 있거나 도로가 좁고 학교등의 기반시설이 별로 없는 경우) : 세대당 8평 ~ 12평 정도(중간 10평으로 계산)
   ③ **밀집도가 보통(중)인 경우** : 세대당 13평 ~17평 정도(중간 15평으로 계산)
   ④ **밀집도가 하인 경우**(가령 단층주택이 혼재하거나 도로 폭이 넓고 학교등이 많은 경우) : 세대당 18~ 22평 정도(중간 20평으로 계산)
   ⑤ **잘 모르겠으면** 중간인 세대당 15로 계산하면 되므로 해당 란에 15를 넣는다.

* 주의사항

단독주택지역 혹은 혼재지역의 세대수(구매수요의 크기)를 계산하는 이 프로그램은 빠르고 쉽게 재는 이점이 있지만 반면 부정확할 수 있음도 기억하자.

04

(꼬마)빌딩(= 중소형 빌딩) (대부분 新)

1. 개요

- 꼬마빌딩(중소형 빌딩)은 법적인 용어가 아니며, 대략적으로 건물 연면적은 300평(1,000㎡) 이하, 층수는 5층 전후, 가격은 최소 10억 이상~약 100억 미만의 건물로 규정할 수 있다.

- 2020년 1월 7일 KB금융지주 경영연구소의 발표에 의하면 서울시내 연면적 100㎡ 초과 1,000㎡ 미만의 빌딩의 거래가격이 2014년 1㎡당 400만원이었는데, 2019년 3분기 1,000만원으로 올라 5년만에 2.5배 올랐다고 한다.

- 토지.건물 정보플랫폼인 밸류맵의 발표에 따르면 서울 지역 꼬마빌딩 매매가가 대지면적 3.3㎡ 기준 2015년 평균 3,242만원에서 2020년 5월말 기준 평균 5,549만원까지 올라 5년만에 대지가격만 70%이상 상승했으며, 연면적을 기준으로 하면 3.3㎡당 같은 기간 6.453만원에서 1억 983만원으로 3배 가량 올랐다고 한다.

2. 상품의 특성

상가, 상가건물 내지 꼬마빌딩, 업무전용빌딩, 고급아파트, 일반아파트, 빌라, 단독주택

3. 상가와 (꼬마)빌딩의 공통점과 차이점

1) 공통점
- 기본적으로 수익형 부동산
- 모두 다 LOVE - 가치분석, 입지분석이 중요
- 주택에 비해 접근성과 가시성이 중요

2) 차이점 : 빌딩(특히 업무전용빌딩)은 상가에 비해

- 개별입지의 중요성이 상대적으로 덜하다.(상권의 중요성은 더 심하다)
- 접근성과 가시성의 중요성이 상대적으로 덜하다.
- 업종 구성상 사무실의 비중이 높다.
- 매도시 토지가의 비중이 크다.
- 아주 좋은 입지의 경우 대체로 상가로 구성된다.(특히 저층부)(강남역 지도)
- 빌딩은 상가에 비해 층의 중요성이 상대적으로 덜하다.

  (1층의 중요성이 상대적으로 덜하고 심지어 1층이 더 쌀 수도 있다)

  보통 상가의 경우 1층과 3층 이상 지상층의 임대료 차이는 최소 2배~5배

  업무빌딩의 경우 1층(저층) 사무실 임대료는 다른 곳보다 싸다.

  우리나라 핵심상권 제일 좋은 자리 1층과 3층 이상 지상층 차이는? 다음 목차

4. 꼬마빌딩 가격 추산하는 법

- 감정평가 3방법
- 수익환산법

5. 꼬마빌딩 투자시 고려할 점

- 무엇보다 L5V2 원칙을 준수하라 : '좋은입지'를 곳을 '좋은 가격'에
- 현재가치도 좋고 미래가치도 좋은 곳을 찾는다. 최소한 미래가치가 나빠지지는 않아야 한다. 현재가치가 안 좋은데 미래가치만 보고 사는 경우, 애를 먹을 수 있다.
- 건물 리모델링이 가능한지 염두에 두고 나온 물건을 체크한다. 즉, 현재의 모습은 허름하고 별로 좋지 않을 수 있지만 리모델링했을 때 다른 모습으로 바뀌어 매력적인 물건이 될 수 있는지 판단할 수 있어야 한다.
- 다른 건물과 차별화한다. 입지가 좋지 않다면 주차가 여유롭다던지, 임대료가 싸다던지 (단, 임대가는 매도가와 연결됨에 유의), 관리비가 적다던지 등
- 상권도 중요하나, 입지가 우선임을 명심한다. 단지내상가나 근린상가의 경우는 더욱 그렇다. 자금은 부족한데 강남만을 고집한다면 입지가 안 좋은 곳을 매입할 가능성이 매우 높기에, 공실 위험이 점증하거나 혹은 임대인-임차인 관계에서 을이 될 가능성이 점증한다.

- 10년 이상 된 건물은 누수가 생기는 경우가 많기에 이를 미리 염두에 둘 필요가 있다.
  단 상가·꼬마빌딩 투자의 핵심은 건물이 아니고 입지에 있음을 명심하라.
  건물 번듯한 게 좋은 것이 아니다. 입지 좋은 지를 판단할 줄 알아야 한다.

6. 꼬마빌딩 계약시 이것만은 확인하자.('HOW상가·꼬마빌딩 재테크' 347P 참고)

- 제시받은 임대차 현황의 맞는지+임대차 내역의 진실성 확인 필요
- 건축물 대장을 열람하여 위반건축물 등재 여부+건축물 현황과 대장의 일치 여부 확인
- 토지 용도지역+토지에 대한 제한사항+도로 확인
- 리모델링으로 가치 증대 여부+건물 누수 여부 확인

7. 우리나라 최고 상권, 최고 입지 : 상가 위주의 건물을 지었을 때와 오피스 전용 빌딩을 지었을 때, 수익성은 어디가 좋을까? (新) - Ⅱ. 5절 리뷰

1) 최고 상권, 최고 입지의 상가건물(강남역)

〈Daum 지도〉

2) 최고 상권, 최고 입지의 오피스 전용건물(역삼역)

〈Daum 지도〉

3) 멘토 손오공의 조언

- 우리나라 최고 상권. 최고입지 상가의 1층과 4층 이상 임대료 차이는? 최소 5배~10배 정도
- 우리나라 최고상권, 최고입지 오피스 전용건물의 1층 사무실 임대료와 4층 이상 임대료 차이는? 1층이 4층에 비해 오히려 더 저렴, 올라갈수록 높아지는 경향
- 우리나라 최고 상권 내 최고입지 오피스 전용빌딩과 최고 상권 내 안 좋은 입지의 오피스 전용빌딩 임대료(효용비율) 차이는? 최대 5배 정도
- 우리나라 최고 상권 내 최고 상가입지와 최고 상권 내 안 좋은 상가입지의 임대료 차이는? 천양지차
- 멘토 손오공의 조언 : 최고 입지는 오피스가 아닌 상가를 지어라. 상권은 좋은데 개별 입지가 별로라면 상가보다는 오피스빌딩을 지어라.

8. 경매물건 사례

2015-4942(건대상권 : 화양동 7-5)

2018-52432(이태원상권 : 이태원동 127-11)

2019-1160(2)(종각상권 : 관철동 11-5)

2019-104892(명동상권 : 명동2가 54-36),

2011-16888(이태원동 20-5)

2017-104416(봉천동 971-3)

2013-36263(사당동 1006-1),

2013-3638(개포동 1234-17)

2012-9974(역삼동 656-34)

2018-52432(이태원동 127-11)

05

상가주택(점포겸용주택) (일부 新)

〈위례신도시내의 겸용주택〉

1. 개요

- 1층(혹은 1, 2층)은 상가로 그 윗 층은 주택으로 사용하는 건물
- 노령화로 은퇴자들이 늘면서 특히 상가주택에 대한 관심이 크게 증가. 무엇보다 제한된 투자금액으로 주거를 해결하면서 동시에 일정한 임대수익을 만족시킬 수 있는 장점 때문

2. 장단점

상가주택 투자는 **비교적 적은 금액으로 건물주가 되는 방법**이다. 다만, 상가주택의 경우 비교적 소액으로 투자가 가능한 장점 이면에 **비교적 적은 투자금액의 본질적 한계상 핵심 요지에 위치하는 경우가 많지 않으므로** (핵심 요지일수록 건물 전부를 상가로 활용할 가능성이 높다.) **입지가 좋은지를 파악하는 것이 무엇보다 중요**하다.(상가의 속성을 가진 투자상품은 무엇보다 좋은 입지의 선정과 그 입지의 가치성을 파악하는 것이 투자 성패의 핵심이다.)

괜찮은 입지의 상가주택의 경우는 굉장히 안정적인 수익 창출이 가능하며, 지가나 임대료 상승에 따른 자본가치의 상승도 가능하다. 반면 입지가 좋지 않은 경우엔 상가 임대가 쉽지 않아 공실의 우려가 있으며, 혹여 공실이 아니라도 충분한 임대수익의 실현이 어려울 수 있고 매도시 매도가가 낮아질 수밖에 없다. 이런 경우 주택 부분이 더 중요해진다. 상가에 비해 주택 부분은 입지의 중요성이 덜해 입지가 다소 떨어지더라도 임대가 용이하기에, 주택 부분에서 일정한 임대수익을 창출해야 한다. 또한 노후화되면서 누수 등의 문제로 건물 유지 관리에 애로 발생 가능성 유의

3. 유형

상가주택은 택지개발지구나 신도시에 있는 경우와 그 이외의 지역에 있는 것으로 나누어 볼 수 있다.

- 택지개발지구나 신도시의 경우는 단독주택단지를 전용주택단지와 점포겸용주택단지로 구분해서 토지를 분양하는데, 상가주택은 이중 점포겸용주택단지에 들어서는 것이다 보통의 경우 층의 용도를 제한하고(가령 1층은 상업용 2층 이상은 주거용), 주거용의 경우 가구수를 제한한다. 보통의 경우는 5가구 정도인데, 신도시에 따라서 3가구, 5가구, 7가구 등으로 차이가 나는 경우가 있다. 가구수가 많을수록 임대수익이 좋기에 몇 가구까지 가능한지 체크해볼 필요가 있다.

- 택지개발지구나 신도시 이외의 지역에 있는 상가주택의 경우는 특별히 층 별로 용도를 제한하거나, 가구수를 제한하지는 않는다. 따라서 상가로서의 입지가 안 좋은 경우는 주택으로(혹은 주택은 상가로) 용도변경도 가능하다. 다만, 용도변경의 경우에도 주차장 요건, 정화조 요건 등을 만족시켜야 하기에 사실상 쉬운 것은 아니다.

4. 상가주택, 좋은 입지 판별법

1) 택지개발지구나 신도시의 상가주택 단지(점포겸용주택단지)

택지개발지구나 신도시의 상가주택 단지(점포겸용주택단지)는 대부분의 경우 애초부터 택지개발 초기 단계에서 아파트 단지에서 다소 떨어져서 짓기에 입지가 정말 좋은 경우는 많지가 않다.

도보 가능거리에 아파트 단지가 밀집한 경우라면, 아파트와 가까운 쪽에 있는 상가주택이나 사람들의 생활 동선상에 있는 상가주택 중 접근성과 가시성이 좋은 것이 대체로 좋은 상가주택이다. **아파트단지와 거리가 멀어 자동차를 이용해야 하는 경우가 대부**

분이라면 점포겸용 단독주택 단지내의 도로와 도로가 서로 만나는 입지가 우수한 입지가 될 가능성이 높고 주차공간과 주차편의성이 좋은 곳이 선호될 가능성이 높다. 반면 막다른 도로나, 도로의 끝 쪽에 가까울수록 안 좋은 입지의 상가이며, 주차하기가 불편하다면 최악의 입지가 될 가능성이 높다.

2) 택지개발지구나 신도시 이외의 상가주택

택지개발지구나 신도시 이외의 상가주택은 주거용 건물과 상가건물이 혼재해 존재하기에 상가주택의 가치는 그야말로 천차만별이다. 즉 입지로서는 그저 그런 경우가 대부분이나, 경우에 따라선 아주 좋은 경우도 있기에 이런 입지 좋은 곳을 찾는 것이 제일 중요(손오공의 L5로 분석)하다.

5. 상가주택과 용도변경

1) 상가주택을 소유한 다주택자와 상가주택의 용도변경 문제

부동산 세율인상을 골자로 한 부동산 3법(소득세.법인세.종합부동산세법 개정안)이 2020년 8월 국회를 통과하면서 상가주택을 소유한 다주택자들은 용도변경을 고려해볼 필요가 있다. 상가주택은 일부만 주택으로 사용하더라도 1주택으로 간주하기에 다른 주택도 소유하고 있는 다주택자의 경우에는, 보유부담, 특히 양도세부담을 줄이기 위해 상가주택의 용도변경을 고려해 볼 수 있다.

상가주택 포함 2주택자는 상가주택의 주택부분을 상가로 용도변경함으로써 2주택자에서 벗어날 수 있기에 다주택보유자 누진의 보유비 부담과 양도세 부담을 덜고, 남은 주택 1채는 양도세 비과세 혜택도 적용받을 수 있는 가능성을 열어둘 수 있다.

2) 상가주택 한 채만 있는 1주택자의 용도변경 문제

2022년 1월 1일부터는 상가주택이 12억원 이상인 경우, 주택 부분 면적이 상가 부분 면적보다 크더라도 전체를 주택으로 보지 않기에, 상가 부분에 대해서는 양도세 비과세 혜택을 적용받을 수 없게 되고, 따라서 상가 부분에 대한 양도세 부담이 대폭 커지게 된다.

따라서 상가주택 1채만 가지고 있는 1주택자는 상가 부분을 주택으로 바꾸는 용도변경을 고려해 볼 필요가 있다. 상가를 주택으로 용도변경하여 전체가 주택으로 되는 경우 1가구 1주택 비과세혜택의 적용이 가능하다. 특히 상가 부분 면적이 적거나 상가에서 나오는 수입이 별로 많지 않은 경우엔 특히 주택으로의 용도변경이 크게 이로울 수도 있다.

6. 상가주택 가격 추산하는 법

- 감정평가 3방법
- 수익환산법

7. 상가주택 투자시 고려할 점(X.4절.꼬마빌딩 편 참고)

8. 상가주택 계약시 이것만은 확인하자.('HOW 상가·꼬마빌딩 재테크' 347P 필참)

9. 상가주택과 세금문제

1) 도보 가능 거리 상가주택 물건

2918-505205(1)(반송동 39-11)(공급과다, 접근성과 가시성 부족), 2019-88473(별내동 834-8, 별내가람역 부근)(8호선 연장, 현재는 수요부족), 2015-52628(1)(성남 정자동 43-9)(주차 편리, 일조권 유리), 2013-29574(다율동 994-10)(수요부족, 공급과다, 접근성과 가시성이 아주 안 좋은 입지), 2019-526622(청라동 141-8)(공급과다, 접근성과 가시성 부족), 2020-9141(대화동 2176-6)(상가과다), 2020-65106, 2011-16888(이태원상권 : 이태원동 20-5), 2014-20479(상계동 51-4, 단독주택지 시냇물 모이는 곳)

2) 차량 위주 상가주택 물건

2014-5960(판교동 601-7)(공급과다, 중간이라 접근성과 가시성 부족), 2012-30733(판교동 616)(공급과다, 접근성과 가시성 부족), 2019-8073(상동 617-5)(부개역 부근, 수요부족, 공급과다, 입지우선순위), 2016-51281(상동 597-2)(부개역 인근, 수요부족, 공급과다, 접근성과 가시성 부족, 입지우선순위), 2019-4965(상동 593-8)(부개역 인근, 입지우선순위), 2011-3607(1)(장기동 1417), 2019-2952(장기동 1942-2)(공급과다, 접근성과 가시성 부족)

06

집합건물 관련 중요사항

1. 집합건물 – 공용부분 사용

: 2012-13398(백석동 1297-2 일산르메이에르프라자 305호) – 사용 가능

* 관련 물건 : 2014-0513-001932(명일동 347-3)

2. 집합건물 – 간판 관련 사례

3. 외벽 관련, 접근성, 가시성 개선 관련

- 2014-5472(1)(2)(4)(22)(야탑동 341) 앞, 뒤

4. 집합건물 외벽 관련 판례 : 서울 고법 판례

5. 용도변경 관련 : 집합건물법과 개정사항

- 집합건물법 제 15조 : 공용부분의 변경에 관한 사항 구분소유자의 4분의 3 이상
- '22년부터 3분의 2 이상

서울고등법원 1994. 9. 2. 선고 93나17890 판결 [손해배상(기)] [하집1994(2),379]

판례 목차	
	•판시사항 　(1) 상가건물의 앞 유리벽이 공용부분인지의 여부 　(2) 상가건물의 후열점포의 소유자들이 개별점포부분의 앞 유리벽에 출입문을 　　개설한 전열점포의 소유자들에 대하여 그 출입문의 폐쇄를 구할 수 있는지 　　여부 •판결요지 　(1) 집합건물에 있어서 건물의 안전이나 외관을 유지하기 위하여 필요한 지주, 　　지붕, 외벽, 기초공작물 등은 구조상 구분소유자의 전원 또는 그 일부의 공 　　용에 제공되는 부분으로서 구분소유권이 목적이 되지 않으며, 건물이 외벽 　　인 이상 그것이 콘크리트나 벽돌로 되었느냐 유리로 되었느냐 등 그 재질 　　에 따라 달리 볼 것은 아니므로, 상가건물 전체와 1층 부분의 구조, 외관, 　　용도 등에 비추어 볼 때 전열점포의 소유자들이 개별적으로 출입문을 개설 　　한 각 점포의 앞 유리벽은 비록 그것이 쇼 윈도로서의 역할을 겸하고 있다 　　하더라도 집합건물의 안전이나 외관을 유지하기 위하여 필요한 외벽으로 　　서 공용부분이다. 　(2) 건물의 공용부분인 유리벽에 출입문을 개설하는 행위는 공용부분의 변경 　　에 해당하여 구분 소유자 및 의결권이 각 4분의 3이상의 다수에 의한 집회 　　결의로써 결정하여야 하는데, 그와 같은 집회결의를 거쳤음에 대한 아무런 　　주장,입증이 없으므로 전열점포의 소유자들의 각 출입문 개설은 위법한 공 　　용부분의 변경이라 할 것이어서, 집합건물의 1층부분의 구분소유자들인 　　후열점포의 소유자들은 보존행위로서 집합건물의 소유및관리에 관한법률 　　제16조 제1항 단서 또는 민법 제265조에 의하여 각 그 변경된 공용부분 　　의 원상회복으로서 출입문의 폐쇄를 구할 수 있다.

6. 기타 : 쇼핑몰

- 테크노마트21 : 2018-52232(1)(구의동 546-4, 26층 14호)
- 신도림테크노마트 : 2019-5052(구로동 3-25, 10층 23호)

● 애로점 : 독자성 부족 – 자신의 역할 한계

07

특이물건 (대부분 新)

– 파출소, 재건축상가, 사실상 지하가 아닌 명목상 지하층 등

1. 파출소

　2021-0500-021602(대흥동 20-4)(건물만 151㎡, 감 5,219만원, 낙 35,200),

　2013-070432-472(인천 경동 240-6, 241-2)(토지 52.5㎡, 건물 133㎡)(감 18,935, 낙 21,486),

　2011-011213-970(용인 풍덕천동 719-5)(토 586㎡, 건 168㎡)(감 42,6672, 낙 432,300),

　2008-093022-606(대구 동인동4가 450-7)(토 127㎡, 건 132㎡)(감 31,580, 낙 43,119)

2. 재건축상가

　2014-20107(1)(가락동 479 가락상가 마동 지층 11호)(헬리오시티 재건축상가),

　2014-7786(신수동 67-1)(재건축구역내 건물)

3. 지하 층 관련

1) 사실상 지하가 아닌 경우

　2015-11380(3)(2)(1),

　2018-102195(돈암동 609-1, 한진아파트 스포츠센타동 지하2층 5301호),

　2019-2946(홍제동 453 무악청구 상가동 지하층 24호),

　2014-48155(반송동 93-10 동탄지웰에스테이트 지하층 비 10호)

　2015-11380(3)(하월곡동 77-221, 로만프라자 지층 비 105호)(15.6평, 감 85,300, 낙 80,800,

차 80200, 월 7,000/280),

2015-11380(2)(로만프라자 지층 비104호)(15.6평, 감 85,300, 낙 80,800, 차 80,200, 월 8,000/270),

2015-11380(1)(로만프라자 지층 비103호)(15.6평, 감 85,300, 낙 77,800, 차 76,880, 월 8,000/270),

2015-11380(8)(로만프라자 지하2층 비 205, 206호)(64평, 감 78,200, 낙 42,660, 1명, 월 4,000/260)

2) 지하층 공사비 절약건
2017-101493(상도동 211-481)

4. 위락시설

2017-2266(5)(영통동 1010-9 401호)
* 유흥주점 임차시 취득세 중과 유의

5. 연예인 건물

YG : 2006-12462(마포구 합정동 397-*)

상가경매, 상가임대차보호법 중 중요사항

1. 상임법 보호대상 : 환산보증금의 범위, 소액임차인, 최우선변제금

– 상가임차인의 최우선 변제금 : 경매신청 등기전에 건물의 인도와 사업자등록을 마쳐야
  합니다. (매각금액의 1/2, 개정 전 2013.12.31.까지 1/3의 한도)
  환산보증금 : 전세의 경우 보증금을, 월세의 경우 보증금+(월세×100)

출처 : 굿옥션

상가건물임대차보호법 적용대상 및 우선변제권의 범위

담보물권설정일	지역	보호법 적용대상 (환산보증금)	보증금의 범위(이하) (환산보증금)	최우선변제액
2002. 11. 1 ~ 2008. 8. 20	서울특별시	2억 4천만원 이하	4,500만원	1,350만원 까지
	과밀억제권역 (서울특별시 제외)	1억 9천만원 이하	3,900만원	1,170만원 까지
	광역시 (군지역 및 인천광역시 제외)	1억 5천만원 이하	3,000만원	900만원 까지
	그 밖의 지역	1억 4천만원 이하	2,500만원	750만원 까지
2008. 8. 21 ~ 2010. 7. 25	서울특별시	2억 6천만원 이하	4,500만원	1,350만원 까지
	과밀억제권역 (서울특별시 제외)	2억 1천만원 이하	3,900만원	1,170만원 까지
	광역시 (군지역 및 인천광역시 제외)	1억 6천만원 이하	3,000만원	900만원 까지
	그 밖의 지역	1억 5천만원 이하	2,500만원	750만원 까지
2010. 7.26 ~ 2013. 12. 31	서울특별시	3억원 이하	5,000만원	1,500만원 까지
	과밀억제권역 (서울특별시 제외)	2억 5천만원 이하	4,500만원	1,350만원 까지

담보물권설정일	지역	보호법 적용대상 (환산보증금)	보증금의 범위(이하) (환산보증금)	최우선변제액
2010. 7.26 ~ 2013. 12. 31	광역시 (수도권정비계획법에 따른 과밀억제권역에 포함된 지역과 군지역은 제외한다.), 안산시, 용인시, 김포시, 광주시	1억 8천만원 이하	3,000만원	900만원 까지
	그 밖의 지역	1억 5천만원 이하	2,500만원	750만원 까지
2014. 1. 1 ~ 2018. 1. 25	서울특별시	4억원 이하	6,500만원	2,200만원 까지
	과밀억제권역 (서울특별시 제외)	3억원이하	5,500만원	1,900만원 까지
	광역시 (수도권정비계획법에 따른 과밀억제권역에 포함된 지역과 군지역은 제외한다.), 안산시, 용인시, 김포시, 광주시	2억 4천만원 이하	3,800만원	1,300만원 까지
	그 밖의 지역	1억 8천만원 이하	3,000만원	1,000만원 까지
2018. 01. 26 ~ 2019. 4. 1	서울특별시	6억 1천만원 이하	6,500만원	2,200만원 까지
	과밀억제권역 및 부산광역시 (서울특별시 제외)	5억원 이하	5,500만원 (부산:3,800 만원/ 기 장:3,000만원)	1,900만원 까지 (부산:1,900만 원/ 기장:1,000 만원)
	광역시 (수도권정비계획법에 따른 과밀억제권역에 포함된 지역과 군지역, 부산광역시는 제외한다.), 세종특별자치시, 안산시, 용인시, 김포시, 광주시, 파주시, 화성시	3억 9천만원 이하	3,800만원	1,300만원 까지
	그 밖의 지역	2억 7천만원 이하	3,000만원	1,000만원 까지
2019. 4. 2~	**서울특별시**	**9억원 이하**	**6,500만원**	**2,200만원 까지**
	과밀억제권역 및 부산광역시 (서울특별시 제외)	6억 9천만원 이하	5,500만원 (부 산:3,800만원/ 기장:3,000만원)	1,900만원 까지 (부산:1,300만 원/ 기장:1,000 만원)
	광역시 (수도권정비계획법에 따른 과밀억제권역에 포함된 지역과 군지역, 부산광역시는 제외한다.), 세종특별자치시, 안산시, 용인시, 김포시, 광주시, 파주시, 화성시	5억 4천만원 이하	3,800만원	1,300만원 까지
	그 밖의 지역	**3억 7천만원 이하**	**3,000만원**	**1,000만원 까지**

참고) 주택임대차 관련 소액임차인, 최우선변제금

- 주택소액임차인 최우선 변제금 : 주민등록 전입과 건물의 인도가 있어야 한다. (매각금액의 1/2 한도)

- 설정일의 기준은 임대차 계약일이 아닌 담보물건(근저당권, 담보가등기, 전세권 등) 설정일의 기준으로 한다.

주택소액임차인 최우선 변제금

담보물권설정일	지역	보증금범위	최우선변제액
1984. 6. 14~1987. 11. 30	특별시, 직할시	300만원 이하	300만원 까지
	기타지역	200만원 이하	200만원 까지
1987. 12. 1~1990. 2. 18	특별시, 직할시	500만원 이하	500만원 까지
	기타지역	400만원 이하	400만원 까지
1990. 2. 19~1995. 10. 18	특별시, 직할시	2,000만원 이하	700만원 까지
	기타지역	1,500만원 이하	500만원 까지
1995. 10. 19~2001. 9. 14	특별시, 광역시(군지역 제외)	3,000만원 이하	1,200만원 까지
	기타지역	2,000만원 이하	800만원 까지
2001. 9. 15~2008. 8.20	수도정비계획법 중 과밀억제권역	4,000만원 이하	1,600만원 까지
	광역시(군지역과 인천광역시지역 제외)	3,500만원 이하	1,400만원 까지
	그 밖의 지역	3,000만원 이하	1,200만원 까지
2008. 8.21~2010. 7. 25	수도정비계획법 중 과밀억제권역	6,000만원 이하	2,000만원 까지
	광역시(군지역과 인천광역시지역 제외)	5,000만원 이하	1,700만원 까지
	그 밖의 지역	4,000만원 이하	1,400만원 까지
2010. 7. 26~2013. 12. 31	서울특별시	7,500만원 이하	2,500만원 까지
	수도정비계획법에 따른 과밀억제권역 (서울특별시는 제외한다)	6,500만원 이하	2,200만원 까지
	광역시(수도권정비계획법에 따른 과밀억제권역에 포함된 지역과 군지역은 제외한다.), 안산시, 용인시, 김포시, 광주시	5,500만원 이하	1,900만원 까지
	그 밖의 지역	4,000만원 이하	1,400만원 까지
2014. 1. 1~2016. 3. 30	서울특별시	9,500만원 이하	3,200만원 까지
	수도권정비계획법에 따른 과밀억제권역(서울특별시는 제외한다)	8,000만원 이하	2,700만원 까지
	광역시(수도권정비계획법에 따른 과밀억제권역에 포함된 지역과 군지역은 제외한다.), 안산시, 용인시, 김포시, 광주시	6,000만원 이하	2,000만원 까지
	그 밖의 지역	4,500만원 이하	1,500만원 까지

담보물권설정일	지역	보증금범위	최우선변제액
2016. 3. 31~2018. 09. 17	서울특별시	1억원 이하	3,400만원 까지
	수도권정비계획법에 따른 과밀억제권역(서울특별시는 제외한다)	8,000만원 이하	2,700만원 까지
	광역시(수도권정비계획법에 따른 과밀억제권역에 포함된 지역과 군지역은 제외한다.), 세종특별자치시, 안산시, 용인시, 김포시, 광주시	6,000만원 이하	2,000만원 까지
	그 밖의 지역	5,000만원 이하	1,700만원 까지
2018. 09. 18~2021. 05. 10	서울특별시	1억1천만원 이하	3,700만원 까지
	수도권정비계획법에 따른 과밀억제권역(서울특별시는 제외한다), 세종특별자치시, 용인시, 화성시	1억원 이하	3,400만원 까지
	광역시(수도권정비계획법에 따른 과밀억제권역에 포함된 지역과 군지역은 제외한다.), 안산시, 김포시, 광주시, 파주시	6,000만원 이하	2,000만원 까지
	그 밖의 지역	5,000만원 이하	1,700만원 까지
2021. 05. 11~	**서울특별시**	**1억5천만원 이하**	**5,000만원 까지**
	수도권정비계획법에 따른 과밀억제권역(서울특별시는 제외한다), 세종특별자치시, 용인시, 화성시, 김포시	1억3천만원 이하	4,300만원 까지
	광역시(수도권정비계획법에 따른 과밀억제권역에 포함된 지역과 군지역은 제외한다.), 안산시, 광주시, 파주시, 이천시, 평택시	**7,000만원 이하**	**2,300만원 까지**
	그 밖의 지역	6,000만원 이하	2,000만원 까지

2. 상가 경매사례

- **매각물건현황** (감정원 : 다인감정평가 / 가격시점 : 2021.01.06 / 보존등기일 : 2019.03.22)

목록	구분	사용승인	면적	이용상태	감정가격	기타
건물	9층중 4층	19.02.28	37.8㎡ (11.43평)	근린생활시설	186,000,000원	
토지	대지권		1483.5㎡ 중 24.86㎡		124,000,000원	

현황 위치	* '석촌초등학교' 남서측 인근에 위치하며, 주위는 근린생활시설, 다세대주택, 아파트, 학교 등이 소재하는 지역으로 제반 주위환경은 보통임. * 대상물건까지 차량의 진출입이 가능하고, 인근에 버스정류장 및 지하철역(8,9호선 석촌역)이 소재하여 대중교통상황은 보통임. * 인접필지와 등고평탄한 2필 일단의 가장형 토지로서 제1종근린생활시설, 도시형생활주택(단지형연립주택) 건부지로 이용중임. * 대상물건 남동측으로 노폭 약 15m, 북서측으로 노폭 약 6m, 서측으로 노폭 약 4m의 포장도로에 각각 접함.
참고사항	* 외필지 : 석촌동 256-5

- **임차인현황** (말소기준권리 : 2019.05.07 / 배당요구종기일 : 2021.03.22)

임차인	점유부분	전입/확정/배당	보증금/차임	대항력	배당예상금액	기타
일로디자인 (주)	점포 전부	사업등록: 2020.12.21 확정일자: 미상 배당요구: 없음	미상 월200,000원	없음	배당금 없음	
기타사항	▪상가건물임대차현황서 상 ▨▨▨가 등재되어 있으며, 현장 방문조사 당시 만난 대표 ▨▨▨에 의하면 본인이 403호 전부를 점유하 여 사용하고 있다고 함. ▪전입세대 열람내역 및 주민등록표 등본 상 ▨▨▨이 금강빌딩 403호에 등재되어 있으나, 본건 목적물 소재지에 출장하여 조사한 바 등기부 등본 상 2018.02.13일자로 멸실된 건물이므로 임차인으로 등재하지 않음						

- **등기부현황** (채권액합계 : 576,759,924원)

No	접수	권리종류	권리자	채권금액	비고	소멸여부
1(갑2)	2019.05.07	소유권이전(매매)	▨▨▨▨▨		거래가액 금306,750,000 원	
2(을1)	2019.05.07	근저당	하나은행 (구로상가지점)	288,000,000원	말소기준등기	소멸
3(을2)	2020.03.31	근저당	국민은행	120,000,000원		소멸
4(갑3)	2020.04.02	압류	동수원세무서장			소멸
5(을3)	2020.04.14	근저당	동수원세무서장	168,759,924원		소멸
6(갑4)	2020.05.12	압류	서울특별시송파구			소멸
7(갑5)	2020.12.31	임의경매	하나은행 (여신관리부)	청구금액: 895,293,139원	2020타경4625	소멸
8(갑6)	2021.03.18	압류	송파구(서울특별시)			소멸
9(갑7)	2021.07.01	압류	서울특별시송파구			소멸

● 상가임대차보호법상의 과밀억제권역

- 수도정비계획법 중 과밀억제권역

서울특별시, 의정부시, 구리시, 하남시, 고양시, 수원시, 성남시, 안양시, 부천시, 광명시, 과천시, 의왕시, 군포시, 시흥시(반월특수지역 제외), 남양주시(호평동, 평내동, 금곡동, 일패동, 이패동, 삼패동, 가운동(다산동),수석동, 지금동 및 도농동에 한한다.) 인천광역시(강화군, 옹진군, 서구 대곡동·불로동·마전동·금곡동·오류동·왕길동·당하동·원당동, 인천경제자유구역 및 남동국가산업단지를 제외)

2001. 1. 29. ~ 2009. 1. 15.	• 서울특별시 • 인천광역시(강화군, 옹진군, 중구 운남동·운복동·운서동·중산동·남 북동·덕교동·을왕동·무의동, 서구 대곡동·불노동·마전동·금곡동·오 류동·왕길동·당하동·원당동, 연수구 송도매립지(인천광역시장이 송 도신시가지 조성을 위하여 1990. 11. 12. 송도 앞 공유수면매립공 사면허를 받은 지역), 남동유치지역은 각 제외) • 경기도 중 의정부시, 구리시, 남양주시(호평동·평내동·금곡동·일패 동·이패동·삼패동·가운동(다산동)·수석동·지금동 및 도농동에 한한 다), 하남시, 고양시, 수원시, 성남시, 안양시, 부천시, 광명시, 과천 시, 의왕시, 군포시, 시흥시(반월특수지역 제외)
2009. 01. 16 ~ 2010. 7. 25.	• 서울특별시 • 인천광역시(강화군, 옹진군, 서구 대곡동·불노동·마전동·금곡동·오 류동·왕길동·당하동·원당동, 인천경제자유구역 및 남동 국가산업단 지는 각 제외) • 경기도 중 의정부시, 구리시, 남양주시(호평동·평내동·금곡동·일패 동·이패동·삼패동·가운동(다산동)·수석동·지금동 및 도농동만 해당), 하남시, 고양시, 수원시, 성남시, 안양시, 부천시, 광명시, 과천시, 의 왕시, 군포시, 시흥시(반월특수지역 제외)
2010. 7. 26 ~ 2011. 3. 8.	• 인천광역시(강화군, 옹진군, 서구 대곡동·불노동·마전동·금곡동·오 류동·왕길동·당하동·원당동, 인천경제자유구역 및 남동 국가산업단 지는 각 제외) • 경기도 중 의정부시, 구리시, 남양주시(호평동·평내동·금곡동·일패 동·이패동·삼패동·가운동(다산동)·수석동·지금동 및 도농동만 해당), 하남시, 고양시, 수원시, 성남시, 안양시, 부천시, 광명시, 과천시, 의 왕시, 군포시, 시흥시(반월특수지역 제외)
2011. 3. 9. ~ 현재	• 인천광역시(강화군, 옹진군, 서구 대곡동·불노동·마전동·금곡동·오 류동·왕길동·당하동·원당동, 인천경제자유구역 및 남동 국가산업단 지는 각 제외) • 경기도 중 의정부시, 구리시, 남양주시(호평동·평내동·금곡동·일패 동·이패동·삼패동·가운동(다산동)·수석동·지금동 및 도농동만 해당), 하남시, 고양시, 수원시, 성남시, 안양시, 부천시, 광명시, 과천시, 의 왕시, 군포시, 시흥시[(반월특수지역에서 해제된 지역 포함)제외]

출처 : 굿옥션

3. 상가경매, 상가임대차보호법 관련 알아야 할 사항

1) 말소기준등기(출처 : 위키백과)

말소기준권리란 부동산경매에서 부동산이 낙찰될 경우, 그 부동산에 존재하던 권리가 소멸하는가, 그렇지 않으면 그대로 남아 낙찰자에게 인수되는가를 가늠하는 기준이 되는 권리를 말한다.

어떤 부동산이 경매로 낙찰되면 그 부동산에 존재하던 권리들은 대부분 낙찰로 소멸된다. 그러나 낙찰 후에도 소멸되지 않고 그대로 남아 낙찰자에게 인수되는 권리도 있다. 부동산 경매 입찰자는 낙찰 후에 인수해야 하는 권리가 있는지 여부를 파악해야 하는데 이를 권리분석이라고 한다.

그렇다면 낙찰로 말소 즉 소멸되는 권리와, 말소되지 않고 낙찰자에게 인수되는 권리가 어떻게 결정되는가가 권리분석의 가장 핵심이 된다. 어떤 부동산이 경매처분 되었을 때 그 부동산에 존재하는 권리들이 낙찰자에게 인수될 것인지, 말소될 것인지를 결정하는 기준이 되는 권리를 말소기준권리라 한다.

말소기준권리가 될 수 있는 권리는 다음 6가지이다.

- 저당권, 근저당권 (경매에 나온 물건은 대부분이 근저당임), 압류, 가압류, 담보가등기, 강제경매개시 결정등기 (이 경우는 거의 없음) 이들 6가지 권리 중 등기부에 기재된 순서가 가장 빠른 권리가 말소기준권리가 된다. 세입자의 전입일이 말소기준권리보다 빠르면 대항력이 있는 것이고, 늦으면 대항력이 없는 것이다.

2) 대항력(출처 : 위키백과), 우선변제권, 최우선변제

세입자에게 대항력이 있으면 부동산의 낙찰자 즉 새 주인이 세입자를 쫓아낼 수 없지만, 대항력이 없으면 쫓아낼 수 있다. 이는 세입자가 선순위이냐 후순위이냐로 결정된다. 그것은 세입자가 법적으로 전입을 언제 했느냐로 결정된다. 말소기준권리보다 먼저 전입했으면 선순위 임차인, 나중에 전입했으면 후순위 임차인이 된다. 대항력이 발생하는 기준일은 주민센터에서 전입신고를 하고, 입주한 다음 날 새벽 0시 이다. 즉 주택의 경우 입주와 전입신고가 대항력 발생요건이다.

상가 대항력의 취득 : 상가건물의 인도와 사업자등록을 신청한 때에는 그 다음 날 0시부터 제3자에 대해 대항할 수 있다.(cf : 민법의 경우 : 제3자에 대항하기 위해서는 임대차등기를 해야 하고, 등기한 때부터 제3자에 대항할 수 있다.)

상가 우선변제권 : 상가임차인이 상가건물의 인도와 사업자등록 신청으로 대항력 요건을 갖추고, 관할 세무서로부터 임대차계약서에 확정일자를 받은 경우 확정일자와 다른 담보물건 설정일을 비교해 변제 우선순위를 정하게 된다. 후순위보다 우선하여 변제받을 권리를 가지게 되며, 확정일자부 우선변제권은 저당권과 유사한 효력을 갖는다.

cf) 주택의 우선변제권 : 대항요건(입주+전입신고)+확정일자

상가 최우선변제 : 보증금액 중 일정 금액에 대해 선순위담보물권(저당권자) 및 국세보다 더 최우선으로 변제받을 수 있는 권리로서 요건은 '소액 환산보증금+인도+사업자등록 신청'이다.

cf) 주택의 최우선변제권 요건 : 소액보증금+주택 입주+전입신고

상가임대차보호법(이하 상임법이라 칭한다.)상 최우선변제대상 보증금은 주택임대차보호법과는 다르게 월세를 보증금으로 환산해 지역별보증금 범위내인지 여부를 판단하는 환산보증금이라는 점 유념

3) 소액임차인

가) 상임법상의 소액임차인이란 '상가건물 임차인 중에서 환산보증금이 일정액 이하인 임차인'으로, 일정 요건(= 상가건물의 인도와 사업자등록, 배당요구 종기까지 배당요구)을 갖춘 경우에는 당해 건물이 경공매로 넘어가더라도 보증금 중 일정액을 다른 담보물권자보다 우선하여 변제받을 수 있다.(참고 : 환산보증금 계산시 일선 세무서에서는 별도 약정이 없으면 월차임에 부가세를 포함)

나) 소액임차인 여부의 판단시점

소액임차인 여부의 판단시점은 등기부등본상의 최초 담보물권이다. 만일 담보권 설정이 없는 경우에는 경매개시결정기입 등기일이 기준일이 된다. 임대차계약서 체결일이나 전입일자, 사업자등록일, 확정일자 등이 아님에 주의.

● **선순위 임차인인지 여부를 가르는 기준**은 말소기준권리인데 반해, **소액임차인 최우선변제를 가르는 기준**은 최초 담보물권 설정일(저당권, 근저당권, 담보가등기, 전세권이 경매신청한 경우의 전세권, 경매기입등기, (+ 배당하고 남은 경우는 배당종기일))이 기준이다.

다) 소액임차인이 최우선변제를 받기 위한 요건(윤경외 1인, 민사집행의 실무 p1678 참고)
(1) 보증금이 소액보증금에 해당
(2) 첫 경매개시결정 등기 전에 대항요건(임차목적물의 점유+사업자등록)을 구비
(3) 배당요구 종기까지 대항력을 유지
(4) 배당요구 종기까지 배당요구 이행

라) 확정일자를 갖춘 임차보증금 채권의 우선변제권 행사의 요건(윤경외 1인, 민사집행의 실무 p1678참고)

(1) 보증금 액수가 법이 정한 적용범위 안에 해당할 것(가령 2019. 4. 3일 이후 서울시 9억원 이하)

(2) 첫 경매개시결정 등기 전에 대항요건(임차목적물의 점유+사업자등록)을 구비

(3) 배당요구 종기까지 대항력을 유지

(4) 배당요구 종기까지 배당요구 이행

마) 임대차관계가 지속되는 동안 임대차보증금의 증감.변동이 있는 경우, 소액 임차인에 해당하는지 여부의 판단기준 : 배당시의 임대차 보증금(대법2007다23203)

처음 임대차계약을 했을때는 소액임차인이었지만 보증금 증액을 통해 소액임차인 범위에서 벗어났을 경우, 최우선변제를 받을 수 있을까? 이 경우 소액임차인 적용시점은 배당시점을 기준으로 판단한다. 즉, 판례에서는 임대차관계가 지속되는 동안 임대차의 보증금의 증감·변동이 있는 경우 보증금이 소액임차인에 해당하는지 여부의 판단시점은 원척적으로 배당시점으로 본다고 판시함.2011.6.7. (디지털태인)

4) 토지와 건물의 근저당 설정일이 다른 경우, 임차인의 대항력 여부

임차인들의 대항력 여부는 건물 근저당 설정일을 기준으로 한다. 만약 임차인들의 전입일자가 토지 근저당 설정보다 느리면 토지 근저당권자보다 후순위가 되며, 건물에 대해서는 건물 근저당 설정일을 기준으로 선순위 여부가 판단된다.

[대법원 2010.6.10. 선고, 2009다101275 판결]
대지에 관한 저당권 설정 후에 비로소 건물이 신축되고 그 신축 건물에 대하여 다시 저당권이 설정된 후 대지와 건물이 일괄 경매된 경우 주택임대차보호법 제3조의2 제2항의 확정일자를 갖춘 임차인 및 같은 법 제8조 제3항의 소액 임차인은 대지의 환가대금에서는 우선하여 변제 받을 권리가 없다고 하겠지만, 신축 건물의 환가대금에서는 확정일자를 갖춘 임차인이 신축 건물에 대한 후순위 권리자보다 우선하여 변제 받을 권리가 있고 주택임대차보호법 시행령 부칙의 '소액 보증금의 범위 변경에 따른 경과 조치'를 적용함에 있어서 신축 건물에 대하여 담보 물권을 취득한 때를 기준으로 소액 임차인 및 소액 보증금의 범위를 정하여야 한다.

5) 배분순위

5) 배분순위(윤경외 1인, 민사집행의 실무, 1431(16)

구분	저당권이 국세보다 앞선 경우 (조세채권의 법정기일 전에 설정된 저당권·전세권이 있는 때)	저당권이 국세보다 늦은 경우 (조세채권의 법정기일 후에 설정된 저당권·전세권이 있는 때)	저당권이 없는 경우 (매각재산에 저당권 등의 피담보채권이 없는 때)
1순위	집행비용	집행비용	집행비용
2순위	필요비·유익비	필요비·유익비	필요비·유익비
3순위	소액임차보증금, 최종 3개월분 임금·퇴직금· 재해보상금	소액임차보증금, 최종 3개월분 임금·퇴직금· 재해보상금	소액임차보증금, 최종 3개월분 임금·퇴직금· 재해보상금 기타 임금, 근로관계채권
4순위	당해세(집행목적물에 부과된 국세,지방세·가산금)	당해세, 조세, 기타 동순위의 징수금 납부기한이 저당권·전세권등기 보다 빠른 국민건강보험료· 국민연금보험료	당해세, 조세, 기타 동순위의 징수금
5순위	(국세,지방세의) 법정기일 전에 설정등기된 저당권·전세권의 피담보채권·확정일자·등기 임차권의 임차보증금	(국세·지방세의) 법정기일 전에 설정등기된 저당권·전세권의 피담보채권	
6순위	기타 임금채권, 근로관계채권		
7순위	국세·지방세 및 체납처분비, 가산금 등의 징수금		
8순위	산업재해보험료, 국민건강보험료, 국민연금보험료, 고용보험료 등의 공과금	산업재해보험료, 납부기한이 저당권·전세권등기보다 늦은 국민건강보험료, 국민연금보험료 등의 공과금	조세 다음 순위의 공과금
9순위	일반채권, 재산형, 과태료, 국유재산사용료·대부료·변상금	일반채권, 재산형, 과태료, 국유재산사용료·대부료·변상금	일반채권, 재산형, 과태료, 국유재산사용료·대부료·변상금

● **세법에서 법정기일이라 함은 다음 중 어느 하나에 해당하는 기일을 말한다.**

① 과세표준과 세액의 **신고에 의하여 납세의무가 확정되는 국세**(가령 법인세, 소득세, 부가세 등)에 있어서 신고한 당해 세액에 대하여는 **그 신고일**

② 과세표준과 세액을 **정부가 결정·경정 또는 수시부과·결정**하는 경우(가령 양도세)에 고지한 당해 세액에 대하여는 그 **납세고지서의 발송일**

③ **원천징수의무자 또는 납세조합으로부터 징수하는 국세와 인지세**에 있어서는 그 **납세의무의 확정일**

④ 제2차납세의무자(보증인을 포함한다)의 재산에서 국세를 징수하는 경우에는 납부통지서의 발송일

⑤ 양도담보재산에서 국세를 징수하는 경우에는 납부통지서의 발송일

⑥ 납세자의 재산을 압류한 경우에 그 압류와 관련하여 확정된 세액에 대하여는 그 압류등기일 또는 등록일

● **당해세**(민사집행의 실무, 윤경 외 1인 p1422)

① 당해세는 매각부동산 자체에 대해 부과된 조세와 가산금을 말한다. 예를 들어 경매에 부쳐진 부동산 그 자체에 부과된 재산세는 당해세가 된다.

② 당해세는 그 법정기일 전에 설정된 저당권 등으로 담보된 채권보다 우선하는데 이를 '**당해세 우선의 원칙**'이라고 한다. 따라서 그 법정기일이 3.8인 당해세는 설정등기일이 2.2인 근저당 보다 우선하여 배당을 받게 된다. 만일 소액임차인 – 저당권 – 당해세가 있는 경우 배당순위는 소액임차인 – 당해세 – 저당권의 순위로 배당을 받는다.

③ 당해세에 해당하는 조세채권의 범위

- 국세 중 상속세, 종합부동산세, 증여세(그 부동산 자체에 대해 부과된 것) 등이 해당한다.

- 지방세 중 당해세는 재산세, 자동차세, 도시계획세, 공동시설세 및 지방교육세(재산세와 자동차세분에 한함)이다.

6) 종전 경매사건에서 배당받지 못한 임차인이 있는 경매사건인 경우, 특히 주의 요망.

대법원 판례 : 대항력과 우선변제권의 두가지 권리를 겸유하고 있는 임차인이 우선변제권을 선택하여 제 1경매절차에서 보증금 전액에 대해 배당요구하였으나, 보증금 전액을 배당받을 수 없었던 때에는 경락인에게 대해 이를 반환받을때까지 임대차관계의 존속을 주장할 수 있을 뿐이고, 임차인의 우선변제권은 경락으로 인해 소멸하는 것이므로, 제2경매절차에서 우선변제권에 의해 배당을 받을 수 없다

7) (경매 사건에서) 제시외 물건이 부합물·종물인가, 아닌가 여부의 중요성

(출처 : 최광석 변호사의 부동산 경매와 부합물, 종물 '논문 www.lawtis.com)

경매에서 경감정평가서에 어떻게 평가되었는지 여부와는 무관하게, 제시외 물건이 부합

물·종물이라면 낙찰자는 주물에 딸린 부합물과 종물의 소유권까지 함께 취득한다. 반대로 제시외 물건이 부합물·종물이 아니라면 경매 감정평가서에 부합물·종물로 잘못 기재되어 감정평가까지 거쳐 주물과 함께 경매에 부쳐졌다고 하더라도, 낙찰자는 제시외 물건에 대해서는 소유권을 취득할 수 없다.

판례는,

① 건물이 증축된 경우에 증축 부분의 기존건물에 부합여부는 증축부분이 기존건물에 부착된 물리적 구조 뿐만 아니라 그 용도와 기능의 면에서 기존건물과 독립한 경제적 효용을 가지고 거래상 별개의 소유권의 객체가 될 수 있는지의 여부 및 증축하여 이를 소유하는 자의 의사 등을 종합하여야 한다고 규정하고 있다.

② 어느 건물이 주된 건물의 종물이기 위하여는 주된 건물의 경제적 효용을 보조하기 위하여 계속적으로 이바지되어야 하는 관계가 있어야 한다는 원칙을 제시하고 있다.(대법원 1988.2.23. 선고 87다카600 판결)

부합된 물건이라도 하더라도 부합이 타인의 권원에 의해 이루어진 경우에는 주물을 낙찰받았다고 해서 부합물의 소유권을 취득할 수 없게 된다. 그런데 판례는 유독 농작물에 대해서는 부합이론에서 예외적인 입장을 취한다.

주의할 것은, 부동산에 부합된 물건이 사실상 분리복구가 불가능하여 거래상 독립한 권리의 객체성을 상실하고 그 부동산과 일체를 이루는 부동산의 구성부분이 된 경우에는 타인이 권원에 의해 이을 부합시킨 경우에도 그 물건의 소유권은 부동산의 소유자에게 귀속된다.(대판)

소유권은 독립된 물건에 대해서만 성립할 수 있으므로, 아무리 타인의 권원에 의해서 부합되었다고 하더라도 주물에 완전히 합체되어서 본질적인 구성 부분화해 버리면 부합된 부분에 대해 별도의 소유권을 인정하기가 곤란하기 때문이다. 이로 인한 이익 불균형의 문제는 부당이득반환을 인정하는 것으로 보완하고 있다.

8) 상임법의 적용 제외
가) 일정 금액 이상의 보증금

상임법은 지역별로 정해진 일정 보증금 이하의 상가건물 임대차에만 적용되며, 일정 금액 이상의 보증금의 경우는 보호를 받을 수 없다. 가령 서울의 경우 9억원을 초과하는 보증금으로 상가건물을 임대차하는 경우가 그러하다.

나) 사업자 등록을 할 수 없는 임대차, 일시 사용을 위한 상가건물 임대차

상임법은 사업자 등록을 할 수 있는 상가건물의 임대차에 적용되고, 임대차 목적물의 주된 부분을 영업용으로 사용하는 경우에도 적용된다. 반면 사업자 등록을 할 수 없는 동창회나 종교단체 사물실 등의 비영일단체 건물의 임대차에는 적용되지 않는다.

다) 일시사용을 위한 상가건물 임대차

일시사용을 위한 상가건물 임대차임이 명백한 경우에는 상임법이 적용되지 않는다.

9) 임대차 존속기간(법률신문, 2021년 3월 5일)

가) 임대차 기간 보장

상가임대차법은 기간을 정하지 않거나 1년 미만으로 정한 임대차는 그 기간을 1년으로 본다(제9조 제1항 본문). 임대차기간이 최소 1년은 보장되므로, 임대차계약에 1년이 채 안 되는 기간으로 단기 임대차를 설정했어도 법적으로 무효이다. 다만 임차인이 스스로 1년 미만의 단기 임대차라고 주장하는 것은 가능하다.(제9조 제1항 단서).

나) 임차인의 계약갱신 요구

임대인은 임차인이 일정기간(임대차기간이 만료되기 6개월 전부터 1개월 전) 동안 계약갱신을 요구하면 법률에서 정한 사유가 없는 한 거절할 수 없고, 이 경우 전 임대차와 동일한 조건으로 다시 임대차계약이 체결된 것으로 본다. 임대차계약이 묵시적으로 갱신된 경우에는 존속기간을 1년으로 간주한다.

임차인이 가지는 임대차계약의 갱신을 요구할 권리는 '최초의 임대차기간을 포함한 전체 임대차기간이 10년을 초과하지 아니하는 범위'에서 행사할 수 있다. 10년의 보장은 2018년 10월 16일 개정법 시행 후 최초로 체결되거나 갱신되는 임대차부터 적용되고, 2018년 10월 16일 이전에 체결됐거나 갱신된 임대차는 5년만 보장됨에 주의해야 한다.

10) 보증금의 증감청구권 및 증액 제한(생활법령정보 www.easylaw.co.kr)

가) 임차건물에 관한 조세, 공과금 그 밖의 부담의 증감이나 「감염병의 예방 및 관리에 관한 법률」 제2조제2호에 따른 제1급감염병 등에 의한 경제 사정의 변동 등으로 차임 또는 보증금이 적정하지 않다고 생각되는 경우 임차인 및 임대인 당사자는 그 증감을 청구할 수 있다. 다만, 임대인이 증액을 요구하는 경우에는 청구 당시의 차임 또는 보증금의 5%의 범위 내에서만 증액을 할 수 있다.

나) 보증금 증액 부분에 대한 대항력

대항력을 갖춘 임차인이 저당권설정등기 이후에 임대인과의 합의 하에 보증금을 증액한 경우, 보증금 중 증액된 부분은 저당권의 설정 이후에 새로이 체결된 계약에 따른 금액이므로 저당권에 기해 건물을 경락받은 소유자에게 대항할 수 없다. (대법원 1990.8.14. 선고 90다카11377 판결).

다) 증액에 따른 임대차계약서 작성 및 확정일자

증액청구에 따라 차임이나 보증금을 올려주었거나 재계약을 통해서 올려준 경우에는, 그 증액된 부분을 위한 임대차계약서를 작성하여, 그 증액 부분의 임대차계약서에 확정일자를 받아 두어야만 그 날부터 후순위권리자보다 증액부분에 대해서 우선하여 변제받을 수 있다. 따라서, 차임이나 보증금을 증액하는 경우에는 부동산등기부을 확인하여 임차 상가건물에 저당권 등 담보물권이 새롭게 설정되어 있지 않은지를 확인한 후 증액여부를 결정하는 것이 안전하다.

11) 묵시의 갱신(출처 : 생활법령정보 www.easylaw.co.kr)

가) 묵시의 갱신

상가건물 임대차보호법의 경우 임대차기간이 만료되기 전 6개월~1개월까지 사이에 임대인이 임차인에게 갱신 거절의 통지 또는 조건 변경의 통지를 하지 않으면 전 임대차와 동일한 조건으로 다시 임대차 계약이 갱신되는 것으로 본다. 이 경우 임대차의 존속기간은 1년으로 본다.

나) 묵시의 갱신 이후 해지통고

상가건물 임대차보호법의 경우 임대인은 1년 이내에 해지통고를 할 수 없다. 그러나 임차인은 1년 이내라도 임대인에게 계약해지를 통고할 수 있고, 임대인이 통지를 받은 날부터 3개월이 지나면 임대차계약은 해지된다.

12) 권리금 회수기회의 보호(법률신문, 2021년 3월 5일)

상임법은 2015년 5월 13일 권리금에 관한 규정들을 신설해, 임차인의 '영업권'도 법이 보호하는 영역으로 가져왔다. 임대인이 임차인의 권리금 회수를 방해해서는 안 된다고 정하면서, 특히 '정당한 사유 없이 임대인이 임차인이 주선한 신규임차인이 되려는 자와 임대차계약의 체결을 거절하는 행위를 금지하고 있으며, 이를 위반해 임차인에게 손해가 발생하면, 임대인이 손해배상책임까지 부담하도록 정하고 있다.

최근 법원은, 실제로 임차인이 임대인에게 신규임차인을 주선하지 않았더라도 임대인이 정당한 사유 없이 임차인이 주선하는 신규임차인과는 임대차계약을 체결하지 않겠다는 의사를 확정적으로 표시했다면, 이러한 임대인의 거절행위가 상임법 제10조의4 제1항 제4호에서 정한 거절행위에도 해당한다고 판단했다. 그 결과 임차인은 실제로 신규임차인을 주선하지 않았더라도 임대인의 권리금 회수기회 보호의무 위반을 이유로 임대인에게 손해배상을 청구할 수 있다고 보았다.(대법원 2019. 7. 4. 선고 2018다284226 판결).

반면 임대인이 임차를 희망하는 신규임차인에게 과도한 자력증빙을 요구하고 기존 임차인이 임대차 목적물을 명도한 후에 임대인 본인이 직접 영업을 하는 등 외관상 권리금 회수기회 보호의무를 위반한 것처럼 보일 여지가 있는 사안에서, 다른 여러 사정들을 종합적으로 고려해 손해배상책임을 인정하지 않은 하급심 판결도 있다.(대구고등법원 2017. 10. 26. 선고 2016나1770(본소) 건물명도, 2016나1787(반소)).

09

임대차 관련 참고사항

(각 시설에 대한 기준과 규제 등은 수시로 변경되므로 반드시 다시 확인 요망)

1. 다중이용업소

1) 다중이용업소 여부 확인

다중이용업소란 불특정 다수인이 이용하는 영업 중 화재 등의 재난 발생시 생명·신체·재산상의 피해가 발생할 우려가 높은 것으로서 다중이용업소의 안전관리에 관한 특별법 시행령 제 2조에서 정의한 영업을 말한다. 휴게음식점, 단란주점영업, 유흥주점영업, 비디오물소극장업, 복합영상물제공업, 일정 기준의 학원 등이 해당하며, 이런 다중이용업소의 경우 설치기준, 운영기준을 준수하여야 한다.

2) 다중이용업의 범위

적용업종	다중이용업소 여부 적용 기준
휴게음식점영업	1) 지상은 바닥면적 합계가 100㎡ 이상
제과점영업	2) 지하는 바닥면적 합계가 66㎡ 이상
일반음식점영업	3) 단,지상 1층 또는 지상과 직접 접하는 층에 설치되고 그 영업장의 주된 출입구가 건축물 외부의 지면과 직접 연결되는 영업은 제외
학원	1) 수용인원 300인 이상 2) 수용인원 100인 이상 300인 미만으로서 다음 어느 하나에 해당하는 것 (단, 학원으로 사용하는 부분과 다른 용도로 사용하는 부분이 방화구획으로 나눠진 경우엔 제외) ① 하나의 건축물에 학원과 기숙사가 함께 있는 학원 ② 하나의 건축물에 학원이 둘 이상 있는 경우로서 수용인원이 300명 이상인 학원 ③ 하나의 건축물에 다중이용업중 어느 하나 이상의 다중이용업과 학원이 함께 있는 경우
목욕장업	찜질방 형태의 경우 수용인원 100인 이상 목욕장업은 층별, 면적 구분없이 적용

적용업종	다중이용업소 여부 적용 기준
게임제공업	영업장이 지상 1층 혹은 지상과 직접 접하는 층에 설치되고 그 영업장의 주된 출입구가 건축물 외부의 지면과 직접 연결된 구조에 해당하는 경우는 제외
인터넷컴퓨터 게임시설제공업	영업장이 지상 2층 혹은 지상과 직접 접하는 층에 설치되고 그 영업장의 주된 출입구가 건축물 외부의 지면과 직접 연결된 구조에 해당하는 경우는 제외
복합유통게임제공업	층별, 면적 구분 없이 적용
영화상영관	
비디오물감상실업	
비디오물소극장업	
복합영상물제공업	
단란주점영업	
유흥주점영업	
노래연습장업	
산후조리업	
고시원업	
권총사격장	
실내골프연습장업	
안마시술소	
기타 일정 사유로 행정 안전부령이 정하는 영업	

* 다중이용업소의 안전관리에 관한 특별법 시행령 제 2조 및 시행규칙 2조(2021년 7월 13일자 기준)
*시행령과시행규칙은 필요에 따라 개정되기에, 위의 표 내용은 정확하지 않을수 있으니 필히 다시 확인해보자.

다중이용업소의 안전관리에 관한 특별법을 적용받는 다중이용업소는 다음과 같다.

3) 다중이용업소의 설치 및 유지기준 등(출처 : 위키백과)

　　다중이용업주 및 다중이용업을 하려는 자는 영업장에 소방시설 등, 영업장 내부 피난통로, 그 밖의 안전시설을 다중이용업소의 안전관리에 관한 특별법 및 소방시설 설치·유지 및 안전관리에 관한 법률상 기준에 따라 설치하고 이를 유지하여야 한다.

　　소방본부장이나 소방서장은 안전시설 등이 기준에 맞게 설치 또는 유지되어 있지 아니한 경우에는 그 다중이용업주에게 안전시설 등의 보완 등 필요한 조치를 명할 수 있다. 다중이용업을 하려는 자는 안전시설 등을 설치하기 전에 미리 소방본부장이나 소방서장에게 안전시설 등의 설계도서를 첨부하여 정하는 바에 따라 신고하여야 한다. 다중이용업주는 다중이용업소의 안전관리를 위해 그 다중이용업소에 설치된 소방시설 등을 정기적으로 점검해야 하며 이를 소방시설관리업자 등에게 위탁해서 실시할 수도 있다.

2. 학원(서울시 동부교육청(www.dbedu.sen.go.kr) 홈피의 학원.평생 교육시설 안내 참고)(2020.1.1. 기준)

학원의 시설규모 (제5조 제1항 관련)

종 류	분 야	계 열	교습과정	강의실, 십습실, 열람실
학교교과 교습학원	입 시 검 정 보 습	보통교과	입 시	660㎡ 이상
			검정고시	90㎡ 이상
			보습·논술	70㎡ 이상
		진학지도	진학·상담·지도	70㎡ 이상
	국제화	외 국 어	보통교과에 속하지 않는 교과로서 유아 또는 초중고 학생을 주된 교습 대상으로 하는 실용외국어	150㎡ 이상
	예능	예능	음악, 미술, 무용	조례[별표4]와 같음
	독서실	독서	유아 또는 초·중·고 학생을 주된 대상으로 하는 시설	120㎡ 이상
	정보	정보	정보교과에 속하는 교육활동	조례[별표4]와 같음
	특수교육	특수교육	특수학교 교육과정에 속하는 교육활동	70㎡ 이상
	기타	기타	그 밖의 교습과정	70㎡ 이상

1) 학원의 시설규모

2) 학원의 건축물 용도(2020.1.23.일 기준)

학원은 건축법령에 의한 건축물 용도에 적합한 곳에 설치되어야 한다.(위반건축물에는 학원설립불가)

가) 근린생활시설, 교육연구시설

건축물 용도란 건축물의 종류를 유사한 구조, 이용 목적 및 형태별로 묶어 분류한 것으로, 학원 용도의 경우 근린생활시설, 교육연구시설이어야 한다. 만약 해당 용도가 아닌 곳에 학원 설립을 원할 경우, 학원의 용도로 변경 가능한지 알아보고 임대하여야 한다.

나) 학원설립 가능 건축물 용도 : 제2종 근린생활시설(학원, 독서실), 교육연구시설

(학원, 독서실)

① 동일한 건축물 안에서 소유주(임차인)별로 '근린생활시설(학원)'으로 사용하는 바닥면적의 합계가 500㎡ 이상이 넘을 경우에는 교육연구시설로 변경하여야 한다.(집합건축물, 일반건축물 모두 동일)

※ 독서실 면적은 기존 학원 면적에 합산하지 않음(건축법에는 학원과 독서실을 구분함)

② 무허가 또는 위법 건축물에는 학원을 설립할 수 없다.

- 학원설립 관련신청서를 접수할 경우 건축물용도 확인시에는 반드시 건축물관리대장의 면적, 임대계약서 면적, 실제로 학원으로 쓰이는 면적을 현지조사로 확인해야 하며, 현장 실사 시에는 건물 내에서 실제 학원으로 운영되는 면적이 500㎡이상 넘을 경우 교육연구 시설(학원)로 변경해야 한다.

[예시] 교육연구시설 변경의 경우 (소유주(임차인)이 동일한 경우)

집합건축물대장(전유부분)				접수번호		
대지위치	서울특별시 강남구 삼성동			지번		
명칭및번호		호명칭	205	일반건축물여부		
전유부분						
구분	층별	구조		용도		면적(㎡)
주	2층	철골철근콘크리트구조		제2종근린생활시설(학원)		135.5
공용부분						
구분	층별	구조		용도		면적(㎡)
주	2층	철골철근콘크리트구조		계단, 복도, 화장실		24.29
주	지5층	철골철근콘크리트구조		기계실, 전기실, 관리실		25.79
주	지2층	철골철근콘크리트구조		주차장		31.21

3층 : 학원예정지 바닥면적 200㎡
2층 : 보습학원 바닥면적 150㎡
1층 : 음악학원 바닥면적 200㎡

∴ 학원 바닥면적 합계 : 550㎡

따라서, 학원예정지의 건축용도는
교육연구시설(학원)이어야 함.

【건물의 용도는 건축물대장 열람으로 확인 가능】

● 당해 용도에 쓰이는 바닥면적의 합계란? 당해 요도로 쓰이는 전용면적은 물론 공용으로 쓰이는 복도, 화장실, 계단 등을 비례 배분하여 합산함. 단 주차장은 제외.

3) 학원 설립이 제한되는 용도(국계법 및 시행령)

용도지역 분류에 따른 학원설립 가능여부

용도지역 건축용도	제1종 및 제2종 용주거지역	제1종 일반주거 유통상업지역 생산녹지지역	제2종 일반, 제3종 일반주거, 준주거지역, 중심상업지역 근린상업지역, 일반공업지역 준공업지역	전용 공업지역	보전 녹지지역 자연 녹지지역
근린생활 시설(학원)	불가능	가능	가능	가능	불가능
교육연구 시설(학원)	불가능	불가능	가능	기술계 학원만 가능	불가능

4) 학원(교습소) 설립이 제한되는 교육환경 유해업소의 거리제한

– 학교교과교습학원(교습소)은 유해업소와 동일한 건축물 안에 있어서는 안 됨.

– 다만, 연면적 1,650㎡ 이상의 건축물의 경우 학원이 유해업소로부터

① **수평거리 20m 이내의 같은 층**이거나,

② **수평거리 6m 이내의 바로 위층 또는 바로 아래층에 있는 경우**를 제외하고는 해당 건축물 안에 유해업소가 같이 있을 수 있음.

5층	전체 설립 가능				
4층	설립 가능	←6m→		←6m→	설립 가능
3층	설립 가능	←20m→	유해업소	←20m→	설립 가능
2층	설립 가능	←6m→		←6m→	설립 가능
1층	전체 설립 가능				

※ ■ : 학원 설립 불가

5) 소방시설 점검에 관한 사항(2019.10.1. 기준)

전용면적에 따른 소방시설 기준은

1. **학원면적 570㎡이상, 독서실면적 900㎡이상** : 소방·방화시설완비증명서 제출

2. **학원면적 190㎡이상~570㎡ 미만, 독서실 면적 300㎡이상~900㎡ 미만**

   ① 「다중이용업소의 안전관리에 관한 특별법 시행령」제2조 3호 나목에 해당하는 경우 : 소방·방화시설완비증명서(관할소방서 발급) 제출

   ② 기타: 교육지원청이 관할소방서에 소방안전점검 의뢰 또는 교육지원청 자체점검

3. 학원면적 190㎡미만, 독서실면적 300㎡미만

   : 교육지원청이 관할소방서에 소방안전점검 의뢰 OR 교육지원청 자체 점검

   ※ 「소방시설설비유치및안전관리에관한법률시행령」별표4 수용인원 산정방법 참고
   ※ 소방점검 대상인 학원(570㎡), 독서실(900㎡)은 건축물대장의 전용면적을 의미하며, 건물 내 입주한 업소조건에 따라서 소방·방화시설완비증명서를 발급해야 하는 경우가 발생할 수도 있음.

【참고】소방안전점검 시 갖추어야 할 기본 설비	
각실 소화기	BC소화기, 투척용소화기 등
완강기	학원이 3층 이상에 위치할 경우에 해당, 주출입구 반대편 복도 끝에 설치하여야 함 (구획된 실내에는 설치 불가), 완강기 설치 표지 부착
비상구 유도등	모든 출입구에 설치 학원 내부 복도에서 비상구 유도등이 최소 1개 이상 보여야 함
각실 화재감지기 및 자동수신반	건축물대장상의 주택용도를 제외한 면적이 600㎡이상인 경우 해당
비상경보설비	건축물대장상의 주택용도를 제외한 면적이 400㎡이상 600㎡미만 경우 해당

예시 1) 하나의 건축물에 다수의 학원이 있는 경우 A학원의 다중이용업소 해당여부

3층	A학원 (198㎡)	B학원 (120㎡)	C학원 (175㎡)	• **층별 방화구획이 되어 있는 경우**
				○ 3층 영업장 면적만 합산(A+B+C)
				  = 198㎡+120㎡+175㎡ = 493㎡
				  – 수용인원 300인(570㎡)미만으로 제외
				
				• **층별 방화구획이 안 된 경우**
				○ 3층 전체 영업장 면적과 2층 학원 면적 합산
				  = 493㎡+(250㎡+243㎡) = 986㎡
				  – 수용인원 300인 이상으로 다중이용업소 해당

2층	D학원 (250㎡)		E학원 (243㎡)	
1층	소매점	사무실	서점	

예시 2) 하나의 건축물에 다중이용업소와 학원이 함께 있는 경우 B 학원의 다중이용업소 해당 여부

3층	A학원 (230㎡)	B학원 (210㎡)	• **층별 방화구획이 되어 있는 경우**
			○ 3층 영업장 면적만 합산(A+B)
			  = 230㎡+210㎡ = 440㎡
			  – 합산면적이 570㎡미만으로 대상에 해당 안 됨
			○ A학원 수용인원이 100인(190㎡) 이상이며, 건물에 다중이용업이 있기 때문에 B학원은 다중이용업소에 해당됨

2층	C목욕탕		
1층	소매점	약국	

예시 3)

기존학원(130㎡)	신규학원(220㎡)	일반음식점(다중이용업소)
방화문(셔터) 설치	방화문(셔터)설치	방화문(셔터)설치

● 위와 같이 신규학원(220㎡)의 경우 층별 영업장별 방화구획이 되어 있기 때문에 기존 학원 및 일반음식점과 면적합산이 되지 않으며, 신규학원의 영업장 면적이 570㎡ 미만으로 다중이용업소 대상에 해당되지 않음.

● 신규학원의 전용면적이 190㎡ 미만이면 다중이용업소에서 제외됨.

● 건축법의 용도변경 산정시의 바닥면적(=전용면적+공용면적) 개념이 아님에 유의

6) 지하실의 학원시설 이용

지하실은 강의실, 실습실, 열람실로 사용할 수 없음 지하실은 학원의 시설로 사용할 수 없지만, 건물의 한 면 이상이 지상에 완전히 노출되어 있고, 유사시 대피 가능한 외부 출구가 2개 이상일 경우는 예외로 한다.

7) 교육환경보호구역(출처 : 교육환경정보시스템 필참 요망 www.schoolkeepa.or.kr)

가) 「교육환경 보호에 관한 법률」 제8조에 따라 학교경계 또는 학교설립예정지 경계

로부터 직선거리 200m의 범위 안의 지역으로, 학생들이 건강하고 쾌적한 환경에서 교육받을 수 있게 할 목적으로 설정되었다.

나) 설정 범위

절대보호구역 : 학교 출입문으로부터 직선거리로 50m까지인 지역(학교설립예정지의 경우 학교 경계로부터 직선거리 50m 까지인 지역)

상대보호구역 : 학교경계 등으로부터 직선거리로 200m 까지인 지역 중 절대보호구역을 제외한 지역

※ 유해업소 제외업소 : 당구장, 만화가게, 인터넷컴퓨터게임시설제공업

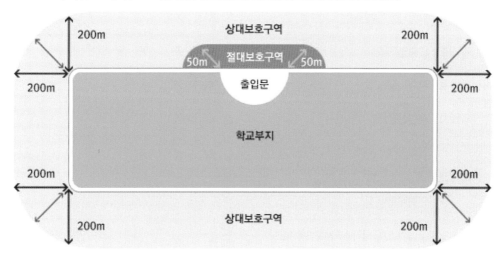

교육환경보호구역 내에서의 금지행위 및 시설의 종류

근거법조 : 교육환경 보호에 관한 법률 제9조 및 같은 법 시행령 제22조

구분			초·중·고		유치원·대학		비고
			절대구역	상대구역	절대구역	상대구역	
법률제9조시행령제22조	제1호	대기오염물질 배출시설	X	X	X	X	배출허용기준 및 규제기준 초과시설
	제2호	수질오염물질 배출시설/ 폐수종말 처리시설	X	X	X	X	
	제3호	가축분뇨 배출/처리/공공처리시설	X	X	X	X	
	제4호	분뇨 처리시설	X	X	X	X	
	제5호	악취 배출시설	X	X	X	X	
	제6호	소음·진동 배출시설	X	X	X	X	
	제7호	폐기물 처리시설	X	X	X	X	
	제8호	가축사체/ 오염물건/수입금지 물건의 소각·매몰지	X	X	X	X	
	제9호	화장시설/ 봉안시설	X	X	X	X	
	제10호	도축업 시설	X	X	X	X	
	제11호	가축시장	X	X	X	X	
	제12호	제한상영관	X	X	X	X	
	제13호	전화방/화상대화/성기구취급업소/ 키스방/대딸방/전립선마사지/ 유리방/성인PC방/휴게텔/ 인형체험방 등	X	X	X	X	
	제14호	고압가스/도시가스/액화석유가스 의 제조, 충전, 저장하는 시설	X	△	X	△	교육, 연구, 냉난방, 소방, 의료용은 제외
	제15호	폐기물 수집·보관·처분하는 장소	X	△	X	△	
	제16호	총포 또는 화약류 제조소/ 저장소	X	△	X	△	교육, 연구, 냉난방, 소방, 의료용은 제외

구분		초·중·고		유치원·대학		비고
---	---	절대구역	상대구역	절대구역	상대구역	
법률제9조시행령제22조	제17호 격리소/ 요양소/ 진료소	X	△	X	△	
	제18호 담배자동판매기	X	△	–	–	유,대학 제외
	제19호 게임제공업/복합유통게임제공업/ 인터넷컴퓨터게임시설제공업	X	△	–	–	유,대학 제외
	제20호 게임물시설(미니/ 크레인게임물)	X	△	–	△-	대학 제외
	제21호 당구장/무도학원/무도장	X	-△△	–	–	유, 초, 대안(초), 대학 제외
	제22호 장외발매소/경주장/장외매장	X	△	–	△	
	제23호 사행행위영업	X	△	–	△	
	제24호 노래연습장업	X	△	–	–	유,대학 제외
	제25호 비디오물감상실업/ 복합영상물제공업 시설	X	△	–	–	유,대학 제외
	제26호 단란주점/유흥주점	X	△	X	△	
	제27호 숙박업/호텔업	X	△	X	△	국제회의시설에 부속된 숙박시설 제외
	제28호 만화대여업	X	△	–	–	유,대학 제외
	제29호 사고대비물질(화학물질)	X	△	X	△	

× : 절대적 금지시설, △ : 상대적 금지시설, – : 금지규정 적용제외

3. 일반음식점/휴게음식점(출처 : 분당구청 홈페이지 www.bundang-gu.go.kr)

1) 영업의 정의
가) 일반음식점 : 음식류를 조리·판매하는 영업으로서 식사와 함께 부수적으로 음주
행위가 허용 되는 영업

나) 휴게음식점 : 음식류를 조리·판매하는 영업으로서 음주 행위가 허용되지 아니하는 영업(주로 다류를 조리·판매하는 다방 및 주로 빵.떡,과자,아이스크림류를 제조.판매하는 과자점 형태의 영업을 포함한다. 다만, 편의점,슈퍼마켓,휴게소 기타 음식류를 판매하는 장소에서 컵라면, 1회용 다류 기타 음식류에 뜨거운 물을 부어 주는 경우를 제외한다)

cf) 음식점의 분류 : 휴게음식점, 일반음식점, 단란주점, 유흥주점

2) 신고가능지역 및 건물용도
가) 신고가능지역 : 제한없음(보전녹지지역은 일반음식점 제한함)
나) 건물용도
(1) 일반음식점 : 근린생활시설
(2) 휴게음식점 : 근린생활시설

3) 구비서류
- 식품접객업 영업신고 신고서(식품안전과)
- 관할 소장서장이 발행한 안전시설 등 완비증명서 1부(지하66m²이상 지상2층 100m²이상)
- 액화석유가스 사용시설 완성검사필증 1부(LPG사용전업소)
- 위생교육필증(분당구 음식업조합 주관)
- 수수료 : 28,000원(면허세별도27,000원, 면적에 따라 차등)

4) 일반음식점 및 휴게음식점의 시설기준
- 일반음식점에 객실을 설치하는 경우 객실에는 잠금 장치를 설치할 수 없다.
- 휴게 음식점 또는 제과점에는 객실을 둘 수 없으며, 객석을 설치하는 경우 객석에는 높이 1.5m 미만의 칸막이(이동식 또는 고정식)를 설치할 수 있다. 이 경우 2면 이상을 완전히 차단하지 아니 하여야 하고, 다른 객석에서 내부가 서로 보이도록 하여야 한다.
- 휴게음식점·일반음식점 또는 제과점의 영업장에는 손님이 이용할 수 있는 자막용 영상장치 또는 자동 반주 장치를 설치하여서는 아니 된다. 다만, 연회석을 보유한 일반음식점에서 회갑연, 칠순연 등 가정의 의례로서 행하는 경우에는 그러하지 아니하다.
- 일반음식점의 객실안에는 무대장치, 음향 및 반주시설, 우주볼 등의 특수조명시설을 설치하여서는 안 된다.

4. 유흥주점/단란주점(출처 : 분당구청 홈페이지 www.bundang-gu.go.kr)

1) 영업의 정의

- 단란주점 : 주로 주류를 조리·판매하는 영업으로서 손님이 노래를 부르는 행위가 허용되는 영업

- 유흥주점 : 주로 주류를 조리·판매하는 영업으로서 유흥종사자를 두거나 유흥시설을 설치할 수있고 손님이 노래를 부르거나 춤을 추는 행위가 허용되는 영업

  * 유흥주점업이 입점해 있는 건물은 고급오락장용 건물로 간주되어, 취득세가 중과 되며, 재산세도 중과된다.(취득세 12%+지방교육세 0.4%+농어촌특별세 1%=합계 13.4% (cf : 보통 합계 4.6%)

2) 건물용도

- 단란주점 - 제2종 근린생활 시설(바닥면적이 150㎡이상일 경우에는 위락시설)

- 유흥주점 – 위락시설

3) 허가신청자 준비사항

- 영업장소가 영업허가 제한에 해당되는지 여부확인

- 학교환경위생 정화구역 내 위치할 경우에는 성남교육청에 심의 의뢰하여 해제 통보를 받아야 함

- 동일건물 내 어린이를 대상으로 하는 학원이 있을 경우 성남교육청에 심의의뢰

4) 구비서류

- 식품접객업 영업허가 신청서

- 액화석유가스 사용신고서 1부 (액화석유가스 사용 시)

- 위생교육 수료증 1부 (사전교육을 받은 경우)

- 「먹는물관리법」에 따른 먹는 물 수질검사기관이 발행한 수질검사 (시험)성적서

- 「다중이용업소의 안전관리에 관한 특별법」에 따라 안전시설 등 완비증명서 1부(소방 서발급)

- 건강진단결과서

- 전기안전점검확인서

  ※ 신고서류 접수 전 검토되어야 할 서류

- 교육환경법 등 관련법 저촉여부 심의(교육청 협의)
- 신원조회(금치산자, 한정치산자)

5. 고시원

1) 500㎡ 기준
- 동일 건물 내 고시원 총 면적이 500㎡ 이상이면 숙박시설, 미만이면 2종 근생시설이다. (집합건물의 경우는 소유자 별로 계산) (2011년 이전은 바닥 면적 1,000㎡ 미만은 고시원, 이상은 숙박시설로 규정)
- 2종근생인지, 숙박시설인지 여부의 차이 : 주거지역에서 숙박시설 건축이 힘들다는 점.

2) 주의점
가) 각 호실 내의 취사시설 유무를 확인
- 각 호실별로 화장실 설치는 가능하나, 취사시설의 설치는 불가하다. 다만, 경매로 나온 고시원의 경우, 취사시설이 설치된 경우 제거에 큰 비용이 들지 않는 경우가 많으므로, 비용 대비 수익이 크다면 큰 문제가 안 될 수도 있다.

나) 소방시설 요건 점검
- 복도 폭의 경우, 복도 한쪽으로만 실이 있는 120센티m 이상, 양쪽으로 실이 있는 경우는 150센티m 이상이어야 한다.
- 각 실마다 스프링클러가 설치되어 있어야 한다.
- 각 실에서 출입구 또는 피난구까지 가는데 복도가 3번 이상 꺾여서는 안된다.
- 4층까지는 피난계단이나 완강기로 가능하나, 5층 이상부터는 지상이나 옥상으로 피난계단을 설치해야 한다.

6. 2개 이상의 직통계단을 설치해야 하는 건축물

건축물의 용도	건축 규모
단독주택(다중주택,다가구주택), 1종근생(입원실이 있는 정신과 의원), 2종근생(학원, 독서실, 해당용도 바닥면적의 합계가 300㎡ 이상인 인터넷컴퓨터게임시설제공업소), 판매시설, 교육연구시설(학원), 숙박시설, 노유자시설, 수련시설(유스호스텔), 의료시설(입원실이 없는 치과병원 제외), 운수시설(여객용 시설만 해당)	3층 이상의 층으로서, 그 층 해당 용도로 쓰는 거실 바닥면적의 합계가 200㎡ 이상인 것
2종 근생(공연장,종교집회장), 위락시설(주점영업), 문화 및 집회시설(전시장 및 동식물원은 제외), 장례식장, 종교시설	그 층 해당 용도로 쓰는 바닥면적의 합계가 200㎡이상인 것, (단 2종근생중 공연장과 종교집회장은 300㎡ 이상)
공동주택(층당 4세대 이하인 것은 제외), 업무시설(오피스텔)	그 층 해당 용도로 쓰는 거실 바닥면적의 합계가 300㎡ 이상
(위의 용도 이외의)기타 용도	3층 이상의 층으로서 그 층 거실 바닥면적의 합계가 400㎡ 이상인 것
지하층	그 층 거실의 바닥면적의 합계가 200㎡ 이상인 것

- 직통계단이란 건축물의 모든 층에서 피난층 또는 지상으로 직접 연결되는 계단
- 여기서 거실이란 건축물 안에서 거주. 직무. 작업. 집회. 오락 기타 이와 유사한 목적을 위하여 사용되는 방을 말하는 것이므로, 거실의 바닥면적 산정시 복도, 계단, 화장실 면적 등은 제외된다.

* 직통계단 규정 관련 건축물 투자시 유의사항

① 가령 3층 이상의 상가를 투자대상으로 보고 있는데, 거실 바닥면적이 60평 이상인 경우, 직통 계단이 하나 밖에 없다면 학원 유치가 힘들다는 얘기이다.

② 가령 바닥면적이 60평 이상인 다중주택, 다가구주택을 건축할 생각이라면, 직통계단을 두 개 설치해야 된다는 것을 미리 염두에 둬야 한다는 의미.

7. 경매 낙찰자의 체납관리비 승계문제

(대법원 2006.6.29. 선고, 2004다3598 판결)

1) 공용부분 체납관리비의 승계의무

집합건물의 소유 및 관리에 관한 법률 제18조에서는 공유자가 공용부분에 관하여 다른 공유자에 대하여 가지는 채권은 그 특별승계인에 대하여도 행사할 수 있다고 규정하고 있는데, 이는 집합건물의 공용부분은 전체 공유자의 이익에 공여하는 것이어서 공동으로 유지·관리되어야 하고 그에 대한 적정한 유지·관리를 도모하기 위하여는 소요되는 경비에 대한 공유자 간의 채권은 이를 특히 보장할 필요가 있어 공유자의 특별승계인에게 그 승계의사의 유무에 관계없이 청구할 수 있도록 하기 위하여 특별규정을 둔 것이므로, 전(前) 구분소유자의 특별승계인에게 전 구분소유자의 체납관리비를 승계하도록 한 관리규약 중 공용부분 관리비에 관한 부분은 위와 같은 규정에 터 잡은 것으로 유효하다.

2) 집합건물의 전(前) 구분소유자의 특정승계인에게 승계되는 공용부분 관리비의 범위

집합건물의 전(前) 구분소유자의 특정승계인에게 승계되는 공용부분 관리비에는 집합건물의 공용부분 그 자체의 직접적인 유지·관리를 위하여 지출되는 비용뿐만 아니라, 전유부분을 포함한 집합건물 전체의 유지·관리를 위해 지출되는 비용 가운데에서도 입주자 전체의 공동의 이익을 위하여 집합건물을 통일적으로 유지·관리해야 할 필요가 있어 이를 일률적으로 지출하지 않으면 안 되는 성격의 비용은 그것이 입주자 각자의 개별적인 이익을 위하여 현실적·구체적으로 귀속되는 부분에 사용되는 비용으로 명확히 구분될 수 있는 것이 아니라면, 모두 이에 포함되는 것으로 봄이 상당하다.

3) 공용부분 관리비에 대한 연체료는 특별승계인(경매낙찰자)에게 승계되지 않는다.

관리비 납부를 연체할 경우 부과되는 연체료는 위약벌의 일종이고, 전(前) 구분소유자의 특별승계인이 체납된 공용부분 관리비를 승계한다고 하여 전 구분소유자가 관리비 납부를 연체함으로 인해 이미 발생하게 된 법률효과까지 그대로 승계하는 것은 아니라 할 것이어서, 공용부분 관리비에 대한 연체료는 특별승계인(경매낙찰자)에게 승계되는 공용부분 관리비에 포함되지 않는다.

4) 전(前) 구분소유자의 특별승계인(경매낙찰자)에게 승계되는 공용부분 관리비의 세부 내용

상가건물의 관리규약상 관리비 중 일반관리비, 장부기장료, 위탁수수료, 화재보험료, 청소비, 수선유지비 등은, 모두 입주자 전체의 공동의 이익을 위하여 집합건물을 통일적으로 유지·관리해야 할 필요에 의해 일률적으로 지출되지 않으면 안 되는 성격의 비용에 해당하는 것으로 인정되고, 그것이 입주자 각자의 개별적인 이익을 위하여 현실적·구체적으로 귀속되는 부분에 사용되는 비용으로 명확히 구분될 수 있는 것이라고 볼 만한 사정을 찾아볼 수 없는 이상, 전(前) 구분소유자의 특별승계인에게 승계되는 공용부분 관리비로 보아야 한다고 한 사례.

5) 집합건물 관리단의 단전, 단수의 불법행위 여부

집합건물의 관리단이 전(前) 구분소유자의 특별승계인에게 특별승계인이 승계한 공용부분 관리비 등 전 구분소유자가 체납한 관리비의 징수를 위해 단전·단수 등의 조치를 취한 사안에서, 관리단의 위 사용방해행위가 불법행위를 구성한다고 한 사례

6) 관리주체의 불법적인 사용방해행위로 인한 사용 불가 기간 동안의 관리비 채무 부담 여부

집합건물의 관리단 등 관리주체의 위법한 단전·단수 및 엘리베이터 운행정지 조치 등 불법적인 사용방해행위로 인하여 건물의 구분소유자가 그 건물을 사용·수익하지 못하였다면, 그 구분소유자로서는 관리단에 대해 그 기간 동안 발생한 관리비채무를 부담하지 않는다고 보아야 한다.

10

상가 업종제한

1. 상가 업종제한 약정에 대한 법원의 견해

대법원은 관리규정에서 동종업종 입점을 제한하는 규정의 효력을 비교적 폭넓게 인정하고 있다. 그 효력은 새로운 매수인뿐만 아니라, 임차인에게도 유효하게 미친다. 이들이 그러한 규정의 존재 여부를 몰랐다고 하더라도 마찬가지다. 따라서 집합건물에 입점하여 개업이나 이전을 준비할 때에는 같은 건물의 다른 호실에 이미 같은 업종이 있는지를 살피고, 그러하다면 반드시 관리규약의 존재 여부를 살펴야 한다. 인수한 가게의 전 주인이나 중개인도 이러한 사실을 간과하는 경우가 많으므로, 주의하여야 한다. 관리규약에 동종업종 제한 규정이 있다는 점을 모르고 섣불리 상가를 매수하거나 임차한 뒤 인테리어 등 본격적인 개업 준비에 나섰다가 낭패를 보기 쉽다.

반면에 기존 상가 주인의 입장에서는 자신이 운영하는 가게와 동일한 업종의 가게가 입점할 예정이라면, 동종업종 제한 규정이 포함된 관리규약을 근거로 영업금지가처분 소송을 제기할 수 있다. 상대방이 잘 모르고 개업을 준비하는 경우가 대부분이므로, 내용증명을 통하여 관리규약의 존재를 알리고, 사전에 분쟁을 예방할 필요가 있다.

물론 관리규약의 효력이 절대적인 것은 아니다. 집합건물법은 관리규약의 효력에 대하여 구분소유자 3/4 이상의 결의를 요구하고 있다. 과반수나 2/3 이상을 결의요건으로 보는 다른 민법, 상법 등의 규정에 비하여 훨씬 엄격하다. 한마디로 구분소유자들 대다수의 동의가 필요하다는 것이다. 관리규약의 효력이 강하기 때문에 이에 대한 요건도 더 엄격한 것으로 해석된다.

(기호일보, 2021.5.12. 김경덕 변호사 칼럼 상가관리규약 동종업종 제한규정내용 중 일부)

2. 상가 업종제한 약정에서 업종의 범위

업종 제한약정에서 '업종'의 범위가 문제되는 경우들이 있다. 예를 들면, A라는 사람은 커피전문점 업종으로 분양계약을 했고, B라는 사람은 제과점으로 분양계약을 했는데, A가 커피전문점에서 샌드위치를 판매하는 경우이다. 이 경우 B는 A를 상대로 샌드위치 판매를 중단하라고 요구할 수 있을까? 유사한 사건에서 법원은 업종제한 약정은 주판매상품에만 적용되고 부수적 판매상품에는 적용되지 않는다고 보아 A가 업종제한 약정을 위반한 것이 아니라고 판단하였다.

반면에 치킨판매점에서 생맥주를 판매한 사안에서, 법원은 생맥주를 판매하는 행위가 동일한 건물에서 호프영업을 하는 사람의 권리를 침해한다고 판단하기도 하였다. 결국 '업종'의 범위는 해당 업종에 대한 사전적인 의미뿐만 아니라 주판매상품인지 여부, 일반적으로 행해지는 해당 영업의 내용, 상권의 크기 등을 고려하여 판단하여야 할 것이다.

(조세금융신문, 2019.10.26. 전문가칼럼, 이하정법률사무소 청현 변호사)

3. 업종제한 약정 위반시 대응방법

상가건물에 업종제한 약정을 위반하여 나와 동종영업을 하려는 사람이 있다면 어떻게 대응해야 할까? 이런 경우 영업상 이익을 침해당할 처지에 있는 사람은 법원에 동종업종의 영업금지와 손해배상을 청구할 수 있다. 실무상으로는 상대방이 영업을 개시하는 경우 급박하고 현저한 손해가 발생할 위험이 있다는 점을 주장하여 본안 소송 이전에 동종영업금지가처분을 신청하는 경우가 많다. 그리고 분양자와 수분양자 사이에서는 업종제한 약정 위반을 이유로 분양계약을 해제하고 손해배상을 청구할 수도 있다. 이러한 상가업종제한 약정이 반드시 수분양자에게 유리한 것만은 아니라는 점도 알아두어야 한다. 업종제한 약정을 해두면 이후에 해당 업종의 영업이 잘 되지 않는 경우에도 업종을 변경하기가 어렵기 때문이다. 따라서 업종제한 약정을 하는 경우에는 해당 업종이 장래에도 경쟁력이 있는지 신중하게 고려해서 결정할 필요가 있다.

(조세금융신문, 2019.10.26. 전문가칼럼, 이하정 법률사무소 청현 변호사)

11

상가·꼬마빌딩 투자나 건축에 도움이 되는 사이트

1. 상가나 부동산 관련 정보를 알려주는 사이트

소상공인상권정보시스템(sg.sbiz.or.kr)

일사편리(kras.go.kr)

토지이용규제정보서비스(luris.molit.go.kr)

스마트국토정보(m.nsdis.go.kr)

부동산테크(rtech.or.kr)

서울 부동산정보광장(land.seoul.go.kr), 경기부동산포털(gris.gg.go.kr)

정부24(gov.kr)

한국감정원 부동산통계정보(r-one.co.kr)

씨리얼(seereal.or.kr)

국토부의 실거래가 공개시스템(rt.molit.go.kr)

부동산공시가격 알리미(realtyprice.kr)

KB부동산(onland.kbstar.com)

서울시ETAX(etax.seoul.go.kr)

국내통계(losis.kr)

국가법령정보센터(law.go.kr)

미래철도(frdb.wo.to)

2. 상가, 꼬마빌딩 등 부동산 물건의 실제 거래가격을 알려주는 사이트

아래의 사이트는 상가(상가주택·상가건물·꼬마빌딩) 등 부동산 물건의 실제 거래가격을 알려 줄 뿐만 아니라 실제 매물로 나온 부동산 물건까지 소개하고 있다. 과거의 실제, 거래가격과 평당 가격 등 필요한 각종의 데이터를 제공하므로 관심 있는 지역의 실제거래가격을 쉽게 찾아볼 수 있다. 또한 실제의 매물까지도 올려져있어 거래도 가능하다. 부동산의 가치를 판 단하는데 도움을 주는 사이트이다. 특히 상가와 관련해서는 밸류맵, 디스코, 부동산플래닛 등이 크게 도움을 준다.

디스코(disco.re), 벨류맵(valueupmap.com), 부동산플래닛(bdsplanet.com), 밸류쇼 핑 아파트에 관한 것은 호갱노노(hogangnono.com) 아실(asil.kr), 부동산지인(aptgin. com)

3. 상가, 꼬마빌딩 건축 관련해 도움을 주는 사이트

가지고 있는 땅에 건축을 하는 경우 건축비가 얼마나 들지 무료로 알아보고 싶다면 하우빌 드(www.howbuild.com)에 해당 주소를 입력하면 바로 대략적인 공사비 예측이 가능하다. 건축설계, 시공사 선정, 건축 진행, 준공 등 건축 전반에 관해 플랫폼을 제공하므로 자기 건 물을 짓고 싶어하는 초보 건축가에게 도움이 될 수 있다.

12

지도는 투자의 금맥이다

1. 상가는 일반지도와 건물 현황도를 위주로, 토지는 지적도(지번도) 위주로 보라.

2. 확대와 축소를 반복하며, 전체와 부분을 다 파악한다.

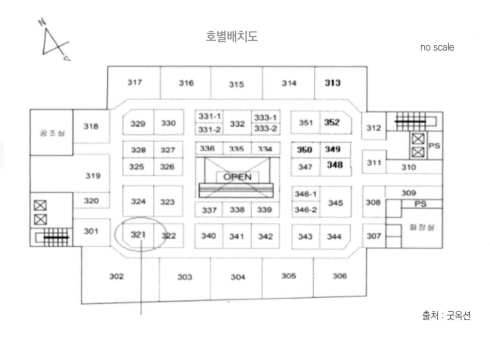

호별배치도

no scale

출처 : 굿옥션

3. 클릭이 되는 순간 느낌이 와야 한다. 꾸준히 연습하면 누구나 가능하다.

수년간 지도를 보다 보면 내공이 쌓여 어느 순간 바로 바로 느낌이 온다. 열심히 노력하면 지도만 봐도 상가·꼬마빌딩 입지의 우수성을 알 수 있다. 클릭이 이루어지는 순간 바로 바로 감이 오기에, 임장은 꼭 필요한 때만 가면 된다. 상가·꼬마빌딩 투자에선 임장 많이 간걸 그리 자랑할 거리가 못 된다. 임장이 필수가 아니고 지도가 필수다. 상가 투자, 꼬마빌딩 투자 하면서 지도를 끼고 살지 않는다면, 지도를 보고 입지 판단을 못하고 꼭 임장을 가야만 한다면, 과연 전문가가 맞나? 앉아서 천리 밖을 볼 줄 알아야 한다. 지도를 끼고 살면 상가·꼬마빌딩 투자에선 가능하다.

손오공	상가·빌딩 투자는 손오공의 L5V2가 답이다	L5V2

- '좋은 입지' 분석법 L5 거시동선 상의 입지, 주동선 상의 입지,
  좋은 접근성과 가시성, 큰 구매수요, 적은 상가공급
- '좋은 가격' 분석법 V2 상가가치 분석법, 상가가치 증대법

실전 상가투자
실전 꼬마빌딩투자

2022년 1월 10일 초판인쇄
2022년 1월 15일 초판발행
2022년 5월 2일 2쇄인쇄
2022년 5월 6일 2쇄발행

지은이   손오공
편집인   류원선
펴낸이   류긍선
펴낸곳   도서출판 북마을
          서울시 중구 을지로 114-10, 909호
전 화   02) 2263-9262
팩 스   02) 945-9265
이메일   bookmaeul3@naver.com
등 록   2021년 3월 31일(제2021-000044호)

값 22,000원   ISBN 979-11-974460-2-3(13320)

『멘토 손오공의 상가·꼬마빌딩 정규강의』

멘토 손오공의 상가·꼬마빌딩 정규강의에서는
수많은 실전사례 물건을 통해 입지와 가치를 완벽히 분석하기에,
상가·꼬마빌딩 투자에 성공할 수밖에 없습니다.
다른 강의를 들으신 분,
"상가 투자는 망한다. 위험하다."라고 생각하시는 분의
수강을 열렬히 환영합니다.

"압도적 차이"
"유일무이"

【지식 나눔 무료 특강】

30인 이상의 단체 또는 회사에서 저자의 도서('상가·꼬마빌딩 재테크', '실전 상가투자, 실전 꼬마빌딩투자')를 인원
수만큼 구매 후 강의를 요청하시는 경우 저자가 지식 나눔 무료 특강(약 3시간)을 제공합니다.
단, 시간 및 거리 관계상 수도권으로 한정하며, 반드시 사전 일정 조율이 필요함을 양해하여 주시기 바랍니다.

【저자 주요 활동 분야】

• 동호회, 동문회, 회사 등을 대상으로 한 상가·꼬마빌딩 재테크 교육
• 퇴직 전 월급을 대신할 재테크 준비과정 교육(대상 : 대기업, 중소기업, 공공기관 등)
• 노후대비 또는 제2의 급여를 찾는 분들 대상의 교육
• 신도시개발 시 사회간접자본(전철역, 중심 상가 등) 입지 분석
• 아파트 또는 대규모 타운 건설 시 상가동 입지 분석

【저자 주요 활동 소식】

• blog : 멘토 손오공의 실전 상가투자 실전 꼬마빌딩투자(https://blog.naver.com/mentorson50)
 "오셔서 이웃 추가해 주세요"
• YouTube : 멘토 손오공tv – 상가투자·꼬마빌딩 투자
 (22년 6월 경 개설 예정, https://www.youtube.com/channel/UC9DFhb6ZvIdLMqLoVWyIXMg)
 "49년간의 상가·꼬마빌딩 직간접 투자 경험! 투자한 상가·꼬마빌딩 모두 대박수익 달성! 성공의 핵심 지혜와
 노하우를 실전 물건 분석을 통해 쉽게 풀어 전해드립니다."

* 교육문의 : ashappyas@naver.com, 02) 2263 9262
 (단, 개인적 물건 상담이나 컨설팅 요청, 상가·꼬마빌딩 매물 중개나 매매행위, 광고행위 등은 절대 하지 않습니다. 문의하지 마십시오.)

65) 황준석, 답없는 월급쟁이 닥치고 나처럼 해! 수익형, 연금형 부동산이 답이다, 예스하우스, 2012년 5월

66) 최영식, 수익형 부동산 투자법, 팜파스, 2008년 12월

67) 고종옥, 불황에 뜨는 수익형 부동산, 매일경제신문사, 2010년 7월

68) 안민석, 수익형 부동산의 99%는 입지다. 원앤원북스, 2017년 6월

69) 박경환, 실전! 상권분석과 점포개발, 상상예찬, 2010년 6월

70) 박경환, 상권분석과 점포개발 신전노트, 메가랜드, 2019년 3월

71) 전창진 등, 점포개발을 위한 상권분석론, 부연사, 2011년 8월

72) 이상윤, 상권분석론, 두남, 2018년 2월

73) 정양주, 위치 하나로 월 매출 10배 차이 나는 상권의 정석, 라온북, 2020년 8월

74) 한국경제신문, 한국부자들이 탐내는 알짜 상권, 한국경제신문사(한경비피), 2007년 4월

75) 전준우, 성공 창업을 위한 상권 입지 분석, 매일경제신문사, 2010년 3월

76) 이종규, 입지.상권분석 및 상업시설 MD 방법론, 부연사, 2018년 9월

77) 정승영, 부동산입지론, 2015년 6월

78) 루이지 살바네쉬, 상업용부동산 입지, 부연사, 2004년 9월

79) 선종필, 대박상가 재테크 대해부, 중앙일보 조인스랜드, 2007

80) 남우현, 부동산 가치평가 무작정 따라하기, 길벗, 2017년 7월

81) 강대현, 부동산 가치투자 전략, 살림Biz, 2009년 10월

82) Phil Holmes, 부동산 투자분석과 가치평가, 부연사, 2002년 1월

83) 편집부, 감정평가 및 보상법전, 하우패스, 2018년 4월

84) 강정훈외, 감정평가 및 보상법규 판례정리분석, 법학사, 2018년 4월

85) 배명호, 감정평가 및 부동산가격공시법론, 북랩, 2020년 11월

86) 한국산업인력공단, 감정평가(부동산,동산감정평가), 진한엠앤비, 2015년 7월

87 오윤섭, 오윤섭의 부동산 가치투자, 원앤원북스, 2018년 10월

88) 윤태권, 동대문시장 상권별 쇼핑성향과 상권 선택요인 비교, 충북대, 2001

89) 서나경, 상권분석에 관한 연구 : 명동, 강남역 일대 상권을 중심으로, 광운대 , 2008

90) 강현무, 골목 상권의 매출액과 성장 결정요인, 가천대학교, 2018

91) 박동선, 일산신도시의 중심 상권 활성화를 위한 상권분석에 관한 연구, 한국토지주택공사 토지주택연구원,
2019

92) 유정수, 신,구시가지의 상권특성 비교연구 : 성남시를 중심으로, 강남대학교, 2010

93) 김지현, 신촌 상권에 미치는 영향분석 : 연세대학교 학생수를 중심으로, 고려대학교, 2018

94) 이우진, 상업용부동산 임대료 결정요인에 관한 연구 : 수원역 상권을 중심으로, 건축대학교, 2011

95) 김지원, 골목 상권 매출 변화에 영향을 미치는 상권 특성 연구, 서울대, 2018

96) 집합건물법 해석사례집, 법무부 법무심의관실, 2014년 2월

97) 건축법 서울시건축조례 질의회신집 Part.1, Part 2, 서울특별시 건축기획과, 2013년 12월

98) 2012 주차장법 민원 처리 매뉴얼, 국토해양부 도시광역교통과, 2012년 10월

99) 2017년도 건물신축단가표, 한국감정원, 2017년 12월

100) 민사집행(부동산경매)의 실무, 윤경·손흥수 공저, 육법사, 2012년 3월 20일

26) 강공석, 나도 분양전문가, 미래북스, 2019년 8월 10일

27) 강공석, 분양실무와 스토리텔링, 미래북스, 2019년 8월 10일

28) 강공석, 분양마케팅, 미래북스, 2019년 8월 10일

29) 김장섭, 대한민국 부동산의 미래,, 트러스트북스, 2016년 6월 20일

30) 홍성일외 1인, 상가 투자 비밀노트, 지혜로, 2016년 8월 27일

31) 김인만외 1인, 참쉽다 상가 투자, ㈜첨단, 2019년 4월 24일

32) 최원철외 6인, 상가 투자 보물찾기, 매일경제신문사, 2014년 9월 30일

33) 최원철, 최원철의 상가 투자 바이블, 상가몽땅, 2019년 7월 8일

34) 경국현, 상가 투자에 돈 있다. 이코북, 2007년 12월 27일

35) 신일진외 1인, 상가 형성 원리를 알면 부동산 투자가 보인다, 한국경제신문I, 2019년 1월 31일

36) 김종율, 대한민국 상가 투자지도, 한국경제신문 한경BP, 2020년 9월 17일

37) 김종율, 나는 집 대신 상가에 투자한다. 베리북, 2016년 8월 11일

38) 박경환, 부동산의 꽃, 돈되는 상가빌딩, 도서출판 선미디어, 2012년

39) 이원재, 발칙한 발상이 부동산 성공투자를 부른다. 매일경제신문사, 2021년 1월 20일

38) 김세호, 내 생애 짜릿한 대박 상가 투자법, 매일경제신문사, 2020년 3월 25일

40) 박종일, 상가 투자 핵심 노하우, 이레미디어, 2017년 1월 9일

41) 장경철, 나도 상가 투자로 월세 부자가 되고 싶다. 원앤원북스, 2016년 9월 1일

42) 권강수, 시크릿 : 성공률 99% 실전 상가 투자의 정석, 경향비피, 2020년 3월

43) 최원철, 신 상가 투자 보물찾기, 매일경제신문사, 2016년 7월

44) 성종수, 건물주가 된 사람들의 상가 투자 노하우, 아라크네, 2017년 2월

45) 권재우, 노후 연금 상가 투자가 답이다. 권재우창업전략연구소, 2019년 2월

46) 신일진, 실전 상가 투자 완전 정복, 매일경제신문사, 2009년 12월

47) 한린규, 나도 월세를 받고 싶다. 밥북, 2019년 10월

48) 한광호, 한국 부자들의 상가 투자 X-파일, 아라크네, 2005년 1월

49) 권강수, 부자들의 상가 투자, 한스미디어, 2018년 4월

50) Andy Kim, 아파트 살 돈이면 상가주택에 투자하라. 제네베라, 2020년 4월

51) 황두연, 노후가 든든한 블루칩 상가 투자법, 국일증권경제연구소, 2006년 3월

52) 황창서, 상가 투자로 3년 안에 5억 만들기, 원앤원북스, 2004년 12월

53) 경국현, 상가 투자 성공 원칙, 이코북, 2010년 5월

54) 박경환, 상가 특강, 예문, 2008년 6월

55) 이승주, 아파트를 버리고 상가에 투자하라, 예문, 2005년 10월

56) 전철, 상가 점포 투자 어떻게 할까?, 중앙경제평론사, 2003년 9월

57) 배용환, 서울휘의 월급 받는 알짜상가에 투자하라, 국일증권경제연구소, 2018년 2월

58) 김윤수, 빌사남이 알려주는 꼬마빌딩 실전 투자 가이드, 천그루숲, 2020년 12월

59) 김주창, 꼬마빌딩 건축 실전 교과서, 보누스, 2021년 3월

60) 임동원, 임동권의 한 권으로 끝내는 꼬마빌딩 재테크, 2018년 11월

61) 나창근, 나의 꿈, 꼬마빌딩 건물주 되기, 북오션, 2018년 1월

62) 전호진, 곡 알고 싶은 꼬마 빌딩 투자의 모든 것, 원앤원북스, 2017년 4월

63) 오동협, 어쩌다 건물주란 없다. 영림카디널, 2019년 9월

64) 민성식, 부자의 계산법, 진서원, 2019년 9월

참고자료

1) 이 책에 나오는 지도의 대부분은 다음지도입니다.

2) 네이버지도

3) 각 시에서 매년 발표하는 사회조사보고서 – 현재는 어느 특정 시점일, 자체 시내(혹은 다른 시와 군)에서의 이동에 대해 즉, 같은 시내라도 어느 동에서 어느 동으로 출근을 하는지, 이동수단은 무엇인지, 이동에 소요되는 시간은 얼마나 걸리는지 등 세부사항에 대한 연구가 진행된 게 없는 것으로 보인다. 자치단체별로 이런 자료가 쌓여야 사회기반시설의 적정 입지가 어디인지 알 수가 있고 도시계획은 물론 상가 입지 분석, 상권 분석에도 큰 도움이 된다. 매년 사회조사를 실시할 때 이런 부분에 대한 질문도 추가되었으면 한다.

4) 김채만 외, 교통카드 자료가 알려주는 대중교통 이야기, 정책연구 2019-35, 경기연구원, 2019년.

5) 이미영, 대중교통카드 자료를 활용한 수도권 통행분석, 국토정책, 국토연구원, 2015년 10월.

6) 오병록, 가구통행실태조사 자료를 이용한 통행특성 분석과 생활권 기준 설정연구–서울시를 중심으로, 서울도시연구 제15권 제3호, 2014년 9월.

7) 이석주, 장동익, 교통카드 이용실적 자료 기반의 대중교통 이용자 시공간 패턴분석 및 시뮬레이션 모형 구축, 한국 교통연구원, 2015년 11월 30일.

8) 『상업용 부동산 임대 동향조사』통계정보보고서, 한국감정원, 2019.12.

9) 김종근, 주승민, 층별 효용 비율 분석을 통한 상권 특성 분석과 동향 탐색, 한국감정원 부동산 시장 분석보고서(2015 년 상반기 동향 및 하반기 전망).

10) 김영혁, 초고층 오피스빌딩의 층별 효용격차 사례분석, 한국감정원.

11) 신상영, 조권중, 서울의 범죄 발생 특성과 안심도시 추진방안, 정책리포트 161, 서울연구원, 2014.2.17

12) 최성은, 안용준, 세종시 인구 이동 특성과 정책방향 연구, 정책연구 2018-16, 대전세종연구원, 2018년 7월

13) 최석현 외 2인, 수도권 인구 이동 요인과 고용구조 변화, 기본연구 2016-14, 경기연구원, 2016년 11월

14) 김리영, 고양시 인구이동의 공간적 특성연구, 기본 19-09, 고양시정연구원, 2019년 11월 15일

15) 김대성, 도시설계의 전략적 접근과 반복적 심화에 의한 디자인 프로세스, 환경논총 제50권, 2011년

16) 변나향외 3인, 공공업무시설의 계획 현황과 개선방향 연구, 일반연구보고서 2017-1, 건축도시공간연구소, 2017년 12월 31일

17) 김상일, 서울시 업무공간 수요 예측 및 공급 가능성 진단연구, 시정연 2005-R-02, 서울시정개발연구원, 2005년 9월 30일

18) 문수영외, 업무시설 적정 공간면적 설계기준 개발 연구, KICT 2013-206, 한국건설기술연구원, 2013년 12월

19) 박상수, 비주거용 건물 시가표준액 조정기준 개선방안, 한국지방세연구원, 2015년 1월 2일

20) 이원희, 김준형, 상가분양가의 결정 요인 : 서울 마곡지구를 중심으로, 서울도시연구 제 19권 제 4호, 서울연구원, 2018년 12월

21) 설민석, 동대문 의류 소매상권의 공급사슬구조 변화에 관한 연구, 서울대 환경대학원, 2015년 2월

22) 경리단길을 통해 본 핫플레이스의 성장과 쇠퇴, KB 금융지주연구소, 2019년 8월 7일

23) 서울시 골목상권 매출액에 영향을 미치는 요인에 관한 연구, 서울도시연구 제20권 제1호, 서울연구원, 2019년 3월

24) 이미영, 수도권 통행 인구의 공간이동 실태분석 및 시사점 – 대중교통카드 자료를 중심으로, 국토연 2015-06, 국토 연구원, 2015년 6월.

25) 조응래, 수도권3기 신도시 광역교통대책 추진방안, 이슈&진단 No.373, 경기연구원, 2019년 6월.

Q7. 상가·꼬마빌딩의 가치를 증대시킬 법 5가지를 마스터했는가?
　　상가가치 증가에 따른 매매가의 변화를 이해했는가?

※ 마지막 명제 : 다음 원칙을 준수하자, 파이팅~~~

1. 상가·꼬마빌딩 성공 투자의 절대법칙 LOVE(= L5V2) 분석 철저
2. 지켜야 할 원칙
　- 1% 투자법
　- 환산임대료 기준 1층 전용 1평당 최소 10만원 이하는 NO.
3. 지속적인 관심, 여유

Q1. 상가·꼬마빌딩 투자, 왜 실패할까?, 왜 어려워할까?

① 상가·꼬마빌딩 투자에 성공하기 위해서는 당연히 알아야 할 분야가 있는데, 이를 제대로 공부하지 않고 투자를 하기 때문이다. 제대로 된 분석법(책과 강의)이 필요하다.

② 상가·꼬마빌딩 투자에 성공하기 위해서는 당연히 '좋은 ___'를, '좋은 ___'에 사야 한다.

③ 제대로 된 상가·꼬마빌딩 분석법(책, 강의)은 이 두 명제에 대한 답을 주어야 한다.

어느 하나라도 빠지면 상가·꼬마빌딩 투자는 실패한다. 어려울 수밖에 없다.

 - '좋은 ___인지, 아닌지'를 판별할 눈을 키워줄 수 있는가,

 - '좋은 ___인지, 아닌지'를 판별할 눈을 키워줄 수 있는가?

 - 더 나아가 상가가치를 증진시킬 눈을 키워줄 수 있는가"

Q2. 상가·꼬마빌딩 투자 성공을 위해 반드시 알아야 할 분야를 상세히 기술하라.(세부 목차와 관련된 핵심 키워드)

Q3. 소개받은 상가·꼬마빌딩 자리가 좋은 자리인지, 나쁜 자리인지 분석하고 싶다. 앞에서 배운 사례물건(진관동 70, 메트로프라자 106호)의 입지를 순서에 입각해 분석하라.

Q4. 좋은 입지를 판별하는 눈 – '상가입지 분석법' 5가지의 세부 목차를 상세히 기술하고, 주요 내용을 글로 설명하라.

Q5. 급매로 나온 꼬마빌딩의 가치를 평가해 매입 여부를 평가하라.(명동2가 54-3* – 네이버 매물)

Q6. 상가·꼬마빌딩 가치의 적정성 여부를 판별하는 눈, 즉 '상가가치분석법'의 핵심인 매매가·임대가 분석 초고수되기 8단계를 마스터했는가?

① 분당 서현동 245-2 보람코아 101호 사례물건(2015타경 62641(1))에 상가가치분석법 8단계를 이용하여, 본 건과 해당 건물 다른 층의 매매가 내지 임대가를 분석하라.

② 광진구 화양동 7-5 사례물건(2015타경 4941)에 상가가치분석법 8단계를 적용해, 매매가 내지 임대가를 예상해보고, 각 층 임대료는 얼마나 될지 분석하라.

XI
FINAL TEST

아래 물음에 답할 수 있으면 상가·꼬마빌딩 투자, 반드시 성공할 수 있다
제대로 답을 못하고 투자를 실행하면 한번은 성공해도 반드시 실패한다
능숙해질 때까지 반복 공부하자
이 책을 처음 본 분들도 아래 물음에 답할 수 있다면 합격, 볼 필요가 없다